家事大讲堂

应/对/成/长
——高瑾律师带您走进80例新型家事案件

高瑾 著

西北大学出版社
·西安·

图书在版编目(CIP)数据

应对成长：高瑾律师带您走进 80 例新型家事案件 / 高瑾著. —西安：西北大学出版社，2022.12
ISBN 978−7−5604−5077−3

Ⅰ.①应… Ⅱ.①高… Ⅲ.①婚姻家庭纠纷—案例—中国 Ⅳ.①D923.905

中国版本图书馆 CIP 数据核字(2022)第 246403 号

应 对 成 长
——高瑾律师带您走进 80 例新型家事案件

YINGDUI CHENGZHANG
GAOJIN LÜSHI DAI NIN ZOUJIN 80 LI XINXING JIASHI ANJIAN

高　瑾　著

西北大学出版社出版发行

（西北大学校内　邮编：710069　电话：029−88305287）

新华书店经销　西安华新彩印有限责任公司印刷
开本：787 毫米×1092 毫米　1/16　印张：23.75　彩页：24 页　字数：350 千字
2022 年 12 月第 1 版　2022 年 12 月第 1 次印刷

ISBN 978−7−5604−5077−3　　　定价：63.00 元

应/对/成/长

内容简介

每一个人在现实生活当中难免遇到来自婚姻家庭层面的困扰与纷争，每一次应对当中必然伴随着个人成长的历程，每一段成长都留下了深刻的印迹，无论普通公民还是执业律师，都需要在应对矛盾当中积极成长。2021年1月1日《中华人民共和国民法典》开始施行，在婚姻家庭领域带给公民的是新变化与新挑战，法律的践行通常指引公众的行为，每个案件呈现的矛盾类型、处置方法及其最终结果都牵动着大家的视线，进而影响着人们的价值取向与生活状态。作者从女律师独特的视角出发，以典型案例解析、新式文书展示、法律意见阐明的方式将80例案件的实务操作主线生动、鲜活地勾勒出来，进而为读者提供最新的家事维权"导航"。本书中的案例新颖、论文专业、课件考究、箴言真切、法律文化传播印记鲜明，是知行合一的家事维权实务操作活教材。

本书作者旨在通过家事纷争现实矛盾调处的专业视角、价值观念、人性本真的客观揭示，唤起读者对家事、家财乃至家人的法律认知、理性思考与感性梳理，并在应对生活各种挑战时自我成长、依法维权，从而达到"修身、齐家、治国、平天下"的综合效应。

作者心念

家事维权要领

尊重个人真实意愿
关注纷争实质问题
发挥专长极力推进
运用多策化解矛盾

家事调解宗旨

尽早介入直面矛盾
专业寻找突破方向
法理人情结合疏导
打开心结各方舒展
求同存异开辟新路
梳理打磨促进和谐
冰释前嫌身心轻松
调解为上有益大家

家事律师执业视野

精准专业法律服务
特色新品适时推出
专业思路自我更新
实务技能不断改进
内功素养日益增强
个人定制依法审查
职业操守严格把握
团队风姿有力展现

作者心语

积极应对，自我成长

时间如流水，前行的脚步不可阻挡，自 2016 年出版第二本《家事新说》专著至今已过 6 年，日常当中遇到的案件"一案一式"，不管是从专业处置还是办案感悟都带给我全新的思考与现实的挑战，久而久之已习惯性地只顾以律师的视角着手应对每一起纷争、当事人之间每一次博弈及其有可能冰释前嫌的任何一次调解机会，家事案件"调解结案好于判决"的特质，促使我在"专业切入，综合处置"方面一直不懈地创新思路，积极寻找化解实际矛盾的多维处置方案，并且在力所能及的前提下尽量缩短当事人的维权历程、减少成本，进而让他们通过律师的专业服务真正感受到法律的公正与温暖。当前在《中华人民共和国民法典》《中华人民共和国民事诉讼法》《中华人民共和国刑法》乃至与《中华人民共和国刑事诉讼法》有关的刑事诉讼制度等均发生重大变革且施行不久的前提下，律师对于法律的专业学习及其现实应用显得至关重要，作为一名家事律师需要"潜心修炼内功，注重学以致用，不断自我成长"，唯其如此才有可能担当起特殊时段的执业责任。虽然每一个律师的执业足迹不尽一致，但是前行的步伐不能停止，"痛并快乐着"是常态，而激情、自信、乐观地应对每一个案件带来的每一次挑战则是执业的另一种感悟与境界，在执业的路上可谓是"应对中成长，成长中应对"。

时常有当事人说："我在生活当中没有想得太多，对人对事毫无防范之心，因此吃亏上当，更没想到打官司对我还不利。"我们一般会告诉他们，律师代理案件只能从专业角度以事实为基础为其提供法律服务，其中当事人的个人诉求、事实理由及其证据对于案件的结果往往产生重要影响，在现实维权当中律师在法律框架下能动创新的专业技能施展常常可以为当事人实体权益乃至人格尊严的充分保护起到积极的促进作用，当事人需要与律师携手将维权进行到底。每当此时，尽管当事人或有不解或是茫然，可是他们为了依法维权，必须直面现实、积极应对、自我成长，虽然现实是不尽如人意的，应对是艰辛漫长的，成长是不容回避的，但是一旦走上维权之路，只能是一路向前，力争权益。为此，当事人在不知不觉当中已经开始应对矛盾，并且在与律师沟通交流当中逐渐成长了。

律师的成长主观性、能动性鲜明，当事人的成长往往因矛盾引发、因维权而显现，双方之间的交互点在于共同应对具体纷争解决当中所有的博弈，无论是诉讼或者非诉讼的，财产或者是人身的，对抗或者是和解的，法律或者是人情的，律师在案件的代理当中常常伴随成长乃至升华，当事人在律师的引导下往往不经意地成长，最终又在一道应对成长当中力争实现维权目标。从客观角度讲，应对成长不仅是律师与当事人所面对的课题，而且是生活当中所有人应当关注的重要问题。每个人只有自觉、能动地适时适事成长，才能理性、客观地应对生活带来的新挑战，挑战时常蕴育着机遇，困难中方显英雄本色。不管是英雄还是常人都需要坚强地尽力走好人生每一步，"笑对人生，潇洒走一回"不乏哲理性，家事无小事，"修身、齐家、治国、平天下"，每个追求美好生活的人都应当"积极应对，自我成长"，我愿意与大家在以后的岁月里一起继续共同成长。

高 瑾

2022 年 9 月于西安

作者初心

自强

坚如磐石法律人
温文尔雅女人花
刚柔相济巾帼梦
匠心独运书春秋

自在

天地悠悠心自宽
岁月匆匆任我行
激情自信五十载
从容恬淡歌飞扬

同行

热爱为伴律途畅
潜心思量辟新径
坐而论道眺远方
求同存异展宏图

专业追求

家事感言

※ 放宽视野　透视生活　找准要害　案结事了
※ 专业切入　综合处置　避免后患　减少遗憾
※ 关注人性　有效沟通　打开心结　冰释前嫌
※ 细心观察　用心揣摩　精心准备　专心操作

※ 尊重对手　精密思维　出奇制胜
※ 爱岗敬业　激情自信　创新求实
※ 审视自我　总结得失　精益求精
※ 谦虚谨慎　严以律己　宽以待人
※ 业无止境　自励自纠　勇往直前

同仁共进

婚姻家庭故事多，梳理调停专业深。
千家万户寻良方，权利义务度量衡。
法律人中家事忙，情理兼容法当先。
互通有无共聚首，踔厉前行铸辉煌。

高瑾课件分享

家事实务指引　　专业梳理归置

注重纷争化解　　多策并举思维

法理情融一体　　执业步履留痕

匠心独运呈现　　公民生活聚焦

分享交流有益　　家和万事方兴

生活箴言

【品相归位】 爱情是奢侈品，婚姻是试验品，孩子是观赏品，白头偕老属珍藏品，一拍两散成牺牲品。

【身边新象】 疫情之下见真情，家人相伴彼此暖，邻居重要定去向，社区公益暖人心。

【重在家庭】 择偶人品当第一，性情善恶在言行，家风家教藏不住，金钱爱情何为重，心口不一非稀奇，日久方可识人心。

【情感差异】 母子连心爱不变，夫妻情分深似海，亲情爱情不可缺，厚此薄彼生事端，抽丝剥茧巧梳理，温馨如常为上策。

【积累情谊】 人情薄如纸，真爱难掩饰，人生多磨难，应对伴成长，付出留印迹，话语掷地响。

【坚守婚姻】 男女之间两情相悦固然好，锅碗瓢盆磕磕绊绊最常见，只要不提离婚，矛盾即可缓冲，日子一般也能过下去；一旦离婚常挂嘴边，既伤感情又加深矛盾，长此以往，最终很有可能如愿以偿走出婚姻。

【珍视友谊】 同仁之谊，弥足珍贵，小心守护，用心互通，细心体味，暖心付出，人生知己难求，高山流水共鸣。

【通透生活】 复杂的人际、热议的财产、激烈的纷争带给人们的是无尽的烦恼，痛定思痛之后才能够悟到岁月如歌、人生如梦，生不带来、死不带去。

【人生境界】 利益面前难免自私，感情之下奋不顾身，名利当中方显本性，生死之间情义无价。

【共享互益】 良师益友互欣赏，肝胆相照伴终生，谈笑风生多趣味，感恩天地得知音。

【正视意外】 一粒尘埃飘落不定，芸芸众生前途未卜，珍惜当下利人悦己，善始善终平安一世。

【自控风险】 保险不能保命，活着才能受益，财产名利自保，风险防控重要，遗嘱理财先置，未来免去后患。

【最新处置】 法律新规不断涌现，生活工作与时俱进，法律专业指引当先，确保家庭一路平安。

【视点把握】 凡事多看背面，观人细品秉性，谋事重在用才，同频共振双赢，相互成就欢跃，三生有幸温暖。

【依法行事】 疫情当中有维权，婚姻继承起纷争，矛盾缓冲讲方式，请教之后再定夺。

【自我感恩】 受到关注蕴机遇，本色演绎显风采，一旦登台尽力唱，恩人就是你自己。

【父母是佛】 人活一生父母为上，双亲之恩情深似海，疏忽之间忘了本分，年龄增长感悟加深，孝顺父母强于拜佛，何时做起全凭自觉。

【注重理财】 家庭维系经济基础重要，取财、理财、舍财务必关注法律、时政、金融等动态，超前比滞后强，理性比任性好，专业的事交给靠谱的人，一旦失之偏颇，后果无法挽回。

【相邻关系】 高层楼宇邻里之间熟视无睹，平日客气的微笑已经不易，紧急求助张不开口，助人为乐更是稀有，"远亲不如近邻"不合时宜，水泥墙是冰冷的，一墙之隔的近邻似乎相距万水千山。疫情来临之后，邻里之间关注多了，对视的眼神温暖了，大家彼此感到对方重要了。

【明白事理】 从相遇到相识，从相识到相交，以至双方携手合作，机缘已到，人缘未知，诚信、尽责、包容始终经受考验，相处有边界，尊重少不了，人和事成，分则两伤。

【知行合一】 学习是基础，学以致用是目标。任何行业存在的价值就是能为社会公众提供有效的服务，抑或是为改造社会作出实际的贡献。纸上谈兵、高谈阔论即使逞一时之快，也不能一劳永逸。

【现实后果】 疫情按下暂停键，不管长或短，带给大家的多是负面的影响，轻则改变人们的行为模式，重则波及幸福指数，无论困难有多大，唯有积极应对才是硬道理。

【看清自己】 凡事不顺，先察己，察己时常利于问题解决，苛责别人只会加深矛盾，偏离解决问题的主旨。

【自私底线】 私心不可避免，但是不能过度泛滥，见缝插针大小利益都索取，或许一时得意洋洋，长期便会被众人踢至局外，彻底失去获得利益与机会的空间。

【硬扛背后】 当下大多数人尽量不麻烦别人，看似硬气，实则悲凉，原本别人搭把手就能够过去的事情，自己费了九牛二虎之力独自承担往往效却不尽如人意，究其原因，人们之间的心理距离远了。

【亲情次序】 中年人的生活当中，子女第一，配偶第二，父母第三。当自己有了孙子，孙子排第一，子女排第二，配偶排第三，父母排不上。

【演技展现】 实诚人不善表达，活泛人时有表现，精明人能说会道。生活不乏技巧，表演应有尺度，演得再好也难免有破绽，真实自然才是人生的

应 对成长
—— 高瑾律师带您走进 80 例新型家事案件

最高境界。

【近友疏亲】 当下一般人有事通常都找朋友，亲戚少来往，朋友比亲戚实用，亲情比友情淡漠，亲戚之间的疏远让血缘的纽带日渐稀薄。

【君子之交】 朋友之间见不见都惦念，见了彼此愉悦，一人快乐，传递两厢，一方不顺，援手伸出，心心相印，默默相助，人生在世，得一知己足矣。

【金钱养老】 老龄社会，生养死葬是一大课题，积攒金钱，以备后用，保险理财、商业信托、以房养老不失为有效之策，家庭养老功能萎缩，子女无暇顾及，临终床前很可能是养老机构工作人员忙前忙后，"养儿防老"思想已落伍。

【信任危机】 谎言一次，信用不在，一旦不信，防控四起，相互猜疑，事倍功半，长此以往，危机不断，人心离间，彼此受害。

【时间观念】 提前到场，节奏平缓，踩点踏至，气喘吁吁，迟到误事，影响深远，评价降低，信用缺失。

【讨价之间】 讨价还价，理所应当，讨还有趣，相交快乐，恶言强迫，交易不成，松弛有度，买卖自由。

【强词夺理】 办事不力，自身查起，推卸责任，于过无补，换位思考，茅塞顿开，与其争执，不如直面。

【人品界定】 乐于助人，乃君子；损人利己，系小人；自私自利，属俗人；与世无争，为高人；改造世界，是超人。

【夫妻之情】 信任是前提，沟通是方式，忠诚是义务，责任含权利，包容有情趣，担当享快乐。

【彩礼回馈】 谈婚论嫁彩礼现，四处筹款为结婚，女方欢笑男方愁，夫妻已成账目清，金钱开道心不悦，情感得失沉浮起。

【财富传承】 财富不只是物质上的，精神上的财富更重要，传承从家庭开始逐渐走向社会，正气与正义归根结底需要从家教、家风的正向传递做起，家事无大小，国由众多的家庭组成，家风、家教与社会风气相辅相成。

【珍惜时光】 人生时光有限，成长阶段分明，抓住每一个时机未必获得成功，但是浪费每一分钟注定虚度一生。

【相处之道】 你敬人一寸，人敬你一尺，损人利己的结果必将于己不利，只是损害的结果发生得迟早而已，善待别人就是善待自己。

【理性躺平】 人人都有梦想，经过努力能够实现固然好，倘若从客观实际出发遥不可及，尽管可以竭尽全力追寻，但是在深思熟虑之后应当适度修正自己的目标。

【亲情回应】 时常见到父母对子女一心一意，倾囊付出，不求回报；子女对父母几经折扣，顾上了才问，回馈甚少。

【名利权衡】 务实立信，信而有名，为名修德，德而获益，名利双收。

【厘清关系】 朋友相助有边界，因生活必须多获救助，以牟利为目的常遭拒绝，究其原因，帮穷救急人之常情，利益链条拴不牢相互之间的关系，情义无价，金钱诱惑有限，辨别清楚方能维系友谊。

【传播快乐】 天有阴晴，月有圆缺，人心有起落，高兴时相互传递，悲伤时一人独饮，相交苦短，喜少悲多，快乐共享，延年益寿。

【控制情绪】 慢节奏，情绪波动不大，易于管理；性急之下，暴躁坏事，发泄之后未必舒服，常常造成不可挽回的损失。道理都明白，因秉性难改，周而复始爆发，必须自己痛下决心才能有效改善。

【远见卓识】 能够看见的名利时常抓不着，看不见的名利惯常被人忽略，只有深入调研、全面分析、积极付出，才有可能超越常人思维，独辟蹊径收获人生路上亮丽的风景。

【先舍后得】 给予不是每个人都能够做到的，尤其是相交之中先行付出难能可贵，舍得付出的人时常顾不上筛选受益的对象，恰恰是在不经意间迈开了助人的脚步，又时常意外地获得了良性回馈。

【效率共赢】 倘若各行各业都能敬业、勤勉、谦逊地履行自己的本职，整个社会的工作效率自然提高，老百姓的幸福指数也随之不断攀升，国富民强指日可待。

【厚积薄发】 做事从基础开始，专注用心体会，深入思考创新，一步一个脚印落实，完成之后总结得失，事半功倍不难。

【与事共情】 工作需全情投入，以促进事成为本，竭尽全力，不留遗憾，回首往事，历历在目，青春无悔，人生尽兴。

【打开心结】 一把钥匙开一把锁，若想打开一个人的心结，应该关注其成长经历、个人秉性及其价值取向，通过恰当方式进行沟通，尽力寻找突破点，并且力争在一个语境下产生共鸣，这样一来心结的打开并非难事。人人需要关爱，沟通需要真诚，只要用心良苦，早晚水到渠成。

【同行之谊】 每个行业都有同道者，每个时段都有可能遇到心心相印的同行，同行相交有益，知己知彼欢畅，良师益友难得，共进共勉美谈。

【全面兼顾】 多才多艺多趣，正事闲事难辨，正中有偏差，闲中有机遇，追求真善美，助人乐其中，厚此薄彼非君子，人活一世重气节。

【悲喜之间】 喜中有悲，悲喜交加，悲中不忘初心，喜极不致忘形，人生悲多喜少，淡定从容迎接，悲喜无非过往，淡泊宁静乃是根本。

【风雨同舟】 友谊需要久经考验，亲人患难见真情，相识相交不难，相知相容不易，风雨过后见彩虹，同舟共济遇知己。

【化敌为友】 越是优秀的人，优点与缺点越突出；越是对立的人，往往在相互交手当中越容易在激烈碰撞中产生共鸣。从无意共识到惺惺相惜，双方冰释前嫌，成为莫逆之交似乎更有价值。

【无知借口】 有人时常以自己不懂作为借口逃避责任，无知系个人主观状态，事物的发展需要成熟的言行面对，无知的借口是幼稚的显现，非但不能为自己开脱，反而使自己陷于被动。

【尊老爱幼】 尊老往往做得不如爱幼，老人生命有限应当更加珍视，为人父母苦辣酸甜，子女忙碌关照甚少，望穿秋水盼子女，形单影只是常态，可怜天下父母心，养儿防老如虚设，爱幼过头是悲凉。

【遗嘱先行】 世事无常意外多，法律视角看遗嘱，尽早订立防后患，财产传承亲属间，疏忽大意常失控，旁落他属非本意，人在财旺妥归置，真实意愿利后人。

目 录

第一章　家暴的后果
案例一　过年婆婆两顿打 ············ 1
案例二　临终的离婚愿望 ············ 4
案例三　身无分文的女友 ············ 6
案例四　来自儿子的报复 ············ 9
案例五　主人因保姆身亡 ············ 12

第二章　出轨的代价
案例一　财迷妻净身出户 ············ 15
案例二　离婚前不容任性 ············ 18
案例三　私家车里留痕迹 ············ 20
案例四　漫长的身心俱痛 ············ 23
案例五　丈夫的儿子来了 ············ 25

第三章　隐瞒的结果
案例一　不孕不育背后 ············ 28
案例二　工伤后遗症 ············ 30
案例三　癌症败露 ············ 32

第四章　彩礼的返还
案例一　无彩礼不嫁 ············ 35
案例二　五日"夫妻"了断 ············ 38
案例三　借"彩礼"之名 ············ 40

案例四　彩礼保不住婚姻……………………………………… 43

第五章　居住权的变通

案例一　"保姆"的算计落空了………………………………… 46

案例二　前夫的房子待不久…………………………………… 49

案例三　探亲的住处变了……………………………………… 51

案例四　贷款不成……………………………………………… 54

第六章　离婚的特色

案例一　空壳婚姻的终结……………………………………… 57

案例二　一方退让的协议……………………………………… 60

案例三　婆婆的苦心…………………………………………… 62

案例四　丈夫的面目…………………………………………… 65

案例五　二次离婚的烦恼……………………………………… 68

第七章　继承的实质

案例一　再婚有说法…………………………………………… 71

案例二　遗嘱定方向…………………………………………… 74

案例三　父债女还……………………………………………… 76

案例四　手足之间……………………………………………… 79

案例五　前妻继承……………………………………………… 81

案例六　撤销公证遗嘱………………………………………… 84

案例七　迟到的"养女"………………………………………… 87

案例八　分居后的遗嘱………………………………………… 90

第八章　抚养权的背后

案例一　从孩子身上找补的父亲……………………………… 94

案例二　不要三个孩子的母亲………………………………… 97

案例三　被赎回的女儿………………………………………… 100

案例四　全包的奶奶…………………………………………… 103

案例五　被爱蒙蔽的孩子……………………………………… 107

第九章　老人的担忧
案例一　孙子空降烦恼起 …………………………………… 110
案例二　奶奶为孙欲诉儿 …………………………………… 113
案例三　儿不结婚爹娘愁 …………………………………… 116
案例四　三个子女让母忧 …………………………………… 119
案例五　老母躲儿无处归 …………………………………… 122

第十章　扶养的状态
案例一　肾病妻子遭遗弃 …………………………………… 126
案例二　妻子有病不给治 …………………………………… 129
案例三　丈夫瘫痪妻自强 …………………………………… 131

第十一章　综合技能的施展
案例一　失而复得的抚养权
　　　　——刘某变更抚养权一案的启示 ………………… 135
案例二　离婚案的意外收获
　　　　——从吴某离婚案的专业功课说起 ……………… 139
案例三　啃老损失的挽回
　　　　——一方父母全包离婚案的弊端 ………………… 142
案例四　探望权的回归
　　　　——母子重见的诉讼波折 …………………………… 146
案例五　无言的结局
　　　　——石某缺爱婚姻终结记 …………………………… 150
案例六　讨回的遗产
　　　　——呼氏兄妹继承纠纷非诉化解 …………………… 153
案例七　得不偿失的诉讼
　　　　——多占遗产承受的法律后果 ……………………… 157
案例八　重托之下的失信
　　　　——顾氏叔侄财产纠纷之辨析 ……………………… 160

第十二章　新式文书的推出

文书一　夫妻约法三章 …………………………………… 163

文书二　祖孙相处约定 …………………………………… 165

文书三　家规与"十不准" ……………………………… 167

文书四　家庭议事规则 …………………………………… 169

文书五　分家析产协议 …………………………………… 170

文书六　分手协议 ………………………………………… 173

文书七　分居协议 ………………………………………… 175

文书八　离婚协议 ………………………………………… 177

文书九　未成年人抚养权双方条件对比表 ……………… 179

文书十　离婚财产及其债务处理一览表 ………………… 180

文书十一　离婚后父母抚养规则 ………………………… 183

文书十二　复合意定监护协议 …………………………… 185

文书十三　专项遗嘱 ……………………………………… 187

文书十四　遗赠扶养协议 ………………………………… 190

文书十五　家族企业收益分配方案 ……………………… 192

第十三章　法律意见书的延伸

意见书一　婚前财产约定 ………………………………… 196

意见书二　结婚的方案 …………………………………… 199

意见书三　婚内购房专项服务指南 ……………………… 201

意见书四　3000万元财产如何打理 ……………………… 204

意见书五　涉外离婚纠纷初步分析 ……………………… 208

意见书六　离婚后财产纠纷专业指引 …………………… 210

意见书七　父亲遗产的法律归属 ………………………… 213

意见书八　弟弟"不当得利"之解套 …………………… 216

意见书九　同居老伴亡故后的法律问题 ………………… 218

意见书十　护理纠纷调解法律探究 ……………………… 221

第十四章　专业论文展示

　　论文一　家事案件调解技巧的灵活运用

　　　　——从5个典型案例解析家事调解 ················· 225

　　论文二　疫情家事启示录 ······························· 232

　　论文三　变更抚养权案件专业思路探析 ················· 238

　　论文四　家事代理的全局视角

　　　　——以两案解析整体思路在实务当中的运用 ········· 249

　　论文五　家事案件代理应当注重的细节问题 ············· 255

　　论文六　未成年人监护权面临的新冲击 ················· 262

　　论文七　强制执行的股权变更登记案件法院和工商局谁说了算？··· 269

　　论文八　涉外离婚案件诉讼风险感悟一二 ··············· 273

　　论文九　浅析出轨证据与个人隐私的边界 ··············· 277

　　论文十　被侵权人应当正视的问题

　　　　——浅议网络外卖订单配送引发的交通事故维权要点 ···· 282

　　论文十一　表兄的遗产归公了

　　　　——无人继承又无人受赠遗产法律处置探析 ········· 291

　　论文十二　家事案件新视点

　　　　——《民法典》实施后案例中呈现的新变化 ········· 297

高瑾2009—2022年律师文化传播印迹

2009年律师文化传播印迹 ································ 310

2010年律师文化传播印迹 ································ 312

2011年律师文化传播印迹 ································ 313

2012年律师文化传播印迹 ································ 314

2013年律师文化传播印迹 ································ 314

2014年律师文化传播印迹 ································ 316

2015年律师文化传播印迹 ································ 319

2016年律师文化传播印迹 ································ 321

2017 年律师文化传播印迹 ··· 325

2018 年律师文化传播印迹 ··· 328

2019 年律师文化传播印迹 ··· 331

2020 年律师文化传播印迹 ··· 335

2021 年律师文化传播印迹 ··· 339

2022 年律师文化传播印迹 ··· 343

淡定前行，从容坚守
——走在家事路上的感悟 ··· 347

高瑾 2018—2021 年工作掠影 ··· 351

第一章 家暴的后果

> 家庭暴力从施暴主体来看,不仅限于夫妻之间,父母、公婆、同居男友、保姆都时常系施暴者,受害人多见女性、未成年人及老年人;从案发时间来看,过年过节常有、疫情期间时有发生;从家暴的表现形式看,除了身体暴力外,还有暴力威胁、经济制裁、性暴力、精神控制等形式;从伤害后果上看,受害人有轻微伤、轻伤、重伤乃至死亡;从施暴者承担责任的结局来看,离婚、民事赔偿、行政处罚、刑事制裁皆有。通常在家庭暴力当中深受其害的是未成年的家庭成员,不管他们是否是直接的受害人,家庭暴力在他们童年留下的阴影是终生挥之不去的。因此,在家庭暴力维权当中必须依法按照"儿童利益最大化原则"充分保护他们的合法权益。家庭暴力维权形势非常严峻,反对家庭暴力是任重道远的社会系统工程。

案例一

过年婆婆两顿打

【案情简介】

吴某,女,35岁,与丈夫熊某结婚8年,生有一儿一女,婚后购置了一套价值300万元的房产。因两人工作忙,熊某的母亲柳某从农村来到城市照顾孙子孙女。大年三十柳某在里屋听到吴某因管教孩子与熊某发生口角,便冲上去对吴某拳打脚踢。吴某躲闪不及,在被打之后躺在地上大哭。熊某当时慌了手脚,打电话叫来了吴某的母亲,不料丈母娘刚进门就被母亲柳某抱住了大腿,两人在拉扯当中丈母娘的手被咬了,腿被踢伤了。吴某当即报警,警察查看了现场,询问了当事人,并告诫熊某不得再发生此类家庭暴力。随后吴某带着母亲回到娘家，本想缓和一下过几天再回家，不料大年初二孩子在家里闹着要找妈妈，熊某强令吴某回家看孩子，吴某既惦记孩子又怕婆婆的暴力，便与其父母一起回家看孩子。吴某刚一进家门，柳某就将她推到门外，吴某的母亲欲与柳某理论，柳某不由分说就给了亲家母一记响亮的耳光。吴某的父亲顿时怒火万丈，稍加考虑之后报了警。警察到场后将熊某、吴某带到派出所询问。此后吴某带着两个孩子回到娘家，与丈夫熊某长期分居，以致一年后欲提起离婚诉讼。熊某因坚决不同意离婚，便采取到吴某单位无理取闹、上下班路途跟踪、随时通过电话威胁等方式，致使吴某无法工作和生活，由此吴某更坚定了与熊某离婚的决心。

【专业视点】

1. 熊某与吴某夫妻二人因教育孩子争执不下，引起婆婆柳某不满，吴某被婆婆在过年当中先后殴打了两次，并且波及其母亲，两次均报了警，第一次警察依法告诫了熊某，但是始终没有惊动施暴者柳某，这是家庭暴力在具体处理当中的一个盲点，由此导致家庭矛盾非但没有及时化解而且继续延伸。

2. 熊某作为丈夫，在其母前后两次施暴过程中均处于局外人的角色，在家庭暴力发生后几乎没有作为，任由事态发展，根本没有尽到一个丈夫的职责，即使其没有实施家暴，其在整个事件发生过程当中所表现出的冷漠、放纵都是超乎寻常的。尤其是熊某在吴某提出离婚之后所采取的暴力威胁行为值得关注，这是本案维权当中的一个重要突破点。

3. 吴某作为家庭暴力的受害人，其维权视点一是针对暴力依法应对，二是面对婚姻作出选择，为此家庭暴力所产生的现实后果是非常严重的。

【实务指引】

1. 按照《中华人民共和国反家庭暴力法》（以下简称《反家庭暴力法》）第十六条之规定，公安机关只是向熊某告诫不得再发生家庭暴力，并未向加害人柳某告诫，由此致使柳某肆无忌惮地第二次实施家庭暴力，实际上针对柳某的行为应当适用《反家庭暴力法》第三十三条之规定进行治安管理处罚。若在伤情鉴定之后，吴某达到轻伤以上的程度，还应当依法追究柳某的刑事责任，可是最终两次家庭暴力的结果却导致吴某与熊某两人分居一年且面临离婚的境况，为此吴某在家庭暴力发生之后的个人意愿决定着其维权指向。

2. 在吴某诉讼离婚时，可以按照《反家庭暴力法》第二十三条之规定申请人身保护令，并且依据《中华人民共和国民法典》（以下简称《民法典》）第一千零九十一条第（三）项之规定请求过错赔偿，这里离婚案诉讼与人身保护令申请的一并提起不仅可以节省成本，而且能提高效率，对于当事人和法院来讲都是大有益处的。

3. 关于家庭暴力的举证事宜，在本案当中最直接的就是两次报警记录及其相关询问笔录，至于当事人受伤的照片、就医的证明材料应当容易收集，只是关于熊某在此过程中的表现如何界定，属于一个专业问题。熊某虽然没有对吴某及吴某的母亲实施暴力，但是在吴某与其分居并且提出离婚后，鉴于熊某所表现出的暴力威胁行为可以依据《反家庭暴力法》第二十三条之规定，吴某可以申请人身保护令，并且依法获得过错赔偿。

【成效评述】

1. 吴某在提起离婚诉讼与人身保护令申请之后，法院首先依法发出了人身保护令，接着在离婚案件当中判令熊某赔偿吴某医疗费、精神损失费共计人民币3万元，并且准予吴某与熊某离婚；因熊某存在暴力倾向，故将两个孩子的抚养权判归吴某，房产随之也归吴某所有。

2. 本案的家庭暴力发生在春节，施暴者为受害人吴某的婆婆，熊某作为吴某的丈夫，先是在妻子被其母亲柳某两次殴打时袖手旁观，后又在与妻子分居一年之后面临离婚时以暴力威胁的方式进行骚扰，其前后的表现实际上都是将自己的婚姻越推越远，最终只能事与愿违地被动出局，由此可见家庭暴力的严重危害后果，也再次证明了家庭安宁的重要前提就是远离暴力。

应 对成长
—— 高瑾律师带您走进 80 例新型家事案件

【警言】

> 管教孩子夫妻吵，婆婆出手打儿媳；亲家来劝遭暴力，报警之后回娘家；儿女哭喊要妈妈，三十初二均被打；提起人身保护令，诉讼离婚方解脱。

案例二

临终的离婚愿望

【案情简介】

屈某，60 岁，与丈夫结婚 30 余年，生有一子已成家立业。丈夫葛某嗜酒如命，一旦喝酒就会对屈某施暴，不是肆意殴打就是强行发生性关系。屈某因好面子一忍再忍，但是邻里亲朋都知道屈某是家庭暴力的受害人，也有人劝其离婚，屈某总是下不了决心。一日，屈某在被葛某当众打得吐血之后，被送到医院检查后确诊为肺癌晚期，她对儿子说的第一句话就是"坚决要离婚"。鉴于母亲生命危急，儿子劝导父亲葛某尽快与母亲离婚，因葛某唯恐离婚屈某分得一半财产不同意离婚。屈某认为自己一辈子活得窝囊，在其即将离开人世之前终于鼓足勇气委托律师提起了离婚诉讼，强烈要求分得价值 1000 万元的夫妻共同财产。

【专业视点】

1. 屈某结婚 30 余年，丈夫长期以来对其实施身体及性暴力，屈某由于个人性情的原因，在弥留之际才提起了离婚之诉，这充分说明了其对家庭暴力发自内心的深恶痛绝，案件的结果对于其来讲就是尊严的挽回与财产利益的实现。

2. 家庭暴力在婚姻当中的长期持续存在，对于受害人的伤害是从身体到心灵并贯穿其整个生活过程之中的，受害人越是生命有限，维权的紧迫性就越强，无论是财产方面还是人身方面都面临严峻的挑战，尤其是专业技巧的有效运用对于案件的结果将会产生重要的影响。

3. 本案维权时间紧、任务重，专业实务操作依赖的证据历时长，取证、质证及认证方面与客观事实存在一定的差距，如何选点非常关键，稍有不慎，结果会大相径庭。

【实务指引】

1. 关于屈某家庭暴力的举证，除了可以从病历、照片、亲朋好友及邻居的证人证言角度入手进行全面收集之外，还可以与其儿子进行深入沟通，以便获取采信度高于普通证人的直接或间接证据，进而确定葛某家庭暴力长期存在的客观事实。同时，在与他们的儿子沟通时可以尝试引导其采用恰当方式说服其父葛某与其母屈某进行庭外调解，从而尽力维护家庭的对外形象。

2. 葛某与屈某共同生活30余年，虽然葛某长期对妻子实施家庭暴力，但是即便是暴徒，其也有良心发现的可能，家暴的持续存在往往并不能完全否定双方之间的夫妻感情，施暴者主要是欲用暴力控制家庭成员的精神与行为，在屈某离世前的短暂时间里，葛某对于屈某离婚诉讼请求的抗辩及其具体处理办法在本案当中非常关键，从专业角度讲，必须审时度势地做出特别功课。

3. 屈某在离婚诉讼当中既注重人身关系的解脱，更需要在财产方面获得利益最大化的效果，故此针对1000万元诉讼请求的依法支持，代理律师务必从证据到事实、从法律到人性进行深入考量，确定整体策略，并且以有形的证据真实地展现在对方当事人乃至法官面前，以此获得良好的效果。

【成效评述】

1. 屈某的代理律师经过努力，不仅获取了能够证明葛某长期以来对屈某实施家暴的有力证据，而且在其儿子的疏通下与葛某进行了10余次的对抗、争论与沟通，从情、理、法三个维度对葛某的违法行为与处事价值观进行全面剖析，明确指出了解决婚姻冲突的现实路径，最终葛某流下了悔恨的泪水，给妻子跪下了，将其名下价值1500万元的财产转至儿子名下，随后屈某撤诉，她临终前最后的愿望终于实现了。

2. 家庭暴力危及生命，婚姻与生命相比，生命第一，婚姻可有可无。家庭暴力具有轮回性，通常有聚集期、爆发期、蜜月期，周而复始呈现，一旦开始很难止步。因此面对暴力，第一次一定要说"不"，零容忍是维权的基点。

3. 家庭暴力不仅摧残受害人的心灵和人身，而且时常会毁掉一个家庭，尤其会对家庭中未成年人的心理造成终生挥之不去的阴影，为了家庭的宁静与祥和，所有成员都应当"好好说话，杜绝暴力"。

【警言】

> 丈夫家暴数十年，无视婚姻和儿子；妻子一忍又再忍，患上绝症命短暂；临终坚决要离婚，对症下药重调解；如愿以偿两清了，财产尊严双保全。

案例三

身无分文的女友

【案情简介】

姚某，女，40岁，她带着6岁的儿子与城中村的男友武某同居，三个人的日常开支依靠武某的房租收入。武某在家中说一不二，大事小情姚某都得听从武某的旨意，以至于姚某每天都要向武某讨要买菜的钱。同居12年来姚某总感觉到自己是"保姆"，既不能随便说话又没有安全感，时常暗自神伤。某日，姚某的儿子因参加学校篮球比赛急需500元参赛费，姚某打电话联系不上武某，便向邻居借款垫付。武某得知后，不问青红皂白就出手将姚某的鼻梁骨打断了，右臂打折了，眼底打出血了。姚某在邻居的陪同下到小诊所进行了简单处理就回家了，武某再三告诫姚某不得报警，否则其父母、儿子等亲属不得安宁。姚某迫于无奈一直不敢吭声，半个月后被其兄发现病情日益严重，虽多次与武某交涉但无任何结果，无奈以受到伤害为由向警方报案。随后经公安机关委托鉴定，姚某的伤情属轻伤，姚某依法要求追究武某的刑事责任并且承担民事赔偿责任。

【专业视点】

1. 姚某与武某在同居当中基于经济地位不平等而形成了双方日常处置财产权限上的悬殊，即便是姚某为自己的儿子向他人小额借款，也惹恼了武某，招来了一顿暴打，这是家庭暴力发生的现实背景。

2. 由于姚某母子在经济上依赖武某，为此在武某面前毫无话语权，即便是姚某因自作主张被武某打伤后，也只是在小诊所进行了简单治疗就回家了，根本没有想到如何维权，由此可见其法律意识的淡薄。

3. 姚某后来之所以提起刑事诉讼，主要是因为伤情的发展超乎预料且已达到自己无法处置的程度，一旦提起维权，两人之间的同居关系只能一拍两散，姚某母子生存的经济基础就会倒塌。

【实务指引】

1. 按照姚某系轻伤的鉴定结论，一方面，姚某可以按照《中华人民共和国刑法》（以下简称《刑法》）第二百三十四条之规定追究武某的刑事责任并且提起刑事附带民事赔偿程序，这样虽然解气又公平，但是姚某母子日后的生活是否可以有新的保障，这是一个非常现实又紧迫的问题，姚某必须慎重考虑。另外一方面，姚某可以与武某进行和解，以不追究武某刑事责任为筹码，同武某在经济赔偿方面协商进而达成共识，由此回归家庭生活，继续依靠武某养活其母子二人。

2. 姚某针对家庭暴力案件所做出的个人抉择，对于最终维权结果起着关键性的作用，不管她是出于何种考虑，选择哪一条路径，其真实的意思表示都应当得到尊重，这是本案的一个核心事项。

3. 姚某经过再三考量，选择了与武某进行民事和解的解决办法，并且在律师的帮助下双方达成了一致协议，姚某母子的生活有了保障，武某也有所悔悟。

【成效评述】

1. 姚某与武某在协议当中达到了各自的目的，即武某向姚某道了歉，姚某获得了5万元的医疗费与10万元的"生活保障金"，武某还保证以后每月给姚某母子2000元的生活费；武某虽然在经济上有所付出，但是免去了牢狱之灾，还留住了姚某母子与其继续一起生活。

2. 家庭暴力发生的根源在于施暴者对于受害人强烈的控制欲望，本案当中，武某对姚某不仅存在经济制裁，而且存在身体暴力，其诱因在于武某处于经济上的优势地位，这也是暴力发生的内在因素。由此，在涉及家庭暴力案件中，对于双方当事人在共同生活期间经济能力及其贡献大小值得特别关注。

3. 家庭暴力的主体范围依照《反家庭暴力法》第三十七条之规定："家庭成员以外共同生活的人之间实施的暴力行为，参照本法规定执行。"同居的男女及其共同生活的人都适用这一条款，应当看到同居者之间发生暴力的几率乃至造成的危害性通常大于普通家庭暴力，因此同居的人群应当更加注意个人人身及其财产权益的保护，并在遭遇家庭暴力后应当依法积极维权。

【警言】

> 同居经济靠男友，身无分文度日难；儿子要钱邻居借，一经发现遭暴打；多处受伤仍隐忍，病情发展够追刑；母子生存须保障，调解获赔事了结。

第一章
家暴的后果

案例四

来自儿子的报复

【案情简介】

裘某,男,38岁,离婚12年,一人单独抚养14岁的儿子。因孩子学习成绩不佳,裘某时常除了说教还以暴力惩罚孩子,父子关系紧张。某日裘某因单位加班劳累,回家后倒头就睡,未能按时给儿子作业上签字。儿子在先后三次叫不醒父亲的情况下,拧了父亲大腿一下,父亲用脚踢了儿子后又睡着了。直到凌晨1点,儿子等得太久不免心生埋怨,又联想到父亲平时对自己拳脚相加的一幕幕,一气之下用厚被子捂到父亲的头上,并且说:"叫你睡,睡死了才好。"大约过了几分钟,孩子似乎感到父亲出气的声音不大对劲,掀开被子,发现父亲一动不动,顿时吓哭了,并且拨打了110求助。警察到场后,看到父亲在骂自己的儿子:"你差一点捂死了我,没良心的东西,我一个人养你容易吗?"警察询问孩子:"你为什么要用被子捂你父亲的头?"孩子回答:"他平时老打我,我不敢打他,今天他又不给我签字,我趁着他睡着了想教训一下他。"随后警察又问了孩子的年龄,并且告诫父亲在管教孩子时不得使用家庭暴力,又明确告诉孩子:"你14岁就敢报复父亲,幸好未造成严重的后果,以后必须改正,我们要对你进行行政处罚,你们等候结果吧。"警察走后父子两人抱头痛哭,父亲为了使儿子免于拘留,委托律师与警方交涉。

【专业视点】

1. 裘某一人抚养孩子,其中的酸甜苦辣不言而喻,对孩子爱之深,恨之切。父亲打孩子是常见的一种管教方式,父亲作为男性在每一次打孩子时可能没有充分关注孩子的内心感受，长此以往会让父子之间形成心理隔膜。孩子由于年龄的限制难免在特殊的情况下产生报复言行，很有可能酿成大祸。这是未成年人在控制自己行为能力方面的弊端，必须引起家长的足够重视，裘某恰恰是忽略了儿子幼稚的报复心理。

2. 家庭暴力的发生与家庭氛围密切相关。本案中父子俩的单亲家庭结构类型造成了孩子身心两方面的孤独与无助，在没有其他家庭成员参与的前提下，孩子对于父亲的付出理解不够，再加上两人之间的沟通不畅，孩子自作主张的报复行为是有其存在土壤的，但是父子俩对此都没有正确认识。

3. 裘某作为父亲，其对儿子实施家庭暴力的行为具有违法性。儿子作为未成年人对父亲以暴抗暴的行为虽然尚不构成刑事犯罪，但违反了《中华人民共和国治安管理处罚法》（以下简称《治安管理处罚法》），面临被行政制裁的危机。

【实务指引】

1. 按照《中华人民共和国家庭教育促进法》（以下简称《家庭教育促进法》）第二十三条之规定，父母不得对未成年的子女实施家庭暴力，父母应当依照《中华人民共和国未成年人保护法》（以下简称《未成年人保护法》）第四条"坚持最有利于未成年人的原则"之规定全面履行其抚养义务，即使未成年人有不良行为，父母也应当先从自身找原因，并且采取恰当的方式及时矫正子女的不良行为。本案中裘某对孩子虽有爱心，但是没有全面尽到抚养责任。

2. 裘某的儿子在报复心理驱动下对父亲所采取的还击举动，仅从行为性质上讲已经濒临犯罪，只是年仅14岁且危害后果未达到重伤的程度，才不按犯罪处理，但是按照《治安管理处罚法》第四十三条之规定："殴打他人的，或者故意伤害他人身体的，处五日以上十日以下拘留，并处二百元以上五百元以下罚款；情节较轻的，处五日以下拘留或者五百元以下罚款。"裘某一再表明不管付出什么样的代价他都要确保儿子不被拘留。据此律师让裘某以受害人的身份出具谅解书，然后针对孩子在故意伤害父亲之后的积极救助行动及其悔过表现撰写了书面材料，在此基础上律师又通过与公安机关的有力沟通，争取孩子能够按照《治安管理处罚法》第十二条之规定减轻处罚。

【成效评述】

1. 经过律师的不懈努力，公安机关因裘某与儿子已经达成了谅解，并且充分考虑父子二人生活的实际状况，最终仅对裘某的儿子单处罚款500元，免于行政拘留，同时责令裘某对孩子严加管教。尽管这样的结果让裘某父子都感到一丝安慰，但是其中的酸楚值得品味。

2. 家庭暴力不仅危及每个家庭成员的安全，而且影响每个成员的身心健康成长，家庭暴力的危害后果通常不限于家庭范围内，家庭暴力不是"私事"，而是关乎社会和谐与稳定的"公务"，家庭暴力的施暴者应当受到法律的制裁。

3. 家庭暴力的发生惯常是以特殊环境为前提的，其中家风、家教蕴含之中，并且当前已上升到法律的高度。其一，《民法典》第一千零四十三条规定："家庭应当树立优良家风，弘扬家庭美德，重视家庭文明建设。"其二，《家庭教育促进法》第十五条规定："未成年人的父母或者其他监护人及其他家庭成员应当注重家庭建设，培育积极健康的家庭文化，树立和传承优良家风，弘扬中华民族家庭美德，共同构建文明、和睦的家庭关系，为未成年人健康成长营造良好的家庭环境。"作为家庭成员的每一个公民均应当提高个人认知，并且依法规范自己的行为，以防日常疏于正向家风、家教传承，由此而陷入违法犯罪之中。反对家庭暴力应当从树立优良的家风、家教开始，从家中长辈的言传身教做起，文明有序的家庭杜绝暴力，守法的公民应当远离暴力。

【警言】

> 父亲一人养儿子，说教打骂习为常；儿子埋怨欲报复，一时糊涂做错事；求助警方被告诫，父子两人悔不已；专业维权处罚轻，拘留免去严管教。

应对成长
——高瑾律师带您走进80例新型家事案件

案例五

主人因保姆身亡

【案情简介】

关某，60岁，结婚35年，与丈夫权某共同打拼多年并拥有两家资产总值过亿的家族企业，近10年来成为全职太太，儿女在外地，聘请一年轻保姆小菲打理日常家务。起初小菲脑子灵光、干活麻利，很快赢得了关某与丈夫权某的信任，但随着时间的推移，小菲对关某越来越不敬，以至于后来关某竟然要看小菲的眼色行事。一日，关某因背着权某给娘家父母通过小菲私自转账100万元，在丈夫面前不敢声张，由此小菲肆无忌惮地对关某的言行进行干涉。小菲还向关某提出她每天要外出晨练2小时、午休1小时，每个周六周日休息2天以及酬劳每月增加至10000元的要求，同时让关某保证至少在3年内不辞退她，关某因有所顾忌答应了这些条件。可是后来突发疫情，小菲在多次要求关某支付双倍报酬无果的情况下，居然趁关某冠心病发作之际逼迫关某满足其个人欲望。关某当时无奈默认，事后却没有兑现，致使小菲整天对关某横挑鼻子竖挑眼，并且以关某私下转款100万元之事进行要挟，由此保姆与女主人之间的矛盾日益激化。最终两人在一次激烈争吵之后，小菲用水果刀刺向关某的腹部，关某倒在血泊中，后经抢救无效死亡。

【专业视点】

1. 保姆与雇主之间基于利益产生的冲突，时常或多或少地表现在日常生活中，一旦保姆的利益需求得不到满足，主雇双方的日常相处就存在危机。消除危机的办法有二：要么解除雇佣关系，要么进行利益调整。本案中正是因为双方长期的不和导致两个女人之间的敌意越来越深，以至最后保姆因泄私愤而杀死女主人。

第一章
家暴的后果

2. 保姆为雇主提供劳务的场所多在私密的家庭环境中，双方同在一个屋檐下的共同生活模式意味着只要一方不满意，另一方很可能存在人身和财产两方面的隐患，家庭暴力的发生是双方矛盾激化的极端表现，为此和谐关系的创建与维系就显得格外重要。作为雇主，应当时刻注意，随时防范，以便将危机化解在萌芽状态。

3. 雇主与保姆在长期相处中，必须注重双方矛盾的及时有效化解，不能任由双方之间的积怨恣意加深，针对家庭暴力事件，双方不管是对法律的遵守还是对在道德层面的自我要求都一定要有边界，千万不要以身试法，既害人又害己。

【实务指引】

1. 本案中保姆小菲依法承担刑事责任、刑事附带民事赔偿责任毋庸置疑，只是针对处理结果需要做专业功课，其中民事赔偿责任的担当非常重要，辩护律师可以与小菲及其亲属进行深入沟通，尽量筹集资金主动承担民事赔偿责任，以期获得关某丈夫等近亲属的谅解，从而获得相对从轻的刑事处罚。

2. 由关某家里的客观经济条件可以作出初步判断，其近亲属对于民事赔偿的诉求通常非但不积极而且很有可能主动放弃，故此辩护律师在与关某的家人们进行沟通当中必须讲求方式方法，尤其是注重关某丈夫或者其他决断人的意愿及其性情，以便有的放矢地展开工作，力争取得良好的效果。

3. 辩护律师在履职当中应当从客观证据入手，积极寻找对保姆小菲有利的各种证据，同时注重与小菲的沟通，侧重了解其家庭背景、成长经历、案发时的主观心理，同时对于小菲与关某在生活当中的习惯以及案发的经过与细节进行全面专业梳理，从而尽最大可能找出客观现实的突破点，进而为有效辩护奠定坚实的基础。

【成效评述】

1. 经过辩护律师的多方努力，最终关某的丈夫因对妻子的死亡自身有愧疚之心，故既未提起刑事附带民事诉讼，也不接受小菲家里东拼西凑的10万元赔偿款,还向法庭出具了要求对小菲从轻判处的书面意见,希望能够给农村年轻女性一个洗心革面、重新做人的机会。故此小菲被判处无期徒刑,剥夺政治权利终身。

2. 保姆实施家庭暴力致使雇主丧命,后果非常严重,令人痛心疾首,这一切皆源于双方在利益上的冲突,再加上生活在同一环境下两个女人之间相互不满、矛盾的日积月累,此乃"不在沉默中爆发,就在沉默中灭亡",终于导致悲剧发生,女主人丧命,保姆身陷囹圄,法律惩处之后引发的思考是沉痛的,教训是深刻的。

3. 家庭暴力的危害范围不限于家庭成员之间,来自保姆的家庭暴力应当引起所有家庭成员及社会的关注。保姆打工表面看只为金钱,可是保姆的到来也会给家庭带来一系列的问题,主雇双方在个人性情、言行举止、兴趣爱好、价值取向、道德品质、法律意识等方面存在的重大差异需要特别关注,尽管雇主在家庭范畴似乎掌握主动权,但是保姆在家庭当中的便利条件足以做出侵害雇主人身与财产的事情,为此雇主的安全与保姆密切相关,为了有效防止保姆的侵权行为,雇主必须在日常生活当中关注保姆的思想动态,及时矫正其错误言行,积极防范意外事件的发生,并尽可能地与保姆建立友好和谐的相处人际关系,由此确保自己及家人生活在安全的环境当中。

【警言】

> 夫妻打拼家殷实,女主转款给娘家;隐瞒实情夫不知,保姆以短常要挟;家庭暴力老妪亡,被告难逃法制裁;辩护得力获谅解,减轻刑罚唤良知。

第二章 出轨的代价

> 婚内出轨,从主体上讲,男女均可;从时间上看,结婚以后离婚之前皆有可能;从场合上看,遍布任何空间;从无过错方角度讲,精神与物质损失兼具;从法律后果上看,只要有行为必将付出代价。婚外情是婚姻的一大杀手,是夫妻双方应当禁止的行为,是必将受到法律惩罚的行为,是被道德严厉抨击的行为,为了家庭的健康与稳固,每个家庭成员必须自觉、自律,远离第三者、杜绝婚外情。

案例一

财迷妻净身出户

【案情简介】

小华,男,30岁,在日本留学期间与同学小美相识,因小美贪恋小华家里殷实的家境,不久两人建立恋爱关系。两年后双方回到中国登记结婚,小华子承父业成了注册资本为1000万元的 A 餐饮有限公司董事长,儿子出生后,三口之家其乐融融。妻子小美事业心很强,小华一直支持其在职场打拼,从来不过问小美工作当中的任何事项。某日,小华在无意间翻阅小美手机微信时,意外发现了妻子与其上司胡某关系暧昧,随后派人跟踪又获得了小美与胡某姘居的住所。小华痛定思痛之后选择了离婚,并且试图让小美净身出户,可是小美不但不承认自己多次出轨,而且埋怨小华对自己情感需求的长期忽略。小华为了在确保利益最大化的前提下尽快从婚姻当中解脱出来,前来律所求助。

——高瑾律师带您走进80例新型家事案件

【专业视点】

1. 针对小华通过离婚欲达到使妻子净身出户的诉求，律师明确告诉小华，妻子即便是存在与第三者同居的行为，作为无过错的一方，在依法举证的前提下可以按照《民法典》第一千零七十九条第二款第（二）项经调解无效后一次性离婚，并依据《民法典》第一千零九十一条第（二）项请求损害赔偿，至于"净身出户"是没有明确法律规定的。

2. 关于儿子的抚养权归属，小华坚持自己抚养，根本不能接受妻子离婚后带着3岁儿子与第三者一起生活的结局。律师回应道，抚养权确定的原则是父母双方谁更有利于孩子的身心健康成长，若诉至法院，需要积极举证，小华并非一定能够争取到儿子的抚养权。

3. 对于财产的处置，从专业上讲需要细化梳理财产具体内容并且依法界定财产属性，小华应当着手积极收集相关证据。目前双方明确的主要财产，即婚前小华父母通过按揭贷款方式购买的价值1000万元的婚房、婚后小华父母借儿子名义购置的价值2000万元的商铺、婚后小华在A餐饮有限公司获得的30％股权以及小华名下现有存款1000万元，这些财产的形成时间、属性变化以及小华依法能够争取到的最大额度均与离婚诉讼当中的财产分割密切相关，作为小华的代理律师必须深入实地进行调查核对、梳理，并且在征求当事人意见之后对于所有财产的归属提出具体诉讼主张，以便在诉讼当中通过专业技巧的全面施展最终赢得良好的裁判结果。

【实务指引】

1. 尽管小华已经掌握了妻子小美与第三者胡某同居的间接证据，但是不能依法证明小美客观上存在过错行为，小华孤注一掷地继续派人盯梢，收效却不大，代理律师建议与小美直接沟通，及时尝试能否以调解的方式协议离婚。接着代理律师在与小华深入沟通后，主动联系小美，小美及其代理人与小华的代理律师历经多次谈判，针对小华名下的巨额财产进行专业辨析，并且在充分阐明现实利害的前提下，小美按照第三者胡某的意见终于愿意考虑在财产方面做出妥协，由此为双方离婚案件的非诉讼调处奠定了基础。

2. 小华在儿子抚养权问题上一路跟进，代理律师建议其放宽小美作为母亲探视儿子的具体条件，采用以退为进的方式积极争取孩子的抚养权。就本案来讲，3岁的儿子一直由小美与小华的母亲共同照顾，孩子与母亲的关系比与小华的关系亲密，即使小华在物质上的条件远远优于小美，可是按照《民法典》第一千零八十四条第三款之规定，即按照最有利于未成年子女的原则，小华获得孩子抚养权的几率并不大，为此最切实有效的办法就是尽量保障小美的探望权，在双方真诚沟通的氛围下促使小美主动放弃儿子的抚养权。

3. 离婚纠纷聚焦双方是否同意离婚、子女抚养权归属以及财产分割三项，在促使双方达成一致性离婚协议当中应当充分注重三者之间的相互依存、相互制约的对立统一关系，关于离婚具体条件的最初设定与适时调整，代理律师应当根据当事人的意愿做出专业、恰当的功课，以此才能在协议离婚时助当事人一臂之力。

【成效评述】

1. 小华在律师的专业策划与积极帮助下，通过非诉讼调解方式不仅获得了孩子的抚养权，而且在财产上因小美最终出于多种考虑同意净身出户而最大化保全了，既节省了成本，又顾全了面子。

2. 婚姻的本质是交换，无论是爱还是财产都容不得虚情假意，人身第一，财产次之，小美因贪恋财产走进婚姻，在小华不能满足其对丈夫的要求时发生婚外情，以致最终无奈净身出户，其内心的挣扎与纠结可想而知。由此可以得出：有爱才有稳定的婚姻，金钱的诱惑不能阻挡无爱婚姻走向消亡的脚步。

3. 离婚必须考虑时间、金钱、颜面以及分手的方式，非诉讼调解不失为一种灵活、便捷的方式。调解看似简单，实际上蕴含着专业视角、实务技能以及对人、事、财的综合考量与准确把握，律师的介入常常可以达到事半功倍的效果，对于当事人来讲，在夫妻矛盾爆发之后，以非诉讼调解的途径解决现实问题应当成为首选。

【警言】

> 东洋留学财牵线，归来结婚又生子；貌似恩爱幸福浅，妻子出轨一拍散；财产孩子起争议，专业梳理重沟通；明知过错有理性，净身出户协议离。

案例二

离婚前不容任性

【案情简介】

于某，女，38岁，大学教授，与硕士学历的丈夫吉某结婚3年，两人自始至终性情不合，再加上双方家境、家教相差甚远，经分居1年后，双方经协商达成一致离婚协议。不久男方被单位外派工作1年，离婚手续一直未办。于某认为自己已经与丈夫吉某再无瓜葛，恰遇其多年未见的初恋情人从外地赶来探望，两人在互诉衷肠之后，一时兴起在酒店开房共度良宵。不料被吉某之弟看见后跟踪至房间，并于凌晨3点破门而入，发现现场女方穿睡衣坐在床上，男方赤裸上身刚从卫生间出来。于某当时声称小叔子侵犯其个人隐私，小叔子大骂嫂子，以至于在警方介入后双方才离开现场。随后吉某提起离婚诉讼，同时要求于某过错赔偿10万元。于某为顾全面子委托律师代理其离婚诉讼。

【专业视点】

1. 按照《民法典》第一千零九十一条第（五）项之规定，即无过错方有权就配偶"有其他重大过错"情形请求损害赔偿，但是应当看到其适用的前提是须针对所谓"重大过错"事实依法进行举证，本案当中吉某的弟弟虽然深夜闯入现场但并未"捉奸在床"，这样在举证不力的前提下，吉某提出的过错赔偿诉讼请求是不会得到法院支持的。

2. 于某提出结婚时其父母以终生积蓄陪嫁 60 万元，分数次打入吉某的个人账户，该款项应当予以返还。针对于某该主张，律师认为应当参照《最高人民法院关于适用〈中华人民共和国民法典〉婚姻家庭编的解释（一）》（以下简称《最高人民法院关于适用〈民法典〉婚姻家庭编的解释（一）》）第五条第（三）项关于返还彩礼之规定积极主张权利，并充分提供相关证据，力争获得法院的全面支持。

3. 关于双方各自名下的现有存款，在案件审理当中争议很大，律师建议于某在仔细查明其个人存款额度后再慎重决定如何现实维权，因为当事人之间在分割对方财产时，同时也被对方分割，经济账必须算明白，否则很有可能得不偿失。

【实务指引】

1. 本案关于离婚问题双方无异议，针对财产利益争议很大，于某要追回嫁妆 60 万元，吉某要讨回面子主张过错赔偿 10 万元，至于两人名下存款的分割更是争吵不休。因此本案在举证责任的分配方面是明确的，可是证据的收集及其证明效力在现实当中是面临挑战的。

2. 尽管针对吉某提出的过错赔偿请求，于某依法可以不付出金钱的代价，但是并不意味着于某可以堂而皇之地逃避法律的制裁，尤其是在嫁妆是否能够依法返还的问题上，法院是有自由裁量权的，于某对此应当予以重视。

3. 本案中于某对于双方名下存款的关注及其主张，从现实的角度讲对其整体诉讼弊多利少，因为于某的收入远远高于丈夫吉某，故此应当以客观、理性的思维处置该项利益。

【成效评述】

1. 经法院两次开庭审理后，判决准予离婚，吉某返还于某嫁妆 30 万元。吉某提出的 10 万元过错赔偿请求因举证不力被驳回。

2. 从法院判令吉某返还于某 30 万元嫁妆来看，于某在相关举证责任的履行上还是尽力做足功课了;从吉某过错赔偿请求被驳回来看,其举证不力的客观局势是没有被排除的;从于某放弃分割双方名下存款的处置行为来看,她最终还是接受了律师的专业建议。

3. 离婚是一项重要的法律行为,只要未办理协议离婚手续或者通过诉讼方式离婚,即使双方已经达成离婚共识甚至长期分居,其婚姻关系在法律上也并未解除,双方仍要恪守夫妻之道,切忌以已"商定离婚"为由而忽略各自权利义务的履行,进而使自己因所谓的"出轨"而受到法律制裁。

【警言】

> 高学历同乡结婚,女强男弱两不和;决定离婚未登记,偶遇初恋进酒店;小叔得知破门入,丈夫离婚索赔偿;举证难题未克服,法院判决尘埃落。

案例三

私家车里留痕迹

【案情简介】

白洁(化名)与吴创(化名)是大学同学,两人后来又在一个单位工作,父母也是同事,经半年恋爱后登记结婚。婚后自白洁生了儿子,吴创就让妻子白洁在家专门照看孩子达5年之久。白洁一再要求聘请保姆管孩子,吴创因不放心孩子不予答应。吴创平时为了安抚白洁虽然不断地给她买奢侈品,但是白洁总觉得自己做全职太太和丈夫越来越远,不时过问其行踪。一日,白洁因偶然在私家车里发现了一瓶香水,便在车里安装了智能监听器,10天后从中获得了丈夫与女同事三次发生性关系的现场录音。白洁坚决要离婚,吴创先跪地求饶,又在当场写了悔过书,尤其是保证以后不再与任何女人有任何不正当男女关系,一旦再犯,孩子与其名下3套住房均归属白洁。此后,两人仅勉强过了3年离婚大战就拉开了，白洁以吴创长期出轨且屡教不改为由提起离婚诉讼，要求丈夫净身出户，并坚决主张抚养儿子。吴创仍不同意离婚，但深知婚姻已经无法挽回，对于儿子与财产他都不想失去，为此委托律师答辩应诉。

【专业视点】

1. 白洁通过私家车监听到的吴创多次出轨的录音材料，在吴创写下悔过书并保证日后不再犯同样错误的前提下，该过错事实在法律上是可以予以认定的，白洁据此可以按照《民法典》第一千零九十一条第（五）项提出过错赔偿请求。

2. 关于吴创在其悔过书当中称"保证以后不再与任何女人有任何不正当男女关系，一旦再犯孩子与其名下3套住房均归属白洁"，该保证内容在离婚案件当中系双方争议的焦点，姑且不论孩子的抚养权归属事项，仅就3套房子在离婚时如何归置，在实践当中是存在争议的：一方面从有效协议的角度来讲，3套房子应当归属白洁；另一方面从夫妻财产权利保护与过错赔偿的额度依法把握的视角出发，即以吴创婚内出轨的过错行为剥夺其财产权利，在法理层面有失公允。因为针对过错赔偿法律有明文规定且其额度受到严格限制，并非出轨就必然承担净身出户的后果，同时以剥夺财产权利的形式补偿无过错方因人身权利受到的精神损害，在权利交互当中内容也不对等，这一点对于吴创来讲是其维权的一个重要视点。

3. 本案当中双方争议的另一项内容就是孩子的抚养权，按照《民法典》第一千零八十四条第三款之规定，5岁儿子抚养权的归属应当从"最有利于未成年子女的原则"的角度出发，现实对比父母双方在抚养孩子具体条件与个人实力等方面的差异，最终将孩子交由相对有利孩子成长的一方抚养，而并非是无过错方依据双方协议约定内容就获得儿子的抚养权。

【实务指引】

1. 本案由于涉及个人隐私，白洁与吴创两人最好以庭外和解的方式化解矛盾为上策，法院调解结案次之。可是根据双方在财产权益与孩子抚养权方面的重大争议，调解的难度不可回避，不管成败如何，必须大胆尝试，从而不轻易放过解决问题的任何一个机会。

2. 离婚尽管在所难免，但是针对现实问题的处置，吴创的代理律师必须将吴创因在婚姻当中的过错而依法应当承担的法律责任明确地告知白洁一方，并且针对孩子抚养权的问题与其进行深入沟通，促使对方能够依法、客观、现实地考量其诉讼请求，进而为双方日后调解工作的有效展开奠定基础。

3. 离婚、孩子抚养权确定、财产归置在本案当中应当统筹兼顾，作为被告的吴创可以答辩不同意离婚，并可以主张自己抚养儿子，这两项内容的确定对于白洁来讲是极具压力的，即便是最终不能得到法院的支持，但是作为诉讼策略应当予以适时运用，至于财产的归属，尽管司法裁判结果不尽一致，但是吴创依法能够获得财产权益，这一点是毋庸置疑的，白洁要求被告吴创"净身出户"的目标通常是不能实现的，当然，作为吴创的代理律师必须在整个诉讼过程中极力做足专业功课。

【成效评述】

1. 吴创一方与白洁的代理人进行了数次沟通，终于在法庭辩论之后的调解环节达成了一致的协议，双方自愿离婚；儿子由白洁抚养，吴创每月支付3000元抚养费，每月可探望4次；吴创名下3套住房，离婚后2套住房归白洁所有，1套归吴创所有。这样一来，双方之间的关系缓和了，父母与儿子的相处氛围平和了，白洁与吴创各自的生活趋于平静了。

2. 本案从法律层面讲，吴创就过错赔偿应当承担的法律后果依法是有限度的，并非是"净身出户"的结局，当事人一般都存在认识误区，作为专业律师必须准确把握、耐心疏导，并且通过其专业技巧的有效运用，积极促成现实矛盾的化解，从而尽早将当事人从诉讼的纷争当中解脱出来，这是律师对当事人交出的真实答卷，其中的付出不言而喻。

3. 关于出轨证据的收集在本案当中表现突出，既在私密空间又在有痕迹的时段，其录音内容能够说明吴创与第三者之间发生了性关系，在后来的悔过书之中也印证了其过错的客观存在，故此本案的维权格局因过错赔偿主张举证有力而走向明晰。在此前提下，吴创依法维权的空间是需要准确把握的，并且通过有效的方式予以最大化实现。

【警言】

> 同学结缘生子喜，丈夫车里常出轨；妻子监听留证据，悔过保证屡不改；离婚诉讼争议多，专业辨析方向明；打磨梳理寻路径，和平分手纷争止。

案例四

漫长的身心俱痛

【案情简介】

江女士，65岁，疫情期间某日中午12点，因离婚财产分割发生重大争议被丈夫胡某打得鼻青脸肿。她声称丈夫自结婚40年来一直在外与多名女性有染，为此两人长期闹离婚，因女儿以死相逼故没能分开。近来由于丈夫急于同第三者结婚，离婚问题亟待解决，只是价值2000万元的3套房产处置困扰着双方，为此希望律师指点迷津。

【专业视点】

1. 根据江女士提供的3次报警记录及2次治安处罚决定书，既可以丈夫存在家庭暴力事实，按照《民法典》第一千零九十一条第（三）项之规定主张过错赔偿，又可以依据《反家庭暴力法》第二十三条第一款申请人身保护令，这是离婚纠纷应当关注的首要问题。

2. 江女士持有丈夫与两名第三者存在不正当男女关系的照片、视频、聊天记录，以及相关证人证言等证明材料，虽达不到法定的举证要求，但作为无过错方依法享有请求过错赔偿的权利，因此应当采取有效措施积极维权。

3. 长期以来，双方婚姻存在现实危机，之所以没有离婚，是由于女儿的拼命阻止，鉴于目前丈夫胡某对离婚问题已经迫不及待的现实情况，离婚已经成为不可回避的事项，江女士必须直面现实，并依法及时维护个人权益，充分认识到人身安全第一，财产权益也很重要。

【实务指引】

1. 律师在面对老年妇女离婚案件时，一定要耐心地听其诉说，反复征求其具体意见，并且对于其敏感的话题用通俗易懂的语言予以专业回应，尤其是在离婚、重婚、家庭暴力维权等具体事项的处置方面，务必准确表述、有形留痕，以免日后产生争议，甚至带来意外的执业风险，本案当中江女士针对丈夫家庭暴力与婚外情行为的具体维权路径的选择，需要律师特别关注并反复征求、明确其个人意见。

2. 不管是婚外情还是家庭暴力的现实维权，对于老年妇女来讲，最终的落脚点应该是实体利益的补偿实现，作为无过错方应当依法极力维权，专业维权责任的履行一般须由律师代理，而且律师代理义务的完成必须依靠委托人的全力配合，稍有差池很可能陷入尴尬境地。

3. 通过对案情的分析，可以看出江女士与丈夫胡某在个人维权实力上的差距是明显的，客观上丈夫对其人身已实施过家庭暴力，目前也存在暴力威胁，为此，在离婚纠纷处理当中一定要随时预防胡某对其再次实施暴力或者暴力威胁，应当看到只要出现暴力，受伤的乃至财产被侵害的一定是江女士，生命只有一次，切忌因为疏忽大意或者过于自信而使弱势的一方陷于危险的境地。

【成效评述】

1. 江女士在律师的指引与帮助下提起了人身保护令，胡某在人身保护令的威慑下，既不敢肆意行事，也不敢以暴力逼迫江女士放弃依法享有的财产权利，再加上江女士随后及时提起了离婚诉讼，在律师与法院的有力配合下，江女士通过离婚判决获得了价值1200万元的2套房屋，终于结束了与胡某漫长而痛苦的婚姻。

2. 通常婚姻当中只要存在婚外情，家庭暴力的爆发只是迟早的事情，遭受双重违法行为侵害的无过错方面临的身心压力都是超乎寻常的，如果沟通方式不当很有可能使其丧失追求公平正义的信念，由此还有可能使他们在痛苦当中停止挣扎乃至放弃权利，这样的结局应当是背离法律初衷的，更是对违法者的一种放任与纵容，作为律师应当坚守执业信念，尽力为弱者提供行之有效的维权帮助，让法律的温暖照耀在他们的心坎上。

3. 对于弱者在法律上的支持不仅限于律师的不懈努力，而且来自法院的正义力量将会使他们能够从困境当中解脱出来，其中律师的积极沟通、专业举动乃至公益付出都会从不同角度将案件引向一个公正的界面，进而为当事人的维权带来新的契机与好的结局。

【警言】

> 夫妻结婚四十年，丈夫不忠又不敬；家暴不断身心痛，女儿死逼难离婚；万般无奈问律师，人身保护第一位；实体利益当保全，专业维权获新生。

案例五

丈夫的儿子来了

【案情简介】

黄某，女，私企老板，与来自农村的晁某在夜店相识，两人相交不到3个月就登记结婚了。婚后生有一儿一女，晁某在黄某的帮助下也开了一家餐饮店。结婚10年两人虽无争吵，但关系一直不融洽。随着生意越做越大，晁某经常夜不归宿，黄某开始还过问一下，后来忙于照顾孩子也懒得再问。黄某在婆婆的一次寿宴中见到晁某带一个7岁左右男孩前来,当时晁某只是称朋友的孩子来凑凑热闹。不料随后晁某从黄某银行卡一次转走10万元,黄某追问其用途,晁某便告诉黄某款项用于其7岁的非婚生子(黄某寿宴见过)小学借读花费,并向黄某提出了离婚要求。黄某顿时惊慌失措,前来律所求助。

【专业视点】

1. 晁某婚外生子的事实已经突现,黄某需要考虑的是对于离婚事项做出明确的决定,双方婚姻的存废直接决定着黄某个人维权方向与具体举措的专业布局,对此只能由黄某经过深思熟虑之后表达其真实的意思。

2. 关于晁某在与黄某婚姻关系存续期间出轨证据的收集至关重要,尽管晁某自己承认其7岁非婚生的儿子,但是针对晁某与孩子母亲的相交乃至孩子出生前后两人之间的人身关系与经济往来都需要以证据的形式展现出来,以此才有可能获得法律上的支持。

3. 黄某与丈夫的离婚问题涉及婚外情的处置,尤其是面对婚姻的态度以及伴随丈夫出轨行为实际发生的夫妻财产流失之追讨事项,黄某个人的最终意见对于专业维权步履的展开产生直接的影响。

【实务指引】

1. 黄某选择了离婚,可以基于晁某的过错行为按照《民法典》第一千零九十一条第(二)项或者第(五)项之规定请求损害赔偿,即黄某能够收集到的证据若显现是同居关系,适用该条第(二)项,若是不正当男女关系,适用该条第(五)项,且因晁某婚外生子,赔偿额度应当适当提高,这是本案实务操作当中应当考虑的首要事项。

2. 关于晁某在与黄某婚姻关系存续期间与非婚生儿子及其母亲的经济往来需要全面查证,通常的难点是晁某给予孩子及其母亲的金钱到底是抚养费还是用于大人的生活消费很难界定,这对于黄某在追讨夫妻共同财产的额度确定上影响较大。

3. 本案至少存在离婚、返还财产两个民事诉讼,离婚案的过错赔偿、财产分割、子女抚养权的归属对于黄某、晁某两人都很重要；返还财产之诉，波及夫妻二人乃至与第三者之间的利益冲突，在诉讼策略上应当严格考究。从维权效果上来讲，最好先提起返还财产之诉，待确定裁判结果产生后，方可提起离婚诉讼，以免出现先提离婚再诉返还财产而致离婚案依法被中止的情形。

【成效评述】

1. 黄某依法追回了晁某长期分数次给予非婚生儿子的母亲 300 万元的高消费付出，由此在离婚案件当中获得了 150 万元的夫妻共同财产。黄某与晁某离婚了，晁某向黄某过错赔偿 20 万元，黄某赢得了夫妻共同财产总额 70% 的利益，两个孩子也由黄某抚养，晁某每月承担 1 万元的抚养费。

2. 男女谈婚论嫁，经济基础往往决定双方之间的相处格局，夫妻之间在女强男弱的情势下，男方一旦在女方的扶植下从弱到强，那么婚姻关系必将面临严峻的考验：男方有了婚外情并不鲜见，生有非婚生子女也无法回避。但是对于合法的妻子来讲，则是充满了万般的纠结与无奈，不管如何应对，法律都是最牢靠的维权途径，专业律师的有力推进更是最有效的现实举措。

3. 通常因配偶出轨请求过错赔偿的离婚案件，在实务操作当中必须针对个案认真考量诉讼策略的设计、先后举措的推出乃至当事人利益最大化在综合技巧方面的有效施展。倘若总体布局符合实际情况，代理效果自然显著；一旦有失，后果不会乐观，因此专业能动作用的发挥在个案当中的结果相差甚远，家事律师个人功力的差距显而易见。

【警言】

老板农民工结缘，女高男低有间隙；一儿一女本幸福，丈夫婚外又生子；大言不惭提离婚，妻子维权靠法律；专业代理讲方略，颜面财产俱保全。

第三章　隐瞒的结果

> 缔结婚姻的男女双方无论婚前婚后都需要坦诚相见,尤其是在《民法典》颁布实施之后,若一方患有重大疾病,应当依法如实履行告知义务。可是现实生活当中难免存在一方隐瞒不孕不育、胰腺癌等情形,还有双方针对因工伤造成一方失去生育能力而为结婚共同向各自亲属隐瞒真相的现实案例,通过对这些案例的专业解析,可以揭示人性的偏私与婚姻的无常,即为了达到个人的目的时常隐瞒实情而背负忧患走进婚姻,最终又因真相败露而被迫走出婚姻,其中的酸楚令人深思,所付出的代价在所难免。现实告诉人们:婚姻拒绝谎言,撒谎之人不能轻易逃脱法律的制裁。

案例一

不孕不育背后

【案情简介】

莉莉与乐乐系发小,长大后莉莉成为一名公交车司机,乐乐当上了某外企营销主管,尽管双方家长反对,两人还是结婚了。婚后5年里莉莉一直怀不上孩子,公公婆婆为此不满,乐乐一直沉默但愁容满面。乐乐也委婉地提出过离婚,莉莉总是以哭应对,乐乐无奈再三要求到医院进行全面检查。莉莉在与父母沟通之后告诉丈夫,她在小学五年级时被性侵,当时医生告知过家长,她很有可能会终身不孕,但是没想到最坏的结果发生了。乐乐听了心里五味杂陈,既埋怨莉莉隐瞒实情,又不忍舍弃多年来的感情,最终还是迫于父母的压力提出了离婚之诉。

第三章 隐瞒的结果

【专业视点】

1. 根据《民法典》第一千零五十三条规定:"一方患有重大疾病的,应当在结婚登记前如实告知另一方;不如实告知的,另一方可以向人民法院请求撤销婚姻。请求撤销婚姻的,应当自知道或者应当知道撤销事由之日起一年内提出。"本案中,尽管莉莉作为无辜受害者,不孕不育的原因值得同情,但是她对乐乐还是隐瞒了真相,影响了夫妻感情乃至婚姻的存废,莉莉应当承担法律责任。

2. 生儿育女是婚姻的重要内容,5年的婚姻一时间摇摇欲坠,乐乐承受的心理重创超乎寻常,在备受煎熬之后终于决定离婚,其中的痛楚可想而知。无论妻子如何无辜,在实际生活当中常人一般都无法接受无亲生子女的残酷现实,乐乐离婚已成为定局。

3. 乐乐按照《民法典》第一千零五十四条第二款之规定,在婚姻依法被撤销的前提下,作为无过错方他可以请求损害赔偿,被依法撤销的婚姻自始无效,对双方没有法律约束力,对乐乐来讲虽是如梦一场,但醒来之后已物是人非。

【实务指引】

1. 尽管乐乐依法可以主张撤销婚姻并且获得过错赔偿,但是其可以考虑以通常离婚的方式与莉莉和平分手,这是本案重要的分水岭,无论如何入手,都需要考虑两人之间的深厚情谊与离婚事件的平稳着地。

2. 作为乐乐的代理人应当充分与莉莉沟通,若能以协议的方式离婚最佳,即使判决离婚,从效果上也远比撤销婚姻强得多,这是解决问题最妥当的专业思维,切忌以维护当事人合法权益的名义将两人的婚姻纠争推向不可调和的程度。

3. 在离婚、过错责任乃至财产处置方面双方需要积极沟通,以便在求同存异中获得各自心理与利益的平衡,进而让双方摒弃前嫌,友好分手。

【成效评述】

1. 乐乐与莉莉最终在法院签订了离婚协议,莉莉通过诉讼认识到了自身在婚姻当中存在的问题,乐乐主动放弃了过错赔偿请求,莉莉分得了40%的夫妻共同财产,两人的婚姻纠纷在和平的气氛下告终。

2. 按照《民法典》第一千零四十三条第二款之规定:"夫妻应当互相忠实,互相尊重,互相关爱。"不管是婚前还是婚后,双方都应当履行各自的忠诚义务,如若有所隐瞒,一般难逃法律乃至道德上的责任。本案当中虽然离婚的方式是平和的,但是作为无过错方却承受了不应有的伤害。为此尊重与关爱是靠行动支撑的,并非是停留在口头上的誓言,婚姻之中的男女务必尽心尽力地履行自己的义务,以确保夫妻长久、家庭和睦。

3. 随着社会文明程度的不断提高,法律规定的新变化值得关注。本案在《民法典》颁布之前和之后针对婚前隐瞒重大疾病的处置结果是截然不同的,新的条文在实施当中所带来的现实指引意义是深远的,法律人通过个案践行司法裁判的征途是漫长的。

【警言】

> 两小无猜结夫妻,五年不孕起纷争;丈夫无奈提离婚,婚姻依法可撤销;过错赔偿能支持,专业归置化纷争;顾忌情感多沟通,一致协议稳着地。

案例二

工伤后遗症

【案情简介】

李立(化名)与王婷(化名),两人同在某建筑公司工作,日久生情,正当准备结婚之际，李立在工地下半身被砸伤，经抢救虽然命保住了，但是失去了生育能力。两人商量后决定向各自父母隐瞒工伤后果并如期领证步入婚姻。可是随着时间的推移，双方的亲属都开始过问生育之事甚至有指责之声，李立的父母直接让儿子离婚，给王婷带来了沉重的压力。王婷的父母开始不了解情况，后来在知道真相之后坚决主张女儿离婚。夫妻二人本身因为无法生育子女就有心理负担，后来再加上双方亲属的参与问题变得复杂了，最终两人共同来到律所请求帮助。

【专业视点】

1. 李立与王婷在隐瞒工伤后果一事上是经共同商量后作出的决定，并向各自的父母隐瞒了不能生育的真相，这样一来即使对于王婷的父母来讲客观上存在隐瞒重大事实并且承担不利后果的情形，可是在隐瞒真相当中有了女儿王婷的参与，即王婷当时是知情的，李立并未对王婷隐瞒真相，为此不存在《民法典》第一千零五十三条之规定的一方"婚前隐瞒重大疾病"之情形，更谈不上所谓的过错责任追究问题。

2. 婚姻以感情为基础，以当事人意思自治为前提，只要双方当事人缔结婚姻不存在法律明确禁止的情形，在现实生活当中双方亲属乃至社会公众均应当予以尊重。婚姻自由，首先是依法保护结婚自主权，任何人均不得干涉他人的婚姻自由。

3. 针对夫妻双方没有亲生子女的客观现实，只要李立与王婷愿意将婚姻进行下去，没有孩子的遗憾是可以弥补的，其中收养子女就不失为一种有效的办法。

【实务指引】

1. 律师可以分别向李立、王婷的亲属释明《民法典》第一千零五十三条关于一方婚前隐瞒重大疾病的适用前提，并且将《民法典》第一千零四十六条男女双方婚姻自由的原则告诉他们，以便在各方了解情况、知晓法律的基础上做出理性的选择，即依法尊重各自子女的婚姻自由权。

2. 律师应当与李立、王婷进行深入沟通，若两人仍然坚守婚姻，那么就积极鼓励他们将婚姻进行到底，收获人生有价值的幸福生活与精神成果。

3. 指引双方当事人以实际行动解决收养子女的问题，及时回应来自各自家庭的不解与质疑，同时坚定他们日后面对生活压力的信心，尽力让两人各自家庭的亲属放心。

【成效评述】

1. 李立与王婷恢复了一如既往的平静生活，并于半年后收养了一名3岁女孩，三口之家其乐融融，双方的亲属也祝福他们生活幸福、家庭美满。

2. 目前，当事人对婚姻的追求不仅限于生儿育女，还有更高的精神层面的相知、相通与共鸣。即使没有亲生子女，夫妻共同收养子女同样可以享受生活的美好与快乐，双方亲属与其担忧，不如送上一份真诚的祝福。

3. 律师在日常处置婚姻问题时，专业视点不能局限于当事人本身，而要根据个案适当关注来自双方亲属的观点与立场，以便从根源上为双方当事人现实矛盾的化解做出有效的功课。

【警言】

> 同事即将成夫妻，不料男方受工伤；攻守同盟领了证，真相暴露风波起；两方亲属叫离婚，寻求律师解困扰；释法沟通指迷津，三口之家得福乐。

案例三

癌症败露

【案情简介】

王立（化名），32岁，2021年1月与邻居李梅（化名）登记结婚，婚前女方父母只说女儿身体不太好，暂时不能工作也不能生孩子。因为双方家长都是熟人，为此王立一家没在意。不料结婚1年后李梅经常由母亲陪伴去医院看病，男方只是开车接送。男方无意间从妻子包里翻出病历，方才得知其已在3年前患有胰腺癌。随后李梅因发现丈夫王立已经知道自己的病情，为此长期住在娘家不敢回去。王立考虑到医生说过李梅最多只能活1年，双方都是熟人，不想诉讼离婚把李梅逼得太紧，试图以10万元为代价换得与李梅尽快离婚的结果，但是双方经多次交涉无果。李梅对离婚并无异议，但是要求王立给付其结婚后花费的50万元医疗费，王立无法承受便向律师求助。

【专业视点】

1. 按照《民法典》第一千零五十三条之规定，李梅在婚前隐瞒了其患有胰腺癌的实情，未尽到向王立告知的义务，为此王立可以在得知真相后1年内向人民法院请求撤销婚姻，同时可以依据《民法典》第一千零五十四条第二款之规定向李梅主张过错赔偿。

2. 王立虽然作为受害人，与李梅结婚后客观上不能实现其正常的婚姻目的，但是基于人际方面的原因，自愿付出10万元的代价以便尽快离婚，这是其个人处分权利的依法行使，作为律师依法应当予以尊重。

3. 姑且不论李梅在婚姻当中的过错，其在世的时间仅为1年，从人道关怀出发，尽管离婚不可避免，但是以平稳的方式确保李梅不因出现过激行为而丧命，这是王立应当考虑的核心问题，律师必须对此予以明确告知。

【实务指引】

1. 本案最佳的解决方式为双方通过非诉讼形式达成一致离婚协议，然后由一方向法院提起诉前调解程序，在法院签订民事调解书，这样既可以省去协议离婚冷静期的耗时，也能确保双方在和平的气氛下解除婚姻关系。

2. 王立虽然依法可以积极维权向法院请求撤销婚姻，同时针对李梅婚前隐瞒癌症的事实主张过错赔偿，但是其本意不愿意将妻子及双方家长推至对立的地步，因此通过法院诉前调解协议离婚当中的核心问题是双方利益冲突的平衡事项。这里需要指出，王立是在放弃其法定权利的前提下出于离婚问题的现实解决，才做出妥协与让步的，为此李梅一方应当适时把握调解的最佳契机，以免双方走到诉讼离婚的境地。

3. 本案从李梅生命有限的客观情势出发，王立应当在律师的引领下尽量通过诉前调解方式离婚，即便是无奈被迫走到诉讼的路径，也应当尽可能地以调解形式结案，以防李梅在即将离世之前做出失常的举动，最终让王立陷于被众人指责、埋怨的被动局面。退一步讲，即使在诉讼当中不能和平分手，那么最多再等不超过1年的时间，李梅一旦离世，婚姻自然消亡，王立作为法定继承人，他还有获得遗产的可能。

【成效评述】

1. 王立经过代理律师的专业引领与有效运作，最终通过诉前调解的方式以给付李梅20万元的代价达到了其尽快离婚的目的。

2. 本案由于女方婚前患有胰腺癌，不管是从身体还是心理上讲都是弱者，王立离婚维权当中必须在每一个环节确保平稳运行，切忌因急于求成而旁生枝节，在离婚的定势不可改变的前提下，王立需要以冷静、理性、现实的心态面对双方之间的个人争执与利益冲突。

3. 本案看似简单，实际上关乎当事人的性命与声誉。女方虽有过错但生命有限，当施以人道与宽厚；男方尽管承受了委屈与不公，可是妥协与包容无疑对其日后生活大有裨益。因此，法律之下虽然是非分明，但是法律之外人性的光辉可以照亮弱者前方的道路，同时也可以温暖仁者一颗自我成长的善心。本离婚案办的不是一个普通的案件，而是当事人的人生。

【警言】

婚前三年患癌症，妻子婚后出症状；试图隐瞒却败露，谈论离婚起冲突；巨额讨财失公允，法律面前是非明；人情世故少不了，专业调解泯恩怨。

第四章 彩礼的返还

> 随着社会的发展,人们的经济条件呈现向好的态势。男女双方谈婚论嫁当中,彩礼成为不可回避的一个重要话题,有不给彩礼不嫁的,有四处借款给付彩礼的,也有别有用心借"彩礼之名"设置圈套的,无论是何种形态,表面看其目的是为了结婚,可是世事难料,一旦意外情况发生,双方反目成仇,睚眦必报,彩礼的返还就成为争议的焦点,通常诉至法院并非个例,尤其是法律上的裁判结果带来的现实思考与深度警示值得大家投以关注的目光。

案例一

无彩礼不嫁

【案情简介】

滑丽(化名),25岁,漂亮、活泼,就职于某房地产公司,经人介绍与区强(化名)相识,不久两人进入恋爱状态。两个月后,在双方交谈当中滑丽明确告诉区强,她不管与谁结婚,男方都需要给付不少于30万元的彩礼,否则自己不可能进入婚姻。区强听后心里不是滋味,可是出于对滑丽的钟情而一直默不作声,滑丽对此甚为不满,终于说:"我给你说过我的彩礼要求,你不回应,难道是不接受吗?若是这样,我们就不谈了。"区强当场予以否认,并且为了能够稳住滑丽承诺3天内给付30万元的彩礼。随后来自农村的区强向亲友四处借款凑足了30万元给付滑丽,两人3个月后领证结婚。婚后滑丽因对区强每月给其的5000元家用不满意,时常出言不逊,区强难免不悦。1年后滑丽提出离婚诉讼,区强虽同意离婚但是要求对方返还30万元的彩礼,为了依法答辩应诉,区强委托律师代理。

【专业视点】

1. 按照《最高人民法院关于适用〈民法典〉婚姻家庭编的解释（一）》第五条第（三）项之规定，即因婚前给付彩礼导致给付人生活困难的，当事人请求返还，法院依法应当予以支持，区强给付华丽的 30 万元是四处借款筹集的，结婚 1 年时间短暂，区强及其家人在经济上的艰难困境不可回避，因此返还彩礼的主张法律依据明确。

2. 司法实践中关于区强要求返还彩礼的额度，因各法院裁判的视角不同，一般会产生不同的判决结果。就本案来讲，虽然结婚仅为 1 年，但是彩礼的付出已达到结婚的目的，作为女方走进婚姻也是有所付出的，为此是否能够给予全额返还是一个关键性的问题，需要区强一方极力举证予以支持。

3. 本案双方基于各自的利益主张，争议数额大，调解的几率不大，为此在庭审中当事人之间的质证乃至法院的当庭询问环节非常重要，在观点交互当中往往可以透析案件事实、当事人之间的人身与利益关系以及案件最终的裁判走向，这往往却是当事人容易忽视的细节问题，代理律师应当给予高度关注。

【实务指引】

1. 作为区强的代理人，在举证方面可以将 30 万元彩礼借款的凭据逐一列举，同时提供区强的工作经历及其收入情况，尤其是在结婚当中的付出与婚后对家庭经济支出的担当，由此才能全面证实其目前生活困难的实际状态。

2. 区强一方还可以将其在婚前给付彩礼的现实背景在法院庭审当中予以客观陈述，以证明滑丽对彩礼的极力讨要以及彩礼并非结婚的法定前置条件，进而从情与法的层面尽力争取法院的支持。

3. 尽管双方通过调解达成一致协议的可能性不大，但是不能忽略在法院主持下的调解程序，毕竟当事人之间夫妻一场，若能够有一线调解的希望，区强与滑丽都应当力争和平方式化解纷争。

第四章 彩礼的返还

【成效评述】

1. 区强与滑丽在法院及其双方代理人的共同努力下，最终经过3次调解达成了一致协议：滑丽返还30万元的款项，双方和平离婚。

2. 彩礼一旦给付，只要双方登记结婚，返还事宜势必存在现实阻力与激烈冲突，返还与否及其返还额度无法用量化统一的客观标准衡量，这是当事人之间矛盾化解的一个无法回避的难题。

3. 彩礼本为结婚"六礼"之一，双方均明确是以结婚为目的的，从民间习俗上讲似乎合情合理，但是在法律上却没有明确的定义，现实生活当中需要根据个案金钱给付的前提予以甄别。本案当中，区强给付的30万元"彩礼"是被动的，滑丽的索取是坚决的，无论婚前婚后，所造成的后果是严重的，在离婚时成为双方争议的焦点是必然的，当事人之间在利益博弈当中最终能够达到共识是难得的。因此，彩礼的功能在现实当中的作用未必都是积极的，但是时下彩礼盛行的状况也不是轻易就能有效遏制的，因此，婚姻与彩礼之间的辩证关系应当引起深入思考。

【警言】

> 恋爱两月提彩礼，没有彩礼不论婚；巨额借款负担重，婚后因财起纷争；分手彩礼要返还，对簿公堂争不休；举证论理困难多，再三调解达共识。

案例二

五日"夫妻"了断

【案情简介】

吴某,男,25岁,农村小伙,与邻村白某经人介绍相识。此后半个月内两人见了三五面,男方就按照女方的要求,在订婚时借款买了10万元的首饰,领证前卖了老家父母的房子东拼西凑筹款给付了彩礼20万元。因双方约定不办婚礼,领证当天白某就住进了吴某在城里备好的婚房里,可是一连5天白某都拒绝与吴某同房。吴某虽不高兴,但没有给白某任何压力,接着白某居然悄悄去外地打工了。此后不管吴某、介绍人如何相劝,白某就是不回家。10天后吴某不愿忍受亲友们不时催债的压力,在律师的帮助下提起离婚诉讼,要求白某返还30万元,白某一分一文都不想吐出。

【专业视点】

1. 本案当中双方在领证后仅相处了5天的时间,虽有夫妻之名,但无夫妻之实,且因四处借款给付彩礼造成男方生活困难,此情形符合《最高人民法院关于适用〈民法典〉婚姻家庭编的解释(一)》第五条第(二)项、第(三)项之规定,吴某在离婚诉讼当中要求返还彩礼之请求于法有据。

2. 在本案当中双方争议的焦点是彩礼返还的具体额度问题,男方主张订婚、婚前分别给付的10万元首饰、20万元彩礼在法律上都是以结婚为目的的,符合彩礼的法律含义,应当全部返还;女方主张订婚的10万元首饰属赠与类的个人用品,不予返还,至于20万元彩礼因双方已经共居一室,外人已认为是夫妻,故此拒绝返还一分一文。

3. 吴某在结婚前付出的30万元对于他来讲绝非小数额,尤其是在领证后相处的 5 天里乃至此后诉讼半年的时间里，其婚姻的目的无法实现，为此离婚诉讼当中对于返还 30 万元的诉求是异常强烈的，白某一分不吐的回应使双方利益冲突加剧，案件的结果将对双方产生现实而深远的影响，吴某的代理律师应当在诉讼策略、举证义务履行以及沟通协调等方面做出有效的功课，以便在个案当中践行法律的公正与权威。

【实务指引】

1. 婚姻以感情为基础，男女双方缔结婚姻，同时应当看到离婚以感情破裂为前提，夫妻分道扬镳。本案当中吴某与白某的婚姻如同梦幻一场，先闪婚后又闪离，尤其是 5 天之间的瞬息万变，双方在订婚、结婚与离婚当中，金钱的分量远远胜于感情，这样本末倒置的婚姻最终表现出来的只能是双方严重的利益冲突，故此无论调解还是裁判，专业把握的核心事项就是彩礼返还的具体数额。

2. 吴某与白某均来自农村而且原籍相距不远，离婚当中返还彩礼的纷争最好能够以调解的方式化解矛盾，其中对于法律规定的解读、周边人际的顾忌以及双方当事人心理状态与价值取向的疏导至关重要，专业律师应当在与当事人的沟通当中深入浅出、通俗易懂地进行讲解、劝导，授之以法，晓之以理，动之以情，进而促使双方能够在互谅互让的基础上达成一致共识。

3. 婚姻不是儿戏，双方从相识到离婚最多不过 1 个多月，草率闪婚、轻易离婚都是对婚姻不负责任的行为，对于法律的轻视带来的后果就是个人承担经济、感情两重冲击，因此本案中对于吴某与白某婚姻家庭正确法律观念的树立与个人行为的有效控制变得尤为重要，这也是《民法典》在普通老百姓生活当中所产生的现实指引意义。

【成效评述】

1. 在法院的主持下，经吴某代理律师多次沟通与不懈努力，最终白某当庭返还吴某 20 万元，两人在法院签订了离婚协议。

2. 彩礼的日益兴起并没有给婚姻带来平安和幸福。其中女方进入婚姻前后的任性、男方借款给付的无奈以至婚姻目的达不到的窘困,在本案当中都显现无遗。由此,以金钱为成婚条件的男女在时下均陷入风险当中,应当看到结姻虽然离不开钱,可是钱不能保佑婚姻一路平安。

3. 婚姻是双方在精神上与物质上的高度融合与相互交换,任何一方不能忽略感情的基点,而感情是在共同交往乃至一起生活当中积淀的,不可能在金钱的促使下一蹴而就,因此,准备进入或者已经进入婚姻的男女不管在何时何地都需要关注自己的内心,千万不要为结婚而不顾一切地付出金钱,更不要在得不到爱的纠结当中丧失对生活的信念。

【警言】

> 相识半月论婚嫁,订婚领证彩礼出;进入婚房不行礼,夫妻有名无实质;五日之后女方逃,男方喊妻回家来;两厢为钱起争执,多方调解达共识。

案例三

借"彩礼"之名

【案情简介】

小娜,女,23岁,系独生女,家庭条件殷实,长得标致,人又活泼,供职于某外企。在一次行业协会的交流活动中,小娜认识了来自深圳45岁的私企老板何某,初次见面两人相谈甚欢。此后何某不是嘘寒问暖就是热情相约,两人关系不断升温,何某很快以其离异单身的名义对小娜展开疯狂的追求。小娜刚开始不太乐意做何某的女友,后来在一次酒会上先被何某灌醉,随后被带进某宾馆发生了一夜情。不久小娜怀孕了,何某为小娜在外地购买了一套价值300万元的住房作为所谓"结婚"的彩礼,小娜在自己的职务范围内也为何某办妥了一些生意上的大事。小娜怀孕3个月后,曾催促何某尽快结婚,何某却以各种理由一推再推。两个月后，小娜在无意间翻阅何某的手机时发现了其与前妻李某一直保持同居关系的聊天对话，并且根据其中的内容查找到了李某的住处。紧接着小娜挺着大肚子在某日凌晨4点带着两个朋友至李某住处现场获得了李某与何某同床共枕的证据，还得知何某与前妻自始至终都是在利用自己为其企业谋取巨额利益。此后何某要求小娜返还300万元的房产，小娜在得知何某离婚不离家的实情之后自己去医院做了引产手术。何某以返还彩礼为由将小娜诉至法院，小娜及时委托律师答辩应诉。

【专业视点】

1. 双方争议的价值300万元的住房，其发生背景是在小娜怀孕之后，何某当时声称是"结婚"的彩礼，可是最终两人没有登记结婚，何某提出返还之诉。小娜认为自己因为何某，先意外怀孕后又得知被骗婚真相，身心受损，300万元房产系何某自愿赠与行为，从情理上讲不应当返还。

2. 双方基于各自不同的认识，针对小娜是否"被骗婚"一节两人各执一词。何某认为自己买房给小娜证明其真正愿意与小娜结婚，至于其与前妻保持同居关系只不过是道德层面的问题，根本不存在骗婚之说，即使现在分手也是由小娜带人深夜"捉奸"引起的，为此结婚不成就须返还彩礼。小娜认为何某与其前妻合谋以骗婚的方式利用自己为他们大肆赚钱，何某买房相赠事项其前妻也是明知的，作为受害者理应在法律上得到救助，已经取得的300万元房产是既成事实，应当维持现状，不涉及返还之说。

3. 本案当中300万元房产的属性到底是彩礼还是男女之间的赠与行为值得探讨，赠与当时名义上是"彩礼"，实际上是否真正为结婚而给予，由于双方当事人说法不一，为此直接影响到"彩礼"之实质定性，在赠与行为已经完成的前提下，在法律上若需返还所谓"彩礼"，必须明确界定确属彩礼，由此才可以谈及所谓返还的事项。

【实务指引】

1. 首先对于何某给予小娜300万元房产的行为双方无争议，其次双方对

——高瑾律师带您走进 80 例新型家事案件

两人之间确实存在男女关系并且有怀孕的事实表述一致，再次关于双方确实有过谈婚论嫁之说并非无稽之谈，最后两人分道扬镳的根源在于何某与前妻藕断丝连并且合谋算计小娜，透过以上双方无争议的关键点不难看出本案当中的基本事实脉络，由此无论是以调解还是通过法院裁判的方式解决问题，两方当事人的主观心理及其个人恩怨必须予以充分重视，一旦各自心结解开，现实纷争即迎刃而解。

2. 何某系来自深圳的私企老板，其在整个事件当中一直处于主动操控的地位，只是最终的结局比其预想的来得早一些，其作为始作俑者应当依法付出现实的代价。在本案当中以下视点需要关注：其一，300 万元不至于让何某生活困难；其二，当时所谓"彩礼"的给付因何某离异单身依法不涉及第三人利益的问题，故此即使是出于利用小娜为其谋利的目的，并非真正愿意走进婚姻，何某金钱付出的个人意思表示也不容否认；其三，小娜在整个事件当中已经因其盲从、无知与幼稚承担了惨痛的后果；其四，本案当中只是针对何某与小娜之间的民事纠纷进行法律裁判，并不涉及对当事人的道德层面的评判，法院审理的范围明确，不容双方当事人肆意扩大。

3. 本案就双方当事人之间现实矛盾的化解客观上存在重大阻力，即使在法院主持下积极引导何某与小娜调解，最终达成一致调解协议的几率也不大，为此作为小娜的代理律师务必在举证、质证、答辩等环节做出专业、有力的功课。

【成效评述】

1. 经法院多次主持调解，何某与小娜未达成一致调解协议，最终法院判决，小娜返还何某 150 万元。

2. 彩礼与财产在本案当中具有特别重要的意义，300 万元房产若按彩礼对待，何某以结婚未成要求返还，对其比较有利；若以赠与 300 万元财产为由要求返还，那么在赠与行为已经完成的前提下，依法不能追回，这是本案何某在诉讼请求方面所做出的专业处置，由此也让其最终挽回了 150 万元的财产利益。小娜针对法院的裁判结果虽有不满，但是在经过现实生活磨炼之后似乎成长了不少,以平静的心态接受了法院一审判决。

3. 彩礼本为结婚而付出,男女走进了婚姻是幸事,婚未结成彩礼不保,双方应当妥善处置,可是现实生活当中"彩礼"时常被当事人赋予了满足个人私欲或者特定利益需求的内容,那么彩礼就被金钱充斥了,原有的婚姻目的变味了,男女之间走向对立了,除了利益冲突之外个人恩怨加剧,彩礼不再是双方美好情感的寄托,而是男女之间爱恨情仇的争议焦点。为此,本着依法守信的初衷,"彩礼不能轻易给,给了只能奔结婚"。

【警言】

> 独生女遇离异男,男为利益女为情;怀孕之后送彩礼,利用女方获巨利;未料不忠事突发,前妻未断论婚嫁;巨额财产引诉讼,判决定纷又止诉。

案例四

彩礼保不住婚姻

【案情简介】

小艾与小仵经人介绍相识,因为双方均系大龄青年,网上交流10余次后,在第一次见面时就领证结婚了。婚后由于双方分别在两地工作,小仵作为丈夫所购买的婚房也没有竣工,为此两人只要见面就是在小艾的亲戚家里。尽管在两年之后婚房具备入住条件,可是小艾不仅拒绝与小仵同房,而且提出了离婚之诉。小仵感到满腹委屈,非但不同意离婚,而且要求小艾返还婚前收到的18万元彩礼以及结婚期间花费的12万元。小艾称因其在婚房装修及家具购置过程中所耗资金已经超过30万元,故依法不予返还。基于双方针对离婚纠纷的实际解决事项存在重大异议,小艾聘请律师为其代理诉讼。

【专业视点】

1. 按照《最高人民法院关于适用〈民法典〉婚姻家庭编的解释（一）》第五条第（二）、（三）项之规定，在双方离婚的条件下，若两人登记结婚后但未共同生活或者因婚前给付导致给付人生活困难的情形方可返还，本案当中首先要解决的是双方在离婚问题上是否能达成共识，其次才涉及彩礼返还乃至具体额度的事项。

2. 针对小件对返还额度的要求，按照双方一致的说法彩礼18万元，另外12万元的花费为首饰6万元、婚纱照2万元及婚宴4万元；小艾主张其用于婚房装修与家具购置的花费已超过30万元，与小件的结婚总花费相抵后无须返还。双方当事人以上不同的诉讼主张须要各自以举证的方式予以证实，小艾的代理人可以针对双方当事人提交的证据全面审查核对，以便依法作出客观公正的判断。

3. 本案双方当事人婚姻纠葛现实矛盾的化解应当依法尽可能采取调解的方式结案，以便在平稳、柔和的氛围下促成当事人及时达成一致的协议。

【实务指引】

1. 针对离婚问题，作为专业律师应当与双方当事人进行耐心沟通，并且就离婚的成本与后果给予当事人以现实的分析与指引，以保障在自愿的前提下尽可能地以调解的方式离婚。

2. 关于双方当事人之间利益的调处问题，尽管按照法律规定小艾只要举证说明其在结婚当中的付出超过18万元彩礼数额，就可以不予退还，可是为了极力实现其离婚的诉讼目标，其代理人可以建议小艾在金钱方面能够做出适当让步，以便尽最大可能获得小件的认同，从而确保在本次诉讼当中能够顺利离婚。

3. 本案双方当事人系大龄青年，为完成终身大事而闪婚，又在两年当中因无夫妻之实而走出婚姻，从个人婚恋观念与现实付出两方面来讲均存在无法回避的盲区。为此，在诉讼当中，无论法官还是律师均应当适时地给予他们一些中肯的建议，以便他们能够在本次婚姻当中总结得失，走好各自人生的下一步。

【成效评述】

1. 经小艾的代理人与办案法官的不懈努力，最终小仵与小艾自愿离婚，并且针对彩礼返还问题维持现状，双方达成了一致的协议，两人友好分手。

2. 彩礼作为习俗被列入《民法典》司法解释之明文规定，说明了返还彩礼事项在现实生活中时有发生，需要以法定的形式予以规范。本案当中，双方对于彩礼的法律含义及具体内容存在重大争议，由此影响到当事人对于离婚问题的态度，为此只有在调平当事人之间利益冲突的前提下，才有可能实现原告既定的诉讼目标，这是本案在专业技能施展方面的核心要素。

3. 婚姻以双方当事人的人身结合为基础，在没有共同生活的前提下，即使彩礼已付出、结婚花费已产生，仅靠物质支撑的婚姻常常难以保持平衡的状态，夫妻二人各自的婚姻目的也势必不能得以实现。故此，欲进入婚姻的男女，必须做好充分准备，才能胜任不同角色的客观要求。

【警言】

> 大龄青年急结婚，网络恋爱不照面；见到真人就登记，彩礼婚宴已付出；婚房滞后有花费，异地夫妻未同房；两年之后提离婚，人财调平各自飞。

第五章 居住权的变通

> 《民法典》新设定了居住权，居住权是对他人住宅所享有的占有、使用的权利。一般来讲，居住权不得转让、继承，设立居住权的住宅不得出租，居住权以当事人之间的合同为依据，一旦签订合同需要办理相关登记手续。居住权的设定，在现实当中对于他人住宅的所有权产生重大影响，居住权人享有的权利来源于住宅所有人的让渡，即一方享有的权利就是另一方付出的义务。实践当中关于居住权的处置，当事人首先应当对于居住权进行法律界定，尽量确保正确适用，然后再考虑以新的变通方式现实落地，乃至有效地化解实质利益冲突。

案例一

"保姆"的算计落空了

【案情简介】

韩某，男，70岁，老伴早年亡故，一双儿女已成家立业，长期无人陪伴。韩某经人介绍与55岁的农村妇女路某相识，不久，路某开始以保姆的身份住在韩某家里，韩某还按月支付劳务费，后来大家逐渐知道两人还有同居关系。路某与韩某两人相处了15年，路某曾提出要让韩某立下字据，保证韩某去世后其能够在家里住，至死亡为止。韩某当时并未在意，现场写下了"我死后路某一直可以住在家里直至其去世为止"的字据交给路某。两年后韩某病危，路某当着韩某子女的面拿出了字据，韩某也承认是其所写，路某极力主张其生前一直享有"居住权"。子女们因担心留有后患，为此向律师求助。

第五章
居住权的变通

【专业视点】

1. 路某表面上以保姆名义入住韩某家里，其实韩某与路某之间最重要的是同居关系，两人共同生活已达17年之久，但是他们之间不存在法律上的权利义务关系，为此，双方除了主雇关系之外，韩某依法无需承担任何义务，因此韩某所立字据仅属个人处分权利的行使。

2. 路某之所以在韩某病危时在其子女面前出示字据，只能说明路某对于字据内容的兑现有所担忧，韩某的子女若无异议则正合路某心意，一旦表示反对，路某在韩某死后将被扫地出门，由此可见该字据对于路某在韩某死后去留问题的重要性，路某出于自身利益的保护只能拼尽全力了。

3. 韩某的子女在父亲弥留之际突然见到了字据，出于对父亲意愿的尊重，希望能够有一个平和的解决办法，当然其实际承担责任的额度与耐心都是有限的。为此，如何在父亲生前有限的时间里妥善处理与路某的利益冲突，是本案在现实生活中面临的严峻挑战。

【实务指引】

1. 韩某既然已立下字据，自然也就不可能轻易自我否定，路某作为即将受益的人才是最重要的突破口，韩某的子女们虽然心里不愿意，但是应当直面问题、积极解决，由此与路某的沟通交流成为核心事项。

2. 《民法典》第三百六十七条规定："设立居住权，当事人应当采用书面形式订立居住权合同。居住权合同一般包括下列条款：（一）当事人的姓名或者名称和住所；（二）住宅的位置；（三）居住的条件和要求；（四）居住权期限；（五）解决争议的方法。"本案当中韩某写的字据不符合居住权设立的法定要求，更不可能按照《民法典》第三百六十八条之规定办理相关的登记手续，居住权的设立时间也无从谈起，由此路某主张的所谓"居住权"在法律上是行不通的。

3. 路某尽管持有字据，可是所谓"居住权"在法律上是不能成立的，这一点需要律师跟她说明白，也可以让她向别的律师咨询。韩某的子女当下面临的主要问题是应当尽量避免路某在韩某生前短暂的时日发生过激言行,从而影响韩某一家在亲友面前的原有形象。本案当中解决问题的关键就是尽可能满足路某的利益需求,在与其交涉当中,必须以深入浅出、循循善诱的方式引导其积极化解矛盾,尽量保持与韩某一家一如既往的正常关系。

【成效评述】

1. 律师经过与路某多次沟通,她终于认识到自己与韩某的关系不受法律保护,韩某所留字据在现实生活中不能兑现,韩某的子女最终以10万元的代价与路某达成一致和解协议,路某拿到钱后立即从韩某家里搬走了。

2. 目前,我国已进入老龄化社会,老年人需要陪伴,子女往往无暇顾及,由此很多老年人以同居的方式长期相伴,一旦一方即将离世,另一方必然在居住权方面提出要求,致使拥有住房一方的子女陷入复杂的纷争当中,无论最后如何解决,总有一方或者两方付出现实的代价,可谓是"老来找伴麻烦多,以住为名利难平"。

3. 居住权在法律上是有严格定义的,不容任何人随意扩大解释,在当前《民法典》颁布实施不久的特殊时段,公民基于对居住权的不知不解或者似懂非懂都会影响到其在现实生活当中的正确适用,进而造成一些不应有的纠纷,为了依法保障正常的生活秩序,大家还是在专业人士的指引下有效维权为宜。

【警言】

> 老年孤独需陪伴,保姆进门且同居;共同生活十五载,为保居住要字据;病危之际欲落实,子女急中寻律师;相伴不受法律佑,居住不成金钱补。

案例二

前夫的房子待不久

【案情简介】

　　白萍（化名）与苏兆（化名）结婚15年，生有一子已10岁。两人因苏兆有外遇离婚，儿子由白萍抚养。按照双方离婚协议的约定，白萍可以继续住在苏兆名下的房屋直到其再婚前，可是5年后苏兆以自用居住为由要求白萍搬出。白萍与苏兆经多次交涉无果，最终苏兆以变卖房子相逼，白萍以离婚协议为凭提起诉讼，要求苏兆继续履行约定内容，苏兆个人应诉无措，前来求助律师。

【专业视点】

　　1. 白萍依据离婚协议享有在前夫苏兆名下房屋继续居住的权利，此乃有效的民事行为，原约定腾房的条件未成就，房产所有人苏兆就责令白萍搬走，这意味着白萍随时面临危机，只能以诉讼的方式来维护自己的合法权益。

　　2. 苏兆对于离婚协议当中关于白萍在其名下房屋继续居住约定的背弃，直接导致了与前妻对簿公堂的现实格局，作为提出解约的一方应当依法承担民事责任，对此律师应当明确予以告知。

　　3. 虽然白萍与苏兆离婚协议约定内容明确、意思表示真实，可是即便双方原来是夫妻，离婚后白萍按照约定依旧住在原来住处，但是在《民法典》实施之后，离婚协议约定并且已经实际履行的居住权，还应当以法定的书面形式签订居住权合同并且办理相关居住权登记手续，由此才能确保居住权的真正实现。

【实务指引】

1. 尽管白萍没有按照《民法典》第三百六十七条、第三百六十八条之规定与苏兆签订居住权合同并办理相关登记手续，但是依据离婚协议的约定通常可以实现其居住权。若遇苏兆将其名下房产卖与第三人的情形，那么即便是最终白萍能够继续居住，可是其难免陷入三方混合纷争之中，由此居住权在现实当中受到冲击，进而影响白萍与15岁儿子日常生活的健康与稳定。

2. 白萍在诉讼当中除了按照离婚协议约定主张继续居住苏兆名下房屋之外，还可以本着解决现实问题的初衷，委托律师与苏兆进行调解，以便彻底了结两人之间的纷争。

3. 苏兆作为被告应当在全面了解法律关于离婚协议的效力、居住权的具体权能之后，在律师的帮助下主动提出解决方案，即以付出金钱的方式换得居住权的终止，这样既一揽子了结了其与白萍的所有纷争，也以和平的方式提前收回了自己名下房屋的占有权与使用权，可谓是一举多得。

【成效评述】

1. 苏兆在律师的帮助下与白萍及其代理人经过一波三折的沟通、协商，最终苏兆以给付白萍20万元的代价换得白萍在1个月内搬走的结果，双方在法院达成了民事调解协议。

2. 夫妻离婚之后关于居住权的约定司空见惯，多数情况下按照双方协议约定的时间长则不过一两年，短则不过三五个月，可是本案当中由于约定的时间是按照当事人离婚后直至再婚的时段标准来确定的，故此长短不确定，已过5年仍未再婚，房屋所有人提出让居住的一方搬走从情理上讲似乎无可厚非，然而双方之间有效的民事法律行为必须在实践中贯彻执行。

3. 居住权作为《民法典》的新规定带给当事人的既是机遇，同时也是一种挑战，可谓是利弊兼有。作为受益的一方应当依法谨慎行使居住权，付出的一方必须按照居住权合同全面履行自己的义务，倘若一方有变，双方均应及时调整自己的步履，以便在相互沟通与协商之后，共同努力，解决现实问题。

第五章 居住权的变通

【警言】

夫妻离婚因出轨,女方居住前夫房;五年之后欲撵走,腾房条件未成就;双方协议是凭据,新法居住有要式;面对现实多协商,金钱变通两厢平。

案例三

探亲的住处变了

【案情简介】

小武与小文系大学同学,双方均是独生子女,一个家在 A 市,一个家在 B 市,两人已领证准备结婚,小武的父母坚持住在男方 A 市,小文的父母心有不快。小武与小文经过商量之后约定,两人结婚之后,岳父母可以长期住在小武家 C 套住房里,小文的父母不好意思打扰亲家,为此小文与小武签订了居住合同并且办理了相关登记手续。一对新人结婚后,每当小文的父母不定期地来看女儿时就住在 C 套住房里。小文在结婚两年后生下儿子乐乐,小武因忙于工作很少回家,小文已经有 5 年的时间在家照顾孩子,两人因聚少离多感情日渐疏远。生性好强的小文曾试图与小武沟通,但是小武一直没当回事。小文一气之下找公公婆婆理论,非但没有得到安慰反而碰了一鼻子灰。小文联想到自己在婚姻当中的付出,心中充满了委屈,便一纸诉状将小武诉至法院坚决要求离婚。小武虽始料未及,但对于离婚充满了纠结与困惑,前来律所寻求帮助。

【专业视点】

1. 小武称为了结婚讨岳父母欢心,曾费尽心机说服父母将其名下房屋过户给自己,然后又与小文签订了居住权合同,自结婚后 C 套住房一直为小文

——高瑾律师带您走进80例新型家事案件

父母来 A 市专用，小武的父母曾抱怨过 1 年只住 3~5 个月浪费太大，但作为丈夫小武从未在小文及岳父母面前提及过，小武认为自己为了婚姻也竭尽所能了。

2. 小文在与小武谈离婚事宜之时，特别提出因其在离婚后在 A 市无处安身，要求小文承诺自己与孩子搬至 C 套房屋，小武因本身不同意离婚，所以当时一口拒绝了小文的要求，小文认为结婚前双方签订的居住权合同的适用主体是其本人，居住时间约定的是 20 年，据此离婚后自己可以住进 C 套住房。

3. 小文与小武对于离婚事项不但各持己见，而且对于已设定的居住权日后的存废问题争议很大，似乎居住权已经变成他们离婚当中的首要问题，对此从专业的角度讲必须给予充分的关注。

【实务指引】

1. 小文提起离婚诉讼的主要原因是小武长期以来对自己所表现出的冷漠与忽视，即已呈现出家庭冷暴力的状态，让其已经丧失对婚姻的信念。小武的答辩是婚姻平平淡淡才是真，无需在亲人之间刻意表现，并称自己自认识小文以来都对她百依百顺，总是将最好的东西留给妻子享用，其不能承受离婚的后果。从双方当事人以上的观点看来，夫妻二人并不存在非离婚不可的事由，只是因为彼此在生活当中的交流与互动频次偏少且同频共振的几率微乎其微，由此导致了夫妻感情的日渐疏远。

2. 本案从专业的视角出发应当将双方争议的主线回归至离婚问题，无论是从感情基础、婚后生活还是产生矛盾的原因来看，小文与小武是有和好希望的。因为双方根本的冲突不涉及婚外情、家庭暴力、赌博、吸毒之类严重伤害夫妻感情与家庭秩序的违法情形，至于小文所称存在家庭冷暴力的说法只是其一面之词，从双方婚姻生活的整体状态来看，小武并没有对小文施加心理压力，只是基于个人性情的原因不善表达且关心不够而已。

3. 小武由于在婚姻当中有所疏忽而致小文长期不满并且引发了离婚诉讼，在专业人士的指引下，历经沟通，双方认识到了各自存在的问题，若能够促成二人和好如初，关于日后居住权归置的问题似乎可以忽略不计；若二人最终离婚，小文离婚后的落脚地与 C 套住房密切相连，双方的争执因此而加剧。

【成效评述】

1. 经过双方律师与办案法官的共同努力，小文与小武和好了，婚姻保住了，但是关于居住权合同的实际履行，出于共同经济利益的考虑，小武变卖了 C 套住房，将所获 200 万元的一半交给岳父母，供他们来 A 市时入住宾馆所用。

2. 在夫妻双方均为独生子女的前提下，两人对各自父母来说都是唯一的指望，4 个老人都在争取与孩子同住一地，也带给一对儿女来自亲情的压力。如何平衡双方父母的需求，夫妻二人用心良苦，以设定居住权的方式为女方父母提供探亲的方便不失为一种新颖的方式，然而在关照双方父母的同时却忽略了夫妻感情的正常维系，在顾此失彼之后经过多方努力，不仅婚姻得以继续，而且对于原有的居住权进行了现实的变通，可谓是"风雨之后见彩虹"。

3. 居住权作为《民法典》新增的内容，在现实当中的施行需要因事制宜、因人制宜、因时制宜，法律规定是刚性的，具体施行时应当是灵活的，对于法律的学以致用至关重要，法律人在法律的有力践行方面应当做出有益的功课，不断赋予法律新的活力。

【警言】

> 独生子女结夫妻，双方父母需兼顾；父母同住心愿足，设定居住便娘家；婚后丈夫少回家，妻子有怨无处道；离婚诉讼双方醒，日子利益置平稳。

——高瑾律师带您走进 80 例新型家事案件

案例四

贷款不成

【案情简介】

齐宁（化名）与齐力（化名）系同胞姐妹，齐宁初中毕业就工作，帮助父母供养过攻读研究生的妹妹齐力。姐妹二人各自成家立业后，经济条件优越的齐力总想为姐姐做点事，适逢姐姐公婆家的房子因拆迁需要租房过渡，齐力便将自己 120 平方米的 Y 套住房让姐姐一家居住。3 年后齐宁的回迁房用于儿子结婚，齐宁两口还是无自有房产居住。齐力为了能够让姐姐踏实住在自己的房子里，背着丈夫汪勇（化名）与姐姐签订了居住权合同并办理了相关登记手续。不久汪勇与齐力想换一套改善型住房，已经与开发商签订了购房合同，并且选择了一次性付完全款的方式。首付之后齐力两口子经过计算剩余购房款还有 50 万元的缺口，为此欲将姐姐齐宁居住的房屋通过抵押贷款的方式予以补足。不料夫妻俩却在与银行的洽谈当中，被告知已办理居住权登记的 Y 套住房不能作为抵押物与银行签订借款合同。汪勇在知道齐力私下与姐姐办理居住权相关事宜之后，不仅大为恼火，而且与齐力处于长期冷战的状态。齐宁得知妹妹因自己而家里不太平后，主动搬出了 Y 套住房。汪勇至此深感自己处事欠妥，也不知道下一步该如何是好，万般无奈之际前来寻求律师的帮助。

【专业视点】

1. 齐宁为妹妹上学极力付出，齐力为姐姐家庭困难主动分忧，姐妹情深，相互关爱，本是一件好事。原本齐宁长期住在妹妹家的 Y 套住房，妹夫汪勇也无异议，只是因为齐力瞒着丈夫与姐姐签订了居住权合同并且办理了相关登记手续，在齐力两口准备抵押 Y 套住房从银行贷款时被拒，由此才引发了齐力与丈夫汪勇之间的纠葛，从而影响到齐宁与妹妹一家的正常往来，这既是大家始料未及的，又是需要共同应对的现实问题。

2.《民法典》第三百六十八条："居住权无偿设立，但是当事人另有约定的除外。设立居住权的，应当向登记机构申请居住权登记。居住权自登记时设立。"第三百六十九条："居住权不得转让、继承。设立居住权的住宅不得出租，但是当事人另有约定的除外。"齐力姐妹俩当初在设立居住权时对于以上法律明文规定都严格遵守，可是偏偏不知或者是忽略了Y套住房在办理居住权登记之后的法律后果与现实影响，即Y套住房居住权的设定对于齐力与汪勇来讲其所有权能已经大大缩小，占有、使用、收益三项已经不在，只剩下处分权了，银行在审查抵押物时出于对其商业利益的有效维护，必然将Y套住房排除在外，进而影响齐力夫妻俩对Y套住房所有权的正常行使。由此可见法律是具有强制力的行为规范，对于任何人都具有约束力，公民在适用法律时，不但需要关注法律明文规定，而且应当从实务的层面予以专业归置。

3. 本案目前需要面对的是如何破局，关键点在于及时修复齐宁与齐力、汪勇夫妻二人的关系。尽管齐力对汪勇有所隐瞒，但是因齐宁的搬走，汪勇内心不安，夫妻关系需要及时调适，两人深入沟通若能达成共识最好，一旦长期对立很有可能关乎婚姻的存亡。作为汪勇的律师应当积极采取有效措施，尽快促使汪勇与齐宁夫妻二人关系恢复如常。只有夫妻二人步调一致了，才可以共同携手逐渐恢复与姐姐齐宁的正常关系。

【实务指引】

1. 在齐宁已经从Y套住房搬走的前提下，齐力夫妇俩需要考虑居住权是否终止以及终止之后如何以有效的方式获得齐宁的谅解，以至于大家和好如初，从现实角度讲可以考虑以亲情为名给予齐宁一定的经济帮助，这是比较妥当而且行之有效的举措。

2. 齐宁搬走虽有负气成分，但其对于妹妹夫妻关系的关注与顾及显而易见，齐宁与妹妹之间姐妹情深、亲情至上、利益滞后，姐妹俩关系的修复是有深厚基础的，姐妹之间关系的正常化只是早晚的事情。汪勇最好先与齐力讲和，再同齐力一起通过恰当的方式修复与齐宁的关系为宜。

3. 汪勇在整个沟通调解过程中必须有耐心、有担当、有策略，对于齐力擅自设立居住权的行为不再计较，对于齐宁负气搬走的行为予以理解，毕竟夫妻关系的维系是大局，不能因为妻子在生活当中的越权行为而将婚姻推向末路，这是汪勇在本案现实矛盾化解当中不可动摇的信念，也是自身成长应当付出的代价。

【成效评述】

1. 汪勇在律师的极力帮助下，经与妻子齐力多次沟通，相互之间达成了谅解与共识，并且拿出 20 万元作为齐宁租房所用，齐宁在妹妹的一再请求下也接受了馈赠，姐妹俩及其家人们已经往来如初。

2. 通常身处同一家庭，每个成员所担当的责任是不均衡的，在相处当中付出多的人往往受到尊重，受到照顾的人时常存有感恩之心，亲情之间爱的传递是美好的，可是常常因为过于在意而陷入误区，齐力对齐宁的亲情回报就是实例，居住权的设立原本是为姐姐齐宁助力的，可是侵害了丈夫汪勇的夫妻财产共有权，进而影响到家庭购房乃至婚姻的去留，事态的发展变化完全出乎当事人的意料，只不过最终经过他们的共同努力，结果还算不错，然而留下了不少值得思考的问题。

3. 《民法典》新设了居住权制度，公民对于居住权在现实当中的适用一般只基于对法律明文规定的遵循，很少深究居住权设立之后的法律后果以及当事人权利义务的重大变化，这样一来往往难以应对个人意志以外突如其来的变故，此乃居住权在适用当中必然出现的实际后果，只是当事人不了解或者因疏忽大意而没有意料到该法律后果无法回避的客观现实，为此新制度的落地生根需要专业人士的积极参与，只有这样才能确保法律的正能量得以正常发挥。

【警言】

> 家中有姐被关爱，成家立业回报时；姐住妹房两家欢，居住权利办登记；妹夫意外受打击，姐为妹想搬出去；婚姻亲情多危机，自查修复归常态。

第六章　离婚的特色

> 时下多元化婚恋观致使离婚案件呈现的状态各异，当事人身处其中不乏个性化追求，尤其是人身与财产方面的利益相争很难调和，一旦走上诉讼的道路，不管是何种结局，终将有所定论，个案当中的专业思路与技能施展值得深度品味。

案例一

空壳婚姻的终结

【案情简介】

肖茵（化名），女，50岁，20岁时被发现患有精神分裂症。25年前其父肖成武（化名）为了让女儿过上正常的生活，以50万元人民币和一套价值100万元的住房作为嫁妆，经人介绍后钱伟（化名）成为肖茵的丈夫。可是在婚后生下儿子钱程（化名）之后，肖茵的病症越犯越勤，居然时常打伤孩子，钱伟不再有耐心与之生活，便于结婚5年后悄悄带孩子搬出。从此肖茵一直随父亲一起生活，已被认定为精神分裂症三级残疾，病情日渐严重。时至孩子成年后，钱伟多次与岳父联系商量关于离婚的事宜，始终不能达成一致共识。最终钱伟提起了离婚诉讼，坚决要求离婚，肖茵无法到庭，肖成武申请作为肖茵的法定代理人参加诉讼。

【专业视点】

1. 关于肖成武是否具备作为本案被告法定代理人主体资格参与诉讼是首

要的问题。其一，按照《民法典》第二十八条的规定："非完全民事行为能力成年人的监护人依次为（一）配偶；（二）父母、子女；（三）其他亲属。"这三类人无需征得居民委员会、村民委员会或者民政部门的同意。法定监护人是自然血亲固有权利义务的体现，法定监护人或者法定代理人依法直接行使对被监护人充分保护的权利。其二，依据《民法典》第三十条的规定，配偶、父母、子女以及其他亲属可以协议确定监护人，但应当在可能的条件下征求被监护人的真实意愿，这是监护人产生的一种方式。肖茵与丈夫分开后20年来一直由父亲全面照顾，钱伟和儿子钱程两人对此无异议，肖茵在父亲的照顾下生活相对平稳，现实当中法定监护人之间无需以协议的形式打破现有的监护格局。其三，按照《民法典》第三十一条的规定，只有在对监护人的确定有争议的前提下才存在居民委员会、村民委员会或者民政部门乃至法院的指定问题，即只要无争议依法无需确认。综上所述，肖茵作为被告，因其被确定为精神分裂症三级残疾，其父肖成武以法定代理人或者法定监护人的主体身份参与离婚诉讼是合法的。

2. 肖成武作为女儿的法定代理人参与诉讼就离婚事项的答辩意见是本案的核心问题。肖成武照顾肖茵20年，其在答辩当中要求钱伟补偿已付出的40万元的生活费与医疗费等，且列出了明细，还对于日后也有预算，主张一次性获得人民币100万元，这样肖茵可以继续保持目前的生活状态，同时钱伟可以以金钱付出换得离婚的自由，只是本案双方当事人的利益平衡点需要进一步具体协商。

3. 本案是否能以调解方式结案是考量案结事了的最佳思路。肖茵由父亲照顾的20年乃至以后的生活是需要物质作为基础的，其父肖成武提出的100万元，钱伟回应因其独自抚养儿子现生活捉襟见肘，二者之间的差距悬殊，调解的难度不可回避。

【实务指引】

1.钱伟的代理律师在积极收集十余起最相类似的司法裁判文书的基础上，历经数次与肖成武的深入沟通、多方协商，逐渐使其不再坚持其原有的主张，同时还将钱伟的工资收入、主要支出等证据材料提交法庭，希望在法院的主持下能够积极促成双方达成一致调解协议。

2. 钱伟的代理人还将一些同类案件原告通过适用特别程序即认定公民无行为能力或者限制行为能力之后才提起离婚诉讼的5个判决书提供给肖成武，以提示其关注案件诉讼的时长与成本，由此使其在原已改变的基础上又有了新的认知。

3. 在法院主持的调解过程中，钱伟的代理律师将其持有的最相类似案例当中关于对精神分裂症被告的经济补偿额度进行了分类，以提示被告法定代理人肖成武能够客观准确把握其诉讼主张的具体额度，由此有效缩小了双方之间协议的差距。

【成效评述】

1. 经过耐心、细致的专业沟通，促成双方签订了一致性调解协议，即钱伟在5年之内分10次总计给付肖茵人民币60万元，钱伟终于结束了20年有名无实的婚姻生活。

2. 一旦精神分裂症患者走进婚姻，无论对方当初出于何种目的缔结婚姻，其婚姻的现实危机都是挥之不去的，当婚姻已成为空壳时，离婚已经无法阻挡。然而在离婚诉讼当中所遇到的来自各方的阻力是强大的，无论是关于精神病人的行为能力认定问题，还是针对该病人的现实经济需求主张落实事项，这些与精神病人实际监护人的缺位相比都是"小巫见大巫"，本案当中肖成武自愿以女儿法定代理人身份参与诉讼是一项有益于离婚纠纷矛盾化解的积极因素。为此解决该类离婚案件的关键点在于精神病患者日后生活能否妥善安排。

3.《民法典》实施后，涉及精神病患者作为被告的离婚案件在司法实践当中应当呈现出比以前更加人性化、专业化、多元化的矛盾化解模式与机制，作为法律专业人士应当以实际行动力争"以法为名"让原告从认定对方无行为能力或者限制行为能力之特别程序中解脱出来。

【警言】

女方患有精神病，厚嫁之下女婿来；生子之后犯病勤，打伤儿子家庭散；二十年后被离婚，翁婿对簿论金钱；专业沟通讲方式，空壳婚姻画句号。

案例二

一方退让的协议

【案情简介】

周某，女，28岁，与丈夫柳某经熟人介绍相识，1个月后就登记结婚。两人婚后生有一子。双方由于在性情与价值理念上的差异，长期以来聚少离多，真正在一起共同生活仅半年。周某宁可长期在外打工也不愿意与丈夫共居一处，但是双方都很爱儿子。周某在儿子6岁时坚决要求离婚，并且主张儿子的抚养权，希望律师能够在第一次诉讼当中办成，即使面对一套价值200万元的住房与60万元的轿车，她也可以放弃财产换得一次性离婚的结果。

【专业视点】

1.面对周某非要一次性离婚的强烈诉求，代理职责的履行是存在现实压力的，虽然律师没有硬性的合同义务，可是为当事人的维权做出优质的服务却是不能懈怠的，为此面对压力必须以专业能动性积极推出专业功课与现实举措。

2.在周某要求一次性离婚的前提下，律师与柳某的沟通必须有效展开，无论是庭外还是庭内的沟通都是具有专业含量与准确方向的，即以对方的视角及时地转移话题并且能动地快速推出现实解决方案，由此才可以了解对方当事人的真实愿望，同时传递周某欲友好协商的信息。

3. 针对夫妻共同财产的分割，律师务必在尽可能确保一次性离婚的前提下，逐步向柳某表达周某在财产方面自愿让步的意思表示，以尽快推动并促成周某在本次诉讼当中离婚目标的实现。

【实务指引】

1. 律师在开庭前与柳某进行了沟通，柳某坚决不同意离婚；在法院调解时当柳某提出与周某单独交流，律师又说服柳某满足其愿望；在柳某无奈同意离婚并且声称不要任何夫妻共同财产的前提下，进一步与柳某进行深入沟通，耐心地向柳某释明夫妻共同财产分割的原则，以及离婚后财产属性的变化，逐渐使得柳某对于离婚当中自己在财产权益方面的处分有了清晰的了解，以至于最终接受了周某提供的分配方案，由此使得周某一次性离婚的主张成为现实。

2. 夫妻共同财产在离婚后丧失了原来的共有性，周某与柳某两人在法律上已经成为两个独立的民事诉讼主体，柳某基于不愿意离婚的初衷，虽声称放弃夫妻共同财产，但很可能并非其内心真实意愿，作为周某的律师，本着诚信公平的原则，一再劝导柳某能够理性处理离婚及其财产问题，这是律师执业道德与操守的具体展现，由此也促成了本案双方共识的达成。

3. 离婚、财产分割及孩子抚养权三项互为一体，共同依存，尽管离婚是前提，可是若对财产分割与孩子抚养问题没有妥善处理，离婚就无从谈起，这是离婚案件必须关注的专业问题。在本案当中，周某与柳某最终能够达成共识，其主要原因就是将离婚相关的三项内容一并进行了归置，且在周某一方的有力推动下，双方以协议的方式友好结束了一段婚姻。

【成效评述】

1. 在周某一方律师的努力下，周某与柳某协议离婚，儿子由周某抚养，价值200万元的房产归周某，60万元的轿车归柳某。为了照顾柳某对儿子的一片爱心，周某同意离婚后让儿子与柳某一起在自己的住房里继续生活3年，同时每月支付儿子抚养费2000元。

2. 离婚案件在处理当中，不仅需要着眼于当事人在法庭当中展现出来的表象，而且须要透过现象看到双方争议的本质，只有表里兼顾、分清主次才能深刻了解、体味矛盾的根源，进而在提供现实解决方案时才可能具有可操作性，让律师的专业能动作用为当事人的维权带来新思路与新契机，由此可见代理人的智力付出对于社会和谐与稳定的积极贡献。

3. 以调解方式化解婚姻纠纷，需要将专业的视点、灵活的思维、现实的举措融为一体，在"静中缓行"，同时又在"缓中快进"，既有家事专业的技能展现，又有代理律师综合素养的有效彰显。本案的结局就是家事律师有痕又有效的劳动成果。

【警言】

相识一月就结婚，虽有儿子不和谐；女方在外眼界宽，丈夫守家危机现；一次离婚目标定，诉讼提起沟通难；专业渗透为公正，促成协议两方安。

案例三

婆婆的苦心

【案情简介】

许言（化名）与吴琼（化名）系大学同学，校园相恋两年，毕业后吴琼随许言来到 W 市成婚，与公婆同住一套 4 室 2 厅房屋。起初许言的母亲秦某就为小两口立下了众多家规，吴琼为了家庭的和睦只能默默忍受。后来婆婆居然想按照其多方求来的偏方实施所谓的"抱孙计划"，要求吴琼必须回家全职备孕、保胎、生产、抚育未来的孙子，吴琼作为职场女性在忍无可忍的情况下与秦某发生了口角，随后负气回到千里之外的娘家 Y 市。许言曾追至 Y 市，欲劝吴琼回家，可是满足不了妻子回家另过的愿望，只能无功而返。秦某在儿媳回娘家之后一直怒气冲天，随着时间的推移，眼看儿媳回家无望，便向儿子提议以离婚的名义逼迫吴琼回来，许言在焦虑当中言听计从。吴琼在接到丈夫要求离婚的电话之后，怒火万丈之下直接回复同意离婚。许言伤心欲绝之后在母亲的催促下提起了离婚诉讼。吴琼在接到离婚诉状时已经发现自己怀孕了，可是因心中长期的愤恨无从发泄，为此在离婚诉讼当中只字未提，只答辩同意离婚。许言得知吴琼同意离婚后，顿时感到不知所措，在咨询律师之后撤诉了。随后吴琼与许言联系，强烈要求其协议离婚，许言再三追问原因，吴琼回应说，若能协议离婚，她准备生下孩子独自抚养，否则她马上去做人流。许言本身就不是真想离婚，一听吴琼讲明了原委，心里五味杂陈。最终为了保住孩子，许言违心地依照吴琼的要求双方协议离婚。不久吴琼在Y市生下了一个健康活泼的儿子，母子俩生活平安。许言离婚后曾多次联系吴琼，可是均遭到拒绝。为了不打扰吴琼与孩子，许言在离婚后5年里一直单身。秦某看在眼里，心中后悔莫及，背着儿子前来律所求助。

【专业视点】

1. 日常生活当中，夫妻相处不仅要以感情为基础，还要注重创建家庭成员之间良好的人际关系。婚姻当中的男女在实际生活当中单靠感情往往是不能维系夫妻关系的，在本案当中，吴琼与许言无论婚前、婚后还是离婚之后，双方之间的感情都是毋庸置疑的，之所以走到离婚的地步，究其原因主要是年轻人的幼稚与任性以及婆婆在他们婚姻当中所起的负面作用力，其结局就是吴琼和许言劳燕分飞，他们的孩子生活在单亲家庭氛围之中。

2. 通常夫妻在发生争议的情形下，应当及时对症下药化解矛盾，千万不能试图以离婚的方式来解决问题。本案中，许言作为丈夫在结婚后，面对母亲立家规、提苛求乃至以离婚的方式逼迫吴琼回家的所作所为一味地妥协、包容是其婚姻走上末路的根本原因，从表面看许言是在孝敬母亲秦某，可最终秦某却因为许言5年的单身状态而备受煎熬、愧疚万分。

3. 婚姻的终结是建立在当事人付出现实代价的基础上的，本案当中婆婆秦某的内疚来源于儿子在离婚后的一蹶不振以及对孙子发自内心的挂念，因此按照"解铃还须系铃人"的逻辑,秦某为了儿子的幸福只要自己愿意补救,在竭尽全力之后是有可能发生转机的,作为律师,出于当事人的现实需求的考虑是可以大胆尝试的。

【实务指引】

1. 基于秦某与儿子许言已经共同决定向吴琼道歉、请求原谅,并尽最大可能努力尝试复婚的前提,律师在接受委托之后,以律师函的形式与吴琼取得了联系,通过十余次真诚的沟通,吴琼渐渐地恢复了平静,尽管对许言有怨恨,可是由于孩子对亲生父亲的热切渴望,她并不反对父子之间的交流,这样一来双方友好对话的基点确定了,为日后的复合开启了一扇门。

2. 吴琼一人抚养孩子不管在经济上还是生活上都是存在一定困难的,律师在与其沟通时,表明了许言愿意承担孩子自出生以来直至独立生活为止的所有学习、生活、医疗开支的真切想法,吴琼当时虽未表态,但不经意之间似乎松了一口气,由此许言开始尝试与吴琼联系关于支付孩子抚养费的问题,大约在3个月之后,许言就见到了自己日思夜想的儿子。

3. 律师在进一步与吴琼沟通之后,建议许言以双方共同经历的过往为基础逐渐唤起吴琼对生活原有的美好祈愿,进而在慢节奏下重拾两人之间的默契与信任,以便让年仅5岁的儿子能够过上三口之家正常的日子。半年之后,许言在与律师联系时已传出两人复合有望的信息,还称其母秦某已专程去过Y市先后两次向吴琼及其父母跪地求饶,不久两家人基本上可以正常通话交流了。

【成效评述】

1. 在律师的专业思维与有效举措指引下,历经一年半,许言与吴琼终于复婚了,婆婆主动搬出另住,吴琼与儿子从Y市回到W市过上了盼望已久的幸福生活。

2. 婆媳关系是婚姻家庭当中永久的热议话题,二者相容则家庭和睦,一旦不和将危及婚姻乃至造成家庭分崩离析,不仅使成年人受到重创,而且严重危害未成年人身心的健康成长。本案当中,婆婆秦某自始至终都很辛苦,其在立家规、提苛求、促离婚、求复婚当中可谓用心良苦,但"好心办坏事"是其真实的写照,险些毁了儿子一生的幸福,也差点永远失去了自己的亲孙子,由此可见婆婆在家庭当中的重要作用。婆媳关系在婚姻家庭当中是需要双方以真诚、善意、理性去相互尊重、相互包容、相互支持的,从某种程度上讲,任何一方的肆意妄为都很有可能让所有家庭成员承担不良后果。为了家庭的稳定与社会的和谐,婆媳还是相安为是。

3. 准备进入婚姻或者已经身处婚姻之中的男女双方,在日常生活当中务必自我成长,积极提升处理家庭矛盾的实际能力,凡事考虑周全,正确应对,切忌以"成年巨婴"的心理状态逃避现实,从而将自己与亲人置于正常生活之外,甚至留下终生的遗恨。家庭需要每个成员付出爱心、时间和精力,为了在有限的生命时段享受生活的乐趣,作为核心家庭成员,还是以宽容、大度之心对自己的亲人温柔以待为佳。

【警言】

> 同窗相恋成夫妻,媳妇外地嫁过来;婆婆立规又苛求,抱孙计划起纷争;叫回女方提离婚,违心离婚保孩子;五年之后悔当初,破镜重圆费心力。

案例四

丈夫的面目

【案情简介】

宋某,女,38岁,10年前与大其8岁的二婚的丈夫梁某登记结婚,两年后生有一女小可。宋某自结婚后一直尽心尽力照顾梁某及其前房儿子,即使在女儿出生后对于梁氏父子依然如故,不管是经济上还是生活上宋某都是家里的顶梁柱。梁某在经济上依赖宋某，很少言语。宋某与梁某在婚后生活当中，常因对继子的管教而发生冲突，梁某为此曾经先后5次动手打伤宋某，可是宋某因好面子从未报过警。一日宋某在与朋友聊天时偶然得知梁某与第三者有染，还曾付出20万元的封口费，便回家向梁某求证，梁某无言以对。此后不久，宋某与梁某进行了多次直面谈话，梁某非但无动于衷居然还提起了离婚诉讼。宋某针对离婚、8岁女儿的抚养权以及婚后两套价值分别为150万元、200万元住房的法律归置问题，委托律师代理诉讼。

【专业视点】

1. 宋某与有过一次婚姻经历的梁某结婚，避免不了承担对继子的抚养教育责任，无论是经济上的还是劳务上的，对于宋某来讲是有实际负担的，尤其是梁某在经济上还依仗宋某的情形下，为此宋某的婚姻出现危机是在所难免的，针对现实问题只能直面应对。在此需要强调一点，即宋某在婚姻当中承担的是两个孩子的抚养责任，但是梁某离婚后承担的女儿抚养费是建立在同时抚养其儿子的前提之下，即女儿的抚养费通常低于独生子女一人的标准，对女儿抚养费的折扣处理宋某必须正视。

2. 本案当中因涉及家庭暴力、婚外情依法维权事项，作为宋某的代理人，需要尽力在证据收集、事实查明、诉讼主张确立等方面做出专业的功课，以此为当事人合法权益的保护奠定坚实的基础。

3. 针对财产分割，需要核实两套住房的购买时间、资金来源、现有价值以及目前的实际占有情况，同时还需征求当事人宋某的具体主张，由此才可以为其财产权益的积极保护做出应有的努力。

【实务指引】

1. 针对离婚问题，宋某可以作出同意离婚或者不同意离婚的答辩意见，离婚纯属个人意愿，作为律师来讲只能按照当事人的具体需求提供法律服务，最多可以提出一些个人建议，当事人必须经过深思熟虑做出真实的意思表示，这是本案的前提。宋某在与律师沟通当中表现出的两难选择，需要个人进一步理性处置，以便确定案件代理的方向。

2. 关于孩子的抚养权，宋某与梁某的女儿年满8岁，按照《民法典》一千零八十四条第三款之规定，应当尊重孩子真实的意愿，法院在父母协商不成的前提下，按照最有利于子女成长的原则判决，为此宋某主张女儿的抚养权（孩子在法院表示愿意跟母亲一起生活）在本案诉讼当中依法能够得到支持。

3. 关于实体权益部分，首先针对婚外情、家庭暴力的过错赔偿额度与当事人进行充分沟通，最终依法积极提出具体主张；其次就两套住房的分割征求当事人的意见，并对于房屋进行估价或者议价等相关事宜，为当事人提供必要指引。

【成效评述】

1. 在宋某代理律师的多方努力下，法院判决宋某与梁某离婚；女儿判归宋某抚养，梁某每月承担2000元的抚养费；梁某因其家庭暴力、婚外情行为分别赔偿宋某精神损失人民币1万元、3万元；两套住房中价值200万元的住房离婚后归宋某所有，150万元的住房归梁某所有。

2. 宋某在与二婚的梁某缔结婚姻时就注定了必须承受远比初婚更多的法律责任，其在经济上与生活上的无条件付出非但没有换来梁某的感恩之情，反而是梁某肆无忌惮的家庭暴力、婚外情，由此将以往的夫妻感情彻底摧毁，宋某在此段婚姻当中是需要汲取深刻教训的。婚姻是靠双方感情、人身及财产等多方面长期相互交换来维系的，一方无底线地付出，最终的结果往往是将婚姻置于不归之路，宋某正是忽略了这一点而承受了婚姻之苦。

3. 离婚是夫妻双方在无法化解相互之间矛盾的前提下一种无奈的选择，其中不仅涉及离婚、子女抚养与财产分割三项基本内容，而且还触及针对家庭暴力、婚外情等违法行为的无过错方进行精神损失赔偿问题，作为家事律师应当依法以客观、全面的视角综合看待问题，进而以最大的专业能动性积极为当事人的维权作出有力的贡献，这是本案带给法律人士的现实启示。

应 对成长
——高瑾律师带您走进 80 例新型家事案件

【警言】

> 不畏二婚进家门，继子视同亲生待；包揽家庭所有事，夫妻矛盾免不了；家暴出轨伤透心，离婚诉讼需章法；律师专业展风姿，法院裁判公道论。

案例五

二次离婚的烦恼

【案情简介】

卢某，女，55 岁，与无业丈夫黑某结婚 20 年，因对方出轨两人离婚，随后在女儿的撮合下约两年二人又复婚。不料丈夫在一年后再次与其他女性有染，卢某几乎崩溃了，针对财产其更是感到万分纠结。自复婚后黑某一直沉溺于赌博，又染上了性病，由此让卢某付出了 100 多万元。两人在复婚之后，黑某一再逼迫卢某将当初离婚时归于卢某名下的房产用于抵押贷款，在目前 200 万元贷款未还的情况下，卢某对自己的房产归属忧心忡忡。卢某在与黑某协商第二次离婚时，黑某由于坚决不同意离婚，在两人发生争执后，黑某将卢某打得遍体鳞伤，以至于 110 出警到场后才将卢某送至医院救治。卢某此次离婚还有一个重要阻力就是女儿以死相逼，这让卢某深感绝望。卢某在万般无奈之际前来律所求助。

【专业视点】

1. 婚姻自由包括结婚自由和离婚自由，从卢某最初与无业的黑某结婚、离婚，后来又复婚，现在又欲再次离婚，她对于自己婚姻自由的把握存在认识误区，没有以冷静、理性、客观的视角去审视自己的婚姻何去何从，由此才造成了目前的尴尬境况。对于年过五旬的中年妇女来讲，此次离婚是否考虑清楚非常重要，作为律师务必给予其专业分析与现实指引，这是本案应当明确的首要事项。

2. 对于黑某二度婚外情与家庭暴力行为之维权主张的确定与现实举措的推行，律师应当在充分征求卢某意见的基础上，依法做出专业的功课，以实际行动尽最大可能地为无辜受害方的权利救济贡献一份心力。

3. 针对财产方面的处置。其一，100 万元赌博、治疗性病实际支出，应当由黑某个人承担。黑某赌博系个人行为，其亏空应当由个人承担，至于治疗性病的花费因该病由黑某个人出轨行为导致，其承担主体自然是黑某，卢某可以要求黑某返还 100 万元垫付款项。其二，200 万元被抵押的房产，卢某可以责令黑某及时偿还相关借款，以便房产能够重新回归所有人卢某实际控制之中，当然其中的具体问题很多，卢某维权的难度不容小觑。

【实务指引】

1. 关于离婚问题，律师除了要与卢某本人深入沟通之外，还应当尽量通过与卢某女儿有的放矢的谈话力争去除该现实阻力，其中卢某的意愿很关键。律师在按卢某真正意愿提起离婚诉讼之后，才能采用恰当的方式与卢某的女儿进行有效沟通，并在相互交流当中说服其从母亲卢某的角度去考量离婚的必要性与紧迫性。

2. 律师应当积极收集关于黑某婚外情与家庭暴力行为的主客观证据，还可以针对家庭暴力违法行为及时申请人身保护令，甚至可以提起刑事自诉案件，以此确保卢某在离婚诉讼当中不被黑某的暴力行为或者暴力威胁所侵害，这是本案在代理当中一项非常重要的举措。婚姻重要，生命比婚姻更重要，从现实的角度上讲，婚姻可以缺位，生命只有一次，一旦失去所有落空，卢某人到中年再次离婚，务必要将捍卫生命摆在首位。

3. 关于财产方面的举证，在本案当中需要精准到位，其中赌博亏空、性病治疗的花费在收集相关材料时务必尽心尽力，不能留下一丝遗憾。还有卢某被抵押的房产如何"解押"应当从实际情况出发创设多种方案，核心内容就是以黑某现有的财产换得卢某 200 万元房产的安全退出，应当看到黑某是不可能轻易就范的,卢某及其代理人必须以有效的举措促使黑某做出妥协与让步。

【成效评述】

1. 卢某的代理律师首先通过申请人身保护令促使黑某可以与卢某坐下来公平对话,接着在谈话当中又针对其家庭暴力行为以故意伤害刑事自诉案件的提起致使黑某自愿承担卢某垫付的100万元,并四处借款还清了银行的贷款,最终两人协议离婚。

2. 婚姻是人生大事,是男女双方人身与财产高度结合的法律行为,一旦步入婚姻必然受到对方的直接影响,可谓是"一荣俱荣,一损俱损"。男女之间走进婚姻要想明白,走出婚姻更要做足打算。婚姻有风险,人生有遗憾。为了自己生活的安宁务必遵守婚姻的规则。一方付出,一方索取,婚姻的解体只是迟早的事情;结婚、离婚、复婚、再离婚的痛楚与纠结带给当事人的可能是永久的阴影。为此,尊重个人情感、遵守法律规定、恪守婚姻底线对于每个人来讲都是至关重要的人生课题。

3. 中年妇女在生活当中,由于个人视野的局限性,在处理婚姻家庭问题时往往存在多种误区,迫切需要法律专业人士的及时点拨、引导、帮助,可是能够及时获得有效法律服务的几率并不大,由此会导致她们在错误思维的指引下越陷越深,以至于最终很有可能失去对生活的信念。作为家事律师对此深有体味,也在办案实践中尽力尝试与她们有效沟通、精准服务,极力帮助她们回归正常的生活轨道,以彰显法律的公平与正义。

【警言】

> 年过五旬闹离婚,丈夫复婚为钱财;百万付出房危机,恶习不改又重犯;二次分手多纠结,保护令上加自诉;恶人止步有转机,女方扬眉又吐气。

第七章 继承的实质

> 继承自公民死亡开始,继承人是法定的,法定继承份额通常均等。在被继承人没有遗嘱的前提下只能以法定继承的原则分配遗产,主体资格分外重要。因此,结婚、再婚、收养等法律行为发生之前,当事人需要慎之又慎。遗嘱继承从法律效力上优于法定继承,遗嘱内容更能体现被继承人的真实意思表示,然而在现实生活当中时常被大家忽略,很有可能导致一些不必要的继承纠纷发生,其后果对于当事人来讲既伤感情又折面子,故此提示大家应当对遗嘱给予高度关注,并且尽早有效适用于现实生活当中。继承纷争通常当事人之间矛盾复杂,争议多重,个人恩怨深重,牵一发而动全身是惯常现象,解决矛盾的方式需要创新求实、多策并举,集法、理、情于一体。

案例一

再婚有说法

【案情简介】

涂某,男,25岁,3岁时随母亲楚某改嫁至方某家里生活,方某原有两个亲生女儿,20多年来一家5口人和睦相处。方某的两个女儿长大后出嫁了,涂某作为儿子与母亲、继父3人一起生活。不料方某因突发脑出血经抢救无效后身亡,方某的两个女儿及其丈夫前来料理后事,并且欲将涂某和母亲楚某赶走,最终在警方的介入下双方共同料理了方某的后事。随后经方某两个女儿申请社区主持调解,已查明方某名下存款100万元,100平方米(每平方米市场价1万元左右)的拆迁安置住房3套。方某的两个女儿只愿意付出5万元的代价将楚某母子二人扫地出门,涂某咽不下这口气,前来寻求律师的帮助。

【专业视点】

1. 尽管方某名下的财产已经查明,但是涂某与母亲能够依法继承的只是方某个人的遗产,这里需要指出方某与楚某再婚已长达22年,即使方某的原配留有遗产,因已超过法定的最长时效20年,故方某名下的财产均系其个人财产。

2. 按照法定继承的遗产分配原则与比例,楚某与涂某母子应当享有的份额如下:方某名下3套住房系祖遗房产拆迁安置所得,属于方某个人财产;100万元存款系方某与楚某22年共同生活的积蓄,属于夫妻共同财产。3套拆迁安置住房由方某的两个女儿、楚某、涂某4人继承;100万元存款应当先由方某与楚某夫妻各自分得50万元,方某的50万元由其两个女儿、楚某、涂某4人继承,楚某的50万元归楚某个人所有,如此一来楚某母子继承总额为225万元。

3. 基于楚某母子在方某家里生活22年之久的客观事实,方某的两个女儿即使对楚某依法所享有的遗产继承权忿忿不平,楚某出于对方某夫妻感情的顾念,在专业人士的指引下也应当尝试与两个继女以平和的方式化解家庭矛盾,这是本案平稳着地的关键点。

【实务指引】

1. 公民生前应当对遗嘱予以足够的重视,方某正是因为生前没有遗嘱,致使在法定继承的前提下,其两个女儿最终继承的份额远远少于楚某母子,姑且不论方某生前的真实意愿,仅就遗嘱对遗产分配额度的绝对控制力来讲,方某已错失了生前订立遗嘱的契机。

2. 从法律上讲,不管是法定继承还是遗嘱继承,继承人是以主体资格参与财产分配的,其中继母、继子女与生母、亲生子女的继承权完全平等。本案当中楚某、涂某之所以获得了份额较多的遗产,就是凭借其法定继承人的身份优势。为此,再婚家庭的夫妻两方务必在结婚前、生前提前对于个人财产进行专业归置,以免留有后患。

3. 楚某与涂某母子二人在处理本案继承析产纠纷当中,应当抓住时机尽可能选择调解的方式获得遗产权益,或许调解有可能在利益方面有所牺牲,但是很有可能换来家庭成员之间在对立之后的相互理解,应当看到22年的亲情远比遗产的价值高得多。

【成效评述】

1. 双方各自在聘请律师的前提下,经过律师们的不懈努力与耐心疏导,最终楚某、涂某以调解的方式获得了160万元的遗产。另外楚某名下的50万元个人财产,楚某自愿分给方某的2个女儿各15万元。这样一来方某的2个女儿对于继母的态度有所缓和,涂某虽对母亲的做法不甚满意,但还是遵从了母亲的意愿。

2. 再婚家庭日常财产归置务必摆上日程,凡事夫妻应当换位思考,以维护家庭稳定为重,对于继子女应当视同己出,继子女也应当对长辈们以礼相待,在处理财产时应当注重协议、遗嘱等方式的适当运用,以防日后产生不必要的纷争。

3.《民法典》实施之后在继承方面的法律制度有所变化,为了积极保障公民的个人财产权益与家庭关系的稳定应当在知法、守法的前提下依法办事,进而在家庭层面传播健康的精神文明成果。

【警言】

> 带子改嫁廿二载,两女出嫁另立户;儿子父母三人行,丈夫发病突亡故;继承财产起争议,法定继承已明了;两方律师巧梳理,舍财之后事平息。

——高瑾律师带您走进80例新型家事案件

案例二

遗嘱定方向

【案情简介】

唐某，男，30岁，已结婚生子。父母在其10岁时离婚，父亲再婚另有儿女，唐某随母亲徐某生活。60岁的母亲名下有价值200万元的住房2套，现金200万元左右，外公外婆已过八旬均健在。徐某患有冠心病，为了确保儿子在其亡故后能够继承全部遗产，在律师见证下订立了遗嘱。儿子受到母亲的影响出于对个人财产权利的保护也自书留下个人遗嘱，排除了父亲对其遗产的继承权。唐某时常带着妻儿和母亲开车游玩，一家人其乐融融。不料在一次暴雨过后，唐某在山路上行车因判断失误撞到岩石上，全家四口均受伤被送往医院，母亲经抢救无效身亡。唐某在料理母亲后事时，两个舅舅和3个姨母不时打探母亲名下的遗产，并且迫不及待地指使外公外婆提出给其留有养老钱。随后舅舅和姨母在唐某不予理睬的情况下居然委托律师将其诉至法院，要求外公外婆依法继承徐某名下的遗产。唐某在极度悲痛之后又陷入亲人提起的诉讼之中，出于有力应诉的初衷，前来寻求律师的帮助。

【专业视点】

1. 按照法定继承的原则，徐某名下600万元的遗产应当由其儿子唐某及父母三人继承，儿子享有200万元，父母二人享有400万元，这样一来年迈父母享有的400万元遗产之实际控制权很有可能转至徐某两个弟弟、3个妹妹手中，唐某对于母亲遗产的继承份额远远少于外公外婆二人总和，故此遗产法定继承对于唐某来讲就是母亲遗产的大幅度流失。

2. 法院庭审当中，唐某在律师的指引下提交了母亲生前的遗嘱，外公外婆一方代理律师顿时乱了阵脚，因为徐某在遗嘱当中将两套房产与150万元现金留给儿子继承,并且特别说明因父母均有退休金,她早年已履行了较多的赡养义务,为此只给父母50万元作为生活当中的应急贴补。从法律效力上讲遗嘱继承优于法定继承,据此唐某继承母亲遗产的额度是550万元。

3. 徐某所立遗嘱是在律师的见证之下完成的,倘若原告一方不能提供该遗嘱无效的有力证据,其诉讼请求依法应当驳回。唐某虽然可以获得胜诉的结局,但是需要提起确认遗嘱继承之诉方可真正实现其继承权,出于尽快解决问题的目的,唐某可以考虑通过调解的方式在本案当中一次性了断继承纠纷。

【实务指引】

1. 遗嘱订立对于每个公民来讲均有必要性,遗嘱不仅可以充分体现被继承人真实的意思表示,又可以从一定程度上预防继承人之间因争夺遗产而导致相互伤害甚至反目成仇的局面。本案当中,徐某生前所立遗嘱对于儿子唐某权益的维护起到了至关重要的作用,同时也扼制了其弟弟妹妹觊觎遗产的阴谋,这是遗嘱在改变本案诉讼格局方面的真正效用体现。

2. 法定继承纠纷诉讼的提起需要首先查明被继承人生前是否存在遗嘱,本案当中原告正是因为没有提前做足功课才导致了其在庭审当中的尴尬局面,由此看来诉前调查、沟通、协调乃至极力调解非常重要,尤其是当事人在委托律师后,此项工作应当积极展开,以便事半功倍地化解当事人之间的矛盾。

3. 唐某虽然在法定继承案件当中凭借遗嘱具有绝对优势,但是从自身维权成本与亲情的角度考虑,应当适时抓住与原告一方进行调解的有利时机,进而早日实现其对母亲遗产的继承权。

【成效评述】

1. 在法院的主持下,唐某及其代理人与原告一方代理律师进行了两轮沟通,最终唐某除了按照遗嘱分给外公外婆50万元以外,额外拿出15万元以备外公外婆百年之后丧葬之用,外公外婆心有愧疚,舅舅姨母无话可说,唐某内心趋于平静。

2. 常言道:"人生无常,世事难料。"上有老、下有小的中年人,在生活和工作当中不可避免地存在意外风险，一旦身亡，近亲属们很可能因为利益之争诉至法院，既伤害感情又影响家庭对外形象。从法律层面讲生前尽早立遗嘱不失为一种有效的预防举措，一旦有律师介入操作并非难事，对于每个人来讲利大于弊，应当依法引起高度关注。

3. 公民生前订立遗嘱是民事法律行为，应当遵守《民法典》相关规定，目前遗嘱在现实当中还没有达到普遍适用的程度，但是每个公民从自身做起，对于周围人群的影响力是巨大的，本案当中唐某在母亲订立遗嘱之后也留下了自书遗嘱，这就是遗嘱意识乃至习惯的正向传承，由此将会大大减少日后遗产之争发生的几率。

【警言】

> 母子相依二十载，娶妻生子小康日；慈母为儿立遗嘱，一家游玩母身亡；舅姨抢财诉讼起，遗嘱为凭定格局；亲人之间和为贵，舍利赢得各方安。

案例三

父债女还

【案情简介】

于晴（化名），女，35岁，独生女。父亲于某因车祸身亡，爷爷奶奶10多年前先后亡故，父母名下财产约200万元，于某个人债务100万元左右。于晴与母亲赵某在料理丧事之后，主动联系了已知的部分债主，并达成了还款协议。此后于晴开始筹集资金并且偿还了大约70万元的债务，剩下的债务由于联系不上债主只能等待。3年后，父亲的两个同学来找于晴母女称于某曾借他们各20万元，并且各自出示了一张20万元的借条，还款期限为于某去世前的1个月左右。赵某认为丈夫遗产已处理完毕，2张借条均已超过法定时限。于晴从两个叔叔的眼光中看到了失望与不满，前来律所求助。

【专业视点】

1. 于某的两个同学在其去世3年后向继承人赵某、于晴主张债权，从表面上看似乎已过法定时效3年，可是该二人准确知道或者应当知道于某死亡的时间是不确定的，他们完全可以做出晚于于某实际死亡时间的辩解，由此只要是对于40万元借款的事实无异议，两个债权人的主张依法成立。

2. 于某名下遗产200万元，夫妻各一半，于某100万元遗产已经偿还70万元，剩余30万元由赵某、于晴两人掌控，于某2个同学借款总额为40万元，债权额度已经超过了30万元。按照《民法典》第一千一百六十一条之规定："继承人以所得遗产实际价值为限清偿被继承人依法应当缴纳的税款和债务。超过遗产实际价值部分，继承人自愿偿还的不在此限。继承人放弃继承的，对被继承人依法应当缴纳的税款和债务可以不负清偿责任。"故此，于晴与母亲赵某可以将剩余的30万元还给2个债权人即可，尽管也可以选择依法放弃继承权，但是按照她们已经处理过70万元债务的客观行为推断两人应该是尽力清偿债务的。

3. 两个债权人在分别拿到15万元后是否可以不经诉讼了结这笔借款，这是一个值得深思的问题。作为于晴母女俩出于对人情世故的考虑肯定不愿意与两个熟人对簿公堂，然而以多于法律规定10万元换得安宁日子的代价是需要突破常人道德境界的。

【实务指引】

1. 本案涉及法定继承人对被继承人个人债务的清理事项，于晴、赵某二人在没有专业人士指引的前提下，已经按照普通人的惯常思路清偿了大部分债务，对于剩余40万元的债务与被继承人现有30万元遗产在法律上的归置不知所措，作为律师应当从她们的本意出发推出现实可行的举措，以确保她们能够顺利将相关债务清偿事宜及时终结，这是本案解决现实问题的关键点。

2. 两个债权人均系被继承人于某的同学，代理律师可以与二人进行深度沟通，从法律规定、人礼待道乃至于晴母女俩当前的处境出发，对其动之以情、晓之以理，劝慰他们能够以包容的心态平和地化解10万元差额带来的纷争，以免二人在利益受损的情况下诉至法院，使得双方无法下台。

3. 针对于晴母女俩在10万元差额应对方面的两难处境，代理律师可以建议她们在充分考虑利益与面子孰轻孰重的前提下，尽早做出符合其内心真实愿望的抉择，即若以利益为重，10万元依法不还未尝不可，可是不能忽略对簿公堂的可能性；若顾及面子，10万元如数清偿，折财保名，切忌"出钱爽，事后悔"。

【成效评述】

1. 经过于晴母女俩一方律师的耐心沟通，两个债权人深感同学的妻女需要照顾，主动放弃了于某遗产不能清偿的10万元债权，而于晴母女俩从"欠债还钱"的朴素道理出发共同拿出10万元欲给两位债权人，最终大家在两个回合推来让去之后，按照折中的办法两个债权人只接受了5万元，各自拿到17.5万元，至此这两笔遗产债务清偿结束。

2. 依照《民法典》第一千一百二十四条第一款之规定："继承开始后，继承人放弃继承的，应当在遗产处理前，以书面形式作出放弃继承的表示；没有表示的，视为接受继承。"本案当中，于晴与母亲赵某以清偿被继承人于某70万元债务的实际行动选择了接受继承，此后在面对两个债权人主张40万元借款且遗产数额有10万元缺口的情况下寻求律师的专业帮助，最终双方在金钱面前都表现出了高姿态，让人性、人情在真善美的层面得到了实际升华。

3. 继承是一种法律行为，接受权利的同时意味着承担由此而附随的义务，不管是继承人还是被继承人，在日常处理个人债权债务当中务必考虑日后的法律后果，尽早在自己能够完全行使民事权利的有效时段对于身后事有所安排，以免给家人留下不应有的后患，更不能让自己的妻儿老小为自己承担意外的负担。

第七章 继承的实质

【警言】

独生女遇父突亡，留下债务上百万；父债女还难了结，三年之后债务来；遗产不够清偿债，左右为难求律师；法律情理须兼顾，利益之外见美德。

案例四

手足之间

【案情简介】

孙某，65岁，离异多年，膝下无子女，父母双亡，仅有姐姐孙甲与弟弟孙乙两个亲人。孙某患有脑梗，近年来时常住院，雇有护工照顾。一日孙某突然病危，孙甲与孙乙闻讯赶来，本指望孙某留下遗嘱，然而孙某一直对他们心存不满，没有留下一纸文书就离世了。经查孙某主要财产有150平方米的住房一套，银行存款50万元，保险权益100万元。孙甲、孙乙在共同料理完孙某的丧事之后，因在遗产分配当中有重大利益冲突，分别委托律师处理继承事项。

【专业视点】

1. 按照《民法典》第一千一百二十七条之规定，孙甲、孙乙为孙某的第二顺序法定继承人，在没有第一顺序法定继承人的前提下，他们二人依法享有继承权。依据《民法典》第一千一百三十条第一款之规定："同一顺序继承人继承遗产的份额，一般应当均等。"为此，孙甲、孙乙二人享有的继承份额不存在差异。

2. 因孙某从内心对孙甲、孙乙有抵触，故在有可能留下遗嘱的情况下孙某选择了不作为，这是本案一个不可忽略的重要事实，值得当事人及其律师予以关注。退一步讲，孙某生前倘若留下遗嘱，将其名下财产赠与继承人以外的第三人，那么孙甲、孙乙二人将依法被排除在法定继承之外，眼下的继承格局应该不是最坏的情形，孙甲、孙乙应当从内心反省自己长期以来对于手足孙某的关照不够为是。

3. 本案当中因孙甲、孙乙平日与孙某来往不够密切，由此对于孙某的遗产现状了解、掌握不够，甚至存在某些误区，这直接影响到他们各自对遗产具体主张的提出，代理律师应当为他们分别提供更加准确的信息，以保障当事人正确行使其法定继承权。

【实务指引】

1. 代理律师应当着手尽力调取孙某名下的房产、存款、保单资料，用以首先确定遗产的范围，进而为当事人提供确切的信息与专业的服务。在实践中，这些产权资料在非诉讼前提下律师调取是有实际障碍的，一旦受到限制就会影响到遗产的依法及时分割，作为专业律师务必竭尽全力做出有效的功课。

2. 关于房产、保单在价值方面存在浮动性，在分配时应当按照"有利生产，方便生活"的原则，孙甲、孙乙系同胞姐弟，本应在互让互谅的前提下通过友好协商达成一致共识，可是在两人相争不下的情况下，作为各自代理人务必为他们在捐弃前嫌之后进而有可能出现的"求同存异"做足功课。

3. 孙甲、孙乙作为第二顺序继承人在实现其继承权当中与第一顺序继承人相比存在对遗产的不知不解、一知半解乃至盲点与误区是惯常现象，不管是法院还是律师都需要付出多于一般继承案件的查证属实精力，此乃专业使命所在，也是法律人对于当事人合法权益依法保护应当恪守的执业准则。

【成效评述】

1. 经双方律师多次查证、沟通、协调，最终孙甲获得了 50 万元的存款以及 100 万元的保险权益，孙乙如愿以偿成为 150 平方米住房的所有人。

2. 在人口负增长与老龄趋势日益严峻的情况下，单身老年群体需要依照

《中华人民共和国老年人权益保障法》(以下简称《老年人权益保障法》)第五条第三款、第七条第一款即"倡导全社会优待老年人""保障老年人合法权益是全社会的共同责任"之规定善待每个老年人,尤其是单身老年人。孙甲、孙乙作为孙某的姐姐与弟弟更应当尊重、关心和照料孙某,本案当中孙某对于自己的手足虽然心存不满,可是从内心意愿出发仍将遗产留给了他们,这是本案带给当事人乃至所有人的一丝悲凉。

3. 老年人从自身合法权益出发应当依法尽早对个人财产进行处分,积极采取有效措施将自己的终生积蓄留给善待自己的亲人甚至是朋友。人生苦短,活着不易,有生之年应当尽量以物质条件换得幸福的晚年,不管在何时何地,"付出真诚,收获美好"才是最重要的生活内容。

【警言】

> 离异单身患重症,病危姐弟被叫来;两人一心为遗嘱,手足暗伤不留字;亡故继承有争执,析产两方有律师;调查沟通费心机,各取所需得安生。

案例五

前妻继承

【案情简介】

武宣(化名),男,47岁,与妻子许迪(化名)结婚15年,儿子已经13岁了。因武宣好交各路朋友,并且与义妹吴琼(化名)有不正当男女关系,许迪为此与丈夫长期闹离婚。在此期间武宣父母先后去世,兄弟姐妹五人一致决定将祖遗5间门面房屋的租金用于给最小的弟弟治疗白血病所用,一直没有谈及遗产分配的事宜。许迪因对武宣的婚外情一再忍让而事态无任何改变,最终无奈提出了离婚诉讼,离婚时因针对婚外情没有确凿证据,在最终法院判决时没有获得过错赔偿。另外一点就是关于武宣父母所留未分割的遗产在当时条件不成就的前提下，没有依法主张相关财产权益。离婚8年后，许迪偶然在与儿子对话时得知了武宣患白血病的弟弟去世了，其父母所留遗产已经分割完毕，武宣获得了1间门面房。许迪出于对当年离婚的泄愤，再加上对武宣在与其离婚后很快与吴琼再婚的不平，许迪立即咨询律师并在办理了委托代理手续后提起了离婚后财产分割之诉，要求获得武宣名下1间门面房一半的财产权益。

【专业视点】

1.《民法典》第一千零六十二条第（四）项规定，婚姻关系存续期间夫妻一方继承的财产属于夫妻共同财产，归夫妻共同所有；《最高人民法院关于适用〈民法典〉婚姻家庭编的解释（一）》第八十一条规定"婚姻关系存续期间，夫妻一方作为继承人依法可以继承的遗产，在继承人之间尚未实际分割，起诉离婚时另一方请求分割的，人民法院应当告知当事人在继承人之间实际分割遗产后另行起诉"。依据以上法律规定，许迪在与武宣婚姻关系存续期间，武宣兄弟姐妹5人已经对于父母留下的5间门面房享有共同的继承权，只是因为照顾身患绝症的弟弟大家才一致决定将所有房租用于治病，为此遗产没有实际分割，许迪依法主张相关权益的时机尚未成熟。许迪在离婚8年后得知前夫武宣已经继承了1间门面房的前提下，要求分割该夫妻共同财产从法律依据上讲是明确的。

2.关于本案提起的时效问题，根据《最高人民法院关于适用〈民法典〉婚姻家庭编的解释（一）》第八十四条"当事人依据民法典第一千零九十二条的规定向人民法院提起诉讼，请求再次分割夫妻共同财产的诉讼时效期间为三年，从当事人发现之日起计算"之规定，许迪在离婚8年后偶然得知了前夫武宣已经实际继承了其父母遗产，并且及时提起了离婚后财产纠纷诉讼，完全符合上述条文规定，其在法定时效内行使诉权的行为是积极而有力的。

3.通常离婚后一方当事人针对其与前配偶在婚姻关系存续期间形成的夫妻共同财产提起分割之诉，必须依法全面尽到举证的义务，本案当中许迪在诉讼当中举证的主线为其与前夫武宣婚姻关系存续期间武宣已享有其父母遗产的继承权、离婚后武宣已经实际继承了1间门面房以及自己何时才得知了前夫武宣已经分得了遗产，由此许迪才能确保自己在诉讼当中程序上与实体上合法权益的正常实现。

【实务指引】

1. 夫妻双方离婚是一道人身和财产的分水岭，一般来讲从此再无纠葛，但是本案当中许迪对于其夫妻共同财产权益的后置维权举动是依法有据的，且是符合其内心真实愿望的，针对双方当事人矛盾的化解也应当着眼各自的心理状态、利益取向乃至对共同儿子的顾念，这是解决实际问题的关键所在。

2. 双方当事人争议的标的物为1间门面房，该财产不管是从使用价值还是市场价格来讲绝非小数额，首先应当考虑对该房产进行依法评估，其次双方进行现场竞价，出价高者得该房，同时补偿另外一方，这是惯常的处理思路。在本案当中，许迪与前夫武宣不经评估、竞价达成共识的几率不大，但是双方利益的焦点若归于儿子名下，两人以协议的方式解决纠纷的可能性将会大大增加。

3. 武宣一方在本案当中的应诉答辩意见值得考究，若本人及其代理人能够在明晰法律规定的前提下积极作出利于现实矛盾化解的回应，由此诉讼的方向就转化为针对1间门面房的依法公平分割问题，双方当事人之间纷争的调和就有了共同的基础；若本人或者代理人的思路还停留在对个人恩怨与利益冲突睚眦必报的层次，那么本案只能通过法院裁判的方式解决。

【成效评述】

1. 许迪的代理律师与武宣一方通过多次耐心、周到的沟通，逐步说服武宣将1间门面房过户到儿子名下，许迪也同意了，最终两人达成了共识，并且在办完了相关产权变更登记手续后，许迪撤诉了。

2. 夫妻离婚后财产纠纷诉讼在目前为数不少，这从一定程度上说明了在离婚当时基于主、客观原因分尽夫妻共同财产的条件尚未成就，由此而留下了离婚后再起争端的可能性，一旦发生纠纷甚至对簿公堂在人身与财产关系已经切断的前提下再谈原有共同利益的切割，客观上回避不了对双方共同经历旧事的重提，很有可能使双方在旧怨的基础上再添新伤，作为双方的代理律师均应当在调解、庭审当中慎重行事，以免在不经意之间招来委托人乃至对方的不满，这是代理职责履行当中必须注意的重要问题。

3. 尽管离婚后财产纠纷的提起与当事人的个人恩怨、利益追求密切相关，作为一方的代理律师还是应当从具体案情出发，制定行之有效的诉讼方案，并且以专业技巧的有效施展尽力打开局面，力争找到双方当事人利益的平衡点与落脚点，进而以和平的方式解决争端，留下自己独特的执业痕迹。

【警言】

> 婚姻踏上不归路，丈夫享有继承权；照顾兄弟未分配，离婚财产留后续；历经八年时机到，前妻维权提诉讼；前怨新争细思量，归于儿子诉讼止。

案例六

撤销公证遗嘱

【案情简介】

晁元（化名），男，60岁，妻子早年亡故，留下一双儿女已成家立业。10年前晁元与小其20岁且带着12岁女儿的胡某再婚。婚后，胡某深知其母女二人完全依靠晁元生活，为此在开始的五六年对丈夫照顾得无微不至，可是自从晁元背着儿女在公证处将自己名下价值300万元的住房以遗嘱的方式留给胡某继承之后，每当晁元生病时胡某总是叫来其儿女照顾。晁元心里虽不是滋味，但一直不敢将实情告诉儿女。一日，晁元在整理个人物品时意外地发现自己银行卡上的80万元被一次性转至胡某账户，便叫胡某过来问其原因，胡某非但不解释反而对丈夫大发雷霆，接着两人吵得不可开交。晁元随后联想到胡某在婚前、婚后不断向自己索取钱财的各种贪婪行为，生怕与胡某不能长久，不免有了离婚的念头。晁元在万般无奈之际向自己的儿女求助，儿女们在了解真实情况后也不知所措，最后前来律所求助。

【专业视点】

1. 本案看似是一起普通的离婚案件，实质上涉及晁元所立公证遗嘱的处置问题。《民法典》第一千一百四十二条规定："遗嘱人可以撤回、变更自己所立的遗嘱。立遗嘱后，遗嘱人实施与遗嘱内容相反的民事法律行为的，视为对遗嘱相关内容的撤回。立数份遗嘱，内容相抵触的，以最后的遗嘱为准。"因此，该条文在实际适用时一定要将当事人的真实意思表示以最为有效的方式展现出来，针对现有公证的撤回事项，若采用公证的方式予以撤销无疑是首选方案。

2. 晁元及其儿女首先应当到公证处查阅当时公证遗嘱内容之中除了将价值300万元的房产留给胡某继承之外是否还有其他附随财产，其次应当按照公证处的要求提交撤销原公证遗嘱的有关材料，及时办理撤销该遗嘱的公证手续，即晁元现以公证的方式撤销原公证遗嘱。

3. 晁元一方基于胡某对于原公证遗嘱明确知晓的客观实际情况，在办理完撤销公证遗嘱相关手续之后，应当明确告诉胡某公证遗嘱已被撤销的法律事实，同时将晁元坚决要求离婚的真实愿望一并告知，以免胡某因巨额财产利益损失而针对晁元胡搅蛮缠。

【实务指引】

1. 本案当中最核心的问题是尽快撤销晁元所立公证遗嘱，作为律师应当对于公证的法定程序与业务流程有足够的了解，由此才可以为当事人以最佳方式撤销遗嘱做出专业有效的功课。其中关于《民法典》第一千一百四十二条的现实解读与灵活处置就是考量律师实务综合能力的重要尺度，切忌因死搬硬套该条文的新规定而错失了为当事人积极、有力维权的最佳时机。

2. 注重原公证遗嘱当中关于遗产继承范围的表述，全面撤销原设定的胡某所享有的遗产继承权，以最大限度地确保晁元个人合法的财产权益，在此应当看到，该财产权益不仅关系到晁元生前的生活质量，而且还涉及一双儿女对于父亲遗产所享有的法定继承权。

3. 虽然本案以离婚纠纷为主线，实质上只要妥善处理了晁元公证遗嘱的撤销事项，就为晁元离婚纠纷的公平解决奠定了良好的基础，也使胡某在与晁元的婚姻当中自始至终一味谋取巨额利益的美梦破碎。婚姻本身就是双方人身与财产的高度结合，不容任何一方只享有权利而不尽义务，任何人只要超越权利边界必然付出实际的代价。

【成效评述】

1. 晁元及其子女在律师的指引与帮助下及时撤销了原公证遗嘱，并且通过律师与胡某及其代理人进行了1个月的协商，最终双方通过法院诉前调解程序达成了离婚调解协议，胡某返还晁元60万元，即晁元以给付胡某20万元的代价了结了双方之间的婚姻关系。

2. 老年人再婚往往伴随着个人财产的付出甚至流失，再婚的初衷多见于寂寞难耐而试图通过婚姻找到余生的伴侣，可是现实生活离不开金钱的支撑与润滑，无论男女难免贪婪成性、唯财是尊乃至无财不婚。为了依法积极保障个人生活的安宁，老年人在面对婚姻时务必回归原点，即以感情为基础，利益次之，若无感情仅有利益相连，那么切勿走进没有爱且充满风险的婚姻。

3. 当下，针对老年人与子女之间来往稀少甚至不来往的现实状态，作为子女应当重新审视自己在赡养父母法定义务履行方面的误区与盲点，实践当中老年人对精神陪伴上的客观需求与子女在日常当中能够做到的事项存在落差，一旦出现重大失衡，由此所带来的财产损失与亲情流失都是危及父母与子女两代人的，为了自己内心的安宁，作为子女还是竭尽全力为父母的老年幸福生活添砖加瓦为妥。

第七章
继承的实质

【警言】

> 老年孤独选再婚，少妻图财带女嫁；起初用心又给力，谋取遗嘱继承权；丈夫患病叫儿女，巨额转款起纷争；撤销遗嘱后离婚，财产尊严两保全。

案例七

迟到的"养女"

【案情简介】

章小五（又名刘小五），女，15岁，在家排行老五，来自偏远农村A县，两年前被住在B市C区的远房亲戚章某、黎某夫妇收养。因小五一直不爱学习，时常与养父母发生摩擦，多次负气回生父母刘家，然后再被养父母领回城里，一直都是这样两地折腾。章小五在上初二时被学校劝退，养父母对其进行了训斥，小五四处扬言："从此与章家断绝关系，这次回老家不来了，以后只是刘家的女儿。"章某、黎某两年来已经为小五伤透了心，此次他们没有像以前一样去A县将孩子叫回来。两人在小五离开后万般纠结，有时也想权当没有收养过章小五，每逢熟人问起时，他们就说已经与小五断绝关系了。为了散心他们到B市某县去旅游，不料在返途遭遇车祸两人不幸身亡。在紧急情况下章某工作单位及所在社区经查询了解到，章某、黎某二人均系独生子女且父母双亡，曾有一养女已经断绝关系回归生父母家。在此情况下，大家先料理了章氏夫妇的后事，随后社区主任准备将此事上报C区民政部门，以便依法处置相关遗产事宜。两个月后章小五在生父母的带领下来到C区民政局，要求依法继承养父母名下价值200万元的住房一套及其银行账户总额约为100万元的遗产。章小五父母聘请律师作为代理人试图为女儿极力维权。

【专业视点】

1.《民法典》第一千一百六十条规定:"无人继承又无人受遗赠的遗产,归国家所有,用于公益事业;死者生前是集体所有制组织成员的,归所在集体所有制组织所有。"本案当中,在章某、黎某夫妇二人均系独生子女且父母双亡查证属实的情况下,需要依法严格审查的就是他们与所谓"养女"章小五在法律上是否具有收养关系,这是本案应当查证属实的核心事实。

2. 尽管章小五符合《民法典》第一千零九十三条第(三)项"生父母有特殊困难无力抚养的子女"之被收养条件,同时其生父母具备《民法典》第一千零九十四条第(三)项相应送养人资格,养父母完全具备《民法典》第一千零九十八条之规定的收养人条件,但是按照《民法典》第一千一百零五条"收养应当向县级以上人民政府民政部门登记。收养关系自登记之日起成立"之规定,经查章某、黎某夫妇与章小五没有办理过收养登记,甚至连收养协议都没有签过,因此从法律上讲,章某、黎某夫妇与章小五不存在收养关系。

3. 依据《民法典》第一千一百三十一条"对继承人以外的依靠被继承人扶养的人,或者继承人以外的对被继承人扶养较多的人,可以分给适当的遗产"之规定,年仅15岁的章小五虽然不能以法定继承人的身份获得遗产,但是作为"可以分给适当遗产的人"能够为自己争取财产权利。

【实务指引】

1. 章小五的代理律师可以先尝试与B市C区民政局进行充分沟通,以便通过非诉讼的方式为章小五争取到18岁前的教育费、生活费、医疗费乃至其他有利于未成年人身心健康成长的财产权益,一般来讲,作为政府部门还是有可能以现实举动积极保护未成年人合法权益的。若经沟通无效,章小五一方可以按照《最高人民法院关于适用〈中华人民共和国民法典〉继承编的解释(一)》(以下简称《最高人民法院关于适用〈民法典〉继承编的解释(一)》)第二十一条"依照民法典第一千一百三十一条规定可以分给适当遗产的人,在其依法取得被继承人遗产的权利受到侵犯时，本人有权以独立的诉讼主体资格向人民法院提起诉讼"，及时行使自己的诉权。

2. 章小五在诉讼当中应当针对其与章某、黎某夫妇相处两年的客观事实列举其日常依靠他们供养而发生的各种费用，以及日后随着年龄增长在费用名目与额度两方面正常增加的具体数值，甚至可以将生父母刘氏家庭经济困难的实际状态予以客观举证，以确保在维权当中能够通过充分举证而实现相对较高的维权目标。

3. 应该看到"可以分给适当的遗产"是有伸缩性的，本案当中遗产的总价值约为 300 万元，章小五一方应从现实出发，通过专业的审视、综合分析，做出相对准确的尺度把握，以便尽可能地获得对方的认同与支持。

【成效评述】

1. 章小五的代理律师经过多次与 B 市 C 区民政局的深入沟通，最终为章小五争取到了 100 万元的利益，以非诉讼方式终结了维权历程。

2. 章某、黎某夫妇遗产继承案件，在继承人查找、排除过程中，就客观事实分析可以看出被继承人在生前对于收养问题的主观态度，即虽然事实上章某、黎某夫妇与章小五有两年所谓的"收养关系"，小五也随之改姓，但是双方没有依法办理收养登记是不可回避的硬伤，由此也注定了双方所谓的"收养关系"不受法律保护的现实后果。至于在章小五最后一次出走回到生父母家里，双方均认为已经断绝了"收养关系"，这只是他们的主观认识，对于原来所谓"收养关系"在法律上的效力不产生任何影响。倘若当初双方在民政部门办过收养登记，无论章小五是否离家出走，双方之间只要没有办理过解除收养关系的登记手续，那么章小五就可以依法作为继承人享有对 300 万元遗产的继承权。在本案当中，收养关系的成立与否对于当事人所产生的不同法律后果是显而易见的，因此，公民在实际生活当中应当恪守"收养前知法，收养时守法，收养后依法办事"的原则。

3. 针对收养关系的双方当事人在依法履行各自义务时所存在的弊端，站在客观中立的角度，就收养人一方来讲，在与被收养人共同生活期间应当及时关注其身心需求,逐步培养和建立亲情关系,并且以真情打动被收养人,促使其与生父母一方不再发生联系,最终力争达到"不是亲生胜亲生"的亲子关系;从被收养人一方来讲,随着年龄的增长应当逐步与养父母在生活当中融为一体,时刻从内心理解体谅他们的良苦用心,切忌以过激的方式肆无忌惮伤害双方之间来之不易的收养关系。应当看到收养关系是一把双刃剑,既可以让双方当事人通过拟制的亲属关系来满足各自现实的需求与心灵的慰藉,同时又能在双方不和谐的状态下彼此产生怨恨、造成伤害乃至势不两立而对簿公堂,为此"收养需谨慎,无缘莫牵强"值得深思。本案当中,章某、黎某夫妇在整个收养过程中由于对相关法律后果的主观认知存在误区与盲点,以至于最终章小五作为"可以分给适当财产的人"争得100万元的财产权益也是完全出乎他们意料的;章小五一方尽管取得了明显的维权成果,但其应当总结的教训也是深刻而深远的。

【警言】

> 夫妻收养远亲女,不思学习脾气大;不顺就找亲父母,初二被劝无学上;双方关系已断绝,不料车祸夫妇亡;养女继承法不容,奋力挽救终获益。

案例八

分居后的遗嘱

【案情简介】

商某,女,60岁,与丈夫靳某结婚30年,生有一子已经28岁。由于丈夫前房留有一儿一女,一家五口在一起生活期间,夫妻二人时常争吵,以至于分居已达15年之久。商某在与丈夫分居之后以开专卖鞋店为生,虽然一人打拼辛苦,但是收益颇丰,先后购置了200平方米的营业用房一套、120平方米的住房两套。靳某在与商某分居后一直在某国有企业工作直到退休，现居住的仅有80平方米的旧房系所在单位福利房，除此之外没有其他房产，虽有存款也只是小数额，但其前房的子女对靳某的财产觊觎已久。靳某与商某的儿子虽一直随母亲生活，却时常探望父亲。靳某与商某15年来不见面、不沟通，如遇家庭事务仅靠他们的儿子传话。商某为了避免老年离婚遭人耻笑，欲将个人名下所有财产留给儿子继承，但是不知如何将丈夫排除在外，为此向律师求助。

【专业视点】

1. 商某与丈夫靳某婚姻关系已存续长达30年，按照一般关于夫妻共同财产的划分原则，其个人财产的确定在婚姻关系存续期间必须征得丈夫靳某的同意，否则不能排除商某名下财产系夫妻共同财产之嫌，但是与商某已分居15年的靳某能够轻而易举放弃对于商某名下财产的共同共有权吗？这是本案应当考虑的首要问题。

2. 商某与靳某分居15年后，两人的经济状况悬殊，虽名为夫妻，实际上双方待人接物已经不在一个层次。律师从专业角度出发，按照一般的思维模式推断，靳某很难放弃对于婚内商某财产在法律上所享有的共同共有权，为此如何与靳某展开有效对话是律师应当面对的一个现实难题。

3. 姑且不论靳某是否能够同意放弃对商某名下财产法律上的夫妻共有权，即便是其同意放弃，那么其意思表示在非诉讼的状态下如何予以有效保全，这是律师应该考虑的又一个专业问题。

【实务指引】

1. 代理律师在与商某进行深度沟通之后，充分了解到靳某性格孤僻、不善与人交往，且疑心颇重，为了慎重起见提前制作了谈话提纲，对于有可能陷入僵局的各种情形设置了多套重启方案，然后通过商某的儿子准确获取了其父靳某的日常作息时间，以免因谈话时间选取有误而影响实际成果。

2. 尽管与靳某谈话取得良好成效的可能性不大，律师还是针对最有利于商某的谈话结果做出了妥善的安排,即以商某的名义向公证处申请现场对谈话内容予以保全,以免日后旁生枝节或者直接被推翻。代理律师提前还与公证处关于现场证据的保全进行了细节方面的沟通。

3. 代理律师事先与靳某进行了电话预约,并按照约定时间与公证处一起来到其住所,先从靳某与商某分居之后的相处关系入手,展开了顺畅的对话,接着针对两人不同的生活状态在谈话当中以询问的方式进行了全面核实,随后又在积极适应靳某谈话思路的前提下将最关键的问题抛出,这样使靳某在不知不觉当中明确表示,商某在与其分居15年当中凭借个人辛苦付出挣来的钱与购置的房产均与自己无关,商某想怎么处置是她个人的事情,自己无权发表任何意见,还说到商某只有儿子一个亲人,只要他们母子过得平安,自己心里也舒展。最后代理律师又按照商某的一再要求,公开表明商某对于靳某名下的房产、存款保证在任何时候不主张任何权利。代理律师与靳某的对话被现场的公证人员录音录像并且制作了文字笔录,靳某按照公证人员的要求履行了签字、捺手印的手续,由此商某名下的所有财产因靳某此次谈话当中相关真实的意思表示而成为其个人财产。

【成效评述】

1. 在代理律师的指引与帮助下,商某向公证处又申请办理遗嘱公证,最终商某如愿以偿将其名下个人房产及名下存款全部以遗嘱的形式留给儿子继承,进而确保自己15年的付出终归儿子一人享有。在此应当注意,商某不仅通过律师与靳某公证保全形式的谈话彻底排除了丈夫靳某对于婚姻关系存续期间其名下财产的共同共有权,而且通过订立公证遗嘱的方式有效地排除了丈夫前房的两个继子女对其遗产所享有的法定继承权。

2. 在遗嘱继承当中必须明确遗嘱人只能将个人财产按照自己的意愿予以处分,绝对不能将涉及他人利益的财产纳入其中,尤其是夫妻共同财产需要予以划界,这是律师在遗嘱继承实务处理当中应当严格坚守的原则,本案当中,律师就是围绕商某个人财产属性的依法确定而付出各种专业努力的。

3. 律师在应对遗嘱继承事项时,出于对遗嘱人个人利益与真实意思表示的依法尊重，除了充分发挥自身能动作用之外，还应当拓展思路、多策并举地为当事人提供有效的法律服务，本案当中适时引入公证处的依法参与并且取得了圆满的效果就是一个典型的实例，值得法律同仁予以借鉴。

【警言】

> 夫妻结婚三十年，丈夫前房留儿女；婚后又生一儿子，五口之家不太平；吵闹分居各自飞，老妻成果欲给儿；共有权属须排除，律师公证合力成。

第八章 抚养权的背后

> 惯常家庭的核心是承上启下的夫妻，他们未成年的子女在家庭健全时是个"宝"，一旦面临父母离婚，孩子很有可能变成"草"，其日后不管与父亲或者母亲一起生活，都免不了单亲之苦。尽管《民法典》《未成年人保护法》《家庭教育促进法》等针对父母离婚后未成年人的合法权益进行了充分、全面的保护，但是在现实案例当中，其抚养权的归属乃至实际问题的法律处置需要以"专业切入，综合处置"的具体举措予以妥善安排，只有这样，才可以尽最大可能地减少父母离婚给未成年人带来的不良影响。为此，抚养权背后的典型案例值得深度思考。

案例一

从孩子身上找补的父亲

【案情简介】

穆某，男，38岁，银行职员，与在某外企任高管的妻子岳某结婚10年，生有一子已过8岁生日。穆某长期嗜赌如命，个人负债总额超过300万元。岳某开始不知情，后来因债主逼上门来，岳某为了确保孩子安全，已经替穆某偿还债务20万元，即使穆某卖掉了婚后购买的家里唯一的住房，也没有填平亏空。此后，岳某经慎重思考，在万般无奈之际向法院提起了离婚诉讼。穆某作为被告在接到诉状后先致电岳某坚决不同意离婚，随后，又在答辩状中称因双方感情已经破裂同意离婚，还要求抚养儿子且主张岳某一次性支付孩子抚养费60万元。岳某在开庭前心里忐忑不安，前来律所求助。

【专业视点】

1. 按照《民法典》第一千零七十九条第三款第（三）项之规定，因穆某有赌博恶习且屡教不改，在法院调解无效的前提下，应当准予离婚。本案当中，只要岳某始终坚持离婚，最终依法能够达到离婚目的，况且穆某在答辩状中已同意离婚，双方在离婚事项上几乎无争议。

2. 依据《民法典》第一千零八十四条第三款之规定，双方儿子已年满8岁，关于抚养权的归属应当征求孩子的意见。从父母各自的经济收入、住房条件以及实际的综合抚养能力来看，岳某远远优于穆某，另据岳某称孩子已经以书面的形式表示在父母离婚后愿意与母亲一起生活。为此，办案当中抚养权的归属已无悬念。

3. 依照《最高人民法院关于适用〈民法典〉婚姻家庭编的解释（一）》第四十九条之规定，抚养费的数额，就穆某来讲，属于有固定收入的，一般按其月总收入的百分之二十至三十的比例给付，其作为父亲的法定义务必须正确履行。

【实务指引】

1. 岳某针对穆某长期赌博且屡教不改之实际情况应当依法尽到举证责任，实践当中该类证据通常存在举证困难或者不力的问题，并且当事人时常矢口否认其赌博事实，为此岳某必须在律师的指引下积极寻找相关证据，以备穆某在庭审中不同意离婚时派上用场，由此实现在本次诉讼当中一次性离婚的维权目标。

2. 在确保双方依法能够离婚的前提下，针对穆某作为不抚养儿子的一方，可以根据其收入现实情况确定抚养费额度，既要综合考虑穆某的经济状况，又要确保孩子在父母离婚后身心的健康成长。

3. 在夫妻双方共同财产分割事项当中，针对穆某因赌博的个人欠债，依法只能作为个人债务处置，穆某依法承担偿还责任。由此，在本案当中将个人债务彻底剥离出去，对于岳某来讲就是如释重负之感。

【成效评述】

1. 法院判决准予岳某与穆某离婚,儿子由岳某抚养,穆某每月支付2000元抚养费,穆某个人债务由其负责偿还。

2. 本案当中,双方当事人离婚的根源在于穆某长期屡教不改的赌博恶习,不仅在经济上让岳某蒙受重大损失,而且在感情上使夫妻关系走向尽头,尤其是穆某为了弥补自己的赌博亏空,居然以主张孩子抚养权为名,以期一次性获得60万元抚养费,这样的丈夫和父亲对于家庭来讲是有害无益的,幸好8岁的儿子选择了与母亲一起生活,由此才避免了继续与父亲一起生活的各种忧患。

3. 夫妻关系是家庭的核心,若一方染上赌博恶习通常难以自拔,带给对方的是持续而深远的负面影响。本案当中,正是因为穆某屡教不改的长期赌博行为致使岳某先替其还债20万元,后又丧失了对家里唯一住房的夫妻共有权益。除此之外,岳某还唯恐自己承担穆某所欠巨额赌债,在万般无奈之际,岳某提起离婚诉讼,绝非仅仅是为了维护自身权益,而更重要的是为了保障孩子日后的身心健康成长。岳某作为妻子与母亲已经为穆某的赌博后果付出了惨重的代价,由此可见夫妻之间"一损俱损"之真谛。

【警言】

> 白领夫妻本优渥,丈夫好赌屡不改;妻子出资欲解围,不料卖房亏空在;无奈离婚保儿子,父亲争子为金钱;离婚母子在一起,赌债丈夫个人偿。

案例二

不要三个孩子的母亲

【案情简介】

小美与丈夫小刚系高中同学,小美后来做了教师,小刚成为医师。两人在一次同学聚会当中交谈后彼此感到有说不完的话,随后不到两个月两人登记结婚,并于结婚后两年内生下两个儿子,又于结婚后的第6年生下一个女儿。平日小美因工作忙,除了回家偶尔抱抱孩子或者给孩子讲故事之外,几乎不参与孩子的日常起居,也很少接送孩子上学,3个孩子实际上一直由奶奶、爷爷照看。小刚在医院虽然收入状况不错,但是工作强度大,时常不回家,即使回家常常也是倒头就睡,根本顾不上与孩子相处。夫妻俩都在各自忙碌当中无暇相互交流,以至于小刚在与小美结婚8年后提起了离婚诉讼,小美也同意离婚,但是在是否抚养孩子问题上小美犹豫不决,前来律所求助。

【专业视点】

1. 小刚与小美结婚8年,生有3个孩子,在双方离婚诉讼时三个孩子的年龄分别为7岁、6岁、2岁,从情、理、法三个视角出发,他们作为父母,离婚时必须妥善安排3个孩子的抚养事宜,这是本案应当面对的首要问题。

2. 即使双方对离婚事项均无异议,但是在孩子抚养权问题上必须依法按照儿童利益最大化原则进行全面考量,以确保孩子在父母离婚后身心尽量不受或者少受影响。通常父母应当先协商如何安排3个孩子的抚养事宜,若协议不成再由法院作出裁判。本案中,小美在小刚承诺其离婚后随时可以探望孩子的前提下,明确表示同意3个孩子均由小刚抚养,自己不承担抚养费。这样一来本案针对3个孩子抚养权的归属就有与众不同的特质,从孩子角度讲很有可能造成对母亲的不满乃至怨恨。

3. 关于共同财产的分割，小美称婚后双方购置了按揭贷款住房两套，以及男方以借名方式购置的 100 平方米商铺，小美主张分得两套住房，离婚后贷款由男方继续偿还。针对小美在离婚后财产分配上的主张，其现实性与合法性值得商榷，有待于在充分了解法律规定与现实裁判状况之后做出理性的抉择。

【实务指引】

1. 夫妻离婚，关于孩子抚养权的最终落实至关重要。本案当中 3 个孩子一般依法应当由父母分别抚养，尤其是年仅两岁的女儿，适于母亲小美抚养，可是母亲却放弃了 3 个孩子的抚养权。一旦孩子在最重要的成长阶段缺少了母爱，对他们所产生的影响将是持久而深远的，也是终生难以弥补的，为此父母离婚往往改变孩子人生的轨迹，可是孩子作为未成年人无能为力只能默默承受。

2. 离婚案件当中，未成年人抚养权的归属通常与夫妻共同财产的分割密切相关，即抚养孩子的一方分得的财产利益相对多一些，本案当中，小美对 3 个孩子抚养权的放弃意味着在财产分割当中已经处于不利的地位，何况小刚还自行承担三个孩子的抚养费，为此权利义务一致性的天平倾斜了，小美一时的轻松未必能够带给其长久的安逸与快乐。

3. 本案当中针对财产分割，小美要求分得两套住房并且要求小刚离婚后继续偿还相关按揭贷款，从法律上讲，两套住房至少一人一套方可保障双方正常生活，何况小刚还带着 3 个孩子一起生活，至于离婚后小刚继续承担住房贷款事项与离婚的定义不符，与正常情理不通，小美应当在律师的指引下修正其不现实、不合法的诉讼请求。可是小美在咨询律师之后仍然一意孤行，继续坚持自己原来的诉讼主张。

【成效评述】

1. 经法院两次开庭审理后作出如下判决：准予小刚与小美离婚；3 个孩子由小刚抚养，抚养费自理；婚后两套按揭住房一人一套，剩余贷款各自承担；100平方米商铺归小刚所有，小刚一次性补偿小美20万元。

2. 男女双方一旦进入婚姻就应当无条件地承担家庭责任，无论工作有多忙，自己有多累，在抚养教育孩子问题上是千万不能有折扣的，按照《民法典》《未成年人保护法》《家庭教育促进法》当中关于未成年人合法权益保护的层次即"特殊、优先"原则，父母对于子女抚养教育义务的担当是贯穿未成年人成长的整个阶段的，从生活、学习乃至各项法定监护责任都要求依法、全面落实。然而在现实生活当中，由于父母离婚导致孩子身心不能得到健康成长的情况屡见不鲜，作为法律人只有在案件办理中真正体现儿童利益最大化原则，才能不辜负职业赋予我们的特殊社会使命。

3. 父母在家庭层面应对生活挑战时，需要不断自我提升化解现实矛盾的能力，特别是随时关注自己子女的身心健康成长，即使家庭遭遇重大变故，孩子日后的前途与命运也是父母应当置于最高位置的事项，假若父母不为或者少为孩子考虑，最终受到伤害的就是亲情，父母子女之间在亲情链条断裂之后相互之间对美好生活的憧憬和向往很难保全，人生当中珍贵而稀有的精神支撑将荡然无存。世间母爱的伟大在于无私奉献，母亲的称呼就是付出的标识，远离孩子的母亲失去的是心灵的归属，没有母爱的孩子会遗憾终生。

【警言】

> 教师医生各自忙，子女三人归爷奶；日常缺少父母爱，夫妻相互难沟通；八年劳燕各自飞，抚养共识超常规；孩子均由父亲养，其中悲喜母自知。

案例三

被赎回的女儿

【案情简介】

洪某，男，42岁，与妻子瞿某结婚17年，生有一女小凤16岁。自小凤出生后父亲一直很少搭理她，即便是孩子有时兴冲冲地与父亲说话，洪某总是板着脸甚至莫名其妙地出口就骂。小凤一直怕父亲，也曾多次试图讨好父亲，可是父亲从来没正眼看过她。这些瞿某看在眼里，但从不敢吭一声，再加上经济上对洪某的依赖，只能忍气吞声地混日子。洪某自己整天郁郁寡欢，很少与妻女搭腔。随着年龄增长，小凤发现父母虽同住一室但一直分居，尤其是在其8岁时父亲居然从家里搬走了，两人几乎不见面，还曾多次闹过离婚。小凤后来偶尔在亲戚处得知，因母亲瞿某在婚后与第三者有染，父亲洪某曾在小凤出生后不久就把她卖给外地人，爷爷奶奶闻讯后才将她赎回来。此后即便是经过医学鉴定在确认小凤为洪某亲生女的情形下，洪某对小凤仍然是冷若冰霜。眼下，小凤感到自己很无辜，也担心父母离婚后母亲与自己的去处，为此与母亲一起来到律所寻求帮助。

【专业视点】

1. 按照《民法典》第一千零四十三条第二款之规定："夫妻应当互相忠实，互相尊重，互相关爱；家庭成员应当敬老爱幼，互相帮助，维护平等、和睦、文明的婚姻家庭关系。"洪某与瞿某两人长期心有芥蒂，感情渐行渐远，以离婚方式解决深刻矛盾的趋势无法排除，瞿某对于自己婚姻日后何去何从应当有所准备，并且应当以理性的态度处置。

2. 小凤作为一名16岁的未成年人，自出生以来就遭遇了父亲洪某对其各种不公平的待遇，假若父母离婚，小凤与母亲离家之后的生活是一大现实问题，瞿某虽是成年人，但是在经济上的无力足以让其继续承受维持生活的沉重压力，为此小凤与母亲在客观现实面前很难改变目前压抑的状态。

3. 未成年人尤其是女性在人生最重要的成长时期按照《民法典》《未成年人保护法》《家庭教育促进法》等之规定应当在家庭、学校、社会等层面受到"特殊、优先"保护，洪某作为父亲非但对女儿小凤的抚养教育长期缺位，而且还因怀疑女儿非亲生而将其卖给他人，这种涉及违法乃至犯罪的行为带给女儿的是一生无法解开的心结，洪某因泄私愤而伤害未成年人的行为应当依法引起有关方面的高度关注。

【实务指引】

1. 瞿某出于对女儿的身心健康成长的依法保护，可以向妇联、共青团、妇儿工委、社区等基层组织如实反映长期以来家庭存在的现实矛盾，积极寻求沟通、协调的有效方式。无论婚姻走向何方，小凤的身心健康成长都应当置于首位，孩子是无辜的，童年是不可复制的，只要母亲能够坚强地前行，任何困难都不能阻止其依法保护已被长期忽视的女儿，这是瞿某应当正视的核心问题。

2. 小凤在有关部门的依法帮助下，可以尝试与父亲重新开始相处，对于自己作为未成年人的合法权益必须充分保障，以及时恢复正常的父女关系为基点，争取尽快过上平静、稳定的家庭生活。退一步讲，即使小凤的努力阻止不了父亲与母亲离婚的脚步，她也应当面对现实，逐渐学会自我成长，以便日后成为一个身心健康的女青年。

3. 夫妻矛盾是成年人之间的纷争，依法不应当迁怒于孩子。本案当中由于洪某的偏执、狭隘，导致女儿小凤童年郁郁寡欢，即便是瞿某有负于洪某，双方之间最多以离婚方式终结婚姻关系，洪某先卖掉女儿，后又长期冷落女儿，以此宣泄对瞿某的不满情绪的做法应当受到法律的制裁，可是最终深受伤害的却是无辜的女儿小凤，不管洪某是有意还是无意，其对女儿造成的身心伤害都是永远无法弥补的，洪某作为父亲愧对孩子，在道德层面应当受到谴责。

【成效评述】

1. 瞿某与女儿小凤在咨询律师后，经妇联、共青团、社区基层组织联合与洪某多次谈话、沟通、协调，最终洪某与瞿某达成了一致性离婚协议，并在婚姻登记部门办理了离婚手续。瞿某获得了洪某名下的一套住房，女儿小凤随瞿某一起生活，洪某每月支付抚养费2000元直到孩子能够独立生活为止。

2. 通常三口之家以父母为核心，父母关系是否和睦，直接影响着孩子的身心健康成长。尽管孩子决定不了自己的父母，更无力改变与父母一起生活的现实状态，但是孩子在心理日益成熟的前提下，往往可以督促自己的父母改善不和谐的家庭关系及其亲属相处规则。本案当中，小凤在不良家庭环境当中逐渐觉醒，并积极促使母亲走出婚姻困境的举动应当给予点赞，尤其是孩子所展现的阳光心态，值得大人学习、借鉴。

3. 家庭本应是每个人生活的宁静港湾，家庭成员之间因亲情与爱而集聚，在这里彼此不仅可以关照、鼓励、支持，而且可以通过相互交流，传递人间美好的精神食粮。家庭是每个人的第一所学校，同时也是终生不能割裂的情感纽带，家庭所承载的功能是无法取代、无法复制的，每个人成长的轨迹都离不开家庭耳濡目染式的熏陶，故此家庭、家风、家教是一面镜子，常常可以照出一个家庭乃至一个家族真正的品格、修养与底蕴。

【警言】

夫妻相处十七年，丈夫冷漠不通情；妻子忍气吞声过，女儿畏父不知情；父母数次提离婚，母女无依度日难；得知原委问律师，合力维权保平安。

案例四

全包的奶奶

【案情简介】

小欢，男，16岁，从小由奶奶照看，奶奶无论在生活上还是学习上都对小欢无微不至地关照和管教，祖孙关系融洽，以致小欢常将父母当作外人。奶奶一直不让小欢与学习不好的学生玩耍，不让小欢放学后去踢足球，不让小欢在外面吃饭，不让小欢乱花钱，不让小欢撒谎，更不允许小欢偷懒，小欢很听话，完全按照奶奶的要求去做。小欢上高一时，居然没有朋友，身体也不好，平时很少说话，不愿与人交往，甚至懒得与父母交流。一日，小欢在上学途中看见班里的一位女同学被一成年男性围堵，女同学示意小欢报警，但小欢既不敢上前救助，更怕报警给自己添麻烦，最后悄悄地走开了。随后警方介入，询问小欢看到的真实情况，小欢一言不发。被围堵的女同学由于受到了惊吓休学了，为此同学们都鄙视小欢。奶奶知道小欢在学校里的处境后，非但没有引导孙子正确面对，反而到学校里责问老师，要求给小欢正名。这样一来小欢在学校里被孤立了，老师和同学都怕靠近他，更怕招来小欢奶奶的责怪。小欢整天闷闷不乐，食不甘味，夜不成寐，父母带其到医院检查，被告知已有轻度抑郁症状。小欢父母在不知所措的情况下，经人指点前来律所讨教。

【专业视点】

1. 按照《民法典》第二十七条第一款之规定："父母是未成年子女的监护人。"小欢的父母虽是儿子的法定监护人，可是由于奶奶的大包大揽，父母的抚养教育责任在实际履行层面缺位了，由此孩子在人生重要成长阶段所需要的正常精神养分缺失了，最终小欢与奶奶均被老师和同学们拒之门外在所难免，小欢作为未成年人已经表现出的不良精神状态，不得不引起父母的高度关注与及时矫正。

2.《未成年人保护法》第十六条规定："未成年人的父母或者其他监护人应当履行下列监护职责：（一）为未成年人提供生活、健康、安全等方面的保障；（二）关注未成年人的生理、心理状况和情感需求；（三）教育和引导未成年人遵纪守法、勤俭节约，养成良好的思想品德和行为习惯；（四）对未成年人进行安全教育，提高未成年人的自我保护意识和能力；（五）尊重未成年人受教育的权利，保障适龄未成年人依法接受并完成义务教育；（六）保障未成年人休息、娱乐和体育锻炼的时间，引导未成年人进行有益身心健康的活动；（七）妥善管理和保护未成年人的财产；（八）依法代理未成年人实施民事法律行为；（九）预防和制止未成年人的不良行为和违法犯罪行为，并进行合理管教；（十）其他应当履行的监护职责。"小欢的父母应当及时改变以往的习惯，尽快依法正确履行自己的监护责任，其中对于儿子真实意愿的了解与尊重是第一位的，尽管小欢与父母之间可能存在一定的隔膜，但是不管再难，父母都要尽快"上岗就职"，并且有效监护，确保小欢身心早日回归正常状态。

3.《家庭教育促进法》第十五条规定："未成年人的父母或者其他监护人及其他家庭成员应当注重家庭建设，培育积极健康的家庭文化，树立和传承优良家风，弘扬中华民族家庭美德，共同构建文明、和睦的家庭关系，为未成年人健康成长营造良好的家庭环境。"小欢由于长期处于奶奶的管教下，身心两个方面的成长已经受到了很大的局限，孩子目前所暴露的问题已经到了亟待纠正的程度，首先应当改变的就是家庭教育的氛围与施教的主体，奶奶必须退场，父母应当立即着手孩子心理健康的修复，只要大刀阔斧破旧立新，小欢与正常同龄孩子同步成长为时不远，前提是父母必须辛勤付出、始终不懈努力。

【实务指引】

1. 未成年人作为特殊主体，其人身、财产等各项权益依法充分受到保护，他们虽是家庭成员，但更是社会当中重要的组成部分，其身心健康成长必须积极融入日新月异的时代大潮当中，一旦错过成长当中必要磨炼的机遇与平台，时过境迁之后难以弥补，为此家庭不应当成为未成年人迈向社会的绊脚石，而应当成为他们身心成长的引路人、加油站、第一所学校。《民法典》《未成年人保护法》《家庭教育促进法》等均有相关规定，只是在法律适用当中现实效果不尽如人意。

2. 父母对未成年人依法负有监护责任，可是当下很多孩子是由奶奶、爷爷带大的，孩子与爷爷奶奶虽然感情甚好，可是代沟无法填平。爷爷奶奶时常以爱的名义添附在孩子身上的传统思维已经无法满足社会对孩子德、智、体、美、劳方面的客观要求，最终很可能是爷爷奶奶的爱扼杀了孩子对于外界新生事物的探究与美好生活的向往，孩子在听话的衣钵下被现实击得粉身碎骨，这样一来父母不得不出手相救，尽管效果不可预知，但是监护职责的履行无论何时都不算晚。因为父母也是从未被培训过的业余选手，所以，父母只要能够拾遗补缺就是对法律最好的践行，也是对他们孩子最大的护佑。本案当中，小欢的父母已经认识到因长期未尽到对儿子的监护职责已产生的不良后果，并且在律师的指引下依法勇敢地开始承担对儿子的心理矫正义务，相信只要方法得当，小欢还是能逐渐恢复正常生活和学习状态的。

3.《家庭教育促进法》第十四条规定："父母或者其他监护人应当树立家庭是第一个课堂、家长是第一任老师的责任意识，承担对未成年人实施家庭教育的主体责任，用正确思想、方法和行为教育未成年人养成良好思想、品行和习惯。共同生活的具有完全民事行为能力的其他家庭成员应当协助和配合未成年人的父母或者其他监护人实施家庭教育。"通常父母言传身教、以身作则是对孩子最直接、最有效的引导方式，爷爷奶奶、外公外婆等亲属对孩子灌输的生活理念与行为模式时常也对孩子产生深远的影响，孩子在长辈们耳濡目染的熏陶下，很可能成为具有明显家庭标识的新一代公民。因此，家庭教育往往体现的是家庭成员集体的智慧与成果，家庭、家风、家教已经上升为法律明文规定，在现实生活当中发挥着引领、警示、教育、惩戒等多种功能，值得所有家庭、每个公民深刻领悟并严格遵守。

【成效评述】

1. 小欢的父母经律师多次深入引导、沟通、提点，最终在专业人士的帮助下顺利完成了对儿子心理的矫正工作，并且积极与学校共同努力，半年后小欢重新回到老师和同学们身边，脸上露出了开心的笑容。

2. 追求真、善、美是人生永恒的主题，从起点到终点有蜿蜒崎岖的漫漫长路需要每个人自己走过，父母的抚养教育、爷爷奶奶的细心呵护带给孩子的是爱的滋润，孩子养分充足才能健康成长，一旦营养不良必将造成身心失衡。由此孩子平日的顺从听话未必是件好事，童心需要尊重，童趣应当展现，学习固然重要，身心健康更为重要，父母与子女之间法定的抚养监护责任不容懈怠，孩子的童年不能失去本能与本真，法律在现实当中落地生根就是对未成年人最大的保护。

3. 未成年人在生活当中需要与父母及其亲朋好友进行一定的正向交流才能够获得有益的信息，增长见识，并在日积月累中转化成自己的个人能量用于实际生活当中，切忌拘泥于只与特定单一主体的沟通交流而造成目光短浅、故步自封，甚至在学校、家庭、社会当中四处碰壁，进而在身心受损的情况下不能自拔。为此，作为父母应当从小注重孩子的性情、兴趣与品格的积极培养，依法严格履行抚养教育的义务，力争将孩子培养成对社会有益的人，践行家庭优良文化传统对社会和谐与稳定的积极影响力。

【警言】

> 奶奶带孙十六年，规矩不破孩子乖；两耳不闻窗外事，路遇恶人围女生；明哲保身不吱声，老师同学看不起；父母无措问律师，及时补救归正常。

案例五

被爱蒙蔽的孩子

【案情简介】

小雨,女,17岁,通过高考进入名校。异地入学不到一个月,父亲突然告诉她,以后你的学费不要再找我了,我与你妈已经于3年前离婚,家里的房产、车辆都归她,当时约定你随她生活,我无需支付抚养费。小雨在惊愕之余向母亲求证,得到的回应是父亲在小雨上初三的时候因婚外出轨,最终父母协议离婚,当时双方共同决定不向女儿透露离婚信息,以确保其能够顺利通过高考。小雨在与父母谈话之后,感觉到自己像傻子一样,她很难想象父亲即便是在离婚之后还如同以前一样始终正常出现在她的生活当中,以至于她在此后的3年当中或许因为忙于学习而忽略了父母的变化。此后小雨在长达半年的时间里拒绝接听父母的电话,即便是父母来到学校她都置之不理。父母虽然离婚,尤其是父亲再婚后已有一个2岁的女儿,但是父母依然对小雨能否接受突如其来的打击感到忐忑不安,两人先后来到小雨就读的学校,却均遭到女儿的冷遇,在无可奈何之际两人一起来到律所寻求帮助。

【专业视点】

1. 按照《民法典》第一千零八十四条之规定,父母离婚后对孩子仍有抚养、教育、保护的义务,父母在确定孩子抚养权时应当依据"最有利于未成年人身心健康成长的原则",子女已满八周岁的,应当尊重其真实意愿。可是本案当中的小雨在父母离婚时已经14岁,父母为了不影响女儿的高考,居然在没有依法征求女儿意见的情况下就擅自作出了小雨由母亲抚养的重大决定,更不可思议的是父母在离婚后3年伪装出一切如常的家庭生活境况,致使小雨一直被蒙在鼓里,当她沉浸在刚刚迈进名牌大学的喜悦之中时却被父母重重地一击,由此身心俱损、一蹶不振,其满腹委屈无处诉说,小雨作为一名

17岁的未成年人，亟须心理疏导等方面的现实救助。

2. 针对父母对孩子隐瞒其离婚真相长达3年的客观事实，应当各自做深刻反省，虽然双方共同蒙蔽孩子的初衷是为了不影响孩子的学业与前程，可是孩子作为未成年人的合法权益却被他们剥夺得一干二净，他们为人父母在不知不觉当中已经违反了法律的明文规定。《未成年人保护法》第十六条规定"未成年人的父母或者其他监护人应当履行下列监护职责：（一）为未成年人提供生活、健康、安全等方面的保障；（二）关注未成年人的生理、心理状况和情感需求"；该法第二十四条规定"未成年人的父母离婚时，应当妥善处理未成年子女的抚养、教育、探望、财产等事宜，听取有表达意愿能力未成年人的意见"。本案当中小雨的父母当初在做出隐瞒事实真相决定时，无论是否能够预见到最终因为他们的过失而伤害到女儿的尊严与权益，他们都应该为此承担相应的责任，即以现实有效的行动帮助女儿恢复对生活的信念与热情。

3. 小雨作为未成年人身心受到了来自父母的严重伤害，也暴露了其在家庭教育方面的弊端，其父母应当按照《家庭教育促进法》第五条"家庭教育应当符合以下要求：（一）尊重未成年人身心发展规律和个体差异；（二）尊重未成年人人格尊严，保护未成年人隐私权和个人信息，保障未成年人合法权益；（三）遵循家庭教育特点，贯彻科学的家庭教育理念和方法；（四）家庭教育、学校教育、社会教育紧密结合、协调一致；（五）结合实际情况采取灵活多样的措施"之规定，重新规划家庭教育的宗旨与方向，以确保小雨在日后的成长当中回归至法律要求的正常状态。

【实务指引】

1. 小雨的父母可以适时与女儿渐渐靠近，坦诚面对各自的失误，用亲情打开彼此的心结，用爱温暖女儿受伤的心。常言道"血浓于水"，女儿与父母之间的亲情不管何时都无法阻隔，小雨即使对父母有诸多不满，但是最后父母与女儿之间的浓浓亲情终将回归。

2. 通过此事，小雨对于父母的信任可能会有短暂的质疑，甚至对于父母在整个事件当中表达爱的方式很不满，可是在痛定思痛之后，其作为一名大学生还是能够理解"可怜天下父母心"之深意，也会随着岁月的流逝慢慢回归正常生活轨迹，重拾父母亲情的。双方与其急于求成不如顺其自然。

3. 小雨的同学与老师在得知其被亲情伤害之后，很可能施以安慰、鼓励，父母可以积极与学校取得联系，通过师生适度的循循善诱帮助小雨走出心理困境，重新面对客观现实，并且在充分释放个人情绪之后自我成长，乃至理性回归正常学习与生活之轨道。

【成效评述】

1. 经过老师、同学的疏导，小雨的父母与女儿进行了多次沟通，随后又与小雨一起来到律师事务所咨询相关法律问题。半年后，小雨已经正常与父母相处，生活学习恢复如常。

2. 未成年人虽未成年，但是作为独立的民事主体需要成人予以依法尊重，其合法权益在学校、家庭、社会等层面应当按照《未成年人保护法》第四条得到"特殊、优先"保护，即使父母出于爱护之心也不能轻易剥夺、侵害子女的合法权益。"法律面前人人平等"，父母、子女在遵法、守法上没有质的差别，父母与子女之间对法律的严格遵守是维护父母子女正常关系的可靠保障。

3. 未成年人基于年龄的原因最信任的人就是父母，父母是他们生活的依靠与精神的支柱，父母对孩子付出的也是世界上最无私、最伟大的爱。常言道"爱之深则痛之切"，本案当中小雨父母以爱为由，隐瞒真相致使小雨身心受伤背后应当引起的思考是现实而沉重的。小雨作为未成年人被父母的真爱刺伤了，父母因为爱女儿违法了，两者虽各有苦衷，但知法、懂法、守法应该成为他们日后生活的指南，爱必须从守法做起，爱必须合法，爱必须使彼此健康、温暖。

【警言】

家有一女爱至深，父亲出轨生婚变；为女共瞒离婚事，三年之后入名校；不料晴空现霹雳，父母方知自之过；法律当先众人助，亲情归位合家欢。

第九章　老人的担忧

> 惯常父母有了儿女，一辈子有操不完的心，父母子女之间的命运相连，从此"一荣俱荣，一损俱损"，即使子女已成家立业，父母始终牵挂着自己的孩子。在现实生活当中，父母即便是步入老年，由于子女自身个人问题没有处理妥当，时常让父母陷入深深的不安与担忧之中，对此双方应当理性划界，充分体现个人意愿，以保障彼此之间生活的平稳与安宁。

案例一

孙子空降烦恼起

【案情简介】

焦某，男，38岁，隐瞒父母与女友封某同居，生下一子小A，将孩子交由父母抚养。不料半月后焦某偶尔得知封某与丈夫并未离婚，两人的离婚案件正在法院二审之中，除此之外，封某还与其初恋情人保持男女关系，并且约定以小A为筹码先让封某与焦某结婚，然后再离婚，最终达到两人结合的目的。焦某在得知真情之后，立即决定与封某一刀两断，但是针对自己非婚生的儿子小A的去留问题以及应对封某要求给付50万元生子费用感到不知所措，无奈之际只能向父母如实陈情。父母在得知整件事情的来龙去脉后，因这个空降的孙子而陷入困惑与烦恼之中，为此前来律所讨教。

【专业视点】

1.《民法典》第一千零七十一条规定："非婚生子女享有与婚生子女同等的权利，任何组织或者个人不得加以危害和歧视。不直接抚养非婚生子女的生父或者生母，应当负担未成年子女或者不能独立生活的成年子女的抚养费。"小A系焦某的非婚生儿子，焦某对孩子应当依法履行抚养义务，以确保其如正常孩子一样身心得到健康成长。从本案实际情况来看，小A是由爷爷奶奶全面照顾的，爷爷奶奶见到小A既突然又意外，可是针对孩子母亲封某索要金钱的行为感到怒火万丈，很可能基于对封某的不满而影响到孩子抚养权的归属，这是本案最重要的前置事项。

2. 封某在与丈夫的婚姻关系未解除的前提下，与焦某同居生下小A，虽然焦某事先对封某的婚姻状况不明真相，但是封某婚外与焦某乃至初恋情人之间的婚外情事实客观存在，由此，封某在未离婚的前提下，唯恐丈夫追究其同居甚至重婚的法律责任，很可能拒绝抚养非婚生儿子小A，这样一来焦某作为亲生父亲抚养小A几乎已成定局，同时封某依法应当承担儿子18岁前的抚养费。

3. 封某隐瞒其真实婚姻状况与焦某同居并生下小A，双方之间的人身关系本身就不合法，两人分手无需履行法律程序，至于封某向焦某索要50万元的生子费事项于法无据，焦某依法可以不予理睬，但是焦某即使无辜也有可能被封某的丈夫作为第三者追究相应法律责任，这就是同居的现实后果与法律风险。

【实务指引】

1. 小A作为非婚生子，在现实生活当中难免遭遇打击与尴尬，常见的就是落户、入学、就业等方面的一些客观障碍。由此，焦某及其父母在抚养小A过程中必须克服惯常阻力确保孩子身心不受来自外界的伤害，尤其是针对封某抚养费的给付乃至在孩子成长当中的不利影响，不得不做出长期有效的应对方案与举措，这是焦某一家依法应当始终践行的法律责任。

2. 封某作为小A的亲生母亲，在不抚养孩子的前提下依法应当履行给付抚养费的义务，同时享有在不影响孩子身心健康成长前提下的法定探望权，封某出于对小A正常的母爱通常只有在实际承担抚养费的前提下才能探望自己的儿子，可是按照目前的情势，封某与孩子正常母子关系的现实保障令人担忧,这也是焦某父母作为老年人焦虑不安的真正原因。

3. 小 A 作为未成年人应当依法享有"特殊、优先"的保护,爷爷奶奶对孩子的爱毋庸置疑,可是焦某日后步入婚姻在所难免,其身为父亲法定抚养义务的履行必然受到局限,即使小 A 受到爷爷奶奶悉心关爱和呵护,孩子的童年因为母爱的缺失与父爱的流失而与同龄的未成年人有所不同,这是无法弥补的缺憾。

【成效评述】

1. 经律师指点与帮助,小 A 由父亲一方抚养,母亲既不给付抚养费也不探望儿子,焦某对此也未追究,孩子在爷爷奶奶的照顾下日渐成长。

2. 男女双方是否结婚对于其子女来讲存在重大差别,尽管法律规定婚生子女与非婚生子女具有同等的权利,但是非婚生子女迈向人生的每一步都有现实的阻力。未成年的孩子是无辜的,即使父母有各种苦衷,带给子女的也是永远无法弥补的缺憾乃至痛苦,故此为人父母还是应当依法办理婚姻登记手续。

3. 虽然父母抚养孩子是法律明文规定,但是现实当中不少孩子依赖爷爷奶奶生活。爷爷奶奶在暮年之际承担了抚养孙子的责任,其中祖孙的天伦之乐固然珍稀,但同时应当看到爷爷奶奶与孩子身心健康成长实际需求之间的落差,爷爷奶奶代位履行抚养责任的效果未必尽如人意,孩子在爷爷奶奶无微不至的关怀下其身心健康成长难免存在盲区与误区。为此,父母对于孩子的爱不能缺失,孩子对父母的期待是任何人都无法满足、无法取代的,爱必须在对的时间由父母依法付出,孩子才能在父母温暖的怀抱当中茁壮成长。

【警言】

> 男女同居得一子,女友婚内多出轨;离婚二审未了结,非婚生子男方养;爷爷奶奶管孙子,生母索要五十万;无奈之下找律师,依法疏导孩子安。

第九章 老人的担忧

案例二

奶奶为孙欲诉儿

【案情简介】

聂某,男,35岁,因婚内出轨与妻子离婚,离婚后不到半年又异地再婚,无奈将3岁的儿子小悦留给母亲抚养。一年后聂某又有了第二个儿子,三口之家其乐融融,从此小悦很难见到父亲。聂某的母亲每月都能收到儿子通过微信转来的生活费,可是聂某无暇与母亲在电话当中多聊几句,以至于母亲曾经以其病重为由叫聂某回来。此后母子在长达6年当中没有见过面。当小悦上小学三年级时,因功课的加深奶奶已经无力按照老师的要求完成家长的任务了,聂某的母亲最后在万般无奈之际,居然想以诉讼的方式逼迫儿子依法承担抚养责任,为此前来律所寻求帮助。

【专业视点】

1. 聂某在与第一任妻子离婚后成为儿子小悦的直接抚养人,应当依法履行对孩子抚养教育的义务,可是其异地再婚后因生有第二个儿子,客观上疏忽了对长子小悦身心健康成长法定责任的承担,尤其是没有按照《家庭教育促进法》第十七条第(一)(四)之规定,做到"亲自养育,加强亲子陪伴""潜移默化,言传与身教相结合",而是一味地将儿子交由母亲抚养教育,这样一来孩子在成长阶段遇到自身难以克服的困难,假若奶奶无力相助,那么必将对孩子产生不良的影响,为此聂某必须依法改变自己对儿子小悦抚养教育义务履行的方式。

2. 聂某的母亲欲提起诉讼迫使儿子依法履行直接抚养孙子的责任,虽是无奈之举,但由此可见母子意见分歧之严重程度。在这种情势下,聂某无疑是法定的责任主体,作为律师对其进行法律宣讲与现实引导就成为首要问题,若能奏效最好，一旦无果告终难免引发诉讼，这就是小悦抚养教育责任具体落实时两种截然不同的方式。

3. 从案情简介当中能够看出，聂某当时因婚内出轨离婚后又很快再婚，在这种婚姻状态的客观变化中，他始终没有将孩子直接抚养责任的依法履行置于重要的位置，故此才导致了聂某母亲在教育抚养孩子当中处于无能为力的现实困境，这样一来，小悦的成长遇阻了，聂某作为直接抚养孩子的当事人，其失职事实暴露无遗，其违法之处显而易见。本案表面呈现的虽是聂某与母亲因小悦抚养教育问题上的重大冲突，实质上却是聂某需要从现有家庭抽出相当的时间与精力来依法履行对儿子小悦的抚养教育责任。

【实务指引】

1. 在律师的指引下聂某明确知晓对儿子小悦应尽的抚养教育责任之后，可以采取以下方式解决问题：其一，聂某给现任妻子做思想工作，促使其从夫妻关系的长远考虑，及时接受小悦进入他们的家庭生活；其二，聂某将母亲与小悦接至同城居住，聂某时常前往母亲与儿子的住所履行自己作为人子、人父的法定义务，并且在学习、生活两个方面对于他们的现实需求作出妥善的安排；其三，聂某即使无奈为孩子选择同城寄宿学校，也应当在儿子回家的节假日、传统节日给予生活上的关心与学业上的有力支持。

2. 聂某在解决儿子小悦抚养教育问题当中应当拓展思路，可以尝试与小悦的母亲联系，即便是双方旧怨未解，可是针对孩子的抚养教育，按照《民法典》第一千零八十四条"父母与子女间的关系，不因父母离婚而消除。离婚后，子女无论由父或者母直接抚养，仍是父母双方的子女。离婚后，父母对于子女仍有抚养、教育、保护的权利和义务"之规定，小悦的母亲依法应当负有对孩子抚养教育的责任。假若从实际情况出发能够将小悦的抚养权变更至其母亲名下，那么小悦日后的身心健康成长将会得到有力的保障。

3. 聂某在与儿子小悦长期不见面、不沟通的情况下，若要真正解决孩子的现实抚养教育问题，最核心的事项就是与儿子倾心对话，充分听取其心声，依法征求其意见，最终无论选取何种方式妥善安排孩子的生活与学习事项，均应当尽最大可能满足孩子的愿望并征得其同意,这才是聂某作为父亲对儿子最实在的爱护与支持。

【成效评述】

1. 聂某在律师的指引与帮助下,经过数次与母亲的真诚沟通才开始直面儿子小悦的现实抚养教育问题,随后又在母亲的调和下与儿子小悦逐渐恢复了正常的对话,最终小悦与奶奶一起移居聂某所住城市,聂某在住房、生活、学习等方面为儿子提供了良好的条件,并且天天与儿子交流,定期陪伴儿子,小悦与奶奶的生活翻开了新的一页。

2. 父母抚养教育孩子既是义务也是权利,父母在抚养教育孩子当中应当与孩子一起成长,共同经历生活的洗礼,携手度过人生最美好的有限时段。可是总有一些父母因为个人原因,忽略或者忽视了子女身心成长中的客观需求,在履行法定抚养教育责任方面不尽责甚至完全缺位,由此导致了孩子与父母的长期对立,并且很有可能影响孩子日后的前途与命运。常言道"少年强则国强",为人父母应当针对自己抚养教育责任的落实提高站位、勇于担当,以确保在自己步入老年阶段心有所属、心无所憾。

3. 人生来无权选择父母,归去无法确定时间,父母通常因爱生儿育女,可是也会因不再爱改变子女的生活轨迹。父母一旦有了子女,终生操劳担忧,甚至为子女越俎代庖,即使出力不讨好依然故我。可是作为爷爷奶奶,在越位全面抚养孙子、孙女的问题上,必须依法界定权利义务的承担主体,与其亲力亲为,不如督促子女承担法定责任,以确保孙子、孙女在儿童利益最大化原则的护佑下身心真正得到健康成长。

【警言】

> 出轨离婚养儿子,推给母亲只付费;再婚又有二儿子,长子见父难上难;孙子渐长需求多,佯装称病母子裂;迫不得已欲诉讼,律师依法破难题。

应对成长
——高瑾律师带您走进 80 例新型家事案件

案例三

儿不结婚爹娘愁

【案情简介】

高翔（化名），男，35 岁，公司白领，长相帅气，为人忠厚，近年来在父母的催促下一直忙于四处相亲，可是随着时间的推移似乎进展甚微。父亲曾言："找个媳妇怎么这么难，看女人差不多就行了。"高翔听后倍感失落，回应父母道："找个对象结婚不难，可是真心实意待你的人不多。"父母一直担心儿子挑剔太多而错过了结婚的最佳年龄，更怕儿子急于求成结了婚又不幸福，思前想后感到深不得浅不得，背后干着急见了儿子却不敢过问。高翔明白父母的心思，可是在恋爱的路上始终没有遇到红颜知己，内心忐忑不安，对于婚恋问题似乎有些迷茫，经人指点之后前来律所寻求良策。

【专业视点】

1.《民法典》第一千零四十一条规定："婚姻家庭受国家保护。实行婚姻自由、一夫一妻、男女平等的婚姻制度。"这就是说，男女双方结婚是受国家保护的法律行为，婚姻自由平等地适用于男女两方当事人。高翔作为大龄适婚青年在择偶方面的自由选择权依法应当得到父母的尊重，至于儿子何时能够步入婚姻，无论家长还是儿子虽然都倍加关注，但是缘分未到急于求成无济于事。

2. 时下适婚女性在择婿时时常称："无房无车不谈、没彩礼不嫁、是否生孩子自主、家务不打理。"适龄男青年对此往往望而却步，即使硬着头皮满足女方的需求，通常需要在啃老的境况下打肿脸充胖子才能勉强步入婚姻，可是内心并不认同这样的婚姻缔结模式。同时应当看到一些大龄男青年因抵制不良婚姻习俗而在最佳的结婚年龄段走不进婚姻，由此不免给父母平添烦恼。

即使本人也时常反省其婚恋观是否存在误区或者偏差，通常对婚姻习俗的正确认知与现实处置往往影响大龄适婚男青年结婚的积极性及其对择偶原则性的把握，其结果很可能导致他们怠于结婚乃至不婚。这种消极后果既不利于家庭血脉传承，也不符合国家人口发展规划要求，亟待引起社会各方的高度关注。

3.儿子结婚对父母来讲肯定是家庭头等大事，在孩子结婚条件未成熟时，作为父母应当采取适当可行的办法与儿子一起积极推进"找媳妇"事项，力争功到自然成全家共迎如意贤媳入家门,早日添丁进口传承家庭精神文明成果。

【实务指引】

1.在尊重高翔个人意愿的前提下，从实际情况出发适当调整其择偶标准，以便拓宽视野增加与适龄女性接触的机会，例如，不要苛求寻觅高收入、有背景的时尚美女，更不要在籍贯、学历、民族等方面设置障碍。婚姻是以感情为基础的，从现实角度讲男女双方人生观、价值观、婚恋观一致，相互忠实、相互理解、相互包容，一般在共同生活当中夫妻和谐、家庭稳定。婚姻的本质是夫妻之间爱的交换，无论情感还是物质都需要双方一起付出并且共同分享，彼此付出交换越多，双方感情越深，常言道"不经历风雨怎能见彩虹"，夫妻是在生活磨砺当中共同成长，共同完成家庭使命的，为此择偶条件应当按照个人意愿设置，但千万不能因曲高和寡而错失了本该结婚的最佳良机。

2.《民法典》第一千零四十三条规定："家庭应当树立优良家风，弘扬家庭美德，重视家庭文明建设。夫妻应当互相忠实，互相尊重，互相关爱；家庭成员应当敬老爱幼，互相帮助，维护平等、和睦、文明的婚姻家庭关系。"作为大龄适婚青年的父母应当对该条规定予以深刻领悟，尤其是子女择偶问题关系到家庭、家风、家教乃至家庭正常秩序的维护问题，首先应当充分尊重子女的个人真实意愿，倘若一味催婚往往适得其反，即使勉强催婚成功，子女的婚姻幸福也无从保障。故此父母虽催婚无错，但尺度与方式的把握非常重要。

3.女性通常在选择配偶时从表面看物质欲望强烈，暴露出其在创造财富实际能力方面的短板，之所以追求物质，只能说明自身安全感不足甚至缺失；作为男性在择偶上应当从性别意识的角度现实地看待两性之间的差异，既不能因为女性有过度物欲追求而排斥婚姻，也不能因为一味欲结婚而接受女性不切合实际的物质需求。这里需要强调一点，即从现实角度讲婚姻没有经济保障不牢靠，但仅有金钱后盾也是不能长期维系的。

【成效评述】

1. 高翔在咨询律师之后，经与父母沟通针对自身择偶问题有了新的认识，随后会同父母一起来到律所要求提供专项法律服务，半年后，高翔高兴地告诉律师，其已经登记结婚准备择日举办婚礼。

2. 随着社会的发展，年轻的男女出于对个人自由的不懈追求，无论经济是否独立都有可能作出晚婚甚至不婚的决定，其本人似乎没有意识到逃避寻常生活的客观风险，但父母为之忧心忡忡，父母与子女之间时常因此而产生严重冲突，轻则不对话、不见面，重则长期不相往来，这种家庭格局对父母及其子女都会产生众多负面的影响。目前此类现象呈日益增长的趋势，亟待引起社会各界的高度关注，并且采取相应的实际举措予以矫正、引导、改善，以确保家庭的正常延续与社会的平稳发展。

3. 大龄适婚男青年择偶时应当充分认识自己的优缺点，恰当确定自己的择偶条件，并在与女性交友当中以感情为重，充分关注自己内心感受，积极寻找志同道合、情趣相投的最佳人生伴侣，以赤诚之心面对日后生活当中的风雨，力争实现爱情与婚姻双赢的人生目标，让父母为之骄傲、自豪。

【警言】

> 大龄小伙难成婚，几经努力无成果；父母心急直催婚，争执不下难平息；经人指点问法律，律师梳理又指引；父母儿子皆觉醒，终身大事半年成。

案例四

三个子女让母忧

【案情简介】

翟某,72岁,与丈夫茅某结婚40多年,生有长子茅扬、次子茅战与女儿茅红(均为化名)。茅某刚刚亡故,留有翟某现住价值300万元的住房一套及茅某30万元抚恤金,还有老两口名下60万元存款。自茅某去世后,茅扬先提出将房子卖了,连同抚恤金、存款大家分了,接着茅战将家里的沙发、床、书柜趁母亲外出时拉走了,茅红也多次向母亲打听过家里现有存款的总额。翟某发现三个子女都常回家看看,但目的无非是旁敲侧击地提出分家析产的要求。翟某既生气又担心,唯恐自己外出或者住院期间家里的东西被抢光乃至现有住房被卖掉,以至于整日夜不成寐、食不甘味。翟某在弟弟的陪伴下来到律所,寻求解决问题的办法。

【专业视点】

1. 按照《民法典》第一千一百二十七条之规定,翟某及其三个子女作为第一顺序继承人对于茅某的财产具有法定的继承权,依据《民法典》第一千一百五十三条:"夫妻共同所有的财产,除有约定的外,遗产分割时,应当先将共同所有的财产的一半分出为配偶所有,其余的为被继承人的遗产。"本案当中,翟某除了个人先分得其与茅某夫妻共同财产的一半之外,其再与三个子女共同继承茅某个人遗产,因此法定继承的范围仅限于现住的房屋、老两口名下的存款,至于抚恤金并非遗产,不属于法定继承范围。

2. 针对三个子女为争夺父亲遗产蠢蠢欲动之行为,从法律视角看,翟某现住与老伴共同唯一的房产不宜变卖,因为翟某健在,该房是其生活的必需品,60万元存款翟某依法可分得37.5万元,剩余部分三个子女各分得7.5万元。另外，翟某与三个子女若能够就抚恤金的分割事项达成一致协议，30万元抚恤金可以予以分割。由此可见，三个子女针对父亲遗产的具体分割问题在各自行使其法定继承权利时均已超越了法律规定的边界，直接侵犯了母亲个人财产权益，这就是本案母亲与子女之间发生冲突的根源，只有正本清源才能解决实质性纷争。

3. 翟某年过七旬，自丈夫去世后一人单过，子女只是因为继承事项才常回家看看，一旦遗产处理告一段落，其生活当中的不便与孤单不容回避。作为子女，本着依法履行赡养义务的初衷，应当从实际情况出发针对母亲翟某的日后生活作出妥善的安排，尤其是应当关注《民法典》第一千一百三十条第三款"对被继承人尽了主要扶养义务或者与被继承人共同生活的继承人，分配遗产时，可以多分"之规定，以便为以后依法获得较多母亲遗产份额奠定坚实的事实基础。

【实务指引】

1. 翟某本着尽快恢复正常生活状态的心愿，应当及时召开家庭会议，尽可能邀请茅某所在单位、社区乃至亲朋好友列席，还可以聘请律师从专业角度阐明法定继承的相关规定，与三个子女就遗产分配实质性问题充分地进行沟通，以免出现因彼此相互排斥而最终对簿公堂的局面。

2. 在律师的帮助下翟某应当尽快推出茅某遗产具体分配方案，在不伤害或者尽量减少伤害母亲与子女亲情的前提下，与三个子女从实际情况出发，妥善处理法定继承的相关事宜，特别是需要在尽量征得子女同意的前提下确保母亲目前的住房环境不变。除此之外就是关于抚恤金的协议分割问题，这既是对年过七旬的翟某进行人文关怀的现实举措，也是本案通过专业积极作为化解家庭内部矛盾的大胆尝试。

3. 通过各种努力，即使翟某仍然无法与三个子女就相互之间的利益冲突达成共识，诉讼已经成为不可避免的维权手段，作为年迈的母亲也应从心理上进行自我调适，并且委托专业律师代理诉讼，以便依法尽快将自己从继承乃至共有财产分割的纷争当中解脱出来。

第九章
老人的担忧

【成效评述】

1. 经律师展开 10 余次的非诉讼调解后,翟某与三个子女终于达成了一致性的协议:60 万元的存款翟某只留了 30 万元,三个子女各分得 10 万元;现有住房翟某生前继续居住,翟某去世后三个子女自由处分;30 万元抚恤金翟某仅象征性留 6 万元,三个子女各分得 8 万元;自协议签订后,三个子女每周轮流看望母亲不少于 3 次,若遇翟某住院治疗,除医保报销之外的个人承担部分由三个子女均摊,同时在聘请护工、亲属陪同等方面的付出三个子女皆共同分担。此后两年内翟某及其三个子女均按照协议的约定实际履行了各自的义务,家庭关系已基本恢复正常状态。

2. 惯常父母对子女履行的抚养义务远远大于子女回报父母所尽的赡养责任。父爱如山,母爱如水,子女年幼时未必深悟,成年之后或许无暇顾及,进入暮年时常感悟良多。父母之爱固然无私,但为人子女应心存感恩,依法以实际行动确保父母能够在有限的时光里活得舒心、笑得灿烂。

3. 遗产系公民个人合法财产,公民生前可以以订立遗嘱的方式按照自己真实意思表示处分自己的财产,假若生前没有留有遗嘱,一旦去世很有可能在法定继承人之间产生纠纷。在此情况下,作为长辈的继承人或者年长的平辈继承人应当依法理性地面对家庭乃至家族内部成员之间的利益冲突,能够调解的及时达成一致协议,需要缓冲的确定适当的期间,缺少法律指引的可求助专业人士,应当尽最大可能选取非诉讼的途径化解当事人之间的矛盾,即便是进入诉讼仍然力争以调解的方式了结纠纷,这是继承纷争专业解决的基本思路,应当在现实当中予以广泛适用。

【警言】

> 父母生有三子女,成年之后少顾家;父亲亡故争遗产,母亲健在度日难;唯恐离家物尽散,更忧住房被变卖;舅舅陪同问律师,情法一体达共识。

案例五

老母躲儿无处归

【案情简介】

石某，女，80岁，老伴已去世20多年，原本与独子刘远（化名）一家三口一起生活，但自55岁的儿子因赌博欠债80万元以后，儿媳妇在离婚后搬出去了，25岁的孙子到外地打工再也没有回来，儿子因躲债已有5年杳无音信。石某平时非但得不到儿子刘远的照顾，还时常有债主上门逼债，整天过着担惊受怕的日子，如遇生病住院都是由邻居、以前的同事帮忙照顾。某日凌晨两点，石某听见有人敲门，心中不免一惊，直到听到儿子刘远的声音时她才打开门，不料刘远张口就要钱，石某无奈之际将随身的500元给了儿子。此后一年当中刘远不定期地在半夜三更回家从母亲处先后拿走了3万多元，刘远每次只要钱，根本顾不上与母亲说话。石某心里既担心又生气，经过激烈的思想斗争之后，石某决定到亲戚家躲避一阵，并且告诉邻居若晚上听见有人敲她家的门，直接回应其已不在此处居住。半年之后石某回家居住，刘远又开始不定期光顾，因石某从经济上已经无力满足刘远的欲望，以至于白天在家，晚上不敢回家或者只能在凌晨5点以后才回家，但是邻居却不时告诉她，三更半夜总能听到有人敲她家的门。此后石某曾经数次在路上被刘远拦截过，还先后被刘远从身上搜去了1万多元。最终石某因不堪忍受儿子刘远长期的折磨，公开宣告与刘远断绝关系，即使这样刘远仍然没有停止向母亲索要金钱，石某每时每刻都怕儿子突然出现在自己面前。石某的邻居、朋友、亲戚们等只要看见刘远就赶紧通知石某不要回家或者绕道行走。石某因儿子整天担惊受怕的事情被社区知道后，本着积极维护老年人合法权益的工作目标，社区及时邀请律师提供法律帮助。

第九章 老人的担忧

【专业视点】

1. 石某的儿子刘远系年过半百的成年人，其因赌博所欠债务姑且不论债务的合法性问题，即便是依法应当偿还也与母亲无关，可是债主逼上门，年过八旬的石某已经因此身心受到严重伤害，再加上儿子夜晚回家要钱，母亲在无力给予的情况下最终宣布与儿子刘远断绝母子关系。石某因儿子的境遇所遭受的各种打击是超乎寻常的，整天东躲西藏的日子应当尽快摆脱，从法律上讲，石某作为老年弱势群体应当得到法律的充分保护。

2. 根据《老年人权益保障法》第十三条、第十四条之规定，刘远作为石某的独子应当尊重、关心和照料年过八旬的母亲，同时应当履行对母亲经济上供养、生活上照料和精神上慰藉的义务，照顾其特殊的需要，然而其非但没有依法尽到对母亲的赡养义务，而且还在物质与精神两方面带给年过八旬的母亲难以承受的重压与烦恼，为此石某作为受害者应当依法积极维权，以确保其日常生活的安宁与稳定。

3. 针对刘远深夜回家向母亲索要金钱的行为，从法律上讲，只要母亲石某不是自愿赠与的，那么其应当依法予以返还；至于刘远多次在路上拦截母亲并且搜身拿走1万多元的行为，只要石某愿意追究其法律责任，刘远很可能依法涉嫌刑事犯罪，尽管刘远的所作所为已经违法甚至触犯刑律，但是石某作为母亲其对于自身权利的维护到底定格在何种程度需要其明示做出抉择，这是帮助石某走出目前困境的核心问题，也是律师在处理家事纠纷时应当始终坚守的执业边界。

【实务指引】

1. 社区工作人员可以会同律师先与石某进行深入交谈，充分了解其解决现实困难的愿望与顾忌，尤其是石某针对儿子深更半夜回家索要金钱、半路拦截搜走现金行为个人所持的维权态度，以及是否依法要求儿子履行赡养义务的想法，以便能够在充分尊重其真实意思表示的前提下做出现实可行的维权规划，只有这样石某才能有的放矢地展开维权步骤，来自基层组织的工作人员以及专业律师的维权工作才有底气与信心。

2. 社区工作人员在征得石某同意的前提下采取适当方式通知刘远，由律师告知他按照法律规定应当对母亲石某应尽的赡养义务，同时警告其回家或者路上堵截向母亲索要金钱应当承担的法律责任，逐步引导刘远自行处理个人债务问题，确保本人及其债权人不再打扰母亲石某正常的生活秩序，现场观察其反应，尽量促使其作出书面保证。

3. 在与石某及其儿子刘远沟通之后，尽可能地创造条件让母子见面对话，一则通过母子之间的情感沟通重新唤醒刘远的良知，帮其找到灵魂的家园；二则让石某在见到儿子时能够平和地诉说衷肠，以尽母亲劝子回头之初心；三则从维护家庭安宁的视角出发，尽力促使刘远发自内心地不再为母亲增添烦恼，也让母亲能够在长期煎熬之后宣泄自己的个人情绪，由此在母子之间重新搭建相互尊重、互不干扰、各自相安的现实相处规则，为石某日后生活的稳定与安全奠定良性的基础。

【成效评述】

1. 经过社区工作人员与律师的共同努力，最终刘远作出书面保证债务自己了结，不再打扰母亲的生活。令人意外的是刘远的儿子还向奶奶石某承诺日后生活当中若有需要，其作为孙子一定及时赶到并尽全力为奶奶分忧解愁，由此石某深感欣慰，也不再重提与儿子断绝关系之事。一年之后石某向社区回应，儿子没有再找她麻烦，平时孙子总是尽力照顾她，她的生活已经恢复了平静。

2. 父母子女之间是血缘最近的直系亲属关系，双方之间的权利义务虽然在法律上规定明确，但是在现实当中双方难免因各种原因产生矛盾，甚至达到势不两立的地步。要调和二者之间关系，必须先从法定权利义务的实际履行入手，查找各自的不足之处，然后在过错责任明晰的前提下，通过法、理、情三个维度触及当事人的内心，为其亲情的回归创建新的契机，由此才有可能让他们在求同存异当中冰释前嫌。

3. 当下父母子女一般在经济上各自独立，若一方需要金钱上的支持，应当充分尊重对方的真实意愿，不得以身试法毫无底线地损害亲情，甚至致使亲人无法正常生活。尤其是作为子女，首先应该依法履行赡养义务，其次本着不给父母添麻烦的原则打理好个人乃至家庭财务，千万不要以牺牲父母子女关系为代价换取自己一时的平安，而让父母在暮年之际遭受来自子女的伤害，不管从法律还是情理上讲都是违背家庭规则的，身为子女应当恪守其道。

【警言】

> 八十老妪原守家，独子负债妻儿走；债主上门受惊吓，深夜子逼母拿钱；路遇亲儿被洗劫，东躲西藏家难归；社区解围律师帮，母子安生孙子孝。

第十章 扶养的状态

> 夫妻之间依法具有相互扶养的义务,而现实生活当中,只要一方因病或者经济原因不能正常担当家庭责任,承重的一方必然在生活当中有所反应,在夫妻之间原有的权利义务关系失衡的情况下,婚姻关系的维系存在客观风险乃至以离婚告终。扶养作为法律概念是清晰明确的,扶养义务的履行却是因人而异呈多样化的状态,其中的酸甜苦辣只有当事人自己知道,作为局外人往往不免心头有一股莫名的悲凉。

案例一

肾病妻子遭遗弃

【案情简介】

庄丽(化名),女,30岁,公司白领,与丈夫区强(化名)结婚两年,因两人均忙于职场打拼婚后无子女。不料庄丽在单位统一体检被查出患有肾病,随后身体日渐发生不良反应,区强刚开始还忙前忙后陪妻子看病治疗,但是不到半年就流露出厌烦情绪,庄丽心里有种难以言说的不祥之感。某日,区强在与庄丽因家庭琐事发生争吵之后离家出走,居然半年都不回家,紧接着庄丽收到了区强寄过来的离婚协议。庄丽直接回应坚决不同意离婚,区强向法院提起离婚诉讼。在法院审理当中,双方各执己见,最终区强的诉讼请求依法被驳回。两年后,因区强已新觅女友,联系庄丽协商有关离婚事项。庄丽因身体每况愈下,对于离婚事宜万般纠结,无奈之际求助于律师。

【专业视点】

1.《民法典》第一千零五十九条规定："夫妻有相互扶养的义务。需要扶养的一方，在另一方不履行扶养义务时，有要求其给付扶养费的权利。"本案当中，庄丽因患肾病导致丈夫区强先离家出走后又提出离婚诉讼，很明显，区强拒绝履行扶养义务，庄丽在患病之后遭遇的不单是疾病的打击，更为严重的是来自区强的自私与无情，这也是庄丽在离婚诉讼当中坚决不同意离婚的重要原因。

2. 自区强离婚诉讼被法院驳回后已过两年，其间区强与庄丽夫妻双方互不往来，庄丽身患肾病，无论是经济上还是生活上都存在诸多现实的困难，而区强作为未卸任的丈夫却置若罔闻，由此让庄丽对于自己的婚姻感到黯然神伤，无论其是否真正同意离婚，对于区强提议协商离婚的事项势必表现出强烈的抵制情绪，双方长期以来的深刻矛盾均聚焦于离婚事项，庄丽在与区强交涉当中应当注重策略与方式。

3. 关于庄丽对离婚问题的现实回应，无非有两种选择：其一，同意离婚，同时主张区强除承担其患病期间的医疗费、陪护费、生活费等之外，依据《民法典》第一千零九十一条第（四）项之规定，针对区强在其患病期间的遗弃行为提出过错赔偿；其二，继续坚持不同意离婚，要求区强依法承担扶养责任。无论庄丽最终如何抉择，其与区强的夫妻感情已经无法挽回，离婚已经成为解决双方积怨的唯一方式，只是时间早晚的问题。

【实务指引】

1. 庄丽可以委托律师与区强针对离婚问题进行谈判，从法律到事实、从情感到理性、从现状到后果畅所欲言，促使区强能够依法、客观、全面地看待离婚问题，进而从实体利益方面予以补偿，这是双方当事人解决现实问题的前置条件。

2. 针对区强在庄丽患病之后的遗弃行为应当依法补偿的费用项目，庄丽务必履行举证责任，各种费用的凭据以及精神损失补偿的确定依据都应当从专业上予以重视,并且在尊重客观事实的基础上做出具体说明,以尽力争取得到区强的充分补偿。

3. 离婚案件首先应当确定双方是否同意离婚,庄丽与区强若一致同意离婚,且针对涉案补偿事项能够达成共识,两人选择协议离婚的方式可能更平和一些;若双方对于离婚及其相关补偿问题不能签订一致性协议,那么只能是对簿公堂了,两人在诉讼当中难免一博。

【成效评述】

1. 庄丽在代理律师的积极推进下,经与区强及其代理人进行了三个回合循序渐进式的谈判,双方终于达成了离婚协议,并在办理离婚登记手续的当天拿到了区强补偿的 10 万元人民币。

2. 通常男女双方结成夫妻,白头偕老是共同目标,然而天有不测风云,一旦风雨来临,很难确保舍己为人,相互之间扶养法定义务的履行似乎充满了风险,其中负有义务的一方可能有其苦衷,但是其与遭遇直接伤害的一方相比应当处于相对优势的地位,无论从法律规定还是夫妻情义乃至人性关怀来讲,负有义务的一方都应当以实际行动践行自己为人夫或者为人妻的扶养责任,切忌以违法逃避行为来应对,以免日后受到法律的制裁与道德的谴责。

3. 夫妻关系从本质上讲是权利与义务的高度统一,从法理上讲,权利可以放弃,义务不能转移。自结婚后,一方的权利往往就是另一方的义务,双方在权利义务的交换当中实现各自的人生目标,享受婚姻带给夫妻乃至子女的快乐与幸福。常言道:"人生无常,世事难料。"夫妻在生活当中除了享受人生之外,还要随时应对不可预知的风险,虽言风雨之后见彩虹,但风雨之中往往劳燕分飞,婚姻当中的男女对此应当予以关注。

【警言】

> 夫妻两年忙工作,生儿育女无暇顾;体检查出妻患病,治病夫陪渐厌烦;争吵之后离家走,半年离婚提上来;败诉之后又协商,专业维权成效显。

案例二

妻子有病不给治

【案情简介】

冯某,女,45岁,与丈夫房某结婚25年,一对儿女均已成家立业。夫妻俩一直从事服装批发业务,生意日渐兴隆。近年来,房某总是找各种借口很少回家,冯某感到两人之间越来越没有话说。一天,冯某突然手脚麻木、头晕,后来落下半身不遂的病根,日常生活不能自理,房某非但对妻子不闻不问,而且居然无视子女多次劝告不再回家了。此后3年,冯某在娘家人与朋友的接济下艰难度日,房某自冯某发病以来一分钱未给,冯某的子女均无力照顾母亲,为此冯某的弟弟向律师咨询法律上的救助办法。

【专业视点】

1. 基于冯某好面子、不愿意离婚的想法,为了能够达到其要求房某承担其医疗费与日常生活开支的目的,依据《民法典》第一千零六十六条之规定:"婚姻关系存续期间,有下列情形之一的,夫妻一方可以向人民法院请求分割共同财产:(二)一方负有法定扶养义务的人患重大疾病需要医治,另一方不同意支付相关医疗费用",冯某可以提起诉讼分割夫妻共同财产,由此获得生活与医疗等费用的资金保障。

2. 通常夫妻离婚才可以分割共同财产,在不离婚的前提下请求分割夫妻共同财产,法院对于原告所提请求依法适用的范围把握尺度相对严格,当事人在举证方面务必与法律条文的规定相吻合;再者针对夫妻共同财产的分割不可能像离婚案件一样力求彻底、全面,就本案来讲,只要涉及分割的财产能够保障患病的冯某医疗与生活等开支即可,因此针对夫妻财产进行分割时需要当事人做出现实的选择,以获取法院最大的支持。

3. 婚内分割共同财产只是法律在经济上救济弱势一方当事人的应急措施，并非由此就可以一劳永逸地过上安稳的日子，一般来讲在不离婚的前提下夫妻分割财产之后，双方之间的关系很难趋于和谐，一方或双方基于对婚姻的不满往往会或迟或早提起离婚诉讼。故此当事人在适用婚内分割共同财产法律规定时乃至分割财产之后，应当清醒地对于日后婚姻的存续有所认识与防范。

【实务指引】

1. 冯某针对自己患病已经付出的医疗费乃至日后所需的基本医疗费应当依法履行举证义务，同时将其经过筛选变现或者收益可控的财产权利凭证提交法院，以期依照法律规定顺利获得一半的夫妻共同财产，切忌在医疗费、夫妻共同财产以及对方不同意或者不承担医疗费的举证方面存在弊端而影响到最终的维权结果。

2. 夫妻之间扶养义务的履行与双方共同生活的经济条件、夫妻相处状态、个人对家庭的贡献甚至患病的一方与子女物质需求的选择等有关，患病的一方在主张其权利时，应当根据家庭的实际情况对于重大疾病所需医疗费予以客观、现实的控制，杜绝一味强调个人需求，而超越家庭经济承受力过度维权，进而造成对另一方乃至婚姻的负面影响。

3. 婚姻是夫妻人身与财产的高度结合，一旦婚姻出现问题，双方均有义务及时沟通、化解矛盾，不能任由家庭冷暴力长期存在，并且影响到相互扶养义务的履行，即使婚内分割夫妻共同财产也只是一时的权宜之计，并不能因此使双方的婚姻纠葛自然消除，为此在财产与感情交换当中夫妻之间必须保持相对平衡的状态，婚姻才能够得以存续。

【成效评述】

1. 冯某经律师多次与房某进行深入沟通，房某不仅偿还了冯某娘家垫付的医疗费与生活费，而且最终以书面形式承诺每月支付冯某两万元用于治病及生活，冯某由此获得了一定的经济保障。

2. 婚内分割夫妻共同财产作为明确列入《民法典》的新规定，在现实适用当中为患重大疾病配偶不给救治或者财产权益受到配偶严重侵害的一方当事人开启了法律救济的通道,对于他们财产权利与人身权利的充分保护就是维护家庭和谐与社会稳定的有力举措,但愿更多依法适用《民法典》第一千零六十六条的当事人在法律阳光的照耀下获得新生。

3. 尽管婚内分割共同财产的法律规定是刚性的,当事人维权的方向是明确的,但是在新的法律规定与现实接轨当中必然会出现一定的摩擦,很有可能会产生一些负面反应,应该看到从摩擦到磨合的过程中法律前行的脚步不会停止,当事人依法维权的信念不会丧失,相信随着时间的推移,越来越多的当事人将会在新规的依法适用当中受益。

【警言】

> 夫妻携手共养家,生意兴隆无话说;半身不遂夫不理,娘家亲友接济过;子女无力赡养妈,兄弟为姐问律师;婚内分割新路径,不懈努力获保障。

案例三

丈夫瘫痪妻自强

【案情简介】

归某,男,65 岁,20 年前突发脑出血经抢救后瘫痪在床,妻子高某不仅无微不至地照顾丈夫,而且通过自己的劳动将儿子小凯培养成人乃至成家立业。可是婆婆惠某一直对儿媳妇高某不放心,尽管自己有充足的退休金也有条件优越的住房,但是总提出给其分出一套用于养老的房产,孙子小凯曾多次顶撞过奶奶。惠某因一直要房无果就以赡养为由欲将儿子诉至法院,高某感到满腹委屈,便向律师请求帮助。

【专业视点】

1. 高某在丈夫归某瘫痪长达 20 年的时间里一直不离不弃，而且一路负责儿子就学、就业以至结婚，作为妻子来讲其扶养责任的履行已经到达了常人难以做到的地步。因儿子深感母亲的不易，为此才与奶奶惠某发生摩擦，究其原因惠某也是为了自己的儿子归某才提起了所谓的"要房"之诉，这是本案当事人产生争议的主线。

2. 针对高某与丈夫归某的夫妻共同财产，惠某依法无权主张分得所谓一套养老房，即便是惠某以赡养为由将儿子诉至法院，虽然按照《民法典》第二十六条第二款"成年子女对父母负有赡养、扶助和保护的义务"之规定，儿子归某负有对母亲惠某赡养的责任，可是按《老年人权益保障法》第十四条第一款"赡养人应当履行对老年人经济上供养、生活上照料和精神上慰藉的义务，照顾老年人的特殊需要"之规定，惠某退休金与自有住房兼具，其向儿子主张给予一套养老房之诉讼请求依法不能得到支持，作为儿子归某依法履行赡养义务的主要内容为生活上的照顾、精神上的慰藉，何况归某长期瘫痪在床，惠某尽管诉讼的初衷是为了儿子，可是其诉讼请求因于法无据，最终只能被依法驳回。

3. 高某面对婆婆惠某蠢蠢欲动的赡养之诉，基于惠某诉讼的动机与目的应当理性看待，并且针对家庭内部矛盾采取行之有效的办法予以缓冲，切忌睚眦必报、不计后果。高某作为小凯的母亲，除了控制自己的情绪之外还应当管好儿子，以免其因年轻好胜而惹恼了惠某，以至于闹到不可收拾的地步。

【实务指引】

1. 高某可以通过亲戚朋友或者委托律师与婆婆惠某进行沟通，以告知其关于赡养的法律规定，逐步引导其走出误区，并出于对儿子健康的现实考虑，应尽快与孙子、儿媳缓和关系，以便有力维护家庭的形象与声誉。

2. 律师可以与高某及儿子小凯面对面地深入交流，尤其是对高某长期以来尽心尽力照顾丈夫归某的感人行为予以高度肯定，激发其对生活的信念与动力，由此指引小凯能够为了家庭安定尽量主动去与奶奶讲和，以免亲人之间对簿公堂的尴尬局面出现。

3. 律师在与惠某、高某、小凯有效沟通之后，可以极力创造让他们见面交流的机会，采用动之以情、晓之以理的方式，尽最大可能促使他们在共同关注归某健康与生活实际需要的前提下化干戈为玉帛，尽快恢复正常的亲属关系，确保家庭的和谐与和睦。

【成效评述】

1. 经律师多方努力、耐心说服后，惠某与孙子小凯、儿媳高某握手言和，惠某也重新获得了孙子的尊重与爱戴，归某受到了全家人更多无微不至的关照。

2. 常言道："久病床前无孝子，久贫家中无贤妻。"高某作为归某的妻子，20年来不辞辛劳地履行扶养义务，已经突破了"夫妻本是同林鸟，大难临头各自飞"的魔咒，不仅是守法的模范，而且是道德的标杆，归某与儿子小凯目前安定的生活是高某用心血和汗水含辛茹苦日复一日浇筑而成的。小凯对母亲心存感激，可是奶奶惠某只顾一味地维护儿子的权益却置儿媳的无私付出于不顾，高某在婆婆的百般刁难下所表现出的理性与大度已经远远超越了一般女性的境界。由此可见高某内心有多苦、有多冤，最终还要与儿子一起同婆婆惠某从家庭大局出发主动求和，高某所表现出的个人担当与勇气是家庭满满正能量的现实彰显，值得所有家庭成员顶礼膜拜。

3. 夫妻关系往往是家庭关系的"定海神针"，夫妻二人一旦只能同甘不能共苦，家庭的脊梁就会夭折，其结果就是夫妻当中弱势的一方及其子女乃至公婆陷入困境。这一浅显的道理似乎人所共知，可是像惠某一样拎不清的婆婆仍然存在，其也许出于太爱儿子而深深地刺伤了儿媳，一旦无可挽回则全家受害。绝非所有的家庭都能够像惠某一样幸运地遇到高某这样深明大义、以德报怨的贤媳，故此所有的家庭成员皆应当珍惜当下、相亲相爱、风雨同舟、携手共进，创造更加美好的生活。

——高瑾律师带您走进 80 例新型家事案件

【警言】

> 夫妻结婚又生子,丈夫瘫痪二十年;妻子侍夫又养儿,婆婆担忧起事端;赡养之名讨房产,孙子替母抱不平;剥丝抽茧唤亲情,一家携手享太平。

第十一章 综合技能的施展

> "家事剪不断,理还乱",作为专业律师,在应对诉讼与非诉讼婚姻家庭类纷争当中,时常需要通过代理一系列的案件或者采用刑事、行政、民事等多种维权方式,才能逐步实现委托人的维权目标,其中调解手段的运用应当贯穿于整个维权过程之中,只有潜心钻研、创新求实、砥砺前行,才能通过专业技巧与技能的有效运用为当事人赢得尊严与权益。当前,从市场客观需求层面讲,家事律师综合维权能力的强弱往往决定其在家事专业化的道路上能够走多远,为此,家事律师必须拓宽视野、苦修内功、知行合一,才能跟上时代的步伐与当事人的特定需求。

案例一

失而复得的抚养权
——刘某变更抚养权一案的启示

【案件基本情况】

刘某,40岁,与妻子曲某结婚8年,生有儿子已5岁。刘某老家在河南,两人生活在西安,因曲某不善理家务,对孩子照顾不周,影响了双方日常生活与工作秩序,刘某擅自将儿子送往老家交由其父母抚养,致使曲某在4年当中一直没有见到儿子。另外,刘某由于在婚后购房月供当中一人还贷不堪重负,刘某与曲某在发生肢体冲突后,曲某向法院提起离婚诉讼,要求抚养儿子并且分得婚后房产的一半权益。刘某虽不同意离婚,但是迫于无奈最终被两审法院判决离婚,并且失去了儿子的抚养权。在离婚判决当中,由于双方均不申请对涉案房产的时价进行评估,为此没有分割房产。

离婚判决生效后，曲某向法院申请强制执行，要求按照离婚判决将孩子的抚养权实际归其行使。刘某先后被法院列入失信名单并依法限制其高消费，仍不愿意放手将孩子交由曲某抚养。离婚半年后，曲某还向法院提起了分割婚内财产之诉，刘某既不愿意分割房产，也不愿意丧失孩子的抚养权，在万般无奈之际向律师求助。

【办案过程及结果】

刘某首先向律师咨询如何摆脱被强制执行之计，得到的答复是无法抗拒生效判决的执行；刘某再次咨询如何阻止法院析产之策，得到的回答是无法可施；刘某最后询问解决的途径，律师告诉他可以提起变更抚养权之诉，并且以此与曲某架起沟通的平台，以便在双方各自心理与利益平衡的基础上找到解决现实问题的突破口。律师正告刘某，双方的纠纷主要在于财产分割与孩子抚养权两项内容，除此之外，夫妻的个人恩怨不可小觑，只有调解结案才能让刘某重新获得孩子的抚养权。当时律师还郑重地向刘某一再申明，应当充分关注应对离婚判决强制执行案、财产纠纷案、变更抚养权案的三重法律关系及其矛盾冲突，与曲某的所有矛盾必须一揽子解决，由此才有可能达到其继续抚养孩子的最终愿望。随后刘某按照律师的专业解答意见作出了决定，很快与律所签订了委托代理合同，及时提起了变更抚养权之诉。半个月后，曲某提起的财产分割纠纷案件进入诉前调解阶段，律师在法院见到了曲某，与其进行了一个小时的沟通。曲某当即同意与刘某协商解决问题，但是坚决要求律师每次到场参与其中。此后，曲某先后10余次与律师通过电话或者见面沟通，诉说了自己在财产方面的现实需求以及对于孩子身心健康成长的忧虑。律师在每次与曲某谈话后，立即再跟刘某进行深度沟通，虽然刘某向来固执己见，但是随着律师对其在专业上的引导与现实方面的分析，其思维越来越朝着有利于问题解决的方向转化。后来，刘某又在律师的指引与推进下，将财产纠纷案与变更抚养权两案分到同一法官审理，由此为两案的一并解决创造了现实的便利条件。最终，在律师的不断努力下，双方达成一致协议，即刘某获得了儿子的抚养权，曲某得到了价值200万元的房产。在此

第十一章
综合技能的施展

值得强调的一点是：在双方协议达成之前，曲某已经先后3次见到了自己4年来日思夜想却未谋面的儿子，至此母子长期不能见面的僵局被打破了，从某种层面上确保了协议达成之后曲某探望权的正常实现。

【办案思路及策略】

离婚案件办理当中涉及离婚、财产分割、子女抚养三个事项，本案当中由于双方当事人均不按照法定程序对涉案房产进行申请评估，导致无法析产，孩子的抚养权也因孩子被刘某交由其父母抚养，致使曲某在长达4年的时间里见不到儿子，离婚案判决书当中也表明是基于刘某人为阻隔母子相见、相处的非人性因素而将孩子的抚养权判归曲某的，这种孩子抚养权法律归属与现实抚养状态的完全背离带给曲某的就是判决权利不能兑现，即使法院采取了强制执行手段，但是对于孩子抚养责任的落实仍存在严重的弊端，即"法律判决抚养的一方很难得到抚养权，实际抚养孩子的一方却在法律上没有抚养权"。这样一来，不管是双方当事人还是孩子都会长期陷于复杂的矛盾之中，对于孩子来说无疑是一种不应有的伤害。因此，法律上已失去孩子抚养权的一方欲重新讨回孩子的抚养权无疑是遥不可及的事情。从律师专业的角度来看，离婚案件将孩子的抚养权判归曲某，且在离婚判决生效已有半年时间，刘某再向同一法院提起变更抚养权之诉，通常法院很难将孩子的抚养权判归刘某，这是不容忽略的一个大前提。另外，离婚案历经两审、在离婚后财产纠纷案已经拉开序幕的情势下，双方当事人之间的冲突往往日益加剧，为此需要另辟蹊径解决现实问题。律师作为专业人士，应当清晰地看到，在家事纠纷当中最容易改变的就是人的意愿。曲某系一名中年妇女，她因为孩子与房子已经与刘某长期不和，虽然离婚判决确认了她对孩子的抚养权，但是她对孩子的抚养权在法院强制执行当中并未真正兑现，她郁闷、纠结甚至是痛苦可想而知，解决问题的迫切性是不容忽略的，只有说服其面对现实，满足其基本的心理与物质需求，才有可能彻底化解双方之间的所有隔阂与纷争，刘某由此才有重新获得孩子抚养权的机会。律师在本案当中着眼的是双方当事人分别先后提起的财产纠纷、变更抚养权两案，关注的是他们的心理、物质

——高瑾律师带您走进80例新型家事案件

两方面的需求,在与他们沟通时,采用他们在各自婚恋观与价值观之下个人思维能够接受的方式,并在利益与尊严方面找到了契合点,由此又在法院将两案有效导入至同一法官办理。最终经过律师的不懈努力,不仅促成了双方达成民事调解协议,而且还让曲某在双方商谈期间见到了孩子,从而将双方当事人的纷争平稳地调和了,为以后曲某与孩子的相见、相处奠定了良好的基础。在此当中,律师的专业视角、独到思维、创新举措乃至坚韧不拔的工作风格都得到了全方位的展现与升华,本案无论在办案策略还是在技能施展方面都有可取之处,常言道"冰冻三尺非一日之寒",该案就是律师有效代理的一个典范。

【案件办理的启示】

未成年人父母离婚后,按照《民法典》第一千零八十四条之规定,双方均应履抚养义务,确定抚养孩子的一方应当尽到直接抚养的义务,双方均须依照"儿童利益最大化原则"充分保障孩子各项合法权益不受侵害;按照《未成年人保护法》第十五条第一款之规定,双方均应为孩子提供良好的家庭环境;按照《未成年人保护法》第十六条之规定,父母均应依法关注孩子身心健康成长;按照《民法典》第一千零八十六条之规定,父母离婚后应当依法保障孩子被探望的权利;按照《民法典》第二十六条、《未成年人保护法》第七条之规定,父母离婚后在国家监督下应当全面履行对孩子抚养、监护、保护的义务。因此,抚养义务在实践当中的履行是多方位的,责任是艰巨的。在此特别需要说明的是父母在履行抚养义务时是应当依法接受国家监督的,从某种角度上讲,对于未成年人身心健康成长的考量是非常严苛的,即从抚养孩子一方,依法履行义务的任何一个层面都不难找到其在履职当中的瑕疵,这也是变更抚养权案件近年来多发的原因之一。在本案当中,曲某离婚前4年没有见到孩子,离婚后亦未通过强制执行程序真正拥有孩子的抚养权,其对于孩子抚养义务的履行可以说是严重缺位的,离婚案件当中,法院之所以将孩子的抚养权判归曲某,主要是出于对母子关系的修复与孩子身心健康成长的考虑。

应当看到，刘某在离婚后提起变更抚养权之诉，其最大的优势是孩子在离婚后与刘某一起生活且身心健康，最大的劣势是其拒不按照离婚判决主文内容将孩子交由曲某抚养，其违法行为显而易见，这也是本案与一般变更抚养权案件的重大差异。可是从另外一方面也应当看到，孩子在4年多的时间里没有见过曲某，突然之间生活当中母亲"从天而降"，对于孩子来说，到底是喜还是忧呢？这个问题值得深入思考。刘某和曲某之所以走到分道扬镳的地步，双方之间的心结在离婚之后应当更难打开，如何让他们在孩子、房子之间找到心理与利益两方面的平衡，这是变更抚养权、财产纠纷两个案件应当直面的焦点与难点。对于刘某来讲绝对不能容忍失去孩子抚养权的结局，对于曲某来讲法律赋予其的孩子的抚养权不能拱手出让，双方唯一的调和点就是房子的产权归属。尽管律师费尽心力最终促成了双方一致性调解协议的达成，并且在调解期间让孩子与母亲多次相见，然而孩子与曲某之间母子关系的修复并非一朝一夕就能够达到正常状态。作为律师来讲，只能默默地祝愿刘某与曲某在一切为了孩子的前提下冰释前嫌，依法共同积极履行其各项法定义务，让孩子的明天充满阳光，并且在父母的悉心关爱呵护下茁壮成长。

案例二

离婚案的意外收获
——从吴某离婚案的专业功课说起

【案件基本情况】

吴某，男，45岁，曾有过一次婚姻并生有一女，后又与王某再婚，生有一子已3岁。因王某系初婚，年龄比吴某小15岁，王某自结婚以来一直在家，有了儿子之后日常家务由保姆来做，保姆费每月4000元，王某持有吴某的工资卡和信用卡任意消费。婚后吴某一直对王某的各种要求几乎是百依百顺，其中吴某按照王某的要求为其娘家的拆迁跑前跑后，最终王某及其儿子名下享有价值200万元的拆迁房一套、现金补偿100万元。吴某平日工作忙，王某埋怨吴某对其不关心，后来心理日益失衡，先后数次欲与吴某离婚。吴某起初不同意离婚，后来对于离婚无异议，但坚决要求争取孩子的抚养权，并在财产分割方面要求利益最大化。王某提起离婚诉讼，主张儿子由其抚养，吴某每月支付抚养费5000元，并且要求分得男方婚前通过按揭贷款所购住房、车辆在其婚后的月供还贷及其增值部分权益100万元。吴某接到诉状后前来咨询律师，说明其为了维持家庭日常开支及房贷、车贷，通过3个银行信用卡贷款150万元，还提供了其单位出具的每月收入6000元的证明，吴某一再声明儿子的抚养权要极力争取，女方不具备抚养孩子的条件与能力。吴某虽然明知离婚已经不可避免，但还是希望律师能够与王某的代理人进行沟通，以求其家庭的安宁。

【办案过程及结果】

律师在接受吴某的委托后，首先按照当事人的意愿与王某的代理人进行了面对面的磋商，双方代理人均有意促成吴某与王某的和解，但是经过数次联系沟通，最终双方和好无望，只能针对离婚事项进行调解以便达到好和好散的效果。随后在法院通知开庭前，吴某提供了王某将其工资卡上30万元转走的凭证与通过信用卡消费15万元的银行流水单，吴某在财产利益上与王某的冲突又加剧了。接着律师根据《民法典》第一千零六十二条第（四）项之规定即夫妻婚姻关系存续期间受赠的财产为夫妻共同财产，据此建议吴某向法院申请调取有关王某与儿子在娘家拆迁时与房屋征收部门所签订的《拆迁协议》等材料，吴某当即表示同意。律师在与法院进行联系之后，及时提交了律师调查令申请书，法院随后签发了调查令，律师历经波折从相关单位获取了王某与儿子名下的拆迁安置协议及其相关材料。在庭前准备过程中，律师为了能够让法院全面、客观看待涉案财产及其债务，制作了财产负债及其处置一览表，还有双方抚养孩子条件对比列表，并且在开庭前提交给承办法官。

在本案庭审当中，法院查明了吴某与王某的婚姻状况、离婚的原因、收入情况、家庭日常开支、房贷与车贷的还款来源以及王某与儿子名下拆迁安置权益的事实材料，最终作出如下判决：1. 准许二人离婚；2. 儿子由王某抚养，吴某每月支付抚养费 1500 元；3. 吴某于判决生效后 10 日内一次性支付王某人民币 10 万元；4. 驳回王某其他诉讼请求。在此值得强调的一点是判决书当中对于王某与儿子名下的拆迁安置权益予以认定，但以拆迁安置房未交付且涉及第三人利益为由指出吴某可在条件成熟后，另案起诉。

【办案思路及策略】

　　吴某委托律师代理其离婚案件，旨在争取孩子的抚养权并实现其财产利益的最大化，在此前提下，律师对于双方在孩子抚养条件与能力方面的举证及其对比方面务必作出专业功课，同时针对财产负债及其处置更是需要从细节出发找出突破口，以此来推动当事人维权步履的有效展开。在本案当中，就夫妻财产内容来看，王某与儿子在其娘家拆迁安置当中所获权益是一个专业亮点，当事人原本没有关注，而作为专业律师不得不通过法定程序尽力将该财产权益纳入财产分割范围之中，律师调查令的签发与落实促使法院最终确认了该权利的客观存在及其与吴某的相关性，300 万元的权益总额当中可作为夫妻财产分割的 150 万元带给吴某的是惊喜，其日后可分得的权益是明确的，享受权利只是早晚的事情。

　　在本案中关于孩子的抚养权问题，基于 3 岁的年龄与王某对孩子的照顾前提，从儿童利益最大化原则出发，若非王某同意将孩子交由吴某抚养，法院通常是不会判决孩子由吴某抚养的。虽然律师与王某的代理人曾多次协商过，表明了吴某欲给予王某巨额的补偿换得孩子抚养权的意向，但是王某一直没有同意，吴某对于将孩子的抚养权判归王某在心理上也是有准备的。本案当中关于财产分割及其债务归置的事项，通过判决结论与王某离婚诉求的对比可以明显看出，法院采纳了吴某一方的代理意见，最终作出了符合客观事实的判决，但是判决的结论让王某及其代理人始料未及。

【案件办理的启示】

　　本案双方当事人系典型的"老夫少妻"型婚姻关系，吴某对王某的一味溺爱导致了其夫妻权利义务在履行层面的严重倾斜,婚姻一旦失去基本平衡,家庭的平稳安定就会出现危机,走向离婚在所难免。本案当中不管是结婚还是离婚,王某都极力扩大自己的权益,而王某的承受力是有限的,以至于在离婚时出现了王某依法不可回避的夫妻共同债务,这已让王某措手不及,再平添了吴某依判决可日后提起分割其150万元拆迁安置权益的隐患,王某更是始料未及、大跌眼镜,至于孩子的抚养费额度,王某对此更是心生不满,这种结果对于王某来讲肯定不能接受,可是对于吴某来讲是喜出望外,尤其是对于日后可以提起分割涉案150万元的拆迁权益一项,更是吴某的意外收获。由此可见离婚案专业代理当中双方各自在"功课"方面的明显差别,律师专业价值在本案当中的充分展现不言而喻。

本案当中吴某代理律师关于财产负债及其处置表、双方抚养条件对比列表,以及调查令的申请与落实等举措都为案件客观事实的查明提供了新的视点与方向,律师不管在证据列举还是专业思辨方面均做出了全新的功课,从而有效地将当事人的维权目标推向了被法律确认的层面,由此也现实彰显了家事代理的专业性与能动性。

案例三

啃老损失的挽回
——一方父母全包离婚案的弊端

【案件基本情况】

郭某,女,30岁,经人介绍与英俊帅气的赖某相识,3个月后登记结婚并生有一子已2岁。郭某系独生女,在某私企工作,收入不菲,出手大方,因赖某颜值高、待人和气,郭某的父母在女儿恋爱期间就曾为赖某购买福利房集资垫款10万元,还为赖某工作调动花费20万元。郭某与赖某结婚时,由于赖某家境不济,郭某又时尚浪漫,为此郭某的父母为女儿准备了婚房并承担了结婚所有花费30万元。结婚后不久赖某提出欲购买一套属于夫妻共有的商品房,郭某便从父母手里先后拿走140万元,加上赖某出资10万元凑够了首付,通过按揭贷款购得价值300万元的住房一套(赖某婚后共还贷20万元)。结婚一年后赖某向郭某提出,其父母做生意亏空150万元,债主逼上门来,其唯恐父母有生命危险,希望郭某能够从其父母及其亲友处筹借款项,以便其一家能够渡过难关。郭某虽然不愿意,可是与自己父母商量后,怕影响夫妻关系与家庭稳定,先后通过赖某借给公婆150万元。半年后赖某与郭某闹离婚,郭某只拿到公公婆婆转账过来的5万元,其余款项赖某一家闭口不提。郭某自两人分居后一直带着孩子在外租房,赖某从未过问过孩子,更没有给付过一分钱的抚养费。郭某在绝望与极度焦虑之际前来律所求助,以期尽快离婚并且尽最大努力挽回自己的财产损失。

【办案过程及结果】

律师在与郭某初次接触之中,得知了郭某对于婚姻的无奈,对于孩子抚养权的志在必得,以及针对财产分割与个人债权追讨结果的担忧,明确告知其离婚案件的诉讼风险,尤其是目前赖某对住房的实际占有及其经济能力都会有可能造成郭某财产权益不能实现或者不能全面实现的客观趋势,至于其借给婆婆的150万元中剩余未还的145万元,因涉及第三人利益惯常不能在离婚案件当中一揽子解决。另外关于结婚当中郭某父母花费的30万元、婚前郭某为赖某购买福利房垫资的10万元,乃至调动工作支出的20万元,这些款项的追回在诉讼当中都有不同的解说,案件最终的结果或许达不到郭某预期的目标。郭某认真地听取了律师的意见,3天后来到律所签订了委托代理合同,其与赖某离婚一案的代理工作由此展开。

【办案思路及策略】

本案当中郭某在婚姻缔结前后在经济上一直处于单方付出的异常状态,赖某的无度索取与对婚后所购住房的实际占有已让郭某在离婚诉讼当中陷于被动状态,因此,郭某在举证方面务必力求全面、到位。郭某在律师的指引与帮助下很快找到了其及其父母的部分出资凭据，但是在其购房首付140万元出资当中只有80万元的凭据，另外60万元因系现金出资并由郭某将款项先后分三次交给赖某后再转给卖方，由此势必造成赖某将该60万元作为其个人出资在法庭上举证的后果，这样一来郭某在购房首付当中的出资很可能会被以夫妻共同所为的推定模式而牺牲一部分利益，对此郭某作为受过高等教育的人已经听明白了律师的分析意见。关于郭某从父母及其亲友处筹借的150万元后又通过赖某借给婆婆现涉案即现剩余未还的145万元债权，在一般情况下基于赖某的性情与习惯，其在法庭上肯定是矢口否认的，对此律师告知郭某，法院通常会在判决书当中指出该笔纠纷因涉及第三人利益另案处理，为此在本案当中只能是为日后提起诉讼打下一个基础。郭某对于律师在庭前与其的多次沟通乃至现实举措的商榷表示理解与支持，接着律师基于与郭某达成的共识，及时跟赖某及其代理人进行了两次庭前调解，可是赖某只愿意出资80万元了结离婚当中的财产纠纷，而且一再要求郭某放弃儿子的抚养权，对于其他问题一概避而不谈。

后来在本案庭审当中，赖某同意离婚，当庭称150万元购房首付都是由其账户转给卖方的，房屋系夫妻共同财产，不管是首付还是月供，两人都应当平均分割，还说孩子是赖家的，理应由其抚养，并以郭某与其父母之间的经济来往与其无关为由推卸剩余145万元借款的偿还义务。郭某在庭审之中将其与律师庭前共同确定的诉讼意见进行了简练陈述并将书面材料提交法庭，律师除了在法庭调查尤其是证据列举方面乃至法庭辩论当中做出了专业功课外，还将郭某一方的证据规格表、涉案财产及其分割处置列表、代理词当庭提交给了法庭。另外根据庭审当中双方对于涉案房产时价方面所存在的争议，律师现场又向法院提交了关于对涉案房产价值进行依法评估的申请书。

开庭后律师接到法院征求郭某关于涉案房产是否同意竞价的意见，律师与郭某商量后回复"同意竞价"，随即又与赖某及其律师联系，表明了郭某对涉案房产势在必得的意愿，以至于赖某在最后一轮竞价当中喊出了400万元的报价，郭某现场不再出价，涉案房产的最终价值依法确定为400万元。一周后法院作出如下判决：1. 准许郭某与赖某离婚；2. 儿子由郭某抚养，赖某每月支付抚养费 6000 元；3. 涉案房产离婚后归赖某所有，赖某一次性补偿郭某人民币 160 万元；4. 驳回原告其他诉讼请求。另外在判决当中法院明确指出关于郭某与赖某父母之间的 145 万元经济纠纷因涉及案外第三人且未到庭，郭某可另案提起诉讼。

【案件办理的启示】

本案当中财产的属性归类很重要，律师作为代理人应当明晰各类财产在诉讼当中的依法界定与处置问题，即将依法可分的、不可分的、需要以后另案处理的财产明确地告诉当事人，以便增强其法律意识，充分考虑维权的成果及其诉讼风险。在此同时律师还应当不厌其烦地与当事人进行细节方面的沟通，以便委托代理双方在充分达到步调一致的前提下，将当事人的诉讼维权步履伸展到力所能及的层面，以此才有可能体现家事代理的专业性与创新性。在本案代理之中，律师有以下举措值得借鉴：

1. 在整个案件代理当中，从专业维权层面循序渐进地与当事人进行全面沟通，尤其是有关财产处置方面的代理思路与诉讼风险的及时告知。

2. 对于专业功课的深入思考与有效展示。律师不仅在庭审现场向法院提交了证据规格表、涉案财产及其分割处置列表、评估申请书及其代理词，而且在开庭前与对方当事人赖某及其律师进行了诉前沟通。虽然两次沟通均没有结果，但是对于案件的基本走向有了准确把握，以至于最终利用心理疏导的方式让赖某在竞价当中报出了 400 万元的相对高价，由此弥补了郭某在首付款出资一项因举证不力而造成的一部分损失，法院作出如下计算：$400/300 \times (80+30+10)=160$ 万元（400 万元竞价结果致使房产增值系数相对提高，将郭某不能提供证据的个人出资首付款 60 万元与赖某婚后还贷的 20 万元作为夫妻共同财产分给其一半），郭某因事先有所了解，故在其心理相对平衡的前提下，最终接受了判决的结果。

3. 全面、客观看待矛盾，多策并举解决现实问题。本案当中关于孩子的抚养费 6000 元的额度，法院是基于郭某一方提交的赖某在购房时留存的收入证明而作出的判决，该抚养费标准的确定说明了律师在举证方面的有效作为。

另外，律师在其代理词里阐述了本案当中妇女儿童合法权益现实保护的必要性与重要性，从某种程度上影响了办案法官的价值取向，促使其在本案当中推出了利益平衡举措，从而不管在抚养费额度确定上还是在涉案房产权益分割方面，法院对于郭某及儿子的合法权益的维护都比赖某答辩当中回应的经济指数要高得多，这也是郭某能够接受判决结论的一个重要原因。

4. 基于本案当中郭某及其父母一味满足赖某物质需求的"啃老"特征，律师自接受委托以来始终站在挽回损失的角度与郭某进行深入交谈，及时指出其在婚恋观与价值观方面的误区，正面引导其通过离婚案件直面现实、总结教训，树立正确的生活态度，增强自我保护的法律意识，这些法律理念与专业思维的适时灌输与渗透，都促使郭某从人生的低谷逐渐回归正常的生活，拿到判决后郭某表示在以后的岁月中，一定要与儿子一起成长，要真正让母子都站起来，共同迎接他们美好的明天。

案例四

探望权的回归
——母子重见的诉讼波折

【案件基本情况】

权某，女，32岁，与丈夫巫某结婚10年，儿子10岁，两人由于性情不合，协议离婚约定儿子由巫某抚养，权某可以随时探望，在节假日与寒暑假还可以将孩子接走与其一起生活。离婚后，双方在一年的时间里相安无事，可是某日由于巫某父母对权某心生不满，致使在外地工作专程前来探望儿子的权某先在学校与巫某父母发生严重争吵，当天晚上，权某又来到巫某父母家里探望孩子被拒之门外，权某两次均未见到孩子。权某因探望儿子两次受阻曾报警求助，可非但没有达到目的，反而在事后招来了警察先后以其涉嫌"非法侵入住宅罪""故意毁坏财物罪"的传讯电话。由此一来，权某与巫某一方之间的矛盾日益加剧，使得权某的探望权落空。权某在事发不久前来律所求助，声称与其对孩子的探望权无法实现，不如坚决要求讨回孩子的抚养权。

【办案过程及结果】

律师在与权某谈话当中，明确告知其变更抚养权需要符合法律上规定的具体条件，就其现实状态来讲，只是探望权遇阻，并未达到法定变更抚养权的要求，但是权某仍然一意孤行地请求立即提起变更抚养权之诉。律师在与权某充分交流沟通之后，最终确定先提起探望权之诉，然后观察一下巫某一方的反应，若巫某置之不理，再接着提起变更抚养权之诉。同时，律师为了能够避免双方矛盾的深化，还在当天依据权某的委托向巫某发出了律师函，旨在架起权某与巫某进行理性沟通、及时协商解决问题的桥梁，但是巫某在接到律师函之后没有任何反应。权某由此只能先后向同一法院提起了探望权纠纷与变更抚养权纠纷两个诉讼，法院按照《民事诉讼法》第一百五十三条第（五）项之规定，中止了探望权之诉，变更抚养权案正常进入审理阶段。

变更抚养权之诉在审理过程中，权某主张变更抚养权的主要事由如下：①自其与巫某离婚后，孩子一直由爷爷奶奶抚养，巫某没有依法尽到直接抚养的义务；②儿子由爷爷奶奶照料，虽温饱无虞，但是学习成绩落后，心理方面也有缺失；③巫某已再婚，虽现任妻子曾怀孕流产，但仍有再生孩子的打算；④在双方发生冲突见不到儿子的情况下，儿子是否同意由其父巫某抚养的真实意愿需要依法征求；⑤其作为母亲在经济收入、住房条件乃至与儿子的感情互动层面远远优于巫某。尽管在庭审当中，权某列举了一系列证据证明巫某没有依法尽到直接抚养义务，且已经产生了对孩子身心健康成长乃至日后前程不利的后果，但是法院最终以孩子表示愿意继续与巫某及爷爷奶奶一起生活，且按照《最高人民法院关于适用〈民法典〉婚姻家庭编的解释（一）》第四十七条之规定，以巫某具备优先抚养孩子的条件为由，驳回了权某的诉讼请求。权某拿到判决书后告诉律师尽快上诉，上诉理由为一审法院认定事实错误，适用法律不当，一审判决结论对孩子身心健康成长严重不利。二审法院在审理案件当中，只是基于一审认定事实进行了审查，并未按照权某的再三要求即在二审当中再次征求孩子的意见,从而导致权某在自双方发生冲突后一直未见到孩子的前提下,无法确切得知孩子是否真正愿意随其父巫某一起生活,为此权某极度不满,二审维持原判的结论也在其意料之中。

变更抚养权案件二审判决生效后,权某因偶然听到巫某在与其婚姻关系存续期间曾购置了一套价值200万元的住房,为此又向律师咨询,律师告诉她针对该房产按照《民法典》第一千零九十二条之规定可以提起分割夫妻共同财产之诉。权某随即依法提起了再次分割夫妻共同财产之诉,这样一来,除了探望权案之外,巫某又要开始面对依法分割其与权某婚姻关系存续期间共同财产的诉讼压力。

此后在探望权一案恢复审理当中,律师与巫某的代理人多次进行了充分、深入的沟通,将双方产生矛盾的根源、冲突的症结及发展的趋势乃至对各自的不利影响均作了细致的梳理与分析,还站在儿童利益最大化原则的角度将解决问题的现实思路予以阐明,该案主办法官在律师的不懈努力与积极引领下,最后全力以赴地将本案导入调解结案的轨道,并且取得了实质性成果。双方在法院的主持下达成如下一致协议:1. 权某每月可探望儿子4次;2. 权某在寒暑假期间可带儿子一起生活;3. 在法定节假日权某可与儿子共同生活,春节期间儿子轮流随父母一起度过。至此,权某对于儿子的探望权终于回归了。

【办案思路及策略】

权某最初向律师求助时,就存在以下多头绪的现实问题:1. 从专业上应对警方就其所谓涉嫌"非法侵入住宅罪""故意毁坏财物罪"的多次电话传讯;2. 针对变更抚养权案直接提起诉讼,从事实与证据两方面达不到法定的条件,诉讼的风险不可回避;3. 权某维权的起因是由于其对儿子的探望权遇阻,探望权是其作为母亲固有的权利,不管是按照离婚协议的约定还是法律的规定均应当得到支持;4. 探望权与变更抚养权两案先后提起诉讼,变更抚养权之诉是探望权之诉的前提,因此需要正确看待与把握二者之间的法律关系,尤其是在维权策略与方向上应当及时、全面、客观地与当事人进行沟通,以便其真正明确维权目标,始终能够理性地面对相关诉讼局势乃至结果。

第十一章 综合技能的施展

应当看到，律师对于双方矛盾根源与焦点的准确解析与专业处置贯穿于其代理的全程之中，其中权某维权事项的多元性法律需求充分展现出来，律师在刑事案件办理方面的功底也有所显露，同时在民事诉讼程序与实体把控两方面的有效代理，使得当事人自始至终处于方向明确、理性配合的状态，这是律师个人执业阅历与综合素养的现实落地，其接受考量与挑战自然不可逃避，一旦有失，当事人的反应势必非常强烈，故此作为家事律师身上所承担的职业责任是需要以精准、优质、务实的功课来体现的，来不得一丝偏差，容不得半点过错。另则律师在代理家事纠纷当中应当虚实兼有，在权某维权当中，律师不仅确定了明确、真实的目标即讨回探望权，而且先后通过提起变更抚养权之诉、共同财产再次分割之诉的方式增加巫某的现实压力，促使其能够依法配合权某见到儿子，这样的诉讼布局与策略施展最终都收获了现实的成果。

【案件办理的启示】

通常家事纠纷头绪多，牵一发而动全身是其特质，对于律师专业素质、协调能力乃至解决"疑难杂症"功力的考量是严峻而现实的。常言道"没有金刚钻不揽瓷器活"，而家事律师经常面对的是"揽了瓷器活却发现金刚钻不顺手"，从某种角度讲，每一个案件都有可能存在律师起初一眼不能见底的头绪，但是在实务整体处置当中，律师的专业盲点必须及时排除，不管是通过"自我充电"还是求助他人的方式，只要能将案件引入一个良性的轨道并且能为当事人依法赢得最佳的结果，那么一切的努力与付出都是值得的。

权某维权过程中的一波三折带给律师的是实战技能上的自我挑战、心理素质上的积极提升乃至风险防控能力方面的有效把控，时常家事代理业务压力越大，越有利于律师的成长，律师能够在实践当中得到磨砺与成长，不得不说是一种难得的机会。虽然家事律师执业的道路蜿蜒曲折，但是路途中所经历的酸甜苦辣都记载着他们成长的印迹，无论何时何地，家事律师都需要不断学习、潜心钻研，将自己的智慧化为解决现实矛盾的能力，进而为每一个案件、每一个当事人做出自己极致的功课。

案例五

无言的结局
——石某缺爱婚姻终结记

【案件基本情况】

石某与大学同学兰某结婚 10 年,生有儿子刚满 8 岁。2021 年年初,石某以丈夫不尽夫妻义务为由向法院提起离婚诉讼,坚决要求抚养儿子并且主张丈夫赔偿其精神损失费 20 万元。法院受理后及时与双方进行了沟通,石某得知丈夫既不同意离婚,也不同意放弃儿子抚养权,至于精神损失赔偿事项更是闭口不谈。石某在极度失望的情形下向律师求助,声称丈夫兰某在结婚前就患有前列腺炎,却一直隐瞒其患病的事实,结婚 10 年与丈夫同房的次数不足 10 次,因顾及孩子自己硬是苦撑至今,基于孩子已满 8 岁,其才在百般纠结之后提出了离婚之诉。石某还向律师咨询了其能否按照《民法典》的新规定获得赔偿的问题,其心中忿忿不平,情绪已明显失控。

【办案过程及结果】

律师先针对石某的过激情绪进行了适度安抚与调整,渐渐地石某道出了自己的苦衷,其在大学期间与兰某谈恋爱时,兰某总是请自己吃饭、游玩,很少谈及个人心事,两人之间性情差异大,石某当时认为,自己家在农村,与生活在城市的兰某结婚,日子会过得舒服点,于是毕业后很快就结婚。婚后公公婆婆在经济上一直全力支持,尤其是自孩子出生后,公公婆婆更是亲力亲为地悉心照顾。这样的生活在外人看来美满幸福,但石某觉得并非如此,其哭诉自结婚后丈夫总是躲着自己,两人虽朝夕共处,可是丈夫以其睡觉打呼噜怕影响石某为由始终坚持分房独处。刚结婚时石某觉得似乎可以忍受,直到儿子出生后,石某在偶尔整理家里物品时发现了兰某在婚前就患有前列腺炎的一些病历及诊断证明，顿时有了一种被欺骗与愚弄的感觉。兰某在知道其病情被石某发现后，他与父母一起苦苦哀求石某看在孩子的分上不要离婚，当时兰某及其父母共同凑了 10 万元给石某作为安抚费用。随后石某出于现实方面的多种考虑将名存实亡的夫妻关系维系下来，石某在痛苦无奈之际更多地将个人精力放在了工作上，几乎是"全当丈夫是空气，婚姻是道具"的心态。

直到孩子过了 8 岁生日，石某就开始着手办理离婚一事，可是案子到了法院，情况是其始料未及的，可谓是进退两难。律师在仔细听完石某的倾诉之后，作出了如下答复：①若兰某坚决不同意离婚，那么此次诉讼只能被依法驳回；②姑且不论是否能离婚的问题，只有在孩子个人同意的前提下，石某才能获得孩子的抚养权；③即使能够确定兰某婚前隐瞒其病史致使夫妻生活缺失，按照原《婚姻法》也无依据判令兰某赔偿精神损失 20 万元；④从现实出发，本着解决实际问题的初衷，建议石某与兰某尽快联系，最好在双方分别有代理人的前提下进行充分沟通协商，力争以庭外和解的方式了结。

石某听取了律师的建议，并在律师的参与下与兰某及其代理人先后 5 次面对面地交流、磋商，最终双方达成了如下一致协议：1. 两方自愿离婚；2. 经征得儿子的意见后，确定儿子原则上由石某抚养，但是从有利于孩子身心健康成长的角度出发，在离婚后两年之内，先由兰某及其父母负责照顾，石某可以随时探望孩子，兰某应当及时、积极予以协助。两年后，兰某将儿子交由石某抚养，石某应当充分保障兰某对孩子的探望权；3. 兰某因念及与石某 10 年的夫妻之情，自愿给付石某 30 万元作为其创业基金；4. 双方再无其他任何争议。

【办案思路及策略】

本案当中石某与兰某的婚姻背离了正常的夫妻权利义务规则，两人在相处当中唯一的纽带就是儿子，石某在与兰某的婚姻当中长期处于"缺爱状态"，兰某也只当石某是"家庭道具"。权利与义务倾斜或者偏离的婚姻是不能长久的，石某在儿子已满 8 岁时提出离婚已经是忍无可忍之后的一种正常举动了，可是在走出婚姻回归正常的道路上却遇到了意想不到的阻力，律师无疑成为其指路人与领航员。石某与兰某的婚姻纠纷在专业分析与处置方面存在以下的视点：①离婚一项不管是按照原《婚姻法》还是案件审理当中适用的《民法典》，假若兰某不同意离婚，石某的离婚诉求均得不到法院支持，双方婚姻纠葛的解决只有从调解入手才有可能创建新契机；②关于孩子抚养权问题，律师是在《民法典》视野下所做出的一种专业上的积极反应，即依照《最高人民法院关于适用〈民法典〉婚姻家庭编的解释（一）》第四十八条之规定，将"轮流抚养"新方式恰当运用在案件的调解之中，从而为双方焦点矛盾的解决开辟了新路径；③针对石某精神损失赔偿诉求，从适用的法律依据来讲，原《婚姻法》无相关规定，《民法典》第一千零五十三条虽有规定，但依法不能适用。在此情势下，调解就成了一种无可选择的矛盾调处通道；④就"双方再无其他任何争议"内容的设定，在本案当中是有特别意义的，因为兰某既不愿意面对其在婚姻当中义务履行空缺的尴尬，更不愿意在自己付出30万元金钱代价之后再次被陷入纷争乃至诉讼当中，该条内容从某种程度上祛除了兰某的心病，也使石某从此不再纠结了。

【案件办理的启示】

在婚姻家庭纠纷当中，近年来关于无性婚姻、缺爱或者少爱婚姻引发的离婚案件呈增长趋势，婚姻的本质就是双方人身与财产的交换，一旦缺位或者失衡，婚姻的变故乃至危机就会显现。尽管随着社会的发展人们已经不再回避关于夫妻生活方面的话题，然而在法律上如何兼顾尊严与权利的双向维护事宜，这是需要专业人士与时俱进、开拓创新的课题，本案的专业视角与处置技巧有可圈可点之处，所带来的思考也是多元的、沉重的，石某的苦与悲，兰某的隐与忍，都是时下此类婚姻的缩影。从本案结局上看，虽然双方达成了一致性协议，但是石某婚姻当中的10年可谓是青春已负，结局无言，而对于兰某来讲，虽然一直在尽力维系空壳婚姻且最终也付出了金钱的代价，但是其中的酸甜苦辣不堪回首。婚姻以感情为基础，金钱的介入未必能够留住婚姻，不管男人还是女人，一旦走进婚姻，谁也逃避不了婚姻的规则与禁忌。

案例六

讨回的遗产
——呼氏兄妹继承纠纷非诉化解

【案件基本情况】

呼啸、呼濠、呼宇三兄弟与妹妹呼恬（均为化名）系同胞兄妹，父亲呼慕天、母亲应迎春（均为化名）先后于2004年、2020年去世。呼慕天生前与应迎春有A村祖遗旧宅一院，2013年应迎春出资15万元购买了A村宅基地一块，并且筹集资金盖建了新宅一院。2019年A村整体拆迁，呼慕天名下祖遗旧宅与应迎春名下新宅房屋拆迁安置分别获得500平方米、400平方米的拆迁安置住房，呼啸、呼濠、呼宇要求母亲将900平方米的住房分给三人各300平方米，遭到应迎春的坚决反对。接着在签订拆迁安置协议时，长子呼啸以死相逼，迫使母亲应迎春与其在新宅400平方米的拆迁安置协议上共同签字，呼濠、呼宇也曾与母亲争执不休，但最后应迎春一人在旧宅500平方米的拆迁安置协议上签字，新宅、旧宅货币补偿与过渡费300万元均由应迎春掌控。随后次子呼濠为了能够最大化地获取母亲手中的财产，先使出浑身解数骗取了母亲手中400万元转款，后又与弟弟呼宇一起占有了500平方米旧宅安置住房。应迎春一直身体健康，在四个子女当中对于次子呼濠颇为偏爱，原本打算让呼濠替其管理400万元现金，还想从祖遗旧宅与新宅共900平方米的拆迁安置住房当中给自己留出300平方米，并且将其中200平方米留给女儿呼恬，可是未曾料到三个儿子已经将900平方米的拆迁安置房私自抢占，心里愤愤不平，并且终因忧郁过度而突然发病亡故。女儿呼恬在母亲亡故后一直对三位兄长颇有微词，也曾与他们理论过关于父母遗产继承的事项，均以无果而告终。

【办案过程及结果】

1. 律师接受呼恬委托之后，分别与呼啸、呼濠、呼宇三人进行谈话，呼啸认为其作为长子占有新宅 400 平方米的拆迁安置房理所应当，呼濠主张维持现状，提出将母亲应迎春名下 50 平方米单位福利房留给妹妹继承，呼宇对目前自己占有的 250 平方米拆迁安置房很不满意，要求三兄弟平分父母所有遗产，由此初步了解到基本事实。

2. 在经过充分准备后，按照拟定的谈话提纲与呼氏三兄弟进行第二轮谈话。首先，告知其母亲应迎春作为城市居民出资 15 万元购买宅基地存在违法性，一旦被深究将会危及 400 平方米拆迁安置住房的存废问题，若此父母遗产的范围就很有可能大大减少，三人目前占有的拆迁安置住房将会重新"洗牌"；其次，将《民法典》关于法定继承当中男女平等以及付出多的子女可以适当多分的规定明确告诉呼氏兄弟三人；再次，从呼恬针对继承的具体主张出发，以事实为依据，以现状为背景，做出集情、理、法于一体的生动解析；最后，从专业综合视角出发，提出 3 种可供选择的解决方案。

3. 在两轮谈话之后，先后接到三兄弟的如下回应：①呼濠因占有 400 万元现金与 250 平方米的拆迁安置房，其唯恐新宅 400 平方米的拆迁安置房被依法收回而使父母遗产范围大幅度缩水，最终危及其切身利益，故提出同意与妹妹呼恬调解；②呼啸以其现占有的 400 平方米拆迁安置房已登记在自己名下为由拒绝与呼恬协商解决遗产争议；③呼宇认为三兄弟当中自己仅占了 250 平方米的拆迁安置房，即便是新宅拆迁安置房存在法律风险，也应当由呼啸、呼濠二人给呼恬做适当补偿。基于以上的调解状态，呼恬的代理律师再次拟定了深入沟通协商的提纲与实施方案。

4. 因兄弟三人均不愿意见面，代理律师分别将以下客观案情及专业思路与他们沟通交流：①关于遗产范围，总额为 1560 万元。按照每平方米 1.2 万元市场价计算拆迁安置房 900 平方米价值为 1080 万元；呼濠从母亲应迎春处接手的 400 万元，其中新宅、祖遗旧宅货币补偿与过渡费 300 万元有据可查，100 万元存款有银行流水为证；应迎春名下 50 平方米单位福利房经市场调研价值为80万元。②关于法定继承的原则,同一顺序份额均等。按照《民法典》第一千一百三十条第一款之规定,呼恬针对父母遗产享有四分之一的继承权,即1560万元其依法应分得390万元。③关于继承权男女平等原则。按照《民法典》第一千一百二十六条之规定,继承权男女平等,呼恬与其三位兄长在继承父母遗产当中法律地位、权利义务均等,实践当中依法应当予以落实。④关于对被继承人"多尽义务多分配遗产"的规则。依据《民法典》第一千一百三十条第三款之规定:"对被继承人尽了主要扶养义务或者与被继承人共同生活的继承人,分配遗产时,可以多分。"呼恬提供了确凿证据证实其在经济上付出、生活上照顾以及精神慰藉方面对父母尽了主要的赡养义务,其依法可以多分遗产。

5. 针对遗产实际占有的状况与呼氏兄弟三人进行有的放矢的利益"摊牌",呼啸占有400平方米拆迁安置房价值480万元,呼濠占有250平方米拆迁安置房与400万元款项总计700万元,呼宇占有250平方米拆迁安置房价值300万元,按照总遗产价值1560万元计算,呼氏三兄弟与呼恬每人依法应当分得390万元,由此呼啸、呼濠应当分别从各自占有的遗产当中吐出超额部分,补足呼恬390万元、呼宇90万元。

6. 针对具体案情,将法律规定、当事人各自占有遗产的情况以及依法给呼恬、呼宇进行金钱补偿的事项与四个当事人充分、深入沟通之后,又动之以情、晓之以理为他们答疑解惑、指点迷津,由此深深地触动了呼啸、呼濠的内心,他们居然分别自愿给妹妹呼恬除了法定继承均等份额之外每人均多补偿20万元。呼恬顿时热泪盈眶,在历经波折之后长长地出了一口气,五味杂陈蕴含其中,但最终的结果令她欣慰。此刻呼啸、呼濠深感如释重负,呼宇觉得自己通过此次调解意外地获得了90万元的金钱补偿,有一种失而复得的意外之喜。这样一来呼恬得到了充分的金钱补偿,呼宇得到了差额补偿,呼啸与呼濠虽然吐出了多占的遗产,但是他们兄弟三人在日后办理拆迁安置房产登记手续时已无障碍,四人现场一致达成书面协议,这样可谓是皆大欢喜。呼氏兄妹四人从对立到对话、从争执到沟通、从算计到相融,虽曾伤及亲情,但在律师的耐心解说与引领下每个人逐渐从非正常的状态中走出来,不能不说是一种意外的自我成长经历。在此当中法律的刚性、亲情的温暖、理性的抉择充分彰显，家事法律服务的特色化与综合性淋漓尽致地展现出来，带给当事人的既有利益的回归又有心里的满足，这就是法律在现实运用当中的积极效用，同时也是家事律师专业劳动的优良成果。

【办案思路及策略】

本案当中，针对父母遗产兄妹四人在实际占有层面的明显差异，作为呼恬的代理人，如何以专业的思路与现实的举措力争改变这一局面是不可回避的核心问题。虽然法律明文规定继承权男女平等，可是在实际生活当中难免在重男轻女的意识之下对女性的权益有所轻视，呼恬在与三位兄长的继承纠纷博弈当中处于劣势的状态就说明了本案的维权历程充满艰辛，为此作为呼恬的代理律师必须从客观实际出发采用循序渐方式，通过法、理、情三个维度与各方当事人深入沟通，以便在逐步取得当事人的信任与认同之后，进而极力促成兄妹四人能够在非诉讼的前提下达成一致性调解协议，以免因本案部分遗产存在法律上的瑕疵而惹来不必要的麻烦。

【案件办理的启示】

父母因在世时没有考虑到或者没有做到对身后财产进行现实处置，由此导致子女争抢财产，尤其是在父母亡故后造成遗产在实际占有上的明显差异，而未占有或者占有遗产比例少的弱势当事人必然通过法律途径极力维权，这种案例在律师办案当中为数不少，本案就是家事律师通过非诉讼调解为当事人讨回公道、找回亲情的典型实例。

本案当中针对当事人父母祖遗旧宅房屋拆迁安置权益的继承在法律上没有障碍，在父亲去世后母亲应迎春自己出资购买宅基地并建房一项违背了城市居民不能享有农村宅基地之禁止性法律规定，由此新宅房屋拆迁安置权益的合法性存在瑕疵，但是应当看到在现实生活当中此类现象并不鲜见，四位当事人对此均有重大顾忌，这也是他们愿意坐下来调解的重要因素。此处从专业角度讲，假若该案进入诉讼程序，即使当事人能够达成一致调解协议，法院以调解或者裁判方式结案在确权层面也是存在现实难点的，因为按照拆迁安置协议当事人已取得的房屋只是享有占有、使用、受益的权利，并非享有完整的所有权四项权能，其中处分权依法是不能行使的，故此本案的非诉讼调解从现实层面避免了两处房产在法律上的弊端与瑕疵，进而在日后涉案拆迁安置房屋办理不动产登记手续时只需兄妹四人共同签字就可以获得不动产所有权证书，可谓是家庭内部就可以配合完成的事项，从而有效地排除了原拆迁安置房屋潜在的现实风险。

本案当中律师针对法定继承范围的界定、对继承人身份的确定、对各继承人占有遗产比例的计算、对当事人深入浅出地说服引导、对法定继承纠纷调解方向的把握、对当事人之间矛盾与心结的有效化解都在实务操作技能与技巧方面体现出思路新颖、举措得当的特质，这就是本案采用集法、理、情于一体促成当事人最终圆满调解的重要原因，也是家事律师在日常执业过程中潜心修炼内功、不断提升个人综合素养的必要性与重要性的体现。家事律师的执业之路是艰辛而漫长的，只有自我成长、自我改进、自我创新才能够担当起时代赋予我们的社会使命。

案例七

得不偿失的诉讼
——多占遗产承受的法律后果

【案件基本情况】

惠豫（化名），男，60 岁，系长子，自幼颇受父母偏爱，家里在 A 城中村有祖遗旧房，父母在 700 平方米的宅基地上盖了 B、C 两栋三层楼房，B 栋由当时已结婚的惠豫一家使用，父母与两个弟弟惠齐、惠秦（均为化名）共同居住 C 栋。随后适逢政府对 A 城中村统一征收拆迁安置，惠豫将其居住的 B 栋房屋拆迁安置权益登记在个人名下，由此仅 C 栋房屋的拆迁安置权益登记在父母名下。5年后父母相继亡故，惠齐、惠秦要求三兄弟平分家产，惠豫为了个人利益最大化针对父母名下C栋房拆迁安置权益提起了继承之诉。惠齐、惠秦作为被告出于应诉的需求聘请律师作为代理人参与诉讼。

【办案过程及结果】

1. 被告代理人先前往拆迁安置机构调取了惠氏兄弟家里宅基地的原始资料，得知B、C两栋房屋的宅基地均登记在他们父亲名下，又多方查找证据获得了该两栋楼房一起盖建的承包合同与付款凭证，由此证实了两栋房均为惠氏兄弟父母夫妻共同财产的原始属性。

2. 被告代理人又与惠豫进行面对面的沟通，惠豫居然拿出了母亲将C栋房屋赠与惠豫儿子惠晓涵（化名）的代书遗嘱一份，这样在案件出现新情况之后，作为专业律师需要进一步查证属实，以便在事实清楚的基础上为当事人提供专业的建议与维权指引。

3. 被告代理人在认真审核惠豫提供的遗嘱之后，发现该遗嘱因不符合《民法典》第一千一百三十五条"代书遗嘱应当有两个以上见证人在场见证，由其中一人代书，并由遗嘱人、代书人和其他见证人签名，注明年、月、日"之规定的形式要件即两个见证人当时根本没有到场，且该遗嘱并非为两个见证人当中的一人亲笔书写，故该遗嘱无效。

4. 被告代理人再次与惠豫进行深度沟通，惠豫一改上次的不屑一顾，居然提出要求与惠齐、惠秦两人见面商量如何分割父母遗产。

5. 在被告代理人的不懈努力下，惠氏三兄弟终于坐下来共同协商关于父母遗产分配的具体事宜，惠豫主张三人平分C栋房屋的拆迁安置权益，惠齐、惠秦主张B、C两栋房屋的拆迁安置均系父母遗产，三兄弟应当享有同等的继承权，最终双方相争不下，不欢而散。

6. 在本案庭审当中，被告代理人列举了惠氏兄弟父亲名下宅基地原始资料及相关证明，还将B、C两栋三层楼房的建房合同与付款凭证当庭提交法院，以证实该两栋房屋在拆迁之前完全系惠氏兄弟父母夫妻共同财产，进而主张三兄弟按照法定继承原则分割相关拆迁安置权益。

7. 在法院主持的调解当中，被告代理人基于 B、C 两栋房屋拆迁安置权益总额分别为 800 万元、700 万元的客观前提，惠齐、惠秦出于对兄长惠豫手足之情的顾念，提出了 B 栋房屋拆迁安置权益依然由惠豫享有，甚至不考虑 B 栋、C 栋房屋拆迁安置总价值之间 100 万元的差额，两人只要求享有 C 栋房屋拆迁安置权益，可是却遭到了惠豫当场拒绝。

8. 被告代理人在调解无效的情形下，继续坚持将 B、C 两栋房屋拆迁安置权益依法纳入涉案遗产继承范围，请求法院依法等额分割总计价值为 1500 万元的遗产。

9. 法院经两次开庭审理，最后作出了惠氏三兄弟各享有 500 万元的判决结果，这样一来，惠豫非但没有保住其原占有价值为 800 万元的遗产，反而还要向惠齐、惠秦二人补偿 300 万元，由此才能够依法享有 B 栋房屋的相关拆迁安置房产权益。

【办案思路及策略】

本案当中，惠氏兄弟父母遗产的具体范围是双方当事人争议的焦点，被告代理律师从调查取证入手获得了涉案宅基地、房屋相关原始资料，由此证明了涉案 B、C 两栋房屋拆迁安置权益依法为三兄弟父母遗产，并且为了有效化解手足之间的利益之争，代表惠齐、惠秦提出了共同让利 100 万元维持现状的调解方案，可是却没有得到对方当事人惠豫的认同，而此后法院的判决却出乎惠豫的意料，作为惠齐、惠秦两人对于法院的判决结果可以说是意外所获。

本案还有一个专业视点需要关注，即惠豫提供的代书遗嘱依法是否有效，被告代理人通过专业审查得出无效的结论，有力地排除了涉案遗产在遗嘱继承层面的分配问题，进而将本案依法定格在法定继承的框架之内，无论是从法律上还是情理上都为委托人的维权从专业上作出了积极的贡献。

针对三兄弟之间的利益争端，被告代理人在取得委托人的同意之下适时提出维持现状下让利 100 万元的调解方案，既是出于兄弟之间亲情的顾及，也是为了促进现实矛盾的有效化解，尽管最终没有得到对方当事人的应和，但是作为家事律师其解决问题的立足点与切入点值得肯定。

【案件办理的启示】

兄弟"本是同根生，相煎何太急"，本案当中，惠氏兄弟父母对自己的长子有所偏爱，造成了三个儿子在财产上占有的不同差别，以至于在他们亡故后出现了手足之间因分割遗产而对簿公堂的局面，其中长子以所谓遗嘱为据意在获得全部的遗产，然而在法律面前遗产的分割不能任由当事人欲望的肆意膨胀，当事人的利益主张在法、理、情三个层面需要作出审断，尽管被告代理人在调解当中已经作出了实质性的推进，可是并未达到对方当事人利益满足的点位，好在最终法院作出公平裁决，形成"多占本无事，诉讼招麻烦"之得不偿失的结局。提示天下的父母针对自己的孩子不要厚此薄彼，同时手足之间应当相爱相容携手共进奔赴美好生活，"法律有界，亲情有度"，任何人不能毫无底线地消耗亲人的真心与耐心。

案例八

重托之下的失信

——顾氏叔侄财产纠纷之辨析

【案件基本情况】

顾全、顾军、顾红（均为化名）兄妹三人，因父母早年亡故，顾全作为长子对弟弟顾军与妹妹顾红一直照顾有加，三人共同居住在父母遗留的老宅当中。顾全因结婚拆掉了旧房盖了新房，顾军、顾红当时虽然经济能力有限，可是在家里拆房盖房当中没少出力，也承诺盖房的所有花费三人共同承担。后来兄妹三人经过核算新盖24间房屋共花费12万元，三人分别已付3万元、2万元、1万元，剩余6万元均系顾全从亲友处筹借。不料10年后顾军因患癌症不治身亡，弥留之际将儿子顾小林（化名）托付给长兄顾全，顾全满口答

第十一章
综合技能的施展

应弟弟尽力照顾好侄子。此后顾全一直替侄子顾小林经管顾军留下的8间房屋。直到顾氏一家所在地区整体拆迁，顾全趁替侄子顾小林照看房屋之便将顾军名下的4间房屋在丈量时计算在自己名下，由此获得了价值为120万元的拆迁安置权益。顾小林因人在外地，以书面方式委托大伯顾全代理其父顾军名下房产拆迁安置手续，为此没有及时发现自己家拆迁安置权益缩水的实情。3年后拆迁安置房建成，顾小林从外地赶回拿到拆迁安置协议后大吃一惊，便向大伯询问，顾全支支吾吾不能自圆其说。顾小林历经数次与大伯交涉，因顾全拒绝吐出其侵占部分的拆迁安置权益，在万般无奈之际，顾小林在律师的代理下提起了返还财产之诉。

【办案过程及结果】

1. 在法院送达开庭传票后，顾小林的代理人收集了顾氏兄妹当年盖房时的出资花费流水笔记、顾军和顾红分别打给顾全的2万元、3万元借条以及顾全通过收取兄妹二人房租冲抵借款的凭据，由此证明了顾氏兄妹三人对24间房屋各自拥有8间的事实情况，且在拆迁安置时相互之间不存在债权债务关系。

2. 代理律师与返还财产案的第三人即相关拆迁人进行庭前沟通，以督促其对错误认定并且已安置在顾全名下的4间房屋（即侵占顾小林部分）的拆迁安置权益纠正更名至顾小林名下。

3. 代理律师通过顾红创建顾全与顾小林叔侄之间正常对话的契机，尽量争取双方当事人能够在庭外达成和解，以免一家人对簿公堂之尴尬。尽管顾全始终拒绝调解，但是作为顾小林已经诚恳地表达了自己解决问题的积极态度。

4. 代理律师在开庭前与法院取得联系，说明了本案通过调解方式化解矛盾的可能性与必要性，希望法院能够根据实际情况进行庭前调解。

5. 经代理律师多方努力，最终在法院的庭前调解当中，顾全与顾小林达成了一致协议即顾全补偿顾小林100万元，相关拆迁协议维持原状。

【办案思路及策略】

顾氏兄妹三人的父母早年亡故，他们共同筹集资金拆旧建新盖成了24间房屋，作为长兄顾全的贡献较大，同时也受到了顾军与顾红两人的尊重。兄妹三人长期风雨同舟，顾军突然亡故，尤其是顾军在生前对长兄顾全的重托以及顾全此后对侄子顾小林的尽力关照都充分体现了顾氏兄弟手足情深，为此顾小林作为晚辈一直对自己的大伯顾全信任有加，顾全也是在侄子的信任当中私欲膨胀多占了4间房屋的拆迁安置权益，由此掀起了与侄子之间的利益之争，这是本案发生的主要背景。作为顾小林的代理人，必须在关注双方当事人之间历史关系、利益争端及其解决方式的专业视点下展开积极、有力的多方维权举措，才有可能对症下药逐渐缓和叔侄之间的现实矛盾，进而在唤回亲情与初衷的情势下适时促成双方一致协议的达成。由此律师在以上思路的指引下通过不懈努力，通过专业调解技巧的有效运用，圆满地实现了当事人的维权目标，这是本案在实务操作层面可圈可点之处。

【案件办理的启示】

顾氏三兄妹在父母亡故后相依为命，长期以来共担风雨、携手前进，尤其是顾全作为长兄接受弟弟顾军生前嘱托，对侄子顾小林尽力照顾，由此叔侄俩之间相互信任历久弥新。原本顾氏一家24间房屋被统一征收获得相应拆迁安置补偿权益并非坏事，可是由于顾全一时贪念凸起而违法侵占了侄子顾小林的合法权益，既伤及亲情又影响日后全家的正常相处，顾小林虽经多次努力但是未能通过非诉讼途径解决问题，最终难免叔侄对簿公堂。在原告代理人的专业思路指引与现实举措推进下，顾全终于在法、理、情的感化后被触动了，双方达成了共识，顾小林的维权掷地有声，顾全在顾小林让利调解的条件下获得了实惠，这是判决难以达到的良好效果，也是本案在实务操作当中可以被法律同仁借鉴的亮点。

第十二章　新式文书的推出

> 随着社会的发展，多元化的人生观、价值观、婚恋观在婚姻家庭领域不断呈现，直接影响着人们的思维方向与行为模式。律师在日常办案当中，不仅应当与时俱进地创设新颖的服务方案，而且在个案适用当中须要不断修正、不断完善，以确保律师在婚姻家庭领域日新月异变化的前提下更为有效地为当事人提供优质的法律帮助与正向指引。笔者现将自己在办案当中撰写的典型新式文书主要内容予以展示，仅供大家参考借鉴。

文书一

夫妻约法三章

丈夫：小强

妻子：小菲

双方二人原系发小，大学毕业后又分到同一单位工作，经过一年的恋爱后领证结婚，为了日后生活的安定与和谐，经充分协商共同约定如下：

1. 不与品行不好的人交往，不贪不义之财，不抽烟、不喝酒、不赌博，远离毒品，杜绝参与任何违法犯罪行为。

2. 凡事注重沟通、随时协商，不擅自做主侵犯对方权益，不得只顾自己一方亲友的需求，而做出违背对方真实意愿的言行，更不得不顾自身家庭的经济状况毫无底线地向亲友提供帮助或者馈赠。

3. 平等善待双方亲友，不得厚此薄彼，甚至自私狭隘只顾个人面子，无视实际情况，做出超出个人或者家庭能力范围的事项。

4. 禁止家庭暴力、婚外情，一旦一方出轨，必须承担精神赔偿责任，最

——高瑾律师带您走进 80 例新型家事案件

低额度为人民币 10 万元，若情况严重致离婚，出轨的一方净身出户。

5. 家务劳动共同承担，女方可以指导男方逐步学习，男方应当积极配合，不管是在有孩子还是没孩子的前提下，男方都应尊重女方的家务劳动付出，并尽力协助女方妥善处理好各种家务事宜。

6. 双方生育子女后，共同教育，各自父母不得干涉孩子的教育问题，更不能溺爱、骄纵、误导孩子，以免日后产生不可挽回的后果。

7. 在孝敬老人的前提下，注意老人与孙辈的相处关系，谨防祖孙情深而置父母的正常管教于不顾，进而使孩子在家庭层面输在起跑线上。

8. 男方保证将每月基本工资及时交付女方用于家庭开支，若遇家庭购房、购车情形，男方负责筹款，女方不得干涉，夫妻财产共享，债务共担，不管登记在一方或双方名下，只要没有特别约定，均为夫妻共同财产。

9. 始终保持双方长期共同的阅读习惯，注意个人修养与处事能力的不断提高，随时保持正心正念、刚直不阿、纯正善良的心理状态，以便家庭安宁与祥和。

10. 坚守"宽以待人，严以律己，谨言慎行，与人为善"的处事原则，不轻易与人为敌，不为小事招惹麻烦，不与小人争上下，日常行事顾及家庭整体声誉，多为家庭成员考虑，以实际行动确保家庭稳定，家人幸福安康。

【专业解析】

1. 夫妻之间的共同约定对于家庭来讲是一种行为规则，既有利于促进协议双方不断完善自我，更有利于维护日后正常的家庭秩序，尤其是有利于日后孩子的健康成长，可谓是"定在当下，利于千秋"。

2. 夫妻在生活当中的配合与默契往往决定着双方的幸福指数，相互之间交叉点多，沟通充分，和谐美满水到渠成，尽管在订立规则时难免起争议，但是一旦付诸实际，双方在相互遵守、相互监督之中将受益匪浅，家庭文明的步履值得记载。

3. 家庭作为社会的细胞，在内部管理当中须有章法，各个成员的共同遵守时常代表着家庭的精神风貌，家庭成员在自觉遵守规则当中不断成长与提升,家庭规则在执行当中也见证了每个成员的初心与家风家教的正向传承,从而为社会的和谐与稳定作出积极的贡献。

文书二

祖孙相处约定

孙子:胡　亮(化名)

爷爷:胡新全(化名)

爷爷胡新全对孙子胡亮自幼至今一直疼爱有加,尤其是爷爷在胡亮上小学至读研期间付出 60 多万元,为胡亮学业的完成倾尽所能,胡亮从内心感谢爷爷的大力支持,为使祖孙之间关系进一步保持与延伸,尽量做到两厢愉悦、彼此慰藉,双方经协商达成如下一致协议:

1. 胡亮每周六或周日上午 9 点至下午 6 点看望爷爷一次,不在家里用餐,可以在爷爷身体状况允许的前提下带其到外面游玩、就餐、与家人聚会。

2. 胡亮自费通过家政部门为爷爷聘请保姆负责日常洗衣、做饭、打扫卫生等事宜,一旦家政服务发生纠纷,由胡亮全面负责善后,并且确保不因处理现实问题而影响到爷爷的生活。

3. 为了八旬爷爷生活的安宁,爷爷胡新全向孙子胡亮保证:不买保健品,不参与非法集资等具有诈骗性质的活动,并且不与社会上身份不明的人进行深层次的交往。

4. 胡亮在尽可能的条件下将其妻儿带至爷爷住所,以便老人能够充分享受到天伦之乐。

5. 若遇爷爷高血压、糖尿病、痛风等病发作,在保姆联系胡亮后,胡亮必须竭尽全力将胡新全及时送往医院救治,不管是门诊还是住院治疗均由胡亮一人全面负责,爷爷胡新全的工资卡胡亮可以支取用于医疗或者日常生活的开支。

6. 胡亮不得干涉爷爷胡新全与其两个女儿及其子女的正常往来，更不得要求爷爷日后将其遗产赠与胡亮一人。

7. 祖孙俩在日常生活当中应当尽量保持和谐、和睦的亲情氛围，胡亮不得因爷爷说错话、做错事进行指责，爷爷尽量保证不在其两个女儿面前流露对胡亮的不满之辞，两人应当多沟通、多体谅，确保爷爷晚年身心快乐幸福。

8. 爷爷不管在生活、就医、外出旅游、朋友聚会等方面有需要孙子帮助或者支持的事项，胡亮必须尽心尽力地及时予以满足，不得以任何借口拒绝爷爷提出的要求。

9. 为了爷爷的身心健康，爷爷自愿保证不打牌、不酗酒、不随便交异性朋友、不随意馈赠或者接受他人的物品，胡亮一旦发现爷爷失信，可以及时提醒并且予以劝慰。

10. 爷爷出于自身具体状况的考虑，为了不让孙子操心费神，自愿承诺早起早睡、按时用餐、随时注意休息以及不打招呼不外出，并且注重个人生活环境的整洁，日常心态的健康与稳定。

【专业解析】

1. 从祖孙相处协议的字里行间可以看到真切的亲情与彼此间的关爱，爷爷在被管当中享受孙子的多方照顾，孙子在照护爷爷过程中表达了其感恩之心，两厢真情流露，彼此快乐温馨。

2. 该协议对于爷爷无论是生活上的安排还是心理上的关怀都尽显其中，当事人相互之间权利义务规定明确，原则边界清晰，双方在全面配合当中尽享人间的美好与快乐。

3. 在目前社会老龄化日益严峻的客观情势下，该协议设定的内容让老年人一颗爱孙之心有了释放的机会，同时也让孙子在照顾爷爷的过程中尽到了孝道，可谓是一举两得，弥足珍贵。

文书三

家规与"十不准"

家 规

一、遵纪守法,谨言慎行,以身作则,践行社会主义核心价值观,爱国、爱民、爱家,以家国情怀为宗旨力争将每个成员培养成为有益于社会的人。

二、严以律己,宽以待人,从实际出发,积极树立正确的人生观、价值观、婚恋观,以家风、家教为切入点积极引领每个家庭成员能够享有平安、幸福、快乐的家庭生活。

三、尊重知识,积极进取,与时俱进,将个人梦想、家族责任与民族复兴有机结合,竭尽全力地将家庭成员培养成能够在某个领域有引领作用的积极分子。

四、注重礼仪,敬老爱幼,以长辈榜样的力量长期激励后辈连绵不断地传承家族优良文化传统。

五、男女平等,不偏不倚,在生活当中尽量照顾、体恤女性,用母爱的力量营造温馨、和睦的家庭氛围。

六、锻炼身体,延年益寿,号召家庭成员早起早睡、加强运动,及时克服不良生活习惯,有效保障健美的形体。

七、热爱阅读,激情朗诵,在书中寻觅生活的真谛、人间的美好,相互传递读书的感悟,激励家庭成员珍惜时光、积极成长,赢得各自完美的人生。

八、团结友爱,乐于助人,在工作与生活当中充分换位思考,尽力为他人着想,力所能及地为他人分忧解难,逐步促使所处环境文明、健康、和谐。

九、重义轻利、等价交换,对外与每个过往的人打交道时须置情义为上、利益为次,以宽容之心厚待每一个遇见的人,与有识之士传递友谊、共进共勉。

十、热心公益、扶弱济贫,随时随地以自身最大的能量为弱势群体奉献一片爱心，以"赠人玫瑰，手留余香"的初心将人生的真、善、美送到他们的心坎上。

"十不准"

不准违法乱纪，不准酗酒赌博，
不准嫖娼吸毒，不准打架斗殴，
不准恃强凌弱，不准见利忘义，
不准寻衅滋事，不准游手好闲，
不准搬弄是非，不准欺老伤幼。

【专业解析】

1.《民法典》第一千零四十三条规定："家庭应当树立优良家风，弘扬家庭美德，重视家庭文明建设。夫妻应当互相忠实，互相尊重，互相关爱；家庭成员应当敬老爱幼，互相帮助，维护平等、和睦、文明的婚姻家庭关系。"《未成年人保护法》第十五条规定："未成年人的父母或者其他监护人应当学习家庭教育知识，接受家庭教育指导，创造良好、和睦、文明的家庭环境。共同生活的其他成年家庭成员应当协助未成年人的父母或者其他监护人抚养、教育和保护未成年人。"《家庭教育促进法》第一条规定："为了发扬中华民族重视家庭教育的优良传统，引导全社会注重家庭、家教、家风，增进家庭幸福与社会和谐，培养德智体美劳全面发展的社会主义建设者和接班人，制定本法。"从以上法律规定可以看出家庭、家风、家教的重要地位，公民在婚姻家庭领域需要依法行事，尽力营造文明、和谐的家庭氛围，确保每一个家庭成员成为对社会有益的人。

2. 该家规从法律的遵守、日常行为的约束乃至家庭优良传统的弘扬等多种维度为家庭成员做出了具体的规范，其中不仅凝聚了家族的精神文明成果，而且展现了家庭成员积极向上的整体风貌，对所有家族成员来讲都是行为的风向标，在国、家、个人三个层面都充满正能量，值得推广与借鉴。

3. 家规从某种程度上讲可谓是"家族宪章"。该家规将法律、道德、情理融入家族成员日常生活的方方面面，在简练的表述之中蕴含着深刻的家国情怀与人文关怀，在家族先进理念的指引下，对于每个家庭成员给予了关爱、激励与制约，促使大家在家族规范的指引下通过个人的不懈努力争取为社会作出力所能及的贡献，为此家规的现实影响力从家庭延伸至社会，成为公民遵纪守法、自觉自律规范个人行为的原动力。

文书四

家庭议事规则

1. 按时到场，不得迟到早退，无故不得缺席家庭会议，不得故意逃避家庭责任。

2. 家庭公共事务，家庭成员应共同参与，人人有责，务必尽心尽力。

3. 凡事尊重客观事实，诚信为本，解决实际问题为重，严防因知情不报或者虚假陈述而人为导致不良后果。

4. 针对具体事项，家庭成员应当经充分协商尽量作出一致性协议，大家从自身做起严格遵守。

5. 家庭成员之间发生经济往来应当尽量做到账目清晰、事项具体、有据可查，不得任意将债权债务混为一谈，或者无原则地给其他成员增加负担，由此而影响相互之间的正常关系。

6. 家庭会议当中按照长辈、子女、女婿儿媳、孙辈的次序发言，不得打断他人正常发言，更不得在言语之间揭短乃至进行人身攻击，在众说纷纭的情况下，可以根据事情的轻重缓急现场作出决定或者缓冲的举措，若屡次协商不成，由家庭当中有见识、有担当的顶梁柱最终决定，一经作出大家须共同遵守。

7. 家庭成员不得搬弄是非、损人利己，更不得将家庭内部事务对外宣扬，以免损害家庭整体形象与声誉。

8. 尊老爱幼，不得在家庭议事当中对老人进行训斥，不得娇宠孩子，更不能因重幼轻老而伤及老人尊严，毁损家教、家风。

9. 在家庭会议之中，提倡节俭，反对铺张浪费，不得相互攀比，更不得炫耀夸富。

10. 每次家庭会议根据不同情况尽可能做好文字记录，经协商一致的事项需现场签字，以便共同遵守且有据可查。

【专业解析】

1. 家庭无论大小，所有成员均须面对公共事务乃至特定成员应当需要亲人们帮助或者支持的事项，通常在各成员议事时难免出现意见不一甚至吵吵闹闹的情况，其中个人情绪的发泄或者相互之间的埋怨均于事无补，为了尊重每个人的话语权，制定家庭议事规则不失为一种时尚的有效举措。

2. 家庭成员基于亲属关系在相处当中既有舒展自由的一面，同时也需要个人随时约束自己的言行，尤其是在遇到需要共同协商的事务时，应当将法律与情理融于一体，并由具有远见卓识的成员作出引领，在大家共同协商之后作出一致决议。在此当中方向的确定、尺度的把握、深浅的拿捏可谓是仁者见仁智者见智，应当看到，少数人的意见往往利于现实问题的有效解决，但是要取得所有成员的一致认同不是一蹴而就的，以上议事规则针对表决权的约定具有超前的现实意义，可予以适当借鉴。

3. 家庭议事规则触及家庭成员的时间观念、家庭责任、个人底线以及家风、家教的适当规范，一旦共同约定，就须要大家严格遵守，长此以往家庭成员在履行规则当中不仅各有受益，而且家庭的秩序趋于好转，家庭成员在相互尊重、有度而为当中越来越有合声，对外的形象越来越令人羡慕。

文书五

分家析产协议

协议人：徐天才（父亲）　吴秀英（母亲）

协议人：徐　程（长子）　徐　克（次子）　徐　明（三子）
　　　　徐　英（长女）　徐　卉（次女）　徐　丹（三女）

以上当事人（均为化名）就家庭约 480 平方米的自建房产（大小 32 间房屋）经多次协商达成如下一致协议：

1. 在 480 平方米房屋当中首先划出 70 平方米作为父亲徐天才、母亲吴秀英的自有房屋，二人享有独立的产权。虽然两人均年过八旬，但是为了能够充分保障老人的生活质量以及自主权利，该 70 平方米房屋若遇拆迁，产权须保持在父母名下，6 个子女均不得要求老人赠与其名下，若拆迁时父母均已亡故，该房产作为遗产按照法定继承处理。

2. 按照男女权利义务有别的共同约定，即父母的生养死葬主要由三个儿子承担，女儿根据个人情况以自愿付出为原则，分家析产时男女略有差别。长子徐程因工作早对家里贡献较大，分给其 100 平方米自有房屋产权；次子徐克、三子徐明各分得 80 平方米自有房屋产权；长女徐英、次女徐卉、三女徐丹各分得 50 平方米自有房屋产权。若整体房屋被政府征收，6 个子女严格按照以上各自名下确定的面积享有权利义务，相互之间不得干涉，尤其是各自的配偶及其子女不得以损人利己的方式换取不正当利益。

3. 目前除父母居住的 2 间房屋之外，长子徐程占用 4 间，其他房屋均对外出租，房租由长子徐程统一收取，每月先支付父母基本生活开销约 3000 元（若遇医疗花费以实际支出为准），剩余部分徐程、徐克、徐明分别享有 40%、30%、30% 的份额。徐程负责记房租流水账，每半年三兄弟结算一次。

4. 若在房屋被征收当中，家庭房屋总面积超过原估算的 480 平方米，超过部分以及楼梯、过道等公共部分均登记在父母名下，6 个子女不得争抢。

5. 若在房屋被征收时，征收方对于本协议约定的内容不予认可，6 个子女应当及时通过诉讼的方式以生效判决书作为依据主张权利，诉讼花费共同承担。

6. 在房屋整体被征收的过程当中，尽管父母子女权益范围明确，但是为了能够充分保障家庭利益最大化的实现，6 个子女必须团结一致、统一步调，凡事多商量，按照"有力的出力，有能的献计"的原则，大家力争在达到共识的前提下以家庭大户为单位一次性完成个人分户拆迁协议的签订，确保依法享受到拆迁带来的各种权益。

7. 在对父母的日常照顾以及就医、出游等陪护当中，应当本着"老人开心，子女尽心"的原则，子女谁有空谁陪伴，父母需要谁谁到位，大家必须将父母安排妥善，确保老人生活幸福，子女关系和睦。

8. 本协议所涉及的480平方米房屋是父母徐天才、吴秀英一生的心血，之所以将以上房屋进行析产是为了让6个子女能够平稳承接父母的财产，为了能够确保家庭的和谐与平安，父母特别声明：以上赠与6个子女的房屋仅是赠与自己的子女，不涉及子女配偶，即本协议当中6个子女各自名下确定面积的房屋系其6人个人财产，与其配偶无关。

9. 本协议当中若针对父母赡养的约定有未尽事宜，由3个儿子徐程、徐克、徐明共同协商处理，3人均不得要求三个姐妹承担任何责任。

10. 本协议系各方当事人自愿、真实的意思表示。

11. 本协议自签订之日起生效，关于房租收取、管理、支付，于协议签订后的次月起执行。

12. 本协议一式8份，当事人各执一份。

【专业解析】

1. 以上分家协议当中，针对家庭财产分割的约定从父母权益保障着手，对于6个子女所享有的权利内容进行了明确的约定，无论是现有的状态，还是日后的归置都有涉及，在此当中融入了全家人的亲情、财产利益最大化理念以及家庭意识与凝聚力的有序传承，该分家析产协议在实际践行当中必将发挥积极的制衡作用。

2. 分家析产协议在现实生活当中虽然应用广泛，但是在内容设定、合法性归置以及亲情关怀方面鲜有建树。以上文书可谓是面面俱到、款款深情，在财产分割当中不仅划定了父母与子女之间权利的边界，而且约定了子女相互之间在利益面前应当遵守的规则，有机地将情、理、法融为一体，在实践当中可具有指引与借鉴意义。

3. 通过以上协议内容可以看出，公民需要对家庭财产以协议的方式予以归置，各家庭成员在讨论、协商与签订协议当中不仅可以拓展个人视野、凝聚共同智慧，而且针对各自权利义务的具体约定各抒己见以至于自觉履行，由此家庭、家风、家教在利益面前展现无遗，家庭精神文明的成果必将在社会层面熠熠生辉。

文书六

分手协议

男方：乔浩（化名）

女方：冯丽（化名）

双方于 2017 年 5 月在英国留学期间相识，交往后于同年 8 月建立恋爱关系，在日常生活当中女方承担了购物、煮饭、保洁、租房等相处期间的金钱与劳务付出，两人彼此感到慰藉。2021 年 9 月女方在国内个人购房一套，男方给女方账户转入 50 万元人民币。2021 年 11 月双方因是否回国内发展产生争议，在多次分分合合之后，终于一致选择分手。双方现就分手的相关事宜达成如下一致协议：

1. 男方基于女方在国外共同相处期间付出较多的客观事实，并且在充分尊重双方当时感情的前提下，自愿放弃 40 万元人民币权益，女方在签订本协议之日起 5 日内只须给付男方 10 万元人民币，双方之间的恋爱关系彻底了结。

2. 女方在本协议签订之日起 10 日内将男方在英国住所留存的电脑、貂皮大衣、手表、手链、特定五套西装、照相机、指定书籍等个人物品负责寄回，双方在相处期间共同的照片与视频资料由女方处置，男方不得将其手机、电脑当中的有关恋爱的文字、照片、视频向外散布传播，一旦有失，女方可以追究男方的侵权责任，赔偿损失的额度以人民币 20 万元为起点。

3. 女方及其家人在双方分手之后，不得以任何形式对男方的人身进行攻击,包括点评人品、谈论是非、说三道四等,男方希望女方能够尽量不提、不评甚至缄口不言,女方对此应当三缄其口,以便双方在分手之后依旧尊重情感,彼此友善。

4. 男方因考虑父母的感受,不愿在协议签订后半年内让父母知道双方分手信息及本协议内容,女方承诺对相关情况守口如瓶不少于1年,若男方父母与其联系,女方应按照两人恋爱期间的状态回复,尽最大可能让老人放心。

5. 男方现持有的女方在国内购房的商品房买卖合同、付款凭证、物业管理合同、按揭贷款合同等材料在本协议签订后3日内一次性交付给女方父母。

6. 双方在共同相处期间购买的大小物件除本协议第2条约定之外均归女方所有,若需男方协助办理相关手续,男方应当积极、及时予以配合,若因男方原因给女方造成损失,由男方承担相应赔偿责任。

7. 本协议是在双方自愿、友好的氛围下签订的,本着珍视过往、放眼未来、一别两宽的初衷,双方应当恪守本协议约定内容,从而确保两方安宁、平和。

8. 本协议系双方针对分手事宜所达成的共识,若有未尽事宜,本着互谅互让、共进共退的原则应当尽最大可能为对方考虑并且做出有利于双方的行为。

9. 本协议自签订之日起生效,双方应当信守协议内容,积极履行各自的义务。

10. 本协议一式两份,双方各执一份。

【专业解析】

1. 该协议双方当事人虽系中国公民,因在境外相识而成为男女朋友,人身与财产的结合使他们之间的关系在时空转换当中发生了变化,这是双方订立协议的客观背景,也是约定内容的特色展现。

2. 协议当中涉及分手后金钱的补偿、物品的归属、信息的保守、房产资料的移交以及相互之间尊重友好的氛围,由此也可以看到当事人的用意乃至律师在专业上的用心。

3. 恋爱关系虽与婚姻有别,但在触及分手事项上有共通之处,从协议内容来看，双方当事人在相处、争议乃至分手当中一直处于冷静、理性、客观、友好的交互状态，这是两人在精神与物质两个层面的有益互动，无论感情最终何去何从，协议字里行间都跳跃着文明与法治的音符。

文书七

分居协议

男方：孙某，55 岁，大学教授，现住 F 市 G 区 Q 小区

女方：梅某，53 岁，公司职员，现住 F 市 G 区 Q 小区

双方结婚 25 年，儿子已成家立业，现因人到中年，由于生活情趣、价值观念、人生追求等存在明显差异，几经争议、讲和后现仍无法一如既往地平静度日，为了理性面对当下的困境，现经协商达成如下一致分居协议：

1. 男方自本协议签订后 15 日内从现家里住处搬离，非经女方同意，其不得随意回家，更不得向外人诉说双方分居之事。

2. 女方在分居之后不再向男方索要日常生活开支费用，双方工资收入归个人所有，分居期间债权债务各自承担。

3. 双方夫妻共同财产的收益均分，其中除了现有住处之外的另一套住房租金每月 3000 元由女方收取后通过银行转账给付男方一半，现有各自名下银行存款共计 60 万元为夫妻共同财产，女方名下 40 万元，男方名下 20 万元，分居期间保持原状，款项不得提取。

4. 双方分居后，任何一方不得与异性有暧昧关系，坚决禁止婚外情，若有违反并导致离婚，过错方丧失夫妻共同财产权益，无过错方享有完全的夫妻共同财产权益。

5. 双方分居后女方若遇房屋装修、购买大件物品以及与相隔异地的儿子见面交流等事宜可以根据实际需要通知男方协助，男方应及时到场配合完成。男方在分居后可能偶尔需要女方出场应付外界的质疑，女方应男方的要求须

予积极支持、协作。

6. 双方在分居一年内，若彼此能够相互谅解，男方可在女方同意的前提下随时搬回现家里住处，两人继续尽力维持婚姻关系。

7. 分居后，双方在各自亲属范围内暂不谈及两人分居原由及其现状，倘若分居超过两年，双方以协议离婚的方式结束婚姻。

8. 自分居后，男女双方均不得对另一方的言行举止乃至个人品格进行任何干涉、评价，相互尊重各自以往及其日后的生活是共同守则与底线，一旦突破必将加快双方离婚的步伐，为此自觉与自律履行是目前分居缓冲矛盾的现实保障。

9. 基于儿子一家三口在外地生活与双方平时来往甚少的实际情况，关于双方分居的事宜采取先隐瞒的做法，双方均应极力积极配合对方在儿子一家面前继续展现正常的夫妻关系，不到非常时刻绝不泄露真相，以免儿子节外生枝。

10. 本协议系双方自愿、真实的意思表示，自签订之日起生效，一式两份，双方各执一份。

【专业解析】

1. 分居是夫妻双方在保持婚姻关系前提下针对现实矛盾进行缓冲的一种常见方式，其结果无非是随着时间的推移夫妻关系缓和后婚姻得以存续，抑或纷争非但没有化解反而使婚姻走向消亡。分居在法律上是判定感情破裂的一项重要因素，但是分居并不意味着到达一定的时限就产生离婚的后果。

2. 夫妻分居后基于双方人身关系的隔离，在对外人际交往及家庭事务处理当中双方务必保持适度一致性，由此才可以为日后夫妻感情的回归留有相应的空间，可是应当看到人身关系的疏远对于双方言行举止的约束变得相对困难了，这就是分居的利与弊，对当事人来讲，路径的选择和分寸的拿捏显得尤为重要。

3. 分居是一种法律事实，夫妻一旦选择以分居的方式缓冲非正常的婚姻关系，就意味着必将承受分居所带来的现实后果，为此针对分居状态的依法举证问题，应当映入当事人的视线，以便在婚姻无法挽回的前提下积极有效维权。

文书八

离婚协议

男方：周某，40 岁，系自由职业者

女方：唐某，38 岁，系小学教师

双方 2010 年初经人介绍相识，2011 年 3 月登记结婚，婚后分别于 2013 年、2015 年、2017 年生有长子周甲、女儿周乙、次子周丙，自 2018 年以来双方感情日渐疏远，并于 2020 年 2 月开始分居，经多次协商达成如下一致离婚协议：

1. 双方自愿离婚。

2. 双方长子周甲由周某抚养，抚养费自理；女儿周乙、次子周丙由唐某抚养，周某每月支付 1500 元抚养费直到周丙独立生活为止。双方每周六或周日至少安排 3 个孩子相互见面一次，双方根据个人时间每月可以探望孩子 4 次，寒暑假、传统节假日双方均可以单独带 3 个孩子外出游玩增长见识，关于具体时间的安排双方应当事先联络、及时协商，以确保孩子不因相互见面、父母探望乃至外出旅行而影响各自正常的学习和生活。

3. 双方婚后购买的位于 Q 市 P 区 S 小区 2-1306 室 150 平方米的住房离婚后归唐某所有，位于 Q 市 R 区 U 小区 16-2504 室 130 平方米的住房离婚后归周某所有，双方各自承担名下以上两套住房剩余的按揭贷款，并在贷款清结完毕之后，相互协助对方办理有关房产过户登记手续。

4. 双方婚姻关系存续期间购买的 100 万元理财产品及其收益离婚后一人一半，周某继续持有该产品，于离婚登记手续办理当日一次性支付唐某人民币 60 万元。

5. 周某于 2016 年借给其妹用于购房的 10 万元债权离婚后由周某享有，唐某婚后名下的 15 万元股票离婚后归唐某所有。

6. 双方个人名下银行账户存款归各自所有，现有生活用品按照"家具随房"兼顾"有利生产，方便生活"的原则各取所需。

7. 双方除以上财产之外再无其他财产争议，并且不存在其他任何债权债务。

8. 本协议系双方真实的意思表示，经婚姻登记机关确认并办理离婚手续后生效。

【专业解析】

1. 以上离婚协议基于当时充分协商一致基础上所达成的共识，在财产分割当中将房产、理财产品、股票、银行存款、债权等在双方离婚后的归属进行了明确约定，在执行效果上通常优于判决，对当事人来讲既省时又不伤和气，这是协议离婚的便捷之处。

2. 针对孩子抚养权的具体约定，既考虑到父母在抚养能力方面的差别又兼顾了女孩由母亲抚养的惯例，尤其是对于 3 个孩子相互见面以及父母对 3 个孩子探望权的约定，在实际履行当中必将有利于孩子们的身心健康成长，这是该离婚协议的亮点之一。

3. 通常协议离婚的双方当事人争议的焦点问题是财产分割事项，应当看到财产分割、离婚、子女抚养是三位一体的，其中当事人的一致同意离婚是前提，孩子的抚养是关键，财产分割只是调整双方当事人心理与利益平衡的杠杆，当事人只有针对离婚问题有着理性而现实的认知，才能将子女抚养问题置于首位，并由此达成共识，最终选择协议离婚的方式和平解决纷争，这是协议离婚当中当事人惯有的思维与行为模式。

文书九

未成年人抚养权双方条件对比表

项目＼主体	男方	女方
陪护义务	男方一直陪伴孩子有耐心，勤快肯干，日常生活技能全面，能独立带好孩子	女方依靠父母，动手能力比较差，无法独自照顾孩子日常生活
外出接送	男方驾驶技术娴熟，接送方便	女方开车少，应对能力欠缺
日常照看	男方父母可以全天候照顾孩子，没有后顾之忧	女方父母照顾孩子注重金钱，患得患失、斤斤计较
抚养费要求	男方要求每月支付1000元抚养费即可，甚至可以不要抚养费	女方要求男方承担6000元的抚养费
生活环境	男方提供安全、健康、与外界充分交流与沟通的生活氛围，有利于孩子日后见多识广	女方与父母的家庭比较闭塞，很少与外界交往
心理因素	男方热情、外向、积极、平和、善于沟通，人际关系较好，有利于孩子心智健康成长	女方思维单向、狭隘，不懂得变通，人际交往存在障碍
爱心表现	男方为了孩子一直坚持不离婚，为的就是孩子有一个完整的家	女方与男方只因家庭琐事发生矛盾曾先后三次提出离婚
法定条件	女儿6岁，依法可以确定由父亲抚养	女方在女儿6岁的年龄段已不具备优先的抚养条件，依法与男方应当同等条件相比
综合评判	男方对于女儿的爱是无条件的，全身心的，且自身具有能力与条件将孩子养好	女方抚养女儿，依靠父母，对于金钱是苛求的，自己却是无力的，给予孩子的并非都是积极因素

【专业解析】

1. 离婚案件当中，孩子抚养权常常成为双方当事人争议的重要事项，如何在父母抚养孩子主客观条件的对比当中展现各自的优势，当下已成为一个专业课题，以上表格在项目设置与双方各自作为的细化对比，不失为一种有形又有效的方式。

2. 抚养条件的对比不仅涉及物质条件，而且还应当注重孩子与父母之间相处关系的亲密与和谐程度，毕竟未成年人既需要良好的生活环境，同时更需要亲情的呵护与慰藉，这一点应当引起双方当事人及其代理人的高度关注。

3. 抚养权的确定是一件严肃的法律事项，作为当事人的代理人必须根据个案首先找出委托人承担抚养责任的优势，然后将之与对方相比，最后通过全面分析与综合评判发表专业代理意见，由此才有可能为当事人的维权贡献一份力量。

文书十

离婚财产及其债务处理一览表

项目	双方出资情况	占有（现实）状态	原告分得（分担）	被告分得（分担）	处置办法（意见）
1. 双方名下位于A市B区C小区3号楼1502室	①原告从娘家先后借款（合同显示该房总价200万元），原告从娘家借款完成首付160万元；②婚后月供还贷及其利息46万元	被告现住其中	房屋原价200万元，现价400万元，原告出资160万元，应分得160（出资总额）×2（增长系数）+46×2（增长系数）/2（月供总额一半）=366万元	46×2/2（月供总额一半）即46万元	原告要求分得该房并且承担剩余房贷还款，原告应当向被告补偿46万元

续表

项目	双方出资情况	占有（现实）状态	原告分得（分担）	被告分得（分担）	处置办法(意见)
2. 被告名下宝马SUV轿车	①原告从娘家亲属借款30万元交了首付款(总价60万元)；②婚内偿还月供30万元及其利息共计36万元	被告使用	车原价60万元，现价50万元，原告出资30×0.8(使用2年折旧系数)+36/2(月供总额一半)=42万元	36/2（月供总额的一半）即18万元	原告放弃该车所有权，被告应当补偿原告42万元
3. 原告按照被告的强令先后借给被告母亲胡某200万元	原告从娘家亲属（父母与舅父）借款200万元，先后分四次通过银行转给被告母亲胡某	被告及其母亲占有	原告按照被告的强令，先从娘家亲属处筹借款项200万元又转借给被告母亲，该借款系原告个人债权		被告应当替母亲连带偿还原告200万元
4. 原告价值10万元的个人物品	原告个人出资购买女士香奈儿包2个6万元，菲格拉慕包1个2万元，蔻驰表1个2万元	被告拒绝交给原告	原告个人专用系个人财产		被告返还原告财产或者补偿原告10万元
5. 原告购买名牌家具价值5万元	原告出资购买围床及床头柜2万元、书柜1万元、沙发2万元,共计5万元	被告占有	夫妻共同财产原告分得一半2.5万元	被告分得一半2.5万元	分给原告，补偿被告2.5万元
6. 原告在婚前按照被告的要求向其单位交纳集资购房款30万元	原告出资30万元通过银行转账交至被告单位指定账户	在被告名下	原告应收回30万元		被告返还原告30万元
7. 原告婚后按照被告的要求通过银行转账垫付其读博费6万元	原告出资6万元通过银行转账至被告指定账号	被告享有相关权利	原告应收回6万元		被告返还原告6万元

总结：

【原告主张方案】原告获得涉案房产所有权，被告获得涉案车辆所有权，被告应当直接支付原告人民币239.5万元。

1. 原告应得款项（万元）：42（车）+200（债权）+10（个人用品）+30（集资购房款）+6（读博费）-46（被告应得房产补偿）-2.5（被告应得家具补偿）=239.5万元。

2. 被告分得款项（万元）：46（房产补偿）+2.5（家具）=48.5万元。

原告获得涉案房产所有权，被告获得涉案车辆所有权，被告直接支付原告人民币239.5万元。

【原告可以考虑方案】被告获得涉案房产、车辆所有权，被告应当直接支付原告人民币656.5万元。

原告应得款项（万元）：366（房产补偿）+2.5（家具）+42（车）+200（债权）+10（个人用品）+30（集资购房款）+6（读博费）=656.5万元。

被告获得涉案房产、车辆所有权，被告直接支付原告人民币656.5万元。

【专业解析】

1. 离婚案件当中，财产分割通常是双方争议的焦点问题，对于财产的全面表述、分类归置、分割意见等需要以简明的方式展现出来。以上表格对于财产项目、双方出资情况、占有（现实）状态、原、被告分得（分担）以及处置办法（意见）的设定，后面还附有两种综合处理方案下的经济补偿计算办法与最终补偿数额的阐明，由此可以使双方当事人乃至法院对于以上离婚案件当中的财产分割有了具体、直观的印象，作为代理人已经用实际行动为委托人的依法维权做出了专业的功课。

2. 离婚案件当中的财产一般分为婚前财产、夫妻共同财产、个人财产，有些案件还涉及债权债务的处理问题，本案当中就夫妻共同财产、个人财产以及债权债务具体处理事项，当事人及其代理人在对各项财产进行属性确定时难免存在认识偏差，可是只有积极主张、极力维权才有可能赢得财产利益最大化，以上表格当中的观点与见解仅供参考，文书表现形式可以适当予以借鉴。

3. 财产分割在离婚案件当中需要以客观全面的视角予以看待，尽管各案财产类型、内容有差别，但是在财产整体分割当中的合法性与公平性需要足够重视，离婚案件在财产方面的处理结果不仅会对当事人产生重大影响，而且往往影响着社会的和谐与稳定。家事无小事，离婚可能决定着当事人日后的人生，容不得丝毫的懈怠。

文书十一

离婚后父母抚养规则

母亲：王文婷（化名）

父亲：陆　滨（化名）

王文婷、陆滨于2020年6月协议离婚，双方约定10岁儿子陆鹏（化名）由母亲王文婷抚养，父亲陆滨承担每月2000元的抚养费，每月可随时探望孩子两次，鉴于目前孩子因父母离婚受到影响，学习成绩不佳，父母为此必须重新面对孩子的抚养教育问题，现就相关事宜达成如下一致协议：

1. 双方针对孩子的抚养教育应当共同参与、共同承担，不因"一方抚养，一方承担抚养费"的格局而忽略或者减轻任何一方对孩子法定责任的履行。

2. 母亲因望子成龙心切对孩子过于严厉，虽然母子感情亲密但是孩子对母亲不时产生恐惧情绪，因此母亲应当"严慈相济"地与孩子和平相处。

3. 父亲因再婚又生一子，再加上工作较忙，时常一两个月都顾不上探望孩子，往往让孩子感到失望、孤单。因此，父亲应当按照离婚协议的约定每月保证与孩子见面沟通不少于两次。

4. 孩子目前学习成绩处于中等偏下的水平，父亲应当通过电话、微信、短信、视频等方式积极鼓励孩子在学业上追求上进，同时应当为孩子学习一些个人有兴趣的项目例如跆拳道、绘画、唱歌、演讲等创造实际条件（经济付出、人际关系等）乃至尽可能地陪伴孩子参与活动。

5. 作为父母在与孩子相处时均应视其为平等的主体进行沟通交流，不得以家长身份压制孩子接受父母的个人意愿。

6. 孩子因父母离婚对生活的兴趣减少，对周围人群产生怀疑，在学习上没有了动力，父母均应竭尽全力与孩子深入沟通，主动陪伴、呵护孩子，以增强孩子的信心和勇气，力争使其恢复到原先优良的学习状态。

7. 孩子喜欢旅游，希望与小朋友们一起参加各种户外集体活动，父母均应为孩子参加夏令营、旅游等外出行动提供更多的机会。

8. 孩子的奶奶胡欣（化名）和外公外婆溺爱孩子，有可能导致孩子任性、放纵甚至提出无理要求，对此父母应当分别向各自的家长言明，必须在有利于孩子身心健康的前提下，让孩子适度放松，但不能超过必要限度。

9. 孩子的母亲负责与学校班主任沟通孩子的学习成绩，父亲及孩子的奶奶胡欣不得向任何老师打听孩子的学习成绩，以免影响孩子学习的正常情绪。

10. 双方达成的以上协议以及在履行本协议当中发生的异议，均应当对孩子保密，以免孩子产生不良情绪。

11. 本协议系双方真实、自愿的意思表示，若与双方离婚协议在经济方面的约定产生不一致之处，以本协议为准。

12. 本协议一式两份，双方各执一份。

【专业解析】

1. 按照《民法典》第一千零八十四条规定："父母与子女间的关系，不因父母离婚而消除。离婚后，子女无论由父或者母直接抚养，仍是父母双方的子女。离婚后，父母对于子女仍有抚养、教育、保护的权利和义务。"《未成年人保护法》第二十四条规定："未成年人的父母离婚时，应当妥善处理未成年子女的抚养、教育、探望、财产等事宜，听取有表达意愿能力未成年人的意见。不得以抢夺、藏匿未成年子女等方式争夺抚养权。未成年人的父母离婚后，不直接抚养未成年子女的一方应当依照协议、人民法院判决或者调解确定的时间和方式，在不影响未成年人学习、生活的情况下探望未成年子女，直接抚养的一方应当配合，但被人民法院依法中止探望权的除外。"《家庭教育促进法》第二十条规定："未成年人的父母分居或者离异的，应当相互配合履行家庭教育责任，任何一方不得拒绝或者怠于履行；除法律另有规定外,不得阻碍另一方实施家庭教育。"据以上法律规定,未成年人的父母在离婚后应当依法履行各自对孩子的抚养教育的义务,这也是双方当事人签订以上协议的法律依据。

2. 通常父母离婚对于孩子的身心健康成长或多或少都会产生影响,身处单亲家庭的孩子更需要来自父母的真切关爱,尤其是不抚养孩子的一方在重组家庭后,必须以实际行动确保不在身边的孩子能够在人生重要的成长阶段没有太多的遗憾,尽管在现实当中其能量有限,可是对孩子的爱是不能缺位的,这是以上协议当中父母在离婚之后对各自行为作出具体规范的初衷。

3. 以上协议不仅涉及对父母共同履行抚养教育责任的各项约定以及奶奶胡欣、外公外婆对孩子爱的表达方式与接受尺度,而且从孩子的学习、生活、旅游等层面给予了其自由宽松的个人兴趣空间,为此在实际履行当中促使父母各负其责、各尽所能地为孩子的身心健康成长作出最大的贡献,有力确保孩子在父母离婚之后尽量减少爱的流失。

文书十二

复合意定监护协议

监护人:徐鑫(化名),男,35岁,住A市B区C小区

被监护人:于晴(化名),女,70岁,住A市B区D小区

监护人徐鑫系被监护人于晴之外甥,鉴于被监护人于晴年龄、身体及其无子女等原因在特定情况下需要设定监护人,经双方协商一致达成如下一致协议:

1. 平时于晴只要住院治疗,徐鑫作为特别授权代理人(有经公证不可撤销的授权委托书)全面负责与医院联系、沟通、协商治疗方案,并签署相关医疗文书、负责办理结算手续。

2. 若遇于晴出现精神、智力障碍,不能表达或者不能完全表达其个人意

愿，徐鑫作为监护人负责处理于晴此后相关的所有事宜。

3. 于晴在精神、智力出现异常的状态下，徐鑫经法院特别程序宣告于晴为无民事行为能力人或者限制民事行为能力人后，可以作为于晴的财产管理人（在本协议签订之日，对于于晴目前名下财产，双方在确认清单上共同签字），全面负责其财产的日常维护、争议解决以及在于晴病危情形下的现实处分权（变卖、抵押贷款等），以确保于晴能够得到及时治疗并且其民事权益能够得到依法保护为原则。

4. 在于晴亡故之后，除于晴留给父母于甲、刘乙共同继承的20万元以及遗赠弟弟于丙的10万元之外，其余遗产（目前价值约300万元）均遗赠给徐鑫一人，于晴已在公证机关办理过公证遗嘱，若于晴的父母先于其去世，其继承份额归徐鑫。于晴亡故后单位所发抚恤金全部由徐鑫享有，任何亲属不得违背于晴本人的真实意愿。

5. 徐鑫作为于晴监护人，在具体实施民事法律行为当中若相关单位需要法院确认其身份，徐鑫可以针对意定监护关系依法提起确认之诉，诉讼费用从于晴个人财产当中列支。

6. 于晴在被宣告无行为能力或者限制行为能力后，徐鑫作为监护人，在履行其职责时，必须以极力维护被监护人的人身权利与财产权利为首位，不得违背于晴的真实意愿，于晴的其他亲属不得干涉徐鑫按照授权委托书、意定监护协议以及遗嘱全面履行自己的责任，两人在长期的相处当中已形成了信任、默契、知心的亲属关系，似同母子，彼此倾心付出，相互温暖，为此才签订以上协议内容，希望于晴能够在徐鑫的照护与监护下安享晚年。

7. 于晴生前与徐鑫的意定监护关系系双方共同自愿、真实的意思表示，自协议签订并经公证后依法生效；于晴亡故后针对遗产的处分，依据其此前办理的公证遗嘱，若遇父母先于于晴亡故的情况，其继承份额归徐鑫，于晴的相关抚恤金也归徐鑫一人享有，此乃于晴个人真实意愿，在本协议当中载明，随本协议公证之后具有法律效力。

8. 本协议一式五份，与公证书一并使用，于晴、徐鑫各执一份，公证处留存一份，备用两份，用于处理于晴个人相关事务。

【专业解析】

1. 本协议当中涉及双方当事人之间的特别代理、意定监护、遗赠等多重法律关系,其中以意定监护为主线,针对于晴生前身后的个人事务进行了全面归置,囊括了人身权利和财产权利甚至是于晴与外甥之间的深厚亲情,该协议立意深远、思路缜密、表述凝练、实用明快。

2. 意定监护在当下具有广泛的适用性,律师在实务操作当中应当给予充分关注,并且需要适时、灵活地引领当事人在实际生活当中依法正确予以运用,以确保失亲、失能、失智即"三失"特殊人群的合法权益。

3. 按照《民法典》第三十三条规定:"具有完全民事行为能力的成年人,可以与其近亲属、其他愿意担任监护人的个人或者组织事先协商,以书面形式确定自己的监护人,在自己丧失或者部分丧失民事行为能力时,由该监护人履行监护职责。"意定监护只是公民在行为能力正常时,针对其日后在丧失或者部分丧失民事行为能力时人身、财产等合法权益进行保护的一种举措,在现实适用当中需要与特别授权委托代理、遗嘱、遗赠、遗赠扶养协议以及遗产或者财产的管理措施配合应用才能充分、有效发挥其功能。为此作为法律专业人士应当针对意定监护的落地生根不断创新、完善,以便让更多的"三失"人群依法获得有力的保障。

文书十三

专项遗嘱

立遗嘱人:石某,女,90岁,住 A 市 B 区 C 小区 6 号楼 508 室

遗嘱内容:

本人年事已高,患有高血压、糖尿病、痛风等,现趁自己头脑清醒、精神良好、心情平和之际,针对身后丧葬事宜特立以下遗嘱:

1. 为了本人活得有尊严，无论何时住院治疗或者突发病症进行抢救，只要是日后有神志不清、半身不遂、大小便失禁等影响个人形象与独立生活后遗症的情形，自己坚决反对继续治疗，如遇医生征求家属是否继续治疗，希望两个儿子徐甲、徐乙与女儿徐丙三人能够尊重母亲真实的意愿。

2. 在本人最后的岁月里，如治病、请护工、料理丧事、酬谢亲友一项或者数项同时支出 10 万元以上的额度，请三个子女从我名下的任意银行卡内支付，经手的一方需要告知其他两人。

3. 墓地已经购买，在医生明确告知病危时，子女们应通知墓园按照我生前的交代刻字立碑，时间上不要提前，内容上不能修改。

4. 寿衣无须购置，我已将自己选中的穿戴物件打包装箱，一旦派上用场，无需听取任何人的意见，禁止重新置办，以本人意愿为准。

5. 鉴于亲友较多，现特别交代：丧事从简，不设灵堂、不对外告知、不举行遗体告别。参与人员仅限于三个子女、五个兄弟姐妹、石氏健在的堂兄弟姐妹及其子女，其他亲属仅限于徐氏一家经常来往的三个外甥与两个侄女，好友仅限于吴甲、王乙、张三、李四、钱五；不收礼，不给任何亲友添麻烦，只在下葬当日由子女们邀请相关亲友到场，仪式结束后，三个子女设宴谢孝；不过七期、百天、周年，子女们可以根据自己的时间相约共同去墓地祭奠。

6. 本人生前经济条件宽裕，生活幸福，三个子女均孝顺，五个兄弟姐妹关系融洽，与娘家、婆家亲属来往顺畅，朋友不多，但都是知心的，亲朋好友围绕身边，身心愉悦、生活快乐、晚年幸福。尽管幼年经历贫困，不过一生无憾，年过九旬，一旦离世，意料之中，希望大家能够节哀顺变。

7. 本人离世之后，子女应当严格按照事先交代与以上内容办理丧葬事宜，不要擅自铺张、扩大丧事规模，尤其是五个兄弟姐妹千万不要为了体面建议或要求孩子们提高档次以示孝心。作为当事人我有权利决定身后事的格调与界面，我也是经过深思熟虑才做出决定的，衷心地希望子女与手足能够以实际行动尊重我的个人意愿。

8. 本人名下的房产、存款已在生前立过公证遗嘱，遗嘱发生效力后，过户登记、款项支取应当及时办理，三个子女事先都知情，估计顺畅办理不成问题。遗产虽已结清,但你们三人在父母亡故后,仍然应当彼此照拂、互谅互让、关爱有加。

9. 在本人亡故之后,三个子女除了逢年过节要看望舅父姨母,平时也应当常联络、多关心,对表兄弟姐妹与堂兄弟姐妹也应尽力帮衬、支持。

10. 在我去世后,三个子女应当尽快恢复正常生活,只有你们过得好,我才安心。人生在世生死离别,任何人无法逃避,你们教育好子女,将她们培养为对社会有益的人就是对我尽到了孝心,传承了我们这一代的优良家风与家教。我感谢你们成就了我的初心,更期待你们能够接力传递家族正能量,这样我也在地下为你们祈福。

【专业解析】

1. 遗嘱对于立遗嘱人来讲就是其真实意愿的有形记载,遗嘱内容的执行对于已故的人是一种精神慰藉,更是有效防止继承人之间发生纠葛的有效举措,尤其是针对财产性遗嘱的争议,以上遗嘱是立遗嘱人在对遗产作公证遗嘱之后,专门针对丧葬事宜做出的特别交代,由此可见其在处理身后事方面的法律理念与现实举措。

2. 丧葬事宜往往体现着立遗嘱人及其亲友的生活格调、价值取向与风俗习惯,作为立遗嘱人能够对此做出专项的归置,这是值得肯定的,其一,体现了当事人个人愿望;其二,有效地防止了亲属之间争议;其三,彰显了移风易俗的新时尚,于己于家乃至社会都是大有裨益的,由此也可以看出立遗嘱人的良苦用心。

3. 家庭作为社会的细胞,家庭成员们之间以血缘为纽带,既具有团结一致的理念,又有产生分歧的可能,一旦亲人故去,其他人出于好意而因丧葬事宜不和,对于逝者来说就是切肤之痛。对此当事人生前专门立下遗嘱的必要性毋庸置疑,其字里行间通过浓浓的亲情渗透着对身后事的特别安排,亲人们也在遗嘱当中得到了启示与感悟,无形当中遗嘱成为家庭文化、家风家教传承的窗口。

文书十四

遗赠扶养协议

遗赠人：贾某，男，62岁，住Y市W区F小区3号楼906室
受遗赠人：孙某，男，30岁，住Y市W区F小区3号楼1203室
第三人：吴某，女，40岁，住Y市U区E小区10号楼508室

贾某与孙某的父亲系同事，两家长期以来交往甚密，贾某与孙某性情相投，如同父子，因贾某妻儿早年在同一次车祸当中身亡，贾某一直单身，退休后身体每况愈下，孙某总是忙前忙后尽力照顾，为此双方经友好协商达成如下一致协议：

1. 贾某将其现住的个人名下的位于Y市W区F小区3号楼906室120平方米价值200万元的房产于本协议签订后2个月内过户至孙某名下，孙某自本协议签订后对贾某承担生养死葬的全部义务。

2. 贾某的日常卫生、饮食起居、看病就医、外出旅游以及对外社交活动均由孙某妥善安排，贾某若有急需，孙某随叫随到。

3. 贾某父母双亡，系独子，现有的亲属仅有本协议第三人即表侄女吴某。吴某时常来探望表叔，孙某与吴某彼此相识，但二人不和，孙某在本协议签订后应当与吴某重新建立友好和睦的关系，以便贾某心情舒畅、身体健康。

4. 贾某的日常开销从其退休工资支出，若因病住院治疗需要垫付相关费用，由孙某全面负责，若垫资及个人承担部分超过10万元，经贾某同意，孙某可以从贾某银行存款当中支取。

5. 贾某承诺在本协议签订后直至其临终前不再交往女友，更不会再婚，并尽力确保与孙某维系目前亲如父子的相处关系。孙某虽有妻女，但三口之家甚至是其父母都乐于照顾贾某，并尽最大可能地满足贾某在生活与精神两方面的实际需求。

6. 自本协议签订后订贾某与孙某于 30 日内通过公证处签订意定监护协议，以免贾某在丧失或者部分丧失民事行为能力时合法权利受到影响，孙某在意定监护约定条件成就后应当及时作为监护人全面履行自己的法律义务。

7. 贾某一旦亡故，个人名下所有银行存款由孙某享有，丧事从简，贾某指定的 5 件遗物由孙某及时交给第三人吴某，否则孙某补偿吴某 100 万元，吴某可依据本协议以诉讼的方式依法维权。

8. 贾某在本协议签订之日当着孙某的面给付第三人吴某 30 万元，以坦诚的方式开始与孙某执行本协议的相关约定内容，以防第三人吴某日后对孙某扶养贾某的具体行为横加干涉。

9. 贾某目前对其现有的财产已做以上处分，若有遗漏或新的财产出现，只要在其名下，一概归孙某所有，他人无权干涉。

10. 双方在履行协议过程中若产生不可调和的矛盾，首先应当及时协商现实问题的有效解决，任何一方不得对外扩大事态甚至以损害对方名誉为前提争取自己利益最大化。如果经多次协商无果，双方均可以通过诉讼的方式解除本协议，从而终止纷争。

11. 本协议基于双方长期以来友好、互助的相处关系，在自愿、真实的意思表示下，共同约定的协议内容，自签订之日起具有法律约束力，当事人均应全面、正确履行各自义务，以实现协议的目的。

12. 本协议一式三份，双方当事人各执一份，第三人吴某留存一份。

【专业解析】

1. 随着社会的进步和发展，老年人养老问题日益严重，尤其是孤寡老人的现实困难值得法律人投以关注的目光。本案当中贾某在失去妻儿之后一直孤身一人，他在感情与精神层面的需求不容回避，最终他与同事儿子孙某签订了《遗赠扶养协议》，这不失为一种化解矛盾的有效方式。

2. 以上协议当中除约定了遗赠扶养内容之外，还涉及双方当事人之间意定监护事项，由此为双方当事人的充分合作奠定了良好的基础，从法律上讲这是一个亮点。另外关于第三人的列明及其权利义务的设定，从协议履行的层面有力地确保了贾某与孙某遗赠扶养乃至意定监护关系能够正常得以贯彻执行。

3. 遗赠扶养协议时常对于遗赠人来讲是一种传统的养老方式,双方当事人在现实相处当中虽存在利益与劳务的相互交换关系,但彼此之间的感情交流与精神慰藉是无法用金钱衡量的,此乃弥足珍贵的精神文明成果,在实际生活当中往往对遗赠扶养协议的能否持久履行起着至关重要的作用,通常双方当事人情投意合,协议履行正常;倘若一方或双方感情淡化,协议履行受阻,长此以往难免权利义务关系终止。为此对于遗赠扶养协议的本质属性以及所承载的复合型内容应当依法予以深刻领悟,并在实务操作当中以客观全面的视角审视遗赠扶养协议潜在的基层人际关系。

文书十五

家族企业收益分配方案

曾氏四兄弟自1980年开始经营服装、鞋帽、洗涤用品、玩具等,创始人曾甲、曾乙、曾丙、曾丁先后创设5个有限责任公司。长期以来,兄弟四人依次按照40%、25%、20%、15%的比例承担权利义务,随着时间的推移,各自的子女、孙辈已经成年,为了能够继续保持家族成员之间长期和睦、和谐的亲属关系,特此将原有家族企业的收益分配方案作如下调整:

一、参与分配人员及其享有比例:

1. 曾甲一家:曾甲夫妻及三个子女共分得家族企业35%的收益,由家庭企业直接发放至曾甲个人名下。

2. 曾乙一家:曾乙夫妻及两个儿子共分得家族企业20%的收益,家庭内部分配比例为:曾乙夫妻各占30%,两个儿子各分20%。由家族企业直接发放至4人名下指定账户。

3. 曾丙一家：曾丙及儿孙分得家族企业 25% 的收益，家庭内部分配比例为：曾丙一人占有 80%，儿子分得 15%，孙子分得 5%。由家族企业直接发放至 3 人名下指定账户。

4. 曾丁一家：曾丁夫妻与三个女儿及女婿分得家族企业 20% 的收益。家庭内部分配比例为：曾丁 30%，妻子 25%，三个女儿各占 10%，三个女婿各占 5%。由家族企业直接发放至 8 人名下指定账户。

二、关于家族企业相关义务承担的比例调整

1. 自本方案实施之日起，鉴于兄弟四家对家族企业收益比例分配的调整，随之在相应义务的承担上亦按照曾甲 35%、曾乙 20%、曾丙 25%、曾丁 20% 的比例结算，以充分体现权利与义务的一致性。

2. 自兄弟四人在本方案上签字之日起，家族企业的财务部门开始制定新的收益分配实施办法并于次月 1 日起付诸执行。

三、兄弟四人各自家庭成员与家族企业关系的调整原则

1. 家族企业只与曾甲、曾乙、曾丙、曾丁四人直接发生经济关系，并且按照其指定的比例逐个发放至其各自家庭成员名下指定账户，各家庭内部成员不得直接超越家庭单位与家族企业谈及利益分配问题或者变更收益人。一旦出现背着兄弟四人与家族企业进行利益交涉情形，家族企业立即通知四兄弟当中相关人员，并且及时在家庭内部予以实际处置，确保不再影响家族企业正常的经营管理秩序。

2. 曾甲、曾乙、曾丙、曾丁四兄弟在本方案签字之后，应当及时将相关内容在各自家庭内部予以告知，同时可以在家庭内部让所有成员以书面签字确认的形式，充分保障本方案能够在实际当中得以贯彻执行。

3. 若四兄弟各自家中成员当中有超过 2 次直接向家族企业提出关于收益分配异议或者对家族企业整体形象不利的情形，该家庭整体收益分配暂缓发放至少半年，待该家庭内部争议彻底平息之后方可恢复正常。

四、家族企业收益分配负责执行的机构与工作原则

1. 自本协议签订之日起,曾氏家族企业的 5 个有限责任公司的财务部门分别指定 1 人组成 5 人工作小组,对于各个企业的收益按季进行汇算,然后由 5 人工作小组负责人分别在每年 3 月、6 月、9 月、12 月的 25 日之前将 5 个公司的总收益报表等材料提交曾甲、曾乙、曾丙、曾丁四兄弟,经四人共同确认无异议之后于每个季末的 30 日之前按照此次调整后新的收益分配比例发放至相关人员指定账户。

2. 5 人工作小组所有成员在经手整个家族企业收益分配工作当中乃至日后均应严格保守秘密,不得对外透露、散布曾氏家族企业的收益情况、分配事宜以及家族成员内部的任何信息,一旦违反,承担相应法律责任。

3. 5 人工作小组必须恪守"客观、真实、公正、严谨、负责"的工作原则,曾氏四兄弟应当继续秉承"诚实守信 肝胆相照 风雨同舟 荣辱与共"的长期共处原则,在兄弟亲情的相互佑护与激励下将家族企业发扬光大,为子孙后代传承物质与精神文明成果,竭尽全力将子孙后代培养成对社会有益的仁人志士。

五、家族企业收益分配方案在执行当中应当注意的问题

1. 确保家族企业 5 个有限责任公司分别收益的客观性与准确性。

2. 四兄弟对于家族企业每个季度分配总额度的确定必须保持一致性,在意见有分歧时,4 人按照少数服从多数的原则进行表决,一旦确定分配总额度,四兄弟必须全面贯彻执行。

3. 四兄弟针对各自家庭内部因利益分配所产生的争议,应当在家庭内部及时化解,不得任由其家庭成员将矛盾推至家族企业,进而影响到家族企业对外形象与发展前景。

4. 四兄弟在领导家族企业继续向前发展当中,应当充分关注企业员工尤其是曾氏家族成员在人生观、价值观、婚恋观方面的新动向与新趋势,积极防范因婚姻家庭问题而影响家族企业的正常有序发展,适时开展形式多样的

《民法典》《家庭教育促进法》《未成年人保护法》《中华人民共和国劳动合同法》等法律宣讲活动，提高大家的法律意识与解决实际问题的能力，以实际行动尽最大可能地促使员工在职场与家庭都有获得感、安全感、幸福感。

六、家族企业收益分配方案实施时间与首次起算办法

自本方案签订之日起次月1日开始实施，若第一次家族企业收益超过或者少于3个月时段分别按照3月、6月、9月、12月的25日作为节点据实计算，即第一次收益分配有可能少于或者多于3个月的时段。家族企业在本方案签字之日将本方案确定的执行时间对所有家族成员予以公开告知，以确保本方案的全面正确实施。

【专业解析】

1. 家族企业有其创业的历史渊源，在股权占比与利益分配方面与普通的公司有所不同，曾氏四兄弟在长达40年的创业当中已经奠定了其家族企业的经济基础，并且形成了以亲情为纽带的经营管理与利益分配模式。在新冠肺炎疫情影响下，对于家族内部分配机制的调整与归置是企业因时制宜的一种现实举措，以期由此激发家族成员的创业积极性及其应对市场的综合能力。

2. 家族企业的凝聚力不仅来源于血缘关系，而且应当注重利益分配的适时适度调整，可是调整的办法与效果值得探究。通过以上曾氏四兄弟的家族企业利益分配方案可以看出家族企业的内部管理与风险防控机制日益完善，在迎接市场挑战方面的能动性越来越强。

3. 家族企业利益分配方案涉及法律、情理、人际关系等问题，并贯穿于以上文字表述当中，其实用性与执行力融为一体，对于企业的发展与家族成员所产生的重大影响显而易见，在施行之后必将成为家族企业内部利益分配的风向标，值得关注与思考。

第十三章 法律意见书的延伸

> 近年来,当事人在应对婚姻家庭领域纠纷当中,时常要求律师以书面法律意见的形式对于具体事项或者纷争的处置做出分析、提示乃至预判,以便在专业人士的指引下有效地展开各自的维权步履,这是市场需求的新动态与新变化。作为家事律师由此在非诉讼领域专业能动性及其综合素养的充分发挥变得越来越重要了,同时随着当事人个性需求的不断提升,律师面对的挑战与压力也日益增强。笔者现将自己在日常办案当中出具的特色法律意见书主要内容展示如下,仅供大家参考借鉴。

意见书一

婚前财产约定

【案情简介】

楚某,男,45岁,经济学博士,K公司CEO,分别持有A、B两个有限责任公司20%、30%的股权,拥有价值300万元的住房两套,离异后两年欲带着13岁的儿子再婚,与年龄相差20岁的空姐女友闻某在结婚的具体事项上产生争议,并就婚前财产约定问题前来律所咨询讨教。

【事实梳理】

1. 楚某目前持有的股权、享有的房产以及高收入之下的现金流量是其婚前财产约定的主要内容,在财产约定当中三类财产的限定性尺度各有不同,对于闻某来讲应当具有足够的包容度,否则双方不能达成共识。

2. 楚某持有的 A、B 两公司的股权，只有在婚后收益的前提下闻某才能分得收益，至于盈亏界定及其额度问题另当别论；两处房产系婚前财产，结婚后不管是增值还是收益均与闻某无关；婚前收入系楚某个人财产，婚后双方的收入才是夫妻共同财产，闻某在享有夫妻共同财产权利的同时，自己收入也依法应当参与分配，仅仅是在楚某收入高的情形之下，相对可以获得一些收益。

3. 楚某带着儿子与闻某再婚，通常意味着闻某必须接受楚某儿子分享父亲财产权益的客观现实，这也是楚某针对婚前财产进行约定的核心事由。为此作为专业律师在处置婚前财产约定实务当中，务必关注闻某与楚某儿子在利益调整方面的平衡点与落脚点。

【综合思路】

1. 为了体现婚前财产约定的平等性，首先可以确定双方婚前财产分别归个人所有的原则，然后在针对日常生活开支每月给予闻某一定数额的金钱，以此平衡其婚后在财产方面的基本要求，尽量确保双方的婚姻能够长久稳定存续下去，其中金钱额度的约定至关重要。

2. 婚前财产约定当中，必须充分保障楚某儿子作为未成年人的合法权益，无论是基础教育、医疗、生活开支，还是课外学习、体能训练、商业保险费用，至少应当维持孩子原有的消费水准，楚某在婚前财产约定当中可以做出具体约定。

3. 针对婚前财产约定内容，楚某可以将闻某婚后个人收入从夫妻共同财产当中予以剔除，除此之外还可以约定双方个人财产互不继承，由此确保楚某在对等的情形下婚前财产不被切割。这里需要提示一点即婚后夫妻共同财产双方可以相互继承，这样一来能够让闻某在婚后有可能获得楚某的部分遗产继承权，对于闻某来说又多了一种利益期待权。

【法律建议】

1. 楚某在与闻某结婚前针对婚前财产进行约定，从法律上讲必要性与重要性兼具，其个人想法可付诸实践。

2. 在婚前财产具体内容约定当中，应当注意从楚某与闻某两方面利益平衡的视角出发，经协商一致做出符合现实情况的缜密表述。

3. 婚前财产约定协议当中，不能仅局限于对于财产的理性区分与归置，而应当将楚某与闻某乃至楚某的儿子之间正常、健康、和谐的家庭关系置于重要地位，这是由婚姻家庭关系本质属性直接决定的，只有夫妻人身关系及其家庭成员关系牢固了，整个家庭才能蒸蒸日上、欣欣向荣，尤其是对再婚的组合家庭而言更是不可或缺。

【专业视点】

1. 楚某再婚前最担心的就是闻某是否能够与其长久相处，基于年龄、阅历、收入、价值观等方面的差异，以采取婚前约定的方式提前预防日后婚姻可能发生的变故，无论从法律还是情理方面均无可厚非，但是婚姻当中假若将两人的财产权益予以彻底割裂，由此一旦进入婚姻，双方在生活当中均存在难以避免的现实风险。

2. 通常再婚夫妻在生活当中需要应对来自各方面的严峻的挑战，即使感情再好，也经不起岁月的磨砺，只有双方长期在肝胆相照、风雨同舟、荣辱与共的状态下才有可能将婚姻进行到底，从而达到人身与财产同步融合的婚姻目标，其中的酸甜苦辣是常人难以体味的，为此再婚后的幸福显得稀有而珍贵。

3. 人生难得知己，夫妻一场不容易，进入婚姻的人们为了各自的幸福，应当重情轻利、善待对方、积极成长，用心经营感情，少抱怨、多付出，并在相濡以沫的共同生活当中收获人生最美好的精神成果。

意见书二

结婚的方案

【案情简介】

王丹（化名），女，26岁，原籍为西安市鄠邑区，来律所称其与男朋友杨力（化名）是大学同学，双方在2018年确认男女朋友关系，现准备结婚，但由于男方的经济实力有限，导致二人在西安市买房实属困难，考虑到双方以后要在西安市长久居住生活以及发展事业，女方来律所咨询律师面对如此困境应当如何解决。

【主要线索】

1. 男女双方能够坦诚地商量结婚大事，说明二人的感情基础已经夯实，只是由于经济原因，没有买房，结婚计划因此而搁置。因此，律师应当围绕二人的婚房问题提出切实可行的策略，从而促成这段婚姻。

2. 王丹家有四口人，她有一个12岁的弟弟。家中因拆迁获得相应的补偿款项以及两套拆迁安置房屋。但是由于有一个弟弟，父母的财产不能全部倾向于女儿，而且作为儿女，也不能强行要求父母对自己进行经济支持。所以律师在建议时要考虑此次结婚不能让父母拿出全部的积蓄，而作为女儿应当在经济条件成熟之后要给父母偿还该笔款项并在经济上帮扶弟弟。

3. 男方家住深圳，系在读硕士研究生。父母早年离婚，母亲至今对自己的儿子不闻不问；父亲则于2019年因病去世，在深圳留有一套面临拆迁的房产，预估价值800万元，但拆迁的时间在6年以后。目前男方没有工作，唯一的收入是将房屋出租后收到的租金，家庭经济条件相比女方处于劣势，对这段婚姻的经济支持力度非常有限。女方虽然有拆迁房，但是远水解不了近渴。所以律师在考虑方案时应着重保护女方的财产利益，防止女方婚前付出太多，万一婚后出现变故而覆水难收。

【初步建议】

1. 因男方目前经济条件不允许其在西安立刻买一套现成的房屋抑或支付房屋的首付款，而女方的家庭条件却可以实现，同时其弟弟年龄尚小，不会急用这笔钱，因此可以考虑先向女方父母借款购买婚房，待日后经济条件成熟了如数偿还该笔借款并且给予其弟弟以经济上的援助。

2. 对于双方买房，有如下方案可供选择：

（1）女方在征得其父母同意的前提下以其个人名义借款购房，用于二人婚后居住，房屋属于女方婚前单独所有，但女方在处分该房屋时须征得其父母的同意，日后该房屋有所升值，应当酌情给予其父母相应的增值收益以作补偿，并且男女双方约定，该笔款项由女方一人偿还，房屋也归女方单独所有，不列为夫妻共同财产。女方可以考虑购买如下房屋：一是某些区域的价格不高且有一定升值空间的房屋（产权无争议，仅在办证方面存在暂时阻力，两三年内可以获得房产证），现可以缓解资金压力，日后一般情况下可以获得投资回报；二是人民法院的拍卖房屋，这类房屋手续齐全，价格也比市价要低。

（2）男女双方协商贷款买房，双方先向女方的父母借款支付房屋的首付，男女双方约定房屋产权证书上写女方的名字，婚后夫妻共同还贷，同时男女双方要与女方的父母签订一份借款协议，约定该笔借款作为夫妻的共同债务清偿，未经女方父母同意不得擅自处分该房产，夫妻二人应恪守本分不得拖延还款甚至不予清偿借款，否则应承担相应的违约责任。作为女方的父母可以适当减少或放弃对该借款所享有的权益，但是其处分行为仅适用于女儿王丹个人，不包括男方应偿还的部分。

（3）男女双方目前可以先租房生活，待攒够购房款或者房屋首付，再考虑购买房屋。

3. 男方在深圳留有的拆迁房，尽管价值不菲，但是尚离拆迁时间太长，不做考虑。至于在此房屋拆迁后所得的拆迁款，夫妻二人可用来偿还女方父母的借款并对其加以补偿，以及留作以后日常生活之用。

以上意见基于当事人所提供的有限线索作出,系个人见解与建议,仅供当事人参考,至于如何抉择,希望当事人结合自身因素与实践综合考虑,以便维护个人合法权益,妥善处置现实矛盾。

【专业视点】

1. 结婚意味着双方人身和财产的混同,在即将进入婚姻的前期一般都会对婚房、嫁妆、彩礼的准备有所分工,但是在现实生活当中,男方往往在购置婚房时存在经济障碍,或多或少地影响婚姻大事。本案就是双方着手解决现实问题当中关于购房事宜的筹划与布局,在此当中渗透着女方的一片苦心,男方在配合女方完成婚房购置过程中难免心中不快,可是从结婚的大局考虑,双方通常是会按照约定购房结婚的。

2. 婚姻以感情为基础,抛开经济条件一味强调爱情至上的婚姻很难维系,男女双方一旦进入婚姻必须在情与财当中找到平衡点,否则无论是结婚还是日后生活都没有安全感,白头偕老更是无稽之谈。

3. 婚姻是男女双方之间一种全面的交换,人身、爱情、金钱、人格尊重、心理慰藉等,彼此交换越充分,生活越充实,婚姻越稳定,为此在婚前应当尽量擦亮眼睛看清对方,在婚后尽可能以包容之心接纳配偶,此乃朴素的婚恋规则,婚姻当中的每个人都应当竭尽全力践行。

意见书三

婚内购房专项服务指南

【案情简介】

刘琴(化名),35岁,与丈夫结婚7年生有一子已3岁,婚后购房两套总价值为500万元(一套价值300万元,一套价值200万元)。一年前在偶尔翻看丈夫电脑时刘琴发现了在国企工作的丈夫因业务应酬与多名异性发生不正当男女关系，随后向丈夫求证，其后悔莫及，最终在双方父母面前，丈夫立下"一旦再次出轨自动净身出户"的保证。丈夫此后虽然比较安分，但是刘琴一直对其防备有加。近期因有投资打算，而夫妻双方购房限额已满，为此刘琴让母亲与婆婆共同参与摇号购房，可是偏偏婆婆摇中了号获得了购房资格。这样一来，若新购房屋登记在婆婆名下，难免会使刘琴心里忐忑不安，为此向律师求助。

【主要事实】

1. 丈夫每月收入约为 1.5 万元，刘琴每月收入 3 万余元，婚后双方一直各自管理互不干涉。

2. 刘琴原生家庭经济优渥，婚后丈夫与其生活始终处于被动的局面，时常不回家，两人如同邻居，只是遇到家里重大事项时双方才正常对话，平时几乎不说话，也不通过手机联系。

3. 婆婆摇号只是为了让儿子和儿媳的日子能够继续过下去，曾经在购买婚后的两套房时，公公婆婆共给儿子儿媳添了 100 多万元，这次购房婆婆已经无力资助了。

4. 刘琴此次购房，已交定金 10 万元，该房首付为 200 万元，丈夫明确表示其无力支付，刘琴购房欲望强烈，准备自己向父母借款 150 万元，其余部分自己筹措。

5. 刘琴此次购房目的是为了投资收益，可是一想到自己与丈夫的婚姻前景不明，一旦有变，登记在婆婆名下的房产就有可能流失，故此欲提前采取积极有效的措施予以防范，其中就提到了让丈夫打借条、让丈夫将婚后夫妻共同财产变更为刘琴个人财产的办法。

【综合意见】

婚姻是以感情为基础的，当事人在整个沟通当中却只字未提两人的感情生活，只是一味地要保护自己的个人财产权益，足见其忘记了婚姻的本质是人身与财产的双向交换，并且双方的人身关系是前提和基础，即刘琴是否有信心也愿意与丈夫继续维系婚姻关系是其应当面对的首要问题。

根据刘琴与丈夫目前相处的实际状态,作为无过错一方的当事人她在此次购房当中采取积极防范措施的必要性与紧迫性不可回避,然而所有的举措均需要考虑丈夫的接受与配合程度,一旦"防卫过当"很有可能使得丈夫在重压之下产生逃避的想法,那么因购房引发的后果就回避不了离婚的趋势,如此一来既违背了刘琴的初衷,又让其与丈夫的婚姻走上了不归路,为此刘琴的防范措施在现实当中的落地问题毫无疑问需要慎重思考、准确拿捏分寸,同时更需要注意方式方法了。

1. 假若丈夫为了维持与刘琴的夫妻关系,注重孩子的家庭成长环境,全盘接受刘琴的防范方案即同意将婚后两套夫妻共同财产房屋的产权均变更至刘琴个人名下,并且在此次购房当中向刘琴的父母与亲友出具借条,看似刘琴的要求全部满足了,但是丈夫在日后与其相处当中是否能够一味地将婚姻进行下去,这是一个核心问题,也是刘琴从价值取向上需要做出取舍的一个难题。

2. 从家庭投资的角度讲,刘琴与丈夫目前非正常化的夫妻关系前提出发,刘琴此次购房投资行为的必要性与风险性须要审慎考量、理性抉择。刘勤投资的目的是为了获得财产上的收益,但是丈夫既无力出资又将新购房屋登记在其母名下,且与刘琴享有平等的财产权益,这样对其来说是不投资只受益的利好事情,而对刘琴来说则是一种自甘风险的投资行为,其中的风险几乎都压在刘琴一人身上。另外还应当看到假若双方在购房后离婚,该套房屋因涉及婆婆作为第三人的利益,在离婚案件当中法院是不会一并处理的;即使另案提起诉讼,因借名购房不受法律保护,刘琴在财产方面的损失在所难免。根据以上情况分析,作为专业律师对于刘琴此次购房行为的必要性与紧迫性不得不提出质疑,希望引起其高度重视,房产投资数额数百万元,尽管已付出10万元定金,可是从利弊权衡的角度审视,下一步购房出资是否需要照常继续,当事人应当慎之又慎、全面考量、理性处置。

以上法律意见仅供参考,至于如何抉择,希望当事人结合自身因素考虑,以便维护自身合法权益,妥善处置现实矛盾。

【专业视点】

1. 婚姻以感情为基础，经济条件优厚的家庭生活质量一般不错，可是幸福的家庭是建立在亲情、爱情基础之上，倘若无爱或者缺爱，家庭财产的添附就变得举步维艰了，因为毕竟婚姻是人身与财产的高度结合，夫妻关系紧张或者不合拍，对于共同财产的购置来讲一方或者双方表现出的通常是消极乃至抵制的态度，以上案例法律需求的源起就是现实的解读。

2. 生活当中购房通常是家庭的重大事项，在出资来源、产权登记以及投资前景等事项上夫妻之间必须协商一致才能够促成，夫妻之间若相互防范、算计，那么该投资行为在日后最终的利弊很难一概而论。为此，当事人在律师指点迷津之后，将会突破个人视野做出新的抉择。

夫妻本应恪守忠实义务，全面尽到家庭责任，力争成为彼此中意的伴侣，然而应当看到，在现实生活当中，为数不少的夫妻是因为名利而被拴在一起的，在同床异梦当中各自的心理压力与日俱增，以致到了凡事患得患失、斤斤计较的程度，由此婚姻已经成为枷锁，夫妻共同财产的增加变成沉重负担。

意见书四

3000 万元财产如何打理

【案情简介】

一对无儿无女的老年夫妻曾开办过医院、药厂、餐饮等行业，由于近年业务状态不佳全面停止了经营活动，现有 3000 万元的资金欲投资房产、银行理财、黄金、期货乃至私募等项目，但因曾在某资产投资公司有 200 万元损失的经历，为此向律师征求各种投资方向所存在的实际风险，并且要求律师为其作出理财方面的建议。

第十三章 法律意见书的延伸

【事实梳理】

1. 在当事人陈述当中,妻子称丈夫需要继续抚养其没有公开承认的年仅15岁的非婚生子,自己要赡养年已八旬的父母,夫妻俩为了维持现有平静的生活,务必对各自需要照顾的亲属在财产方面予以妥善安排。

2. 夫妇俩出于追求高额回报的目的,欲购买私募投资类产品,并且提供了利益回报在8%~18%的十余款选项,希望律师帮其定夺选择。

3. 夫妻二人对于银行理财产品有偏好,向律师求助是否可以适当购买一定数额的稳健型产品。

4. 当事人在购房投资方面有以往成功的经验,并且愿意继续追加在房产方面的投入。

5. 因夫妇俩均系老年人,虽有过购买保险的经历,但现有的保单在保险权益的覆盖层面有盲区,应当拾遗补缺做出新的投资规划。

6. 鉴于当事人在日常生活与紧急应对方面的现实需求,在银行存款方面的随时提现应当予以保障,为此适度的银行存款应当予以预留。

【综合思路】

1. 家庭财产传承的主要方式为:遗嘱、赠与、保险、家族信托等,律师在与当事人沟通时出于专业优质服务的宗旨,可以作以下相关情况介绍:遗嘱类型有公证遗嘱、自书遗嘱、见证遗嘱、口头遗嘱等;赠与情形为父母赠与子女、子女赠与父母、爷爷奶奶赠与孙辈等;保险虽名目繁多,大的方面可分境内、境外两种,风险各不相同;家族信托即巨额保险,转移财产所有权至信托机构,按照信托合同约定双方当事人履行权利义务;财富传承的其他方式,例如针对股权、注册商标权、专利权、著作权当中可以转移的权益内容进行专业处置,另外就是慈善捐助,渠道多样,风险需要关注。

2. 为了积极预防家庭财富传承过程中的潜在风险,律师在与当事人进行互动交流当中,务必将目前家庭财产有可能触及的理财方式及其风险予以明确提示。通常在实践当中,律师提示当事人关注的主要内容涉及如下事项:①房产购置准入条件与升值空间的风险意识；②保险常识的告知，尤其是境内外两种保险形态在客观风险上的不同；③私募并非不可触碰，无须一味排斥，专业识别、选择很重要；④股票的价值浮动落差与保全措施的运用至关重要；⑤股权处置的时机与补偿的方式须要随机把握；⑥黄金的价值波动范围与变现可能性的多方预测；⑦期货在时间与空间方面所造成的价值悬殊值得权衡；⑧知识产权的相关法律规定与实际争议有机接轨应当进行专业分析；⑨慈善捐助存在的法律盲点及其现实适用当中的矛盾性造成的客观风险应当引起足够重视。

3. 任何一种理财方式都不是绝对保险的，即便是多种保险方式有机结合，最终的投资结果也未必尽如人意。律师在家庭财产归置及其风险防控乃至财富有效传承方面所做出的专业功课不是万能的，只是在法律的框架下与时俱进地为当事人财产的现实保全从专业角度提供了方向与具体建议。为此当事人在寻求律师帮助时必须具备相应的风险防控意识，以便双方在合作当中能够平等互利、和睦相处。

【法律建议】

律师与当事人充分沟通后对 3000 万元建议作如下处置：

1. 鉴于当事人需要照顾的亲属较多，人物关系复杂，个人经营的可能性较低，建议将 1000 万元进行家族信托。

2. 基于当事人对于资金利益最大化的强烈追求，经查询分析后，建议将 300 万元用于购买月息为 8% 的私募产品。

3. 从当事人对于资金安全性的考虑出发，建议当事人购买 500 万元的银行理财产品。

4. 因当事人对房产投资热情高并且非投资不可的现实，建议当事人购买价值 500 万元的写字楼。

5. 由于夫妻俩年龄均在 65 岁以上，对于保险一直存在排斥心理，当时一单未购的现实，建议两人购买集理财、养老、重疾于一体总额为 500 万元的不同类型保险。

6. 从两人生活实际出发，建议将 200 万元以银行大额存单形式留存，以便用于家庭的不时之需。

7. 基于当事人已经通过公证遗嘱的形式处分了其他财产，提示其针对以上财产采用遗嘱、赠与、捐助等一种或多种形式做出最终的权属归置，以免日后发生意想不到的财产纠纷。

以上意见基于当事人陈述的事实作出，系个人见解与建议，仅供当事人参考。希望当事人根据客观条件与个人意愿作出综合判断，以便依法积极维护其合法权益。

【专业视点】

1. 在家庭财产归置与财富传承当中均存在风险防控的重要事项，家事律师在实务当中不但需要以法律专业视角审视财产的现状与走向，而且需要兼顾银行、保险、信托乃至公证等行业对财产审查的要点与流程，以保障公民个人及其家庭财产依法最大化发挥应有效用，从而充分体现律师专业性智力劳动成果的社会价值。

2. 通常当事人在家庭财产归置与财富传承方面的法律需求是个性、细化且多样的，家事律师在与客户接触当中应时刻注意相互之间沟通交流的方式、对方心理变化以及服务事项潜在的法律风险等事项，以便有序、平稳、安全地受理以至完成约定的代理事项，切忌因大包大揽而铸成不可挽回的损失。

家庭财产归置与财富传承是婚姻家庭领域的一项崭新课题，家事律师在实务操作当中难免受到主客观条件的局限在服务效果上不尽如人意，可是婚姻家庭层面法律服务的本质属性即人身与财产高度结合，从某种程度上就注定了此类事务的复杂性与风险性，应当看到，律师行业在勇立潮头、砥砺前行的积极作为当中至少为当事人的现实需要提供了可供选择的私人定制式"服务菜单"，并且在接单后竭尽全力地通过全程服务不断自我修正、自我完善，以期为特定的当事人作出有益的贡献，为此公众若有实际需求尽可予以大胆尝试，以便为律师的专业技能与综合素养的日益成熟提供难能可贵的机会。

——高瑾律师带您走进 80 例新型家事案件

意见书五

涉外离婚纠纷初步分析

【案情简介】

杨婷（化名），女，35 岁，原籍为陕西省西安市，系中国公民，来律所称其与新加坡籍丈夫权某于 2009 年在西安登记结婚，儿子现已 8 岁，婚后两人主要居住在新加坡。2018 年权某在香港注册登记了一人公司（以下简称 A 公司，注册资本 1 万多元人民币），随后权某以 A 公司名义加入中国内地某股份有限公司（以下简称 B 公司，股权尚不能交易），至 2021 年 B 公司上市后权某股份市值约 2 亿元人民币，另夫妻二人在新加坡的住所价值人民币约 1000 万元。现欲离婚，希望在财产分割方面实现利益最大化。

【主要线索】

1. 杨婷与丈夫的婚姻具有涉外性质，既涉及外籍人士，又涉及境外财产。杨婷计划在西安离婚，主要意图是分割 2 亿元市值的股权，可是股权交易却存在法律与事实上的障碍，为此向专业人士求助。

2. 涉外婚姻家庭类案件若在国内诉讼对境外财产一般无法处置，为此杨婷在新加坡的住宅权益纳入不了离婚诉讼财产处置范畴，这一点应当明确告知当事人，以便其选择离婚案件管辖的法院。

3. 涉外案件首先应当解决的是适用法律的问题，其次是管辖的问题，再次才是案件程序与实质性的问题，这是作为专业律师应当深度考虑，并在充分了解案情之后才能做出诉讼规划乃至具体方案的综合事项。就目前来讲，当事人提供的线索及其维权方向都比较粗犷、模糊，由此对于具体法律意见的回复避免不了宽泛性与不确定性，这是律师在初次接待当中无法避免的事项，可是基于当事人的现实需求，应当做出审慎地回答。

第十三章
法律意见书的延伸

【法律意见】

1. 杨婷系中国公民，本想在原籍通过诉讼离婚，从常理上讲可以理解，但是因为其离婚诉讼属涉外案件，因此在法律的适用方面要做出选择，即选择何国法律对于其权利的保护最为有利。其事先应当对婚内财产进行全面调查，以有的放矢地展开维权计划，可是由于其个人原因在来到律所之前没有做任何功课，这样一来在事实不确定、不明朗的前提下，律师给其的法律意见只能是粗线条的、方向性的，对此当事人应当知悉。

2. 从目前当事人提供的线索来看，其一，2亿元股权利益切割的时机不成熟且主体存在不一致性，即丈夫权某在香港注册的A公司注册资本仅为1万多元人民币，在注册时夫妻有无特别约定、在该公司的章程当中是否存在排斥夫妻权属的内容，抑或按照香港的法律该一人公司是否可以纳入夫妻共同财产范围；其二，权某以A公司入股B公司时有无对其出资为个人属性财产之特别说明，B公司章程当中对于股东权利义务的相关规定是否排斥夫妻双方个体的介入乃至权益的享有；其三，从权某一人A公司至A公司作为股东的B公司，以至于目前B公司名下市值2亿元的股权，三者主体之间的同一性与权益兑现的客观性在法律与现实的层面上需要专业梳理、审慎思考、综合分析，只有做足功课才能为当事人提供有效的指引。

3. 当事人所述涉外离婚诉讼在适用法律与管辖权的选择方面既要考虑属人管辖也要关注属地管辖，其中涉及新加坡、中国香港、中国内地三地法律的适用问题，管辖权与具体法律的适用密切相关，当事人主观上以为适用中国法律对其有利，但是实际上是否能达到目的需要全面客观考量，就当前来讲若在国内提起离婚诉讼，新加坡的住房不能纳入夫妻共同财产分割范围，至于市值2亿元的股权，不管是在权利主体还是分割时机上都存在法律与现实两方面的障碍，故此建议当事人能够进一步展开调查取证工作，必要时可以及时委托专业人士介入，以便获取全面的事实及其相关证据，从而达到其在具体法律框架下个人利益最大化的维权目标。

以上法律意见基于当事人所提供的有限线索作出，系个人见解与建议，仅供当事人参考，至于如何抉择，希望当事人结合自身因素与司法实践综合考虑，以便维护自身合法权益，妥善处置现实矛盾。

【专业视点】

1. 涉外离婚案件基于当事人主体身份、所处地域以及法律关系存在中国境外因素而有别于普通的离婚案件，双方纠纷当中涉及的具体事项需要从法律适用、案件管辖、诉讼代理三个层面做出整体布局，设身处地地积极维护当事人的合法权益乃至人格尊严。故此，律师在应对涉外离婚案件当中既需要国际视野，又需要通过综合法律技能的有效施展留下有形的专业痕迹，才能真正体现专业服务的实际价值。

2. 涉外离婚案件针对财产分割时常触及民事、行政乃至刑事法律的适用问题，不仅限于国内而且延伸至境外，可是实践中在国内诉讼只能处理中国境内的财产，因此对于当事人财产权利的维护是有局限性的，尤其是中国公民应当依法把握其权利的边界。以上案例当中的法律建议就是基于当事人提供的有限事实情况与线索做出的初步分析。

3. 涉外离婚案件客观上难免在法律适用、管辖异议、调查取证、诉讼文书送达以及对外国法院作出的司法裁判文书的承认和执行等方面存在现实困难，作为家事律师应当充分考虑案件代理当中可能遇到的各种特别情形，以便在有效的法律空间积极作为并且取得良好的成效。

意见书六

离婚后财产纠纷专业指引

【素材与信息】

1. 王悦（化名）与前夫胡某离婚协议（2019 年 1 月 12 日）。
2. 前夫胡某承诺协议（2019 年 1 月 12 日）。

3. 前夫胡某名下婚前登记设立的陕西 Y 商贸有限公司、A 县两个金店婚内收益信息。

4. 王悦与前夫胡某婚姻关系存续期间设立的 W 市珠宝黄金专卖店。

【诉讼请求】

1. 要求前夫胡某履行离婚协议内容，即支付孩子每月 10000 元的抚养费（自 2019 年 9 月已停止支付）。

2. 要求前夫按照其书面承诺协议为女儿胡菲（化名）在西安购买 100 平方米以内的房子。

3. 要求分割双方婚姻关系存续期间陕西 Y 商贸有限公司、A 县两个金店婚内收益 100 万元。

4. 要求分割 W 市珠宝黄金专卖店股权。

【可供选择的管辖地】

原告对于案件的管辖欲放在其住所地西安市 C 区人民法院，而被告的户籍所在地和主要财产所在地在宝鸡市 B 区，原告还提到欲将案件放在被告主要工作地宝鸡市 A 县人民法院。

【初查后分析意见】

1. 关于陕西 Y 商贸有限公司、A 县两个金店婚内收益信息（均为婚前登记设立），经查询两店目前工商登记资料显示正常经营，从形式要件上看可以主张婚姻关系存续期间的收益，但是实际上是否存在收益以及收益多少需要进一步查证，可以去税务机关查阅调取相关纳税资料，陕西 Y 商贸有限公司系独资有限公司可查，而 A 县两个金店系个体户，通常在税务机关很难留有相关报税资料，尤其是相关盈利情况的数据。

2. 关于 W 市珠宝黄金专卖店（婚姻关系存续期间设立），经查询该个体工商户已于 2018 年 3 月 28 日注销，当时双方婚姻关系尚存，因此不管是所谓的共有财产权还是收益权在事实与法律上都无从提起。

3.关于原告所称离婚时未分割的被告名下位于陕西省宝鸡市 B 区某小区 180 平方米价值 150 万元一半产权的住房，因该房涉及第三人前公婆利益，直接诉讼在程序上存在一定的风险且第三人进入诉讼的必要性需要权衡，原告一直顾虑重重。

4.关于被告书面承诺协议为女儿胡菲在西安购买 100 平方米以内的房子，该承诺协议上约定的时间是 2020—2023 年，时间尚未届满，再者在西安购买 100 平方米以内的房子，而房子的大小与类型，双方一般会存在重大异议，对于原告来讲风险不可避免。

综上所述，原告提起诉讼的应当是两案，一案为按照离婚协议与承诺履行义务，一案为分割婚姻关系存续期间的共同财产权益，两案均存在风险，即前者双方约定每月支付的 10000 元抚养费数额，对方有可能要求法院降低，关于承诺购买房屋在时间与价值方面的重大分歧；后者即使除去 W 市珠宝黄金专卖店权益的诉求，原告针对另外两个店面收益的举证事项存在现实难度，至于收益的时段方面也需要慎重选择与把握。另外，两个案件在管辖方面依法应当在被告户籍所在地和主要财产所在地即宝鸡市 B 区人民法院为妥，原告要求的被告主要工作地或者她的住所地均存在一定的风险。

【专业视点】

1. 针对双方当事人在离婚后的财产纠葛，律师应当从法律的角度做出归类，以上案例当中关于离婚协议与承诺的履行为一类，针对婚姻关系存续期间共同财产的分割为一类，当事人可能会混为一谈，律师必须依法清晰地予以分类界定，以便在诉讼当中有的放矢地展开维权步履。

2. 关于案件的管辖，首先应当遵守法律的规定，其次当事人才可以考虑自己便捷的选择，此乃诉讼维权应当恪守的规则，当事人不可以随意僭越，这是以上法律意见当中一项重要内容。

3. 婚姻家庭类案件从表面看似乎简单，实质上根据已有的证明材料在客观事实分析方面具有多元性思维、多样性结论的特质，这就要求律师必须以专业、畅达的思路看待问题，进而为当事人作出有益的指引。

第十三章
法律意见书的延伸

意见书七

父亲遗产的法律归属

【案情简介】

侯先生，62岁，2021年5月父亲去世，父亲留有1套房子，价值60万元；存款50万元（死亡时存款金额需要查实）；抚恤金20万元。此外，侯先生称父亲遗产继承纠纷还涉及其母亲和妹妹共2人。侯先生还提供了以下情况：①2017—2020年父亲日常生活由妹妹照顾，父亲的工资也由妹妹管理，妹妹称父亲的房子与存款均由她本人所得（不清楚父亲是否留有遗嘱）。②母亲愿意将自己的遗产继承所得份额赠与侯先生。③父亲抚恤金20万元仍存放在其单位，三位家属分配意见并未达成一致。现侯先生要求分房产、存款、抚恤金，遂特别向律师咨询。

【事实梳理】

侯先生心有疑虑，主要涉及其父亲若有遗嘱，自己如何继承遗产？父亲2017—2020年的工资能否追回？自己是否能分得存款？若侯先生欲利益最大化继承遗产，律师有何最优方案？回归到本案，律师对基本事实进行梳理，概括归纳为：①侯先生父亲去世，留有一套房产，此房产为其父母夫妻共同财产，此房产一半归其母亲所有，另一半发生遗产继承。②侯先生父亲去世，留有50万元存款（数额以去世时账户存款为准），此存款系其父母夫妻共同财产，此存款一半归其母亲所有，另一半属于遗产继承范围。③在2017—2020年之间，侯先生父亲由女儿抚养，工资由女儿支配，基本难以追回。④父亲的20万元抚恤金，三方协商不成。抚恤金属于父亲去世后给其亲属的补偿专款，不属于遗产范畴。

213

【综合辨析】

1. 从侯先生角度讲，侯先生作为儿子，对其父亲的遗产享有法定继承权（若无遗嘱）。

2. 从侯先生母亲角度讲，其系被继承人的妻子，不但依法享有夫妻共同财产一半的个人财产，而且对作为遗产的另一半也享有法定继承权。

3. 从侯先生妹妹角度讲，其作为女儿，对其父亲的遗产享有法定继承权，而且在父亲生前的一段时间（2017—2020年）一直照顾老人，若有合法有效的遗嘱，便可以根据遗嘱继承父亲个人所属范围内的遗产。

4. 侯先生想顺利继承遗产，需要清楚其妹妹是否持有父亲合法有效的遗嘱及其具体内容，并且查明老人去世时账户所剩的存款数额。

【法律意见】

1. 案件当事人年龄均已偏大，家庭和睦才是最重要的，家庭关系需要各方极力维系，所以侯先生作为一方当事人与其他各方的沟通乃至达成和解是核心环节。和解还可以解决不属于本案范畴的抚恤金分配事项，节省当事人时间与开支，更能维持家庭关系的和谐。

2. 一旦沟通不能解决侯先生的遗产继承事端，律师建议侯先生及时立案起诉，并且注意区分以下情形与要点：①若其妹妹并无父亲遗嘱或者遗嘱无效，按照《民法典》第一千一百二十七条之规定，父亲去世后，财产应当由侯先生、其妹妹、其母亲作为第一顺序继承人继承。按照《民法典》第一千一百三十条之规定，同一顺序继承人继承遗产的份额，一般应当均等。即其母亲自有1/2房产，还将继承另一半的1/3，两项共计2/3的房产（价值为40万元），侯先生占1/6房产（价值为10万元），其妹妹占1/6房产（价值为10万元）。父母50万元存款遗产同理，侯先生母亲分得2/3约为33.33万元，侯先生分得1/6存款约8.33万元，其妹妹分得1/6存款约8.33万元。只要支付其妹妹大约18.33万元折价款，侯先生及其母亲可以获得房屋所有权。②若妹妹持有父亲将其全部遗产留给女儿的遗嘱，则妹妹独自继承父亲遗产。即妹妹与母亲平分房产、存款，各分得房产的一半 30 万元，以及存款的一半 25 万元。侯先生依法无权继承父亲遗产。

3. 父亲 2017—2020 年的工资，除非有详细证据证明还有剩余，剩余款项可作为遗产处理。

4. 父亲的抚恤金 20 万元不属于遗产范围，可以通过当事人之间的充分沟通极力调和，若调解不成，应当另案处理。

5. 律师应当权衡遗嘱继承与法定继承利弊，以及采取诉讼手段事后造成的影响抑或存在的不可控风险，是选择与妹妹达成和解协议还是选择通过法院裁判方式解决问题，都需要侯先生在情理与法理之间细细考量，酌情考虑。

以上法律意见仅供参考，如何抉择还望当事人结合自身因素与司法实践全面考虑，以便维护个人合法权益，合理分配遗产。

【专业视点】

1. 法定继承纠纷当中，对于遗产范围与继承人身份的确定是前提，再就夫妻共同财产的继承而言必须先析产后继承，由此才能依法分配遗产，确保各继承人的财产权利。

2. 法定继承是排除遗嘱继承之后的遗产分配原则，一旦遗嘱存在并且有效，法定继承不再发挥作用，只是在遗产未分尽的前提下，针对遗漏部分才适用法定继承，以上法律意见当中对此已予以阐明，值得关注。

3. 继承人与被继承人之间的相处关系对于遗产最终的分配比例难免产生一定的影响，被继承人既可以按照"多劳多得"的原则予以处分，也可以在"手心手背都是肉"的前提下默不作声，这样一来继承人在付出较多的前提下未必享有相当的份额。可是应当认识到，无论在法定继承还是遗嘱继承之中被继承人的意思表示是第一位的，侯先生作为继承人对于父亲的真实意愿应当无条件予以尊重，何况继承人善待被继承人本身就是法定赡养义务的正确履行，与其最终获得遗产份额的多少没有法律上直接的因果关系。

意见书八

弟弟"不当得利"之解套

【案情简介】

某城中村吴某与丈夫白某结婚,先后生下白甲、白乙、白丙兄弟三人,三个儿子长大成人且均已成家立业。白甲作为长子一直随父母一起生活,白乙、白丙在外工作对父母也是尽心尽力。吴某与丈夫原有祖遗房屋8间,后来三个儿子共同出资拆掉旧房盖成4层楼房,平日由白甲一家与父母一起居住,白乙、白丙时常也来看望父母。适逢城中村改造拆迁,父母因年事已高就将拆迁安置获得的房产及补偿款落至白甲名下。不料在拆迁安置过渡期父母先后去世,由于白甲、白乙兄弟俩共同经营一家酒店,经济上时常不分彼此,再加上随后白甲因车祸突然亡故,白乙作为弟弟忙前忙后,以至于5年后白乙实际占有了拆迁安置房及补偿款。白甲的妻儿因不满白乙独占了白甲名下的全部拆迁安置利益,以不当得利为由将白乙诉至人民法院,要求返还房产及现金共计人民币500万元。

【事实辨析】

1. 本案当中涉及的原被拆迁的城中村房屋,最初系白甲、白乙、白丙父母祖遗8间旧房,后经三兄弟共同出资盖成了4层楼房,在被拆迁时该房产属于父母名下房产,虽登记在白甲名下,但是其性质不变,并非属于白甲一人享有。父母亡故后,相关拆迁安置利益应当按照法定继承的原则由白甲、白乙、白丙三人共同继承,由此白乙对涉案财产享有三分之一的合法权益。

2. 本案的案由为"不当得利",白乙享有父母遗产三分之一的法定继承权,其占有涉案拆迁安置权益,既不违反法定继承的相关规定,更不符合所谓"不当得利"的法律概念,因此白甲妻儿所提起的不当得利之诉依法不能成立。

3. 本案的起源在于涉案拆迁安置权益的法律归置问题，即白甲、白乙、白丙三兄弟对父母遗产的继承析产事宜，白乙、白丙两人可以将白甲妻儿作为被告提起诉讼，由此所谓"不当得利"一案因需以继承析产一案为结论而依法中止，这样一来在确定白乙对拆迁安置权益享有三分之一继承权的前提下，其所谓的"不当得利"不攻自破。

【专业指引】

1. 本案当中，从专业的视角看，首先，涉案拆迁安置房产及补偿款虽在白甲名下，从根源上讲系白氏三兄弟父母名下财产并非白甲个人财产；其次，涉案财产权益尽管在父母、白甲亡故之后由白乙实际占有，可是白乙并非"不当得利"的适格被告；再次，针对"不当得利"一案，在父母遗产继承析产依法没有结论的前提下，"不当得利"无从谈起。因此，白乙作为"不当得利"的被告，欲依法维护自身合法权利，必须以提起继承析产诉讼的方式着手极力维权，进而才有可能将其从"不当得利"一案当中解脱出来。

2. 白乙在相关继承析产维权当中应当注重与白丙步调的一致性，从现实生活的惯常视角看，白丙出于对自身利益的保护，在白乙的提示下通常会积极参与诉讼，但是也有例外，假若白丙最终不参与诉讼或者放弃继承权，那么白乙在举证方面的责任必将加重，故此白乙在争取白丙参与诉讼事项上必须做足功课。

3. 本案在维权层次方面的专业认知值得关注，作为家事律师在看待当事人之间所展现的矛盾时应当由表及里、入木三分，并且以现实举措为当事人的维权做出具体的专业规划与实施方案，以专业能动性的极致发挥将当事人从涉诉案件当中解脱出来，由此才能体现律师代理的实际价值。

【法律视点】

1. 家庭成员在日常生活当中一般很少具有契约意识，尤其是在城中村，通常财产以家长控制方式现实存在。本案当中，白氏三兄弟的父母生前没有论及原祖遗财产在儿子们共同出资重建后的产权归属，只是在拆迁时指定与其共同生活的白甲作为所谓的"被拆迁人"享有相关权利义务，根本没有顾及夫妻俩、白乙、白丙的利益，由此在夫妻去世、白甲亡故后，致使白甲的妻儿将白乙以所谓"不当得利"诉至法院，其实质上就是在夫妻财产、家庭财产、遗产权属未确定的前提下，难免产生当事人意料之外的诉讼纷争，为此家庭内部财产的及时归置具有重大的现实意义。

2. 白乙依法作为父母遗产的继承人，就其个人来讲若不是被以所谓"不当得利"诉至法院，其根本没有意识到可以通过提起继承析产之诉才能为自己在"不当得利"一案当中解围。惯常多数当事人都是以得过且过的心态面对本应直面的纷争，故此公民在生活当中对于潜在矛盾的积极防范与有效化解需要高度重视。

家庭成员在处理财产问题时，应当以客观、理性的思维依法界定个人权利的边界，如遇自己无法判断的情形可以及时求助于专业人士，以免因过度追求个人利益的最大化而将自己置于诉讼的风险之中。本案当中白甲的妻儿在提起"不当得利"之诉时难免有急功近利、慌不择路之嫌，其中在专业实务操作上暴露出的弊端是毋庸置疑的，最终导致不良后果也是挥之不去的。

意见书九

同居老伴亡故后的法律问题

【案情简介】

王先生，75岁，与老伴生有一儿一女。2015年老伴去世，留有3套房产和1套城中村拆迁房300平方米的住宅（均在王先生名下）。2018年，王先生与刘某同居，刘某于2020年去世，刘某女儿向王先生索要其母与他同居期间的补偿费用10万元。王先生的子女很不乐意，而王先生背着其子女给了刘某女儿5万元，子女知晓后与王先生发生矛盾。2019年王先生的城中村住宅面临拆迁，因王先生非农业户口，为此补偿数额为100万元，现王先生子女与刘某女儿均要求分房产，王先生心存疑虑，遂特别向律师咨询。

【事实梳理】

王先生心存疑虑，主要涉及刘某女儿是否有权分得该房产？若王先生欲处分个人财产，律师有何最优方案？回归到本案，律师对基本事实进行梳理，概括归纳为：1. 王先生老伴去世前，未对个人财产权益进行过处分，按照法律规定，其去世后财产应当按照法定继承顺序发生变动，即王先生、子女以及王先生的岳父岳母（均已明确表示放弃）作为第一顺序继承人，分配遗产时各继承人享有份额应当均等。2. 王先生在其老伴去世后与刘某同居的事实，法律虽不禁止但对其同居期间的财产权益处置尚且没有具体规定，刘某女儿以此索要补偿费的请求有待商榷。3. 王先生背着子女给刘某女儿5万元的行为，不排除有赠与的可能，如果王先生子女欲请求刘某女儿返还该5万元在法律上存在难度。

【综合辨析】

1. 从王先生子女的角度考虑，其对父母的财产享有合法继承权，同时对王先生也有法定赡养义务。从情理出发，王先生已过七旬其再婚对于子女来说很难接受，但依照法律规定，公民的婚姻不受他人干涉，即使是子女亦应该为父母的幸福着想。

2. 站在刘某的角度考量，刘某作为单身女性与王先生存在同居关系，邻居间可能会有非议。不过，由于其与王先生并非婚姻关系，对王先生的财产无继承权，也无权干涉王先生处置自己的财产，其自身所面临的风险不可回避。

3. 对于刘某女儿而言，刘某女儿与王先生之间不存在血缘关系，其为自己的母亲争取利益在情理上并无不当，但在法律层面，刘某女儿因无继承权，无法继承王先生的房产以及其他财产利益。

4. 至于王先生，倘若欲行使处分权自由支配自己生前财产，可以立遗嘱的方式实现。如果其生前未立遗嘱或者不存在其他书面协议，财产归属的分配也只能按照法律规定,由第一顺位的继承人依法继承。

【法律意见】

1. 家庭的和睦是一个大家族稳定、长期发展的基石。王先生与其子女作为一家人,维系家庭和谐是其首要目标,王先生作为父亲,既履行其作为父亲的义务,又保证自己权利的行使不受干涉,与子女沟通协商不失为最佳选择。

2. 一旦沟通不能解决王先生的财产分配争端,律师建议王先生自愿选择立遗嘱的方式处分个人财产权益。相较于法定继承而言,王先生选择立遗嘱的优势鲜明灵活,可完全按照自愿原则行使权利。律师提示,王先生若想以立遗嘱的形式处分转移财产所有权,前提是必须明确自己所有的财产份额,即抛开老伴财产份额。王先生老伴去世后,留有的3套房产以及1套城中村拆迁房300平方米的住宅虽然都在王先生名下,但老伴生前支付所购房款与按揭还贷数额均与王先生有所差别,对此3套房产王先生老伴享有部分房产份额,婚后王先生名下的城中村拆迁住宅所获补偿款100万元,王先生老伴分得50万元。

3. 若既不能协商解决,又不想立遗嘱,王先生去世后,即发生法定继承,王先生的子女、父母将同等顺位平均继承王先生遗产,其中王先生遗产当中包含有老伴去世后,王先生、子女均等继承老伴3套房产份额以及50万元当中1/3的比例,王先生按比例继承后并应当依据现有财产总和处置其实体权益,可经评估以房屋市场价进行折价计算。假设3套房产市价350万元,王先生出资加还贷200万元,老伴在世出资加还贷150万元,即老伴占3/7的房产份额,王先生占4/7的份额。老伴去世后,王先生继承老伴所占3套房屋份额的1/3为50万元,补偿款50万元当中的约16.7万元。最终王先生实际总计财产权益3套房产数额总计为250万元,以及66.7万元补偿款。

4. 律师权衡遗嘱继承与法定继承的利弊,综合王先生依据遗嘱内容处分自身财产权益之形式,全面考量或将造成偏倚影响子女之间感情,事后造成的影响抑或存在不可控风险。法定继承结合客观事实与相关证据综合认定分配财产权益,相比遗嘱继承或将不偏不倚,然而兄弟姊妹对簿公堂或将受到诉讼时间以及其他客观限制，需要王先生在情理与法理之间仔细考量，酌情考虑。

以上法律意见仅供参考，如何抉择还望当事人结合自身因素与司法实践通盘考虑，以便维护个人合法权益，妥善处置自身财产。

【专业视点】

1. 老年群体在生活当中通常以同居的方式相互满足各自的需要，尽管从实际内容来看同居与再婚没有明显区别，但是从法律上讲，当事人之间的权利义务关系不被确认，由此所产生的后患在所难免，以上案例当中的矛盾显现就是典型模式。

2. 老年同居无论长短一般都会引发双方及其各自子女在利益方面的冲突，当事人往往出于情感原因做出一些财产上的妥协，以期换得生活的安宁，可是常常事与愿违，招来对方或者其子女变本加厉的一味索取，由此在矛盾深化的情形下，只能求助于法律。

3. 老年人同居屡见不鲜，其中的法律风险当事人并不完全知晓，婚姻毕竟与同居存在不可逾越的鸿沟，两情相悦进入婚姻安全，同居容易风险难免，一旦冲突四起，生活不得安生，家人怨声载道。

意见书十

护理纠纷调解法律探究

【纠纷基本情况】

2020年4月11日，90岁的老太太王清（化名）因其年迈且患有脑梗、冠心病、糖尿病、肠梗阻等疾病，需专人看护，经家人送至达康护理院（化名），双方签署了入住登记表、护理标准及收费、保护性约束告知书、跌打损伤责任及其他风险告知书等，此后老人一直在这里生活。2020年10月20日下午一点半，王清像往常一样事先被固定绑在轮椅上，然后由护理人员推至走廊"放风"。大约2分钟后，护理人员巡查时发现王清摔倒在地，绑绳已解开。护理院立即将王清送至某三级甲等医院，经检查后发现并无大碍，遂将王清接回护理院。不料第二天凌晨3点，王清突然死亡。护理院方才通知了其家属，家属随后将王清火化并在护理院办理了结算手续。2020年11月12日，王清的家属以护理院没有及时告知王清摔伤的情况，导致所有家属没有在老人临终前见到最后一面为由要求护理院赔偿30万元。护理院对是否应当赔偿以及赔偿的额度与王清家属之间存在重大分歧。

【案情争议焦点】

1. 老人的摔倒与死亡之间是否存在因果关系。

老人在死后立即火化因此无法做司法鉴定，王清家属认为老人在入住护理院半年的时间里，并未出现病情恶化等情况，为此老人摔倒是致其死亡的直接原因；护理院认为老人摔倒后经医院检查并无大碍，其本身患有多种严重疾病，死亡原因为正常老死。

2. 护理院是否存在合同违约行为。

护理院认为王清的家属在送老人入住时已经详细阅读了跌打损伤责任及其他风险告知书等协议并签字确认，该协议明确约定了护理院无须对老人跌倒负责，同时双方约定王清为一级护理，护理院已经严格履行了合同约定，尽到了合同义务；王清家属认为该条款增加了相对方的义务，免除了护理院作为管理人应当承担的责任，因此该条款无效。护理院的工作人员疏于看护导致老人摔伤，且未在第一时间通知家属，没有很好地履行合同义务，属于严重的违约行为。

3. 护理院是否存在未尽到安全保障义务的侵权事实。

王清家属认为老人被推至走廊后并无工作人员看管，在摔倒两分钟后才被巡查护士发现，因此护理人员存在严重失职行为，并未尽到谨慎照顾的义务，更未尽到必要的安全保障义务；护理院方则认为王清的护理级别为一级护理无须24小时看护，并且工作人员将老人推至走廊时已经采取了保护性约束措施，即将老人固定绑在轮椅上，老人自己将绑绳解开系此次摔倒事件发生的诱因，护理院已经尽到了安全保障义务。

4. 关于赔偿数额的范围。

王清家属基于护理院没有及时告知老人摔伤的情况，导致所有家属没有在老人临终前见到最后一面且对老人死亡存在过错为由要求护理院赔偿30万元；护理院认为已经尽到相应义务，无须对老人的死亡负责，但基于人道主义愿意退还护理费共计3万元。

【法律意见分析】

1. 本案存在违约责任及侵权责任竞合的情形，王清家属既可以护理院侵犯了老人的生命权、健康权等起诉护理院承担侵权责任，也可基于双方签署的服务合同，以护理院没有尽到合同义务而起诉护理院承担违约责任。基于这两种不同的诉由，法院审查的重点也不一样。如果对方是以侵权为由起诉，法院审查的重点在于护理院是否尽到了安全保障义务，如果护理院有过错，法院会根据过错程度来确定责任比例。如果对方选择以服务合同为由起诉，法院审查的重点就在于护理院是否严格履行了合同约定，是否完成了合同义务。根据现有情况来看，对护理院而言无论是侵权之诉还是合同违约之诉都存在一定的诉讼风险，完全不承担赔偿责任的可能性较低。

2. 对于护理院而言，作为医养结合的新兴行业，上级主管部门既有负责养老行业的民政部门，也有负责医疗的卫生部门，在这种交叉管理的情况下，无疑也加重了诉讼的风险；根据行业的特殊性，在处理此次纠纷时应对商业声誉给予特别关注，诉讼周期较长，不利于问题的快速解决且影响范围扩大，因此建议以调解的方式解决此次纠纷，并与家属签订相关保密协议。

3. 双方对于调解的数额存在较大分歧，在本案中结合对方可能提出的死亡赔偿金、丧葬费、精神损失等费用，按照通常人身损害赔偿类案件的计算标准，其所主张的30万元赔偿，即使在护理院承担全部责任的情况下，此金额也属偏高。鉴于王清老人已经火化无法进行司法鉴定，因此很难判断老人摔伤和死亡之间是否存在因果关系，退一步讲即使护理院存在没有尽到妥善照顾的义务，老人摔倒的原因也系因其自行解开绑绳，故此王清应对自己摔倒承担主要责任，护理院承担次要责任，结合此类案件法院判决的责任比例以及人道主义补偿，建议在10万元至20万元的范围内考虑调解额度。

该法律意见书的内容系根据现有情况作出的初步分析判断，仅供非诉讼调解阶段参考，不能作为双方诉讼时相关费用计算及其责任比例确定的依据。

【专业视点】

1. 随着社会老龄化的日益加深，护理院与老年人及其亲属的联系越来越多。针对双方之间权利义务的约定，一般在实践当中以服务合同形式展现，可是一旦发生人身伤亡事件，老年人的亲属通常以侵权责任为由提出巨额损害赔偿要求，这样一来，护理院往往因不堪重负一蹶不振甚至退出市场，长此以往，对于养老服务行业的发展不利，对于亟须护理的老年人有害无益，为此关于护理院与老年人之间服务关系的有效调整应当引起社会各方面的高度关注。

2. 针对护理院的行政管理存在民政、卫生两个部门双重的属性，护理院的本质属性游离于医院与养老院之间，目前护理院多数实际处于商业运作之下，由此一来老年人及其亲属与护理院之间的法律关系存在众多盲区，一旦发生人身伤亡事件，双方在解决实际矛盾当中基于各自不同的认识，很难通过非诉讼的方式予以化解，即便是诉之于法院，同类案件的裁判结果在实践当中往往差异很大，由此很可能影响到社会的稳定与和谐。

3. 护理院作为新兴行业，既可以从内部管理上加强风险防控意识，会同司法行政机构设立相关纠纷调解室，也可以采用公证的形式确定老年人的意定监护人，以便在发生人身伤亡事件后由意定监护人出面解决问题，以免因众多家属的参与而导致事态的扩大。除此之外，还可以探索其他有效化解护理纠纷的现实举措。

第十四章 专业论文展示

> 理论与实践的结合带给家事律师的是不断的思考与积极的进取,办案离不开理论的支撑,论文少不了实战阅历,若能在日常办案之余及时梳理、总结并且在自我反思当中着手撰写论文,传播法律文化正能量,那么无论是在专业思路还是现实举措的创新方面,都很有可能在独辟蹊径当中日益成长乃至走向个人执业的最佳境界。笔者自执业以来一直在律师专业的个人园地不辍耕耘,尽享其中的苦与乐,现特展示如下论文与大家分享交流。

论文一

家事案件调解技巧的灵活运用
——从5个典型案例解析家事调解

家事案件因其涉及人身与财产关系乃至复杂的现实背景,在实际处理当中很可能由于事实认定或者法律适用上的不确定性与局限性,往往以判决方式解决纷争给当事人带来的后果远远不及调解灵活、便捷、彻底,因此针对家事案件的调解留给法律人尤其是律师的专业思考与实际操作都极具挑战性,在此当中创新思路、多策并举地化解矛盾就显得十分重要了。

一、丈夫涉嫌重婚,律师及时取证,迫于情势求和,非诉促成离婚

曲某,女,45岁,原与丈夫刘某在安徽老家从事建筑行当,后来到A市承揽土建工程,挂靠在某建筑公司名下。两人生有一儿一女,全家四口在A市生活了5年,不料近两三年刘某很少回家,曲某发现了丈夫在A市某区与第三者已公开同居两年,第三者已怀孕8个月。曲某在找到刘某与第三者的居住地时第一时间向律师求助,希望律师能够立刻前往调取丈夫重婚的现场罪证。律师迅速到场见到了刘某与怀孕8个月待产的第三者,并且与刘某进行了谈话。刘某对其与第三者以夫妻名义公开同居两年的事实毫不隐瞒地全部予以供述,刘某还在律师制作的谈话笔录上痛快地签了字。随后律师在从现场返回律所的途中接到了刘某的电话,刘某急迫地请求律师不要将自己与第三者重婚的案件诉至法院,同时还表明了自己愿意给妻子曲某补偿40万元现金及老家的房产,坚决要求以调解方式解决离婚问题。律师当即与曲某取得联系,在征得曲某的意见之后又与刘某进行沟通,最终曲某与刘某达成了协议并办理了离婚登记手续,曲某的财产权益亦得以兑现。

通常家事调解依据的事实,需要依靠证据来支撑,以上案例展示的是丈夫婚外情事实客观存在前提下,律师迅速前往现场调取有关重婚罪证据之后对于妻子维权路径所产生的重大影响,即将原本应通过刑事自诉程序维权的格局有效改变到了民事调解的轨道上,由此使得其维权的路途大幅度缩减,最终在短时间内实现了其维权目标。因此律师在专业思路指引下准确判断、迅速行动、及时调解、积极跟进所带来的代理效果是显而易见的,专业调解手段在本案当中的恰当运用值得肯定,同时在调解当中取证的重要性应当引起法律同仁的积极关注与现实借鉴。

二、离婚财产复杂,律师梳理引导,分层递进调解,协议解决纷争

于某,35岁,与妻子吴某系大学同学。曾在婚前由于某及其父母出资购买商品房一套,产权登记在吴某名下。婚后两人生有一女,一家三口就住在该房内。两人在婚姻关系存续期间购买了商品房一套、"理财产品"200万元、商铺一处,均登记在吴某名下,双方因经济问题多次发生争议,以至于后来分居已满两年,吴某诉至法院要求离婚。双方对于离婚事项均无异议,但对于财产分割及孩子抚养事项争议很大。吴某主张婚前购买登记在其名下的房产为其个人财产,"理财产品"200万元系其父亲通过熟人在某房地产公司购买的,只在每年分得红利,本金无法取出,且登记在自己名下,因此不能在本案当中予以分割，只同意分割婚后购置的商品房与商铺。于某认为离婚案件中涉及的财产均属于夫妻共同财产，坚决要求分得一半，并且要求抚养孩子。在第一次庭审当中，于某列举了其在婚前购买商品房的部分转账流水记录，吴某以证明力不足为由不予认可；于某列举了"理财产品"分红收据一份，吴某以该收据形式要件不符合法律规定为由不予认可；于某列举了两人分居后孩子跟吴某在一起生活不上幼儿园的证明，吴某以怕孩子被于某抢走为由不予认可。除此之外，双方对于财产分割的其他争议也不少。庭审后，于某在律师的提议下向法院申请调取200万元"理财产品"的相关证据，法院及时前往某房地产公司调查取证。第二次开庭时法院将调查情况予以通报，即双方当事人的200万元本金确实交到了某房地产公司，并与某房地产公司签订了购房合同一份，但是根本不存在交付标的物的现实条件，法院调查时该公司诚惶诚恐，无奈之际向法院出具了"200万元系吴某、于某在我公司购买的内部职工认购股"的书面证明。双方代理律师在听完主办法官的调查情况说明以后顿时感到了压力，因为该200万元被双方当事人一致认为是"理财产品"，现在又涉及"内部职工认购股"与"购房合同"的属性，但该财产承载的三种不同性质均在本案当中不能以判决的形式依法予以分割，为此案件的现实处理不得不走上调解的轨道，由此双方当事人之间的相互妥协、让步自然不可或缺，双方代理人在专业沟通与随机应变方面实际能力的展现就显得尤为重要了。

基于对200万元财产分割方面双方同意调解的共识，于某的代理律师与吴某及其代理人进行了充分沟通，在此当中涉及两套商品房及商铺的评估问题、孩子的抚养问题，虽然争议依旧存在，但随着协商层次的推进，双方围绕争议事项已确定通过调解结案的大方向不变，尤其是关于200万元财产的现实分割与保全问题已成为首要事项，最终经过协商达成共识，即第二次庭审后双方约定共同前往某房地产公司进行对账，然后在确认无误的前提下，按照本利对半的原则分别先登记在吴某、于某各自名下，然后双方再与该房地产公司进行交涉，即将该财产尽快提取出来，从而保障双方各自权益不受损失。第三次庭审时，双方向法院回应，"针对200万元财产的分别登记以及与某房地产公司的交涉工作已完成",即该项争议已经解决,至于其他财产争议、孩子抚养权归属问题双方也一致同意以调解的方式处理。为此在双方均有诚意的前提下,本着日后有利于孩子身心健康成长的前提,经过了4个小时的磋商,终于达成了调解协议,于某获得了婚后购置的商品房一套和商铺,吴某得到了孩子的抚养权及婚前购置的商品房一套,该离婚案以调解的方式顺利结案。

本案当中,由于"200万元理财产品"所引发的财产属性存在法律上的缺憾,从而影响到双方当事人财产权益的安全性,由此在以判决方式处理层面上存在现实的障碍,所幸的是双方律师首先在单向解决该财产争议方面达到了专业上的共识,并且得以在现实当中顺利完成了该财产的分割事宜,从而尽可能地避免当事人日后遭受财产损失。其次,在第三次开庭当中基于200万元财产争议的解决,为双方其他的争议事项奠定了良好的基础,借此双方律师在专业沟通方面不断深入,其中将财产分割与孩子抚养问题合并协商解决,这是专业化调解工作递进的有效举措,从而在第三次开庭当中将该离婚案件以调解的方式最后结案。通过以上案例可以看到,家事调解对于纷争的专业梳理是基础,针对单向争议的前置解决是关键,将财产分割事项与子女抚养问题合并解决是落脚点。在此当中律师的视角、见地以及专业处置矛盾的举动都有其不可替代的现实作用,一旦在调解当中获得契机并且能够说服当事人客观面对纷争,那么调解所产生的积极作用乃至给当事人带来的益处都是实在而长远的。

三、兄弟分立争议,商标法规空白,律师解惑建言,各取所需终结

来氏兄弟二人均系牙医,十年前共同创办了溢美牙科诊所(化名),同时拥有一家服装公司。在经营当中哥哥负责对外业务拓展,弟弟负责日常经营,两人的妻子分别在牙科诊所和服装公司负责财务。兄弟俩奋斗十年,盈利丰厚,可是后来由于妯娌俩的矛盾导致兄弟二人无法继续合作,由此关于分开经营问题两人产生了争议,并且在争执不下的情况下寻求律师的帮助。律师首先尽可能全面地了解了牙科诊所与服装公司的经营情况,同时与兄弟两人

进行了谈话,哥哥要求分得两个店面,给兄弟补偿500万元;弟弟也要经营两个实体,同时可以考虑给哥哥补偿600万元,两人互不相让。在双方争议期间,适逢牙科诊所的标识"溢美"(化名)与正在申请注册的另一商标相似,因此在该标识日后能否继续使用问题上兄弟俩不知所措,二人共同征求律师的意见。律师及时查询了相关商标公告,并且按照通常维权的时效期间推算,该"溢美"标识还可以使用半年甚至一年时间,由此建议当事人可以在该时段内尽快申请一个新的商标,以便保障客户尽可能地衔接,使牙科诊所的经营不受影响。随后兄弟二人又针对其服装公司经营品牌的商标许可使用事项向律师咨询,律师对其指定品牌的许可使用合同及其该品牌的注册登记情况进行了查询,及时告知他们该商标的注册登记范围仅限于"鞋类",没有服装项目,因此建议他们向原许可使用方追回已付过的"商标使用费",并且应当同时申请注册一个新的服装品牌商标,以保障该服装公司的正常运营。兄弟二人听完律师的回复与建议后既感到意外同时又有一种获得新生的感觉。至此律师发现兄弟俩算账分立,争议焦点不在单纯的金钱数额上,而在于他们对商标注册及其使用方面的法律空白而引发的价值趋向层面的冲突,然而针对牙科诊所标识日后何去何从的问题,兄弟俩的意见与判断大相径庭,哥哥经过思考愿意继续经营牙科诊所,弟弟怕承担风险主动放弃,因此矛盾的范围缩小了,即只剩下服装公司由谁经营的问题了。后来在律师的主持与引导下,兄弟俩达成了分立协议,确定由哥哥经营牙科诊所,弟弟经营服装公司,各自承担其经营实体的商标遗留问题及其过渡事宜,弟弟给哥哥补偿两个实体的差价100万元。

从以上兄弟二人的纠纷调解过程当中可以看到,随着家庭成员经营活动的日益增多,由创业时兄弟俩的携手共进到后来各自小家庭成员之间矛盾的暴露,以至于最后散伙分开经营,留给律师的思考是多重的:既要考虑兄弟关系,又要考虑实体经营的连续性、稳定性、合法性;不仅要关注金钱利益,而且还要将执业眼光投射到商标权方面。由此才可以有针对性地指引当事人按照专项法规的要求将自己的经营活动予以规范,进而在矛盾调解当中从实际情况出发,依法公平、诚信地实现各自的利益目标。

四、父子分家无账，律师迂回查证，财产清单露馅，协议达成纷止

汪某，男，50岁，早年从事小商品买卖个体经营活动，儿子小亚婚前随父一起经营5年，随着生意的发展父子转向礼品批发业务，在某商场租赁了两个商铺（登记在小亚名下），收益不菲，小亚购车又购房。小亚结婚后，小两口与汪某夫妇一起生活。汪某因儿子、儿媳都在店面负责日常经营，故很少来店。一年后汪某因意外受伤需要从店里拿10万元支付医药费，可是小亚两口均不理睬，汪某无奈不得不负债医病。汪某病愈后与小亚商量如何"分家"，小亚声称摊位是他的，《个体工商户营业执照》上登记的也是他的名字，汪某无奈只能向法院提起诉讼，要求分割家庭共有财产。汪某在庭审中列举了当时租赁商铺时其转给儿子的80万元银行转账凭证、其记录的店里连续两年的收支情况以及儿子亲书的部分收入记录，用于证明店面每年批发毛收入为600万元，盈利不少于120万元，汪某仅主张分得三年盈利的一半即180万元；小亚对于父亲汪某的提交的证据及其诉讼请求均表示反对，并且认为自己付出得多，业务收入主要用于扩大规模，负债远远高于目前的开支，并且拒绝与其父调解。法院根据庭审的情况，责令小亚在7日内提供证据支持其诉讼主张，可是小亚后来仅提供了其向供货单位支付货款的部分凭证，由此法庭关于案件事实的查证在双方都不能充分举证的情况下陷入僵局。直到第二次开庭时，汪某的律师向法庭提交了一份小亚目前拥有的房产、车辆以及其购买的保险等财产清单，并附房产、车辆产权登记查询材料，预估总价值为700万元，再加上汪某所掌握的100万元库存商品，由此可以推断汪某主张每年120万元的盈利具有客观性。主办法官当庭询问小亚该清单所列内容是否属实，其回答"基本属实"。主办法官再次征求双方是否同意调解，小亚及其代理人均表示同意调解。随后经过双方代理律师的数次沟通，最终在法庭的主持下父子俩签订了调解协议，小亚一次性支付了汪某150万元，两个商铺由小亚单独经营，父子之间的纠纷由此画上句号。

父子本是最近的直系血亲，由于共同经营且有所收益而导致双方产生利益冲突，再加上个体工商经营户通常没有账簿，因此进出钱款无客观性证据

可查，案件在法院审理当中客观上存在举证难、认证难、判决难的现实，如何引导当事人走上调解的轨道是法院与双方代理律师应当共同面对的问题。本案当中，汪某代理律师针对双方客观上不能获取直接证据的大前提，以迂回的思路面对举证难题，进而调取了对方当事人小亚个人名下财产的登记信息，由此从店面盈利后金钱转化的后果即小亚购买的房与车等产权登记线索入手，并且制作了小亚个人名下的财产清单提交给法庭，由此让法庭将双方争议的视点投向了小亚所拥有的财产上面。在无可反驳的查询信息面前，小亚只能同意调解，父子之间纷争的化解无疑成为了一种定势。本案最终以调解方式结案，证明了律师所做出的专业功课是独具匠心的，同时也是卓有成效的。

五、造假变更股权，行政复议提起，股权依法追回，夫妻调解离婚

白某与丈夫赖某系高中同学，结婚25年，生有一子已成家立业。夫妻二人早年创办了某体育用品有限公司，注册资本500万元，丈夫名下持股80%，工商登记时给当时上高中的儿子登记了20%，公司一直由夫妻俩经营。后来赖某以白某身体不好为由让其回家，赖某独自经营，不久就开始与公司会计区某有染，以至于后来公开同居。白某偶然发现了丈夫的婚外情事实，曾多次劝其与第三者区某分手，但是赖某非但不听，反而将其名下的80%股权及儿子持有的20%股权公然变更登记到区某名下，还曾以暴力逼迫白某与其离婚。白某和儿子在万般无奈之际寻求律师的帮助。律师回应其只有将违法变更登记的股权追回来，才可以促使赖某正确面对客观情势并且依法理性解决股权争议乃至离婚当中财产的公平分配问题。此后白某和儿子在律师的代理下向工商行政机关提起了行政复议，请求撤销依据赖某提交的伪造签字作出的相关股权变更登记行政行为，随后工商局支持了白某与儿子的请求，80%的股权恢复登记到赖某名下，20%的股权恢复登记到儿子名下。赖某因其违法变更股权最终功亏一篑而被迫与白某协商离婚事宜，在财产分割方面以支付200万元对价款的条件请求白某退出公司，最后双方达成了离婚协议并且办理了相关手续，从而彻底结束了双方之间的纷争。

本案当中，某体育用品有限公司登记注册的80%股权虽在丈夫赖某一人

名下，但该股权内容系夫妻共同财产，赖某因婚外情将公司所有的股权违法变更登记至第三者区某名下，已侵犯了妻子白某与儿子的合法权益。从当事人权利救济的途径选择来看，行政复议无疑是最便捷的方式，律师引领当事人提起了行政复议并且获得了支持，首先使得白某及其儿子的股权权益回归了，进而又促使赖某不得不与白某谈及离婚事项，最终让白某在离婚时获得相应的股权补偿款项，由此说明了律师通过启动行政复议程序为当事人依法维权所做出的有效功课，同时也映射出家事调解触及法律领域的广泛性，以及家事调解对于律师执业素养的多元化与综合性要求。

综上所述，家事调解不仅涉及刑事、民事、行政之维权途径，而且以调解方式处理纷争的业务事项无时不在、无处不在。作为家事律师在应对现实纷争时，既要注重证据的搜集，又要注重线索的寻觅；既要找准争议的焦点，又要逐步分层解决前置问题；既要关注民事普通法律法规，又要掌握专项法律的特别规定；既要有律师的专业素养，又要有解决问题的综合能力；既要有创新求实的思路，又要有符合实际的举措。家事调解所承载的内容丰富，律师面临的挑战艰巨，但是家事调解的灵活性、便捷性、彻底性足以让法律人在此方面投注更多的激情、自信、耐心。律师只有在现实当中穷尽了各种调解手段，才能够真正面对司法判决的严酷性与强制性。从某种角度上讲，家事案件调解的效果远远优于裁判，非诉讼调解的成本远远小于诉讼，诉讼案件当中以调解方式结案能够带给当事人更多的益处。

论文二

疫情家事启示录

疫情突袭，人们措手不及；逃避无用，应当积极应对。家庭协力，平和挺过；人心不齐，世事维艰。婚姻家庭类纷争以各式各样的版本演绎着一幕幕剧本，所呈现的内容虽然纷杂，但是从专业律师的视角可以梳理归类，并从中吸取教训与教益，笔者在此总结辨析以飨法律同仁。

一、家庭矛盾暴露，婚姻存废走向两级

夫妻关系是家庭的核心，平常难免磕磕绊绊，一般为了共同的目标往往可以将争执控制在不离婚的状态，然而疫情降临后双方在权利与义务履行层面各自固有的性情与行为通常会显现出来，由此有可能将婚姻推向新的方向，例如，疫情期间丈夫挺身而出承担了主要的家庭责任，使得原本艰难维系的婚姻出现了新的生机，这是疫情考验后的积极成果，也有在疫情期间双方冲突加剧最终都迫不及待要离婚的结局。无论婚姻走向何方，当事人都需要理性审视自己，依法维护个人合法权益，以便自身尽快恢复到正常的生活轨道。因此应当看到，疫情特殊时期挽救了一些问题家庭，同时加快了一些家庭瓦解的步伐，夫妻关系决定着家庭的前途与命运。一个健康的家庭对于各个家庭成员来讲意味着安全、平稳、和谐乃至幸福，相应地一个病态的家庭带给其成员的是忐忑不安、潜在风险甚至危机四伏，那么身处婚姻当中的人们是否应当审慎思考其在金钱诱惑、阶层跨越、家庭付出以及包容心、满足感在实际落地时的坐标位置。依照《民法典》婚姻家庭编的相关规定，婚姻是以感情为基础的，人身关系为先，财产关系其次，若没有了人身依存，财产融合无从提起。

婚姻是双方当事人全方位的真诚、真实的交换，任何虚假都逃不过时间的检验，婚姻更不是儿戏，在整个"现场直播"当中任何人都不得偷懒、撒谎、假唱，故此人人必须遵守法律，事事谨守规则，远离婚外情、家庭暴力、赌博、吸毒等违法犯罪行为。婚姻需要双方坚持、捍卫，更需要彼此珍惜、感恩，即便是已经走到了无法挽回的境地，当事人也需要依法以最小的成本摁上"停止键"。结婚缔结的基础是感情，婚后相处的原则是付出，离婚归结的依据是法律，这些规则大家似乎都明白，可是每个人在真正碰到具体问题时常常忽略了，这些在疫情之下显得尤为重要，在此特别予以提示，希望能助有相关需求的人一臂之力。

二、探望与抚养争议凸显,未成年人受煎熬

疫情当中未成年人父母的探望权常因抚养一方染上病毒、住所隔离或者以孩子安全等为由导致对方不能正常行使,轻则影响孩子抚养费的正常给付,重则引发变更抚养权之诉。同样也存在不抚养一方多以其患病或者无收入之借口拒绝给付或者要求减少,双方在协商无果的情况下,有可能以诉讼的方式解决问题,但是无论如何,以上两种争议内容均会影响到未成年人合法权益的依法保护。

父母一方对未成年人的探望权是法律赋予的固有权利,不因为疫情的发生而被剥夺;抚养费的给付是不抚养孩子的一方基于双方的约定或者法院的生效裁判结论赋予的不可推卸的法律责任,在疫情当中不抚养孩子的一方不仅应该继续履行而且还应当根据特殊情势下的现实需求更加充分、体贴地积极付出,切忌因为双方之间的争执让孩子身心受伤;假若双方涉及探望权、抚养费甚至抚养权等方面的争议,首先应当以孩子的身心健康为基点去思考具体问题的处理办法,切忌以牺牲未成年人的合法权益为代价一味地论是非、争曲直,因为按照《未成年人保护法》第三条第一款"国家保障未成年人的生存权、发展权、受保护权、参与权等权利"之规定,以及第四条"保护未成年人坚持最有利于未成年人的原则"即儿童利益最大化原则,处理涉及未成年人事项应当"给予未成年人特殊、优先保护"。父母之间的争议虽然无可厚非,但是对于未成年人来讲,特殊年龄段保护时期是有限的,父母对孩子的爱是无私的,在二者面前如何权衡并且做出合法、理性的抉择对于家长来讲方向应当是明确的,为此在疫情之下,抚养孩子与不抚养孩子的一方家长都应当经受住特定时期的严峻考验,力争将各自依法合格的父母使命贯彻执行到底,即使是大人之间有纷争也不能置孩子的身心健康于不顾,任由矛盾的深化,只管个人情绪宣泄,不计任何后果,最终让孩子夹在父母中间承受煎熬。孩子无辜,父母有心,疫情残酷,人间有爱,但愿特殊时期所有的未成年人能够在其父母的倾力关爱下日子过得平安、健康、温暖。

三、单方捐助财产，影响夫妻关系

疫情当中往往涉及双方或者单方向疫区捐助钱款、物资的情形，在此特别强调一点，即处于婚姻当中的双方当事人其财产一般多为夫妻共同财产，按照《民法典》一千零六十二条第二款"夫妻对共同财产，有平等的处理权"之规定，此处应当理解为：①夫或妻在处理夫妻共同财产上的权利是平等的。因日常生活需要而处理夫妻共同财产的，任何一方均有权决定。②夫或妻非因日常生活需要对夫妻共同财产做重要处理决定，夫妻双方应当平等协商，取得一致意见。他人有理由相信其为夫妻双方共同意思表示的，另一方不得以不同意或不知道为由对抗善意第三人。以上法律规定及其内涵非常明确，但是夫妻双方在具体事项执行方面往往会以个人单方的意思表示来处置，甚少关注乃至征求对方的意思表示。至于处分财产的数量、价值乃至对于家庭生活的影响大小更是决定着双方的冲突程度，实践中若单方处置的一方当事人能够客观面对夫妻引发纷争的原因，那么矛盾的化解可能及时、有效，反之，双方之间的隔阂越来越大，直接导致夫妻关系日益紧张，以至于危及婚姻关系的存续，这样一来就会仅仅因为一方公益捐助当中处置夫妻共同财产的不符合法律规定或者不完全符合法律规定的行为而导致夫妻反目，甚至家庭破裂。

在疫情当中，原本夫妻一方或双方的公益付出本应得到尊重与鼓励，可是当事人在行使其权力时务必遵守法律规定，严守夫妻各方的权利边界，兼顾个人愿望与配偶的真实的意思表示。退一步讲，因受到疫情特殊条件的限制，当时没有征得配偶的同意，也可以事后及时取得其谅解，即获得事后的追认，以实际行动积极促进夫妻关系的真正融合，让家庭关系变得更加融洽，温暖备至，由此一来家庭才能足以抗拒甚至是抵御来自各方面的意外突发事件，有力保障各家庭成员在内部获得经济保障、精神支持与鼓励，并在法律的护佑下成为对社会有益的健康细胞。一般来讲，夫妻平等，家庭和谐；夫妻恩爱，子女孝顺；平等的氛围通常促使每个家庭成员恪守本分、遵守规则，进而以积极向上、自觉自律的姿态融入社会，他们身上满满的正能量就是家庭教育精神文明成果的灵动展现，其中自然渗透着家庭尤其是父母一辈的优良品质与家庭传统。由此可见,法律上通行的"平等原则"之践行在家庭层面落地、生根、发芽、开花、结果带给社会的深远影响,常言道"家事无小事""修身、齐家、治国、平天下",寓意深刻,值得人人关注、认真对待,并极力交出各自最好的答卷。

四、意外身故突发,继承问题纷杂

疫情之下世事多变,家庭成员的平安变得尤为重要。随着疫情的变化发展,家庭成员的不幸去世带给亲属的后续问题不容回避,若一人去世,其继承人与财产范围的确定触及法律问题,那么也会影响社会的和谐与稳定。首先在继承人的主体资格审查方面,现实中就会遇到一些情形,例如第一顺序继承人缺位,第二顺序继承人众多且旁生枝节;婚生子女与非婚生子女并存,认定非婚生子女继承人身份认定难;无法定继承人且无遗嘱,侄子、侄女、外甥、外甥女无法接受遗赠;全体家庭成员离世,现有亲属当中无法定继承人与受赠人等,直接导致遗产传承无从下手,法律问题多重。其次在遗产的范畴层面上出现了因死者突然身故,既无遗嘱又无法理清财产线索,或者是因不能穷尽财产内容导致大量遗产长期流失,更甚者在没有适格继承人或者受赠人的前提下致使巨额财产处于无人管理的状态,这些对于家庭财产的合法有效传承带来了极大阻碍,对于社会财富的正向流通极为不利,对于现有继承法律制度的挑战异常严峻。

疫情之后,在继承法律制度与家庭财产传承方面,法律人不得不对以下问题进行深度思考:其一,立法层面应当适度扩大继承人的范围,例如将侄子(侄女)、外甥(外甥女)全面纳入其中;逐步建立公民财产登记制度,以便在突发意外事件时能够最大限度掌握被继承人的法定遗产范围,以便依法将遗产及时予以传承,甚至是将无主财产收归国有;拓宽公民订立遗嘱的形式,并打通其订立遗嘱的多方通道,引导大家生前订立合法遗嘱,有效防范日后风险与纷争;在见证、公证、公益遗嘱、司法审判与执行层面搭建合法、有力、便捷、畅通的家庭财产传承通道,让普通公民能够在法律的通道上兑现其合法权益。其二,在实践层面开展多种普法宣传活动,让社会公众对于

《民法典》婚姻家庭与继承编等相关家庭财产传承规定有所了解，从思想上以法律为先导积极防范风险、有效维权；采用专业解读抚养赠与、收养、意定监护等与继承法律关系密切相连的方式，引导公民依法尽早安排照顾自己的合法适当人选，过好生前，安排妥后事，让法律成为其安身立命的航标；倡导公民采用遗嘱、保险、家族信托等多种方式理财，尽最大可能保障财产的稳定性与升值效用，积极防范意外风险；引导公民加强家庭整体责任意识，通过家教、家规、家训实现家庭层面预防违法犯罪的教育功能，并在遵纪守法的前提下，理性面对家庭矛盾，有效化解内部纷争，以亲情为重，妥善处置财产争议，弘扬家庭优良传统，为社会的和谐作出实际贡献。

五、家庭财产风险防控推向新的层面

家庭财产大多来源于内部成员，在其形成过程中不仅是财产内容的变化，而且同时传递着家庭在不同时期特有的精神成果。财产是动态的，人是有温度的；财产是物化的，人是有情的；财产是可数的，人是无价的。无论家财有多少，家事有多杂，家人有多烦，大家一起共同经历的时光是不可倒流的，相互之间的关系是不可断裂的，家庭财产的切割也不是单凭法律就能够圆满画上句号的，故此家庭成员在平时相处当中需要积极付出，在突发事件面前应当依法担当责任，在利益面前应当首先注重亲情，在法律允许的范围内积极防范风险，即"个人及其家庭财产处置宁早勿晚，生前尽快安排不留后患"，特别须要注意在没有法定继承人情况下，及时将自己合法财产传承给诚信之人，用现实行动尽力将法律的阳光传递给自己身边的每个人，将权利与义务的一致性原则贯彻到底，让每个人因为财产的正能量传承而得到快乐，让社会更加稳定和谐。

——高瑾律师带您走进80例新型家事案件

论文三

变更抚养权案件专业思路探析

父母离婚时孩子抚养权的归属是首先要考虑的问题，离婚后通常在一方承担抚养义务不力的前提下，另外一方很有可能依法提起变更抚养权之诉。近年来变更抚养权的案件呈日益攀升的趋势，其中不可避免地在双方的博弈当中展现出未成年人在日常生活当中被轻视、被忽略甚至被伤害的片段，由此在抚养权的交替转换当中很有可能使孩子合法权益的保护受到不良影响。为了能够通过案件专业代理思路的梳理为孩子与其家长的正常相处提供有效的法律指引，笔者从以下几个方面进行阐述与解析。

一、变更抚养权案件目前常见表现形式

1. 父母在离婚后抚养孩子的一方经济条件优越，因忙于事业时常将孩子交给司机、保姆等照顾，孩子的物欲虽然得到了最大限度的满足，但是孩子不管在心理上还是学习上都呈现出厌世、悲观、多疑的情绪，孩子既不想跟父亲也不想跟母亲一起生活。

2. 父母离婚后孩子由爷爷、奶奶或者外公、外婆抚养，抚养孩子的一方甚至父母双方都已再婚，"隔代抚养"毫无疑问地暴露出孩子在身心健康成长方面的弊端，尤其是孩子与父母的关系日渐疏远，未成年人的孤独感与独立性超乎寻常，"早熟"的迹象及其负面影响比比皆是。

3. 父母离婚后由于相互之间的恩怨非但没有减缓，反而因孩子抚养权与探视权在现实当中的强烈冲突导致孩子完全生活在"单亲"家庭的氛围中，其人生观、价值观乃至婚恋观与常人不同，往往影响其日后的升学、就业与婚姻。

4. 父母离婚后抚养孩子一方因个人经济、情感等受挫而致使孩子面临或者遭受家庭暴力乃至虐待或者遗弃，从而常常使孩子处于危险的境地之中，有

些孩子甚至因此而走向违法犯罪的歧途。

5. 父母离婚时双方都拒绝抚养孩子，离婚后孩子无人照看，流落街头、奔走四方的情况司空见惯，孩子依法应当享有的合法权益被忽略、被搁浅，孩子的身心成长令人担忧。

6. 父母离婚后抚养孩子的一方死亡，或者因其犯罪行为锒铛入狱，另外一方拒绝履行法定抚养义务，最终导致孩子个人犯罪或者遭受他人违法犯罪行为的严重伤害。

7. 父母离婚后对孩子均漠不关心，使孩子身心受到重创，孩子在个人排遣不了烦恼与郁闷之后染上了吸毒、赌博、网瘾等恶习，最终走上了违法犯罪的道路。

8. 父母离婚后孩子被抚养的一方甩给亲戚、熟人甚至是不熟悉的人照顾，孩子长期处于留守的境况，其身心成长呈现不良态势。

以上 8 种现象是笔者在办案当中经常遇到的主要形态，在实际生活当中孩子的生活环境、学习场所以及与外界的接触都受到抚养孩子一方的父亲或母亲现实条件的限制和约束，最终受到严重伤害的往往是未成年的孩子。故此父母法定抚养责任的履行对于孩子的身心健康成长会产生直接而深远的影响，一旦抚养责任缺位，对于有些孩子来讲很大程度上就是一生挥之不去的阴影和伤痛，作为孩子的父母尤其是抚养孩子的一方往往却熟视无睹甚至是毫无愧疚之心。

二、未成年人父母离婚后应当履行的主要法律责任

1. 父母离婚后，对孩子均有抚养、教育、监护的义务，抚养孩子的一方依法应履行直接抚养孩子。按照《民法典》第一千零八十四条之规定："父母与子女间的关系，不因父母离婚而消除。离婚后，子女无论由父或者母直接抚养，仍是父母双方的子女。离婚后，父母对于子女仍有抚养、教育、保护的权利和义务。"《民法典》第二十七条规定："父母是未成年子女的监护人。"

2. 父母离婚后应当依法恪守"儿童利益最大化原则"，充分保障孩子合法权益不受侵害。《未成年人保护法》第四条规定："保护未成年人，应当坚

持最有利于未成年人的原则。处理涉及未成年人事项,应当符合下列要求:(一)给予未成年人特殊、优先保护;(二)尊重未成年人人格尊严;(三)保护未成年人隐私权和个人信息;(四)适应未成年人身心健康发展的规律和特点;(五)听取未成年人的意见;(六)保护与教育相结合。"

3. 父母离婚后应当为孩子提供良好的家庭环境,依法履行监护职责和抚养义务。《未成年人保护法》第十五条第一款规定:"未成年人的父母或者其他监护人应当学习家庭教育知识,接受家庭教育指导,创造良好、和睦、文明的家庭环境。"

4. 父母应当依法关注孩子身心健康成长。按照《未成年人保护法》第十六条第(二)项之规定,未成年人的父母或者其他监护人应当"关注未成年人的生理、心理状况和情感需求。"

5. 父母离婚后应当依法保障孩子被探视的权利。《民法典》第一千零八十六条规定:"离婚后,不直接抚养子女的父或者母,有探望子女的权利,另一方有协助的义务。"《未成年人保护法》第二十四条第二款规定:"未成年人的父母离婚后,不直接抚养未成年子女的一方应当依照协议、人民法院判决或者调解确定的时间和方式,在不影响未成年人学习、生活的情况下探望未成年子女,直接抚养的一方应当配合,但被人民法院依法中止探望权的除外。"

6. 父母离婚后在国家监督下应当全面履行抚养、监护、保护的义务。《民法典》第二十六条规定:"父母对未成年子女负有抚养、教育和保护的义务。"《未成年人保护法》第七条规定:"未成年人的父母或者其他监护人依法对未成年人承担监护职责。国家采取措施指导、支持、帮助和监督未成年人的父母或者其他监护人履行监护职责。"

三、变更抚养权案件在实务操作当中适用的重要法律依据

1.《民法典》婚姻家庭编当中的原则性规定。

《民法典》第一千零八十四条规定:"父母与子女间的关系,不因父母离婚而消除。离婚后,子女无论由父或者母直接抚养,仍是父母双方的子女。离

婚后，父母对于子女仍有抚养、教育、保护的权利和义务。离婚后，不满两周岁的子女，以由母亲直接抚养为原则。已满两周岁的子女，父母双方对抚养问题协议不成的，由人民法院根据双方的具体情况，按照最有利于未成年子女的原则判决。子女已满八周岁的，应当尊重其真实意愿。"

2.《未成年人保护法》当中的"儿童利益最大化原则"。

《未成年人保护法》第四条规定："保护未成年人，应当坚持最有利于未成年人的原则。处理涉及未成年人事项，应当符合下列要求：（一）给予未成年人特殊、优先保护；（二）尊重未成年人人格尊严；（三）保护未成年人隐私权和个人信息；（四）适应未成年人身心健康发展的规律和特点；（五）听取未成年人的意见；（六）保护与教育相结合。"

3. 专项司法解释的具体规定。

《最高人民法院关于适用〈民法典〉婚姻家庭编的解释（一）》第四十六条规定"对已满两周岁的未成年子女，父母均要求直接抚养，一方有下列情形之一的，可予优先考虑：（一）已做绝育手术或者因其他原因丧失生育能力；（二）子女随其生活时间较长，改变生活环境对子女健康成长明显不利；（三）无其他子女，而另一方有其他子女；（四）子女随其生活，对子女成长有利，而另一方患有久治不愈的传染性疾病或者其他严重疾病，或者有其他不利于子女身心健康的情形，不宜与子女共同生活"；第四十七条规定"父母抚养子女的条件基本相同，双方均要求直接抚养子女，但子女单独随祖父母或者外祖父母共同生活多年，且祖父母或者外祖父母要求并且有能力帮助子女照顾孙子女或者外孙子女的，可以作为父或者母直接抚养子女的优先条件予以考虑。"；第五十六条规定"具有下列情形之一，父母一方要求变更子女抚养关系的，人民法院应予支持：（一）与子女共同生活的一方因患严重疾病或者因伤残无力继续抚养子女；（二）与子女共同生活的一方不尽抚养义务或有虐待子女行为，或者其与子女共同生活对子女身心健康确有不利影响；（三）已满八周岁的子女，愿随另一方生活，该方又有抚养能力；（四）有其他正当理由需要变更"。

以上规定当中的第五十六条第（三）项在《民法典》颁布之后征求未成

年人意思表示的时间发生了变化即由原来的十周岁降至八周岁。

4.《民法典》关于征求未成年人意思表示之规定。

《民法典》第十九条规定："八周岁以上的未成年人为限制民事行为能力人，实施民事法律行为由其法定代理人代理或者经其法定代理人同意、追认；但是，可以独立实施纯获利益的民事法律行为或者与其年龄、智力相适应的民事法律行为。"《民法典》婚姻家庭继承编第一千零八十四条规定，父母离婚时关于抚养权的确立，"子女已满八周岁的，应当尊重其真实意愿"。

四、变更抚养权诉求在实践中因举证不力被驳回的常见情形及其难点

1. 证明抚养孩子的一方没有尽到"直接抚养义务"。因孩子多数由爷爷、奶奶或外公、外婆日常接送、照顾，父母在上班即孩子上学期间很难履行职责，由此即使抚养孩子的一方完全将抚养责任推卸给其父母、保姆、司机等人，对方也很难举证抚养孩子的一方即父亲或母亲没有尽到抚养义务，因为抚养孩子的一方通常以其与父母、保姆、司机一起共同生活为由，将其片段的履职行为扩大解说，从而否定了对方主张其没有尽到抚养义务之诉求。

2. 证明抚养孩子的一方在经济、住房等方面不具优势且其与孩子在心理上缺乏有效沟通。因经济上、住房上的优势也是一个相对的比较，故此假若父母双方差别不算明显，答案是两难的。至于抚养孩子的一方与孩子心理上的有效沟通更是无法用具体标准衡量的，在举证责任方面的履行有着现实的困难。

3. 证明孩子学习条件不佳、成绩不好，家长能力与担当不够。关于孩子在学校选择、学习环境及学习成绩等方面的客观事实的举证，由于双方的认知与判断不同，再加上目前学校对于孩子学习成绩的"严格保密"，导致尽管客观上孩子学习跟不上正常步调，但是却在校方收集不到真实的成绩单。另外，抚养孩子一方对其不尽抚养义务的极力否定，法院常以"改变环境对孩子身心健康不利"为由驳回提起变更抚养关系诉讼一方的请求。

4. 证明孩子身心存在不健康的事由。关于孩子的心理状态，大人即使有所了解，但是很难举证。身体上的亚健康状态，其判断依据也缺乏统一标准。

为此，尽管孩子在身心方面已经暴露出不利于健康成长的迹象，但是不抚养孩子的一方在举证方面也存在现实障碍。

5. 关于父母在践行"儿童利益最大化"方面的缺失。父母离婚后很可能再婚乃至生有子女，正常情况下一般会削弱对于原来子女抚养义务的正常履行，可是总不能因为强调"儿童利益最大化原则"的落实而阻止抚养孩子一方的再婚权与生育权，两者之间的平衡本身就很难，不抚养孩子的一方的举证可谓是难上加难。

6. 关于父母在履行抚养义务上不全面与不正确的主张。抚养孩子的一方在履职方面的实际表现很难用量化的标准来衡量，至于抚养教育的效果更是没有统一尺度。再则抚养孩子的一方在抚养教育当中难免因对孩子要求严格使孩子流露出不满情绪，常常孩子跟谁一起生活反而对谁有意见，再说给不抚养孩子的一方自然就将事态扩大了，很有可能导致提起变更抚养权之诉，因此针对不全面、不正确履行抚养义务在举证方面存在客观难点。

7. 关于孩子在抚养教育当中的现实需求。随着社会的发展，孩子在成长当中的现实需求不断增长，带给父母的就是压力，到底孩子应当得到什么样的实际待遇才算父母依法尽到了抚养义务，这是一个没有标准答案的问题，作为父母双方都无法把控，孩子的欲望在现实当中很难确定是否应当得到满足，不管是确定标准还是举证责任的落实都具有或然性，因此法院不可避免地对此采取"自由心证"的主观性推断。

8. 关于征求孩子与父母当中的一方共同生活的意见。孩子基于父母在血缘上与其亲疏的无差别性，在选择抚养人选时孩子的来回摇摆完全可以理解，但是法院在依法征求孩子意见时，往往只限一次，容不得孩子再次改变。孩子在父母一方的抚养下其倾向性不能排除，基于年龄的原因其反悔的意思表示出现的几率不会小。法院"一次询问制"之下是否能正确听到孩子真实的意思表示是值得怀疑的，然而一般抚养权变更案件法院在一审当中只询问一次孩子的意见，而且是在由原抚养孩子的一方的带领下到法院被询问的，即使到了二审孩子想改变，法院唯恐孩子的改变对于审查一审判决产生不利的影响，由此不会再征求孩子在二审阶段真实的意思表示，这样一来当事人针对变更抚养权案件提起的上诉只能是以失败告终。在此特别提醒有关法律同仁积极关注变更抚养权案件的基本流程及其对于案件最终结果所产生的重大影响。

以上 8 个方面是衡量变更抚养权案件专业思维与举证要求的核心，只要当事人主张事实举证没有到位或者缺位，案件的结果都不乐观，为此值得法律同仁关注、反思，进而在实践当中尽力做足功课。

五、变更抚养权案件代理当中应当树立的正确理念

1. 变更抚养权的条件要求法定，看似具体而严格，但是综合因素把控在现实当中主观性强，提起诉讼应当审慎处置。

变更抚养权案件若要获得法院的支持，必须要有充分的理由，在一般条件下只要原抚养孩子的一方父母不存在《最高人民法院关于适用〈中华人民共和国民法典〉婚姻家庭编的解释（一）》第五十六条规定的情形即患有严重疾病或因残疾无力抚养孩子、不尽抚养义务或虐待孩子以及对子女的身心健康有不利的影响，变更抚养权之诉就不能达到目标。这里特别指出，以上具体规定在现实当中依法把握的尺度存在很大差异，可谓是"仁者见仁、智者见智"，尤其是严重疾病、因残疾无力抚养、不尽抚养义务、对子女身心健康产生的不利影响、虐待孩子要达到什么样的客观标准，不管是在认识上还是在举证层面都有不同的见解，带给当事人的将是大相径庭的裁判结果，为此诉讼的提起应当慎之又慎、再三权衡。

2. 变更抚养权案件在举证方面既存在难点又存在统一的认证尺度，律师诉前需与当事人充分沟通，明确告知其风险。

变更抚养权案件目前提起诉讼的几率较高，当事人为了达到自己的目的往往会扩大另一方在履行抚养义务方面的种种缺陷，但是客观上能够达到以上法定要求的时常不多，再加上举证方面的难点或者缺憾，很有可能致使法院在主观判断且没有统一尺度的基础上形成对当事人不利的后果。律师在诉前与当事人的充分沟通与风险告知非常重要，其结果不外乎就是当事人放弃诉讼或者出于博弈的心理仍然坚持提起诉讼，当然实践当中也有相当一部分

当事人提起变更抚养权之诉的目标不在于请求获得支持，而在于对另一方在其他方面的一些限制、打击甚至获得某种他（她）所期待的结果。不管当事人出于何种动机与目的，变更抚养权之诉的提起都是需要慎重考虑与理性抉择的，专业律师的参与无疑将对当事人的诉讼维权步履起到至关重要的作用。

3. 变更抚养权案件应当给予未成年人主体特别的关注，尤其是需要切实保障其合法权益的真正实现。

一般来讲，变更抚养权案件由于在提起的时间、条件上没有严苛的限制，当事人时常仅出于个人意愿就有了诉讼的念头，若不咨询专业人士，提起诉讼的可能性就非常大。一旦提起诉讼，未成年人就成了双方共同关注的对象，但是两方当事人往往为了获得胜诉，难免将8周岁以上的未成年人引入两难境地。在此情形下，未成年人常常受到来自父母两方面的"夹击"，最终很有可能使孩子受到身心两方面的伤害，日后孩子不管与谁一起生活，心里的阴影都挥之不去。因此，不管是当事人、代理人还是法院，在征求未成年人的真实意愿时都应当从各个环节甚至是每个细节当中充分考虑对于孩子是否产生不利的影响，从而尽量避免因为诉讼本身给孩子带来不良乃至严重伤害的后果。

4. 变更抚养权案件与财产利益、探望权密切相关，专业代理的思维应当全面、客观。

变更抚养权案件是在未成年人父母离婚后针对抚养孩子一方的不尽责或者不完全尽责行为提起的。针对孩子的抚养与探视的权利义务主体是明确的，时常一方在探望孩子时遇阻或者因探望获得了对孩子成长不利的信息而提起诉讼，极有可能导致探望事项中断，这样一来变更抚养权之诉与探望权纠纷并行，更甚者当事人一方或者双方在经律师指点后又提起了有关婚姻关系存续期间的财产分割之诉，由此双方当事人的争议就演变成抚养权、探望权与财产纠纷三重之诉，并且随着每个案件诉讼步履的推进，当事人的矛盾日益加剧，解决问题的难度势必会升级，此时代理律师的专业把控与尺度的拿捏就变得异常重要了。在这种情况下，当事人深陷其中，不能理性面对多种矛盾的情况下，作为专业人士的代理人必须以全局的思路及时寻找案件的现实突破点，以便双方当事人在求同存异的意愿成熟时展开调解工作。此类案件的调解结果肯定比判决的效果好，当然调解当中的难度与阻力也是艰巨的，对于代理律师综合素质的考量是现实而严峻的。只有诉前充分准备、诉中谨慎行事，始终以当事人复杂矛盾的化解作为核心目标，代理律师才能够有效展示家事案件的多种实务技巧，并且有效增加双方当事人最终达成调解协议的几率。

5. 在代理变更抚养权案件当中，应当综合看待事实、仔细分析各方当事人产生矛盾的根源，以便在多策并举处理实际争议当中"对症下药"。变更抚养权案件产生的背景起源于父母离婚，涉及双方财产的分割，在离婚后孩子由一方抚养一般存在或多或少的不尽抚养义务或者没有完全尽到抚养义务的情形，一旦双方沟通无效提起诉讼，各方当事人在陈述当中涉及的事件、争议与相互之间的不满等均超越了变更抚养权案件依法审查的事实范围，虽然法庭仅围绕着变更抚养权法定条件是否成就进行审查，但是作为代理人应当从当事人的陈述当中仔细梳理，归纳总结出争议的焦点以及是否可以通过多种方式有效化解纷争，从而现实缩短当事人的维权路程，减少所付出的成本。例如从财产补偿层面来调平当事人的心理缺失，或者从孩子身心健康成长角度唤起双方矛盾缓解的契机，抑或以现实的案例与法律规定所产生的实际后果来说服当事人接受调解，这样"专业切入，综合处置"的家事办案原则在变更抚养权案件当中就能得以充分运用，并且根据个案的不同做出新的功课，切忌只对争议事项进行分析辩论，而置双方当事人实际矛盾的解决于不顾之所为。

六、变更抚养权案件应当坚持以"儿童利益最大化原则"作为办案的初衷与归宿，在实践当中应当充分关注以下事项

1. 关于孩子正常需求的适度把握。

现在的孩子随父母一方生活，不管在物质上还是精神上都有着一定的追求甚至是高标准、严要求，而父母一方不管在经济上还是心理呵护方面对于孩子的疏忽不可避免，孩子在主观需求与客观现实有落差的情况下，孩子时常向另一方家长诉苦甚至是"打小报告"，从而引来不抚养孩子一方的不满，

由此在孩子父母不能有效沟通并且达成共识的前提下，变更抚养权案件就产生了，但事实上孩子的要求不一定正当，抚养孩子一方履行抚养义务的行为未必能够达到法定变更的标准。例如10岁的男孩随父亲一起生活，每月给孩子3000元零花钱，却满足不了孩子网络打赏的要求，为此父子之间产生矛盾，父亲一气之下一周没有搭理孩子，孩子便向母亲哭诉了父亲的种种不是，由此挑起了变更抚养权之诉。尽管事实上父亲在抚养儿子时已经很尽责，但是因儿子的欲壑难填而遭受了诉讼之累，其结果不管是孩子跟哪一方生活，其欲望满足的额度都不在法律规定的范围之内。这里特别强调一点，孩子个人身上存在的问题应当得到及时的矫正，而不能一味地强调"儿童利益最大化"而让孩子在其错误的思维指引下越走越远。

2. 关于孩子学习成绩不佳是否是抚养权变更的合法事由。

在生活当中，父母"望子成龙"之心司空见惯，对孩子教育上的投入一般都是倾其所有，但是孩子的学习成绩往往达不到父母所期待的程度，尤其是学习差或者达不到中等水平的孩子对于父母来讲就是一个极大的压力，变更抚养权案件中，孩子在学习方面的短板时常直接造成了父母对簿公堂，孩子本身也牵扯其中，时常在法院的审理当中，孩子非但没有得到正常的引导，在心理方面还产生了不良的效果。法院最终在判决当中对于孩子学习成绩不佳能否作为变更抚养权的合法事由在实践当中的裁判结果也并非一致，因此，孩子学习成绩方面的缺陷因个案具体情况的不同，律师应当极力做出充分的专业功课，以便有效为当事人赢得良好的诉讼结果。

3. 关于孩子正常心理需求满足的确切标准。

通常家长为了抚养孩子忙于工作，对于孩子在心理需求方面的疏忽或多或少都会存在，可是其与孩子的日常沟通以及对于孩子心理的呵护达到何种程度才是尽到了抚养义务呢？这一问题很难用量化的标准来衡量，法院在审理当中也是按照孩子特定年龄段一般的需求进行主观判断与把握的，其中的偏差在所难免，为此作为提起变更抚养权之诉的一方代理人应当从孩子生活的整体情况出发，尽力寻找有利于当事人的事实片段并积极履行举证义务，这样才有可能获得法院的支持。例如曾有家长拍摄了其与12岁的孩子日常多次倾心谈话的视频提交法院后最终获得了胜诉。

4. 关于对孩子日常照顾与学习辅导的具体要求。

一般家长照顾孩子都是在其非上班时段，在家里的生活照顾以及上学的早送晚接，这些都可以做到，但是孩子往往提出因家长工作忙陪伴太少，学习辅导也跟不上，在此情况下，不抚养孩子的一方父母很有可能以挑剔的眼光看待孩子没有得到充分照顾的问题，更甚者扩大事实进而提起变更抚养权之诉，但是最终的结果时常不能尽如人意，其主要原因就在于抚养孩子的一方对于子女的日常照顾与学习辅导只要没有明显的瑕疵，法院一般是不会支持提起变更抚养权之诉一方的，为此对于抚养孩子一方日常抚养义务的履行在客观看待与依法举证方面是需要审慎思考、适度把握的。另外，还有一种情形是抚养孩子的一方因忙于工作将孩子的学习交由老师负责，生活上的照料交给保姆承担，自己在孩子抚养教育方面也尽心尽力，孩子的学习成绩优良、身体健康，仅因为日常生活上的照顾、学习上的辅导抚养孩子的一方没有事必躬亲，孩子就认为父亲或母亲没有尽到陪伴、沟通与安抚的义务为此不满，最终引发了另外一方提起了变更抚养权之诉，在此情况下作为代理人应当全面客观地予以分析，并且从法律角度上依法指引当事人审慎把握事实情况，适度调整诉讼请求。

5. 关于变更抚养权之诉涉及的抚养费额度问题。

常见的变更抚养权之诉，有一部分是因为抚养孩子的一方因对其当时取得的抚养费不满而提起诉讼，要求变更抚养权，实际上只要适当增加抚养费，双方矛盾就可以化解；还有一种就是变更抚养权依法符合条件，提起变更的一方在抚养费标准上的要求高于原有的抚养费数额，虽然双方在抚养费方面的争议最终由法院来裁决，但是其结果往往会造成孩子对父母的不良看法，因此在抚养费标准方面的确定应当合法、合理，并且符合给付一方的实际承受能力。

综上所述，抚养权变更面对的是未成年人这一特殊群体，需要依法积极保护的是未成年人，不管是抚养孩子的一方还是提起变更抚养权之诉的一方，均应当以孩子的身心健康成长作为首要问题，解决矛盾的方式应当注重非诉讼途径，即使在避免不了诉讼维权的情况下也应当全面客观地看待矛盾，审慎把握诉讼请求，并且以解决实际问题作为落脚点，最好在律师的专业指引下能够积极举证、客观分析、综合把握、适时调解，以此让孩子的抚养权依法归于最适合抚养孩子的一方，从而切实保障孩子在未成年时期身心能够得到健康成长，进而日后成为对社会有益的人。

论文四

家事代理的全局视角
——以两案解析整体思路在实务当中的运用

家事案件通常基于当事人相互之间的人身关系而产生财产纷争，在利益冲突面前双方极力主张各自利益的最大化，但是不管是在法院审理当中还是各方律师在非诉讼调解当中，对于事件、人物、争议焦点的全局把控往往对当事人的实体权益产生重大影响，因此全方位依法、专业审视乃至处置具体案件的理念与举措就显得尤为重要了。笔者试图通过以下两个案例的解析，为法律同仁引领一条时常被忽略的专业路径，以便大家拓宽视野，进而有效地妥善处理实际矛盾。

婚房、彩礼异议引发大相径庭的结果

胡某系80后农村小伙，与省城独生女妻子任某领结婚证后购置了一套登记在任某名下价值100万元的住房（赠有车位一个，并签有20年无偿使用协议，该车位市场价20万元），胡某交付定金10万元（购房合同签订后转为首付款），任某父母出资40万元首付，再加上50万元按揭贷款完成婚房购置。按照双方婚前约定胡某给付彩礼30万元，并且出资50万元完成了装修与家具购置。在此期间，双方的介绍人参与协调过结婚前后各方负责准备的具体事项，任某父母曾在交付购房首付款40万元时告知该40万元是赠给女儿女婿的。此后两人结婚时房屋及家具让亲友们夸赞不已，豪华的婚礼让大家羡

慕至极。不料婚后一年两人由于在价值观念与待人接物等方面有差异闹得不可开交，任某诉至法院，要求离婚并且要求法院判令已增值至300万元的婚房（装修及家具评估现值为20万元）归其所有。胡某应诉答辩同意离婚，要求法院判令婚房归其所有，同时要求法院分割车位权益20万元以及返还其给付任某的30万元彩礼。

任某诉求	胡某答辩
彩礼是胡某按照双方约定婚前给付且已结婚，不符合法定退还条件	彩礼系其父母出资，农村家庭四处举债筹款结婚，已造成其家庭生活困难，依法应当全部返还
婚房由其父母出资40万元并且登记在任某名下，应属其个人财产，愿意补偿胡某10万元首付及装修花费现值20万元	结婚登记后，婚房购买、首付、按揭还贷、装修花费都是按照双方婚前约定履行的，婚房属于夫妻共同财产，该房系其在西安唯一的住所，因此依法应当分得
婚房及其车位不可分割，车位随房由其使用，与胡某无关	婚房所赠车位应当按照市场价进行分割
其父母从未表明赠与过双方40万元，且其母对此当庭作证	关于任某父母婚前所赠40万元购房款，有介绍人为证，彩礼与该40万元回赠是对应的，为此其享有20万元的权益
	胡某给付彩礼30万元、女方父母所赠40万元；胡某首付10万元、按揭还贷20万元、装修与家具花费50万元，这一系列事实是不可分割的，均系双方为结婚而为之，不能就某一单项的事实论断双方的付出及其相关财产的性质
任某计算办法与结论：婚房判归任某，任某补偿胡某30万元（首付款10万元按照增值3倍计算）、还贷款项10万元（婚姻关系存续期间还贷总额为20万元）、装修及家具花费10万元（按其主张的20万元花费计算），任某就此三项共计补偿（胡某）50万元，离婚后剩余房贷由任某偿还	胡某计算办法与结论：房屋依法判归胡某，胡某补偿任某60万元首付款（父母赠与双方40万元的一半即20万元再按照增值3倍计算）、车位款项10万元（按照市场价的一半）两项总计70万元，再减去任某应当返还的30万元彩礼，胡某最终补偿任某40万元，离婚后剩余房贷由胡某偿还

以上案例当中双方当事人及其代理人的主要诉讼观点如下：

从以上列表当中可以看出双方基于不同的观点与依据分别得出了有利于各自的结论，但是对于案件事实的整体认识明显存在缺陷，为此笔者在这里尽量按照客观事实梳理如下：

1. 婚房在整个购置过程中双方的付出与目前所承载的内容都显示出其性质为夫妻共同财产，婚房是双方一致同意决定购买的→双方一起去购置→胡某交定金 10 万元→双方签订房贷按揭合同→任某父母首付 40 万元→胡某出资 50 万元用于装修及家具→婚房条件具备双方如约完婚。

2. 男方给付彩礼 30 万元、女方首付房款 40 万元，按照一般婚嫁习俗两者有呼应之处，且有介绍人证明当时双方的约定与分工，因此与结婚前后的整个过程不可分割。

3. 婚房装修事项与结婚目标密不可分，为此作为结婚全局当中的一个双方约定、分工明确的环节与婚房融为一体即房屋及其装修不可割裂。

4. 婚房购买时所赠车位虽然只有 20 年的使用权，但是市场价值 20 万元明确且双方对此数额无异议，只是在是否应该分割问题上存在异议，因此该夫妻共同权益在离婚案件当中应当予以分割。

5. 关于婚房的归属，按照"有利生产、方便生活"的原则，法院应当根据实际情况作出裁判，从双方当事人的具体诉讼主张看来，胡某分得婚房的可能性大一些。

基于以上的分析，笔者进一步作如下的计算：

第一步：婚房所含总价：婚房现值 300 万元＋装修及家具 50 万元＝350 万元；

第二步：双方可分剩余价值：婚房总价 350 万元－（10 万元定金＋40 万元首付）×3－20 万元已还房贷－30 万元未还房贷－30 万元装修及家具损失（原值 50 万元减去现值 20 万元）＝120 万元，该 120 万元系双方除去各自出资以后应当分割的权益，即双方通过婚房应当分得的剩余财产权益，每人各得 60 万元。

第三步：首先假设婚房分给胡某，剩余房贷由其偿还。（1）胡某应当补偿任某的款项：①40 万元首付款（姑且不论胡某主张享有一半的受赠权益）×3+60 万元剩余财产权益=180 万元；②10 万元车位补款项；③已还房贷部分的一半 10 万元。（2）任某应当承担的费用：①关于彩礼按照实践当中的通常做法一般可退还一半即 15 万元；②一半的装修损失 15 万元。（3）胡某最终补偿任某的款项：180 万元+车位补偿款 10 万元+已还房贷补偿款 10 万元-退还的一半彩礼 15 万元-装修损失 15 万元=170 万元。

其次假设婚房分给任某，剩余房贷由其偿还。任某应当补偿胡某的款项：10 万元定金×3+装修及家具花费 50 万元+车位补偿款 10 万元+已还房贷补偿款 10 万元-装修及家具损失 15 万元+60 万元剩余财产权益=145 万元。

在此将以上结论与双方当事人及其代理人的计算结论相比可谓是大相径庭，两者基于不同的事实认定、在法律适用方面的分歧所体现出来的计算方式值得关注，最终的结论应当引起法律同仁的深度思考。故此作为专业律师在代理家事案件当中需要具备全面、客观的执业视角，对于整体事实的把握与利益的平衡不容疏忽，一旦思路狭隘很有可能造成无法挽回的现实后果。

老年婚外情离婚带来的多重思考

白某，75 岁，原系某国企法定代表人，与 74 岁家庭妇女妻子曲某结婚 38 年，生有女儿小畅已成家立业。白某长期以来由于与数名第三者有染，故对妻子曲某不理不睬，在经济上曲某只知道有两套总价值为 400 万元的住房。一日曲某告诉女儿小畅其无法再与白某生活下去，希望女儿帮其离婚。小畅随后与父亲白某进行了多次沟通，因白某既不想离婚，也不想分给曲某一分一文，为此父女俩发生了激烈的争吵。小畅为了母亲开始调查父亲名下的财产及其相关婚外情事实，白某得知后闹至女儿单位，声称小畅挑拨父母离婚，由此致使女儿在单位抬不起头来。紧接着白某先后三次以暴力方式逼迫妻子停止离婚的脚步，其中一次将妻子鼻梁骨打断，以致派出所出警将其带走。小畅与母亲曲某在与父亲白某长达两年多的激烈冲突当中已经彻底绝望了，最后只能委托律师代理母亲离婚案件。小畅带着母亲向律师提交了曲某的身份证、结婚证、两处住房的产权证、300 万元理财产品线索、部分银行存款 200

万元信息、债权凭证以及白某与两名第三者的通话记录，要求律师为其母离婚一案在财产上争取利益最大化。

关于以上案件中的主要事实列表对比如下：

男方	女方
身份特征：白某，男，75岁，原系公职人员，婚龄38年	身份特征：曲某，女，74岁，家庭妇女，婚龄38年
行为表现：①长期以来与第三者有染；②因女儿帮助妻子离婚，调查父亲名下财产及其相关婚外情事实，闹到女儿单位给女儿造成重大压力；③先后三次对妻子实施家庭暴力迫使其放弃离婚念头	行为表现：①因丈夫婚外情要求离婚；②因个人极度弱势向女儿求助，遭到丈夫严重的家庭暴力；③因女儿帮其而遭到丈夫的打击报复惶惶不可终日
财产及其掌控状态：两套总价值为400万元的住房，还有约500万元财产等线索，所有财产均由其掌控	财产及其掌控状态：只知道丈夫名下有两套总价值为400万元的住房，所有财产均不掌控
应对态度：①坚决不同意离婚；②财产绝不放手；③婚外情不断；④对妻子、女儿一家三口暴力威胁，妻子生命安全毫无保障	应对态度：①坚决要求离婚；②依法分割丈夫名下所有财产；③一切事项听从女儿安排

一、关于本案的代理风险分析

1. 双方当事人均系年过七旬的老年人群，律师在与其沟通当中需要付出耐心，并且将其意思表示予以书面确认，最好有其亲友陪伴。

2. 双方针对离婚纠纷对抗实力悬殊，男方明显强势，女方弱势之下向女儿求助已经将矛盾深化，涉及家庭成员范围扩大，暴力威胁日趋加剧，女方的生命安全特别需要关注与保护。

3. 双方对于财产方面的重大争议已经凸显，由此冲突势必加深。

4. 女儿在父母离婚一案当中的角色尴尬，既要帮助弱势的母亲，又要面对来自父亲毫无顾忌的指责与诽谤。作为女方的代理律师一定要在母女之间产生分歧的时候拿捏好分寸，把握好母亲作为当事人真正的意思表示，充分体现律师的专业性与原则性，切忌产生"舍本逐末"的现象。

5. 本案事实多重，财产范围待定，当事人之间争议大，女方维权难度大，诉讼方式解决很有可能无法避免，对于当事人维权信念与耐力的考验非常严峻。

二、女方代理人专业思路梳理

1. 首先向委托人告知风险后接受委托，尽量与男方进行联络，以便确定是否必须尽快提起相关诉讼。

2. 审查当事人提供材料并与其沟通，若当事人同意且现有证据能够达到刑事自诉立案要求，可以着手以男方涉嫌重婚罪提起刑事自诉程序，以期在该程序当中让男方在有重大诉讼压力的前提下与女方尽可能达成和解协议即将重婚与离婚两方面涉及的纷争一并解决。

3. 若刑事自诉无法提起，女方可提起人身保护令申请、离婚两个民事案件，法院通常将两案分给一个法官办理，由此会对离婚与人身保护令的两案进行合并审查，在此前提下离婚案件很可能在人身保护令审查的法定期限72小时审结甚至调解结案。虽然本案双方调解结案的可能性不大，但是提速的可能性很大，未尝不可一试。

4. 本案中女方人身保护令的提起通常可以得到依法支持，在此前提下，离婚案件对于男方的过错赔偿请求的提起亦有了依据，在实践当中得到支持的可能性大大提高，对于女方来讲无疑是一种正能量的支持。

5. 在离婚诉讼前或者离婚诉讼中，作为女方的代理人应当考虑对于理财产品、银行存款、债权凭证等方面的权益进行依法保全的问题。

6. 在离婚诉讼当中女方代理人可以根据实际情况向法院申请律师调查令，以便全面查明案件当中所涉及的夫妻共同财产具体内容。

7. 本案的财产分割应当最大可能地穷尽夫妻共同财产权益，尽量避免漏项。除此之外针对男方婚外情、家庭暴力的行为提起过错赔偿之诉讼请求，并且自始至终在整个案件乃至一系列维权历程当中为当事人的人格尊严与财产权益做出极致的专业功课，以此来体现家事律师的存在价值。

8. 家事律师的维权思路应当是宽阔、专业、灵活、现实的，对于每一个案件而言都呈现出"私人定制"的特征。就本案而言，整体的专业维权布局、路径选择、实务操作、细节把控乃至与当事人的沟通,都凝聚着律师的综合智慧,尤其是在专业博弈当中时常需要应对新的挑战与机遇,家事律师只有勇往直前、锲而不舍、精益求精才能够以自己的实力为当事人赢得合法利益的最大化。

综合以上两个案例,家事案件在代理当中的全方位视角审查、整体利益专业处置、综合技能施展、多方有效沟通乃至现实风险防控等都考量着律师的全面素质,尤其是多策并举解决实际问题的能力,律师通过案件的代理不仅增强了家事律师的自我实战能力,而且为当事人的维权开辟了新的路径。常言道"道高一尺,魔高一丈",只有不断开拓进取、创新超越才能够为当事人争取公正的结果,为社会的稳定与和谐贡献律师的一份心力。

论文五

家事案件代理应当注重的细节问题

家事案件由于争议内容纷杂、矛盾交错凸出,因此对于代理律师专业技能的考量尤为具体、深入,在案件的实际操作当中,作为专业人士必须注重实体与程序方面的细节问题,才有可能为案件的有效代理创设条件、搭建平台或者奠定基础。笔者现将自己在日常家事案件代理当中感悟到的有关细节处理的思路与举措分享给专业同仁,以便引起大家的关注、思考乃至在实践中大胆的尝试与借鉴。

一、关于诉讼请求的专业处理

1. 依法分辨财产,现实确定诉讼主张。在离婚案件当中,往往因为财产类型多重,或者财产权属不清甚至是财产内容不合法等原因,当事人对其诉讼主张认识不清,常常征询律师的意见。例如在离婚案件中,双方当事人一致认为其在某房地产公司持有的财产是"理财产品",但是留存该房地产公司的却是房屋买卖合同，在法院调查时该公司却出具证明该财产为双方当事人持有的其公司职工内部认购股权，针对该财产的分割，首先需要依法界定性质，其次才是现实处置的事项。再如家族企业当中的股权及商标所有权的分割，夫妻共同财产当中小产权房屋的归属，以及家庭财产与夫妻共同财产交叉前提下夫妻共同财产的分割等问题，在案件代理当中都需要律师的专业梳理、分类归置、分层主张、统筹处置，其目的就是为了依法实现委托人在财产利益上的最大化。笔者现将常见的诉讼请求确立原则在此罗列出来，供专业同仁参考、借鉴。一般来讲，已查明有直接法律关系的合法财产可以在诉讼请求当中主张权利，待查明的财产需要慎重考虑具体诉讼请求的现实性与被法院采信的可能性，涉及多重属性或者不被法律认可的财产最好考虑以调解的方式解决。律师千万不能为了迎合当事人，不论青红皂白直接提起诉讼，甚至对当事人的主张不做任何专业处理就列为诉讼请求，代理律师专业处置方面必须精工细作才有可能适应市场的现实需求，从而真正体现家事专业代理的实际价值。

2. 正确运用法律，准确定位诉讼请求。通常就某项具体诉讼请求的文字表述，不仅确定了案件的审查方向，甚至预示着案件结果的走向，一旦请求没有事实或者法律依据，那么结果必然不能达到当事人预期的诉讼目标。律师针对个案具体诉讼请求的定位与表述应当在专业指引下慎之又慎，从大处着眼，诉讼请求必须于法有据，且实体法与程序法兼顾。例如：要求男方赔偿女方在双方同居期间因怀孕而造成的精神损失费，要求直接分割已经转至第三人名下的夫妻共同股权或者房产，要求不抚养孩子的一方一次性承担抚养费500万元，以男方婚外情或者实施家暴为由要求给其不分或少分财产等，这些诉讼请求从家事专业的角度审查都是得不到法院支持的，家事律师在实务处理当中应当避免发生这类低级的错误。

3. 客观看待事实，专业识别诉讼请求。律师作为被告的代理人，不仅应当关注原告的诉讼请求，而且应当侧重对每一项具体诉讼请求进行审查与识别。例如女方要求获取男方婚前房产的所谓折价款，针对这一主张可以提出以下问题：男方婚前房产与女方有何关系？男方婚前房产及其折价款之间的联系？双方当事人之间的婚姻关系与该房产之间的连接点是什么？仔细审查可以看到该诉讼请求既不明确又缺乏直接的法律依据，为此被告及其代理人在接到民事诉状时就应当要求原告释明，否则就有可能糊里糊涂地答辩，最终很有可能损失实体权益。笔者曾经针对该诉讼通过法庭要求原告当庭释明，原告几经回复，其主要内容为"要求分割男方婚前房产在双方婚姻关系存续期间偿还的房贷月供款项及其增值利益"。由此被告才得知原告诉讼请求的内涵，但是与其所表述的诉讼请求内容大相径庭，其若不释明，被告无法理解，更谈不上准确答辩应诉了。

另外，在二审当中，还应当关注上诉请求的表述是否超越一审案件审查的范围。通常二审当中上诉人会随着事态的发展，将自己的主张在二审当中予以深化，例如在二审当中将一审没有列入审查范围的财产作为上诉请求，在二审当中增加了因对方婚外情过错的赔偿请求。按照《中华人民共和国民事诉讼法》及其解释的规定，法院针对当事人增加的请求在二审当中只能通过调解的方式来解决，若以判决形式结案肯定得不到支持，作为被上诉人的代理人务必擦亮眼睛果断识别，及时依法剥离，从而在程序方面彻底否定上诉人的诉讼请求。

二、关于程序方面的依法把握

1. 理清法律关系，分层递进维权。家事案件时常涉及刑事、民事乃至行政方面的综合维权事项，当事人一般认为只是普通民事纷争，作为家事律师却应当全面布局，分层阶段式维权，最终才回归到当事人认为的所谓单一矛盾的解决事项上。例如当事人在离婚案件当中要求配偶针对其婚外情行为承担过错赔偿责任，但所涉及的婚外情事实已达到重婚罪的构成要件，律师就应当建议委托人考虑是否提起刑事自诉程序，以便拓展维权路径，进而有力推进维权目标的依法实现。这里必须指明一点，即自诉案件的风险及其对于离婚案件的重大影响，律师必须明确告知当事人，至于委托人是否选择通过自诉案件展开维权步履，那是律师无法把控的，但是为委托人提供最佳的维权途径与诉讼方案是律师服务的内容，更是律师专业价值的实际体现。以上案例中假若当事人听取了律师的意见并且提起了刑事自诉程序，且被告人重婚罪成立，那么过错赔偿事实确立，委托人最初诉讼目标的实现已无障碍；若重婚罪证据不足，但是自诉案件的判决内容已确认了被告人与他人同居的事实或者其与第三者之间的不正当男女关系，那么过错赔偿事项就有了事实依据，进而在离婚案件当中获得过错赔偿的支持率大幅度提高。除此之外，在刑事自诉案件的调解当中，当事人很有可能就离婚、财产乃至过错赔偿等事项达成一致协议，从而省去了离婚诉讼，缩短了委托人维权的路程。总之，以上案例中刑事自诉程序的提起可以改变原有的诉讼格局，为委托人维权目标创设新的契机。因此，律师在代理家事案件当中关于刑事与民事程序的结合运用，以及先后次序的专业布局至关重要。

2. 关注财产动态，有效适用行政程序。在家事案件中，由于目前有限公司股权实行"认缴制"，因此存在某个家庭成员"被股东"的情况，若想依法脱离股东身份，卸掉股权责任，若在被伪造签字且查明其与已登记的有限公司确实无任何关联的前提下，首先可以向工商行政管理机关反映投诉或者申请行政复议，依法要求撤销其为某公司注册登记的行政具体行为，假若工商行政机关推卸法定职责，"被股东"的当事人只能向人民法院提起行政诉讼，要求依法撤销该公司注册登记具体行政行为。以上案件最终的结局不管是工商行政机关自纠撤销，还是法院判令工商行政管理机关自行撤销其具体行政行为，抑或法院依法撤销具体行政行为，当事人的权利救济目标通常都可以依法实现，为此对于股东身份及其股权责任的准确把握在家事案件中有了新的内容，即股权不仅代表着权利，而且意味着对于公司责任的担当，一个"被股东"的家庭成员不能漠视自己的权利被侵害，而应当依法积极地卸掉原本不属于自身的"财产枷锁"。随着社会的发展，家事维权领域不再是某个当事人对于财产仅仅是主张权益，而且应当看到对于别人强加给其的所谓财产应当及时剥离，以免日后带来不可估量的风险甚至是损失。

家事案件当中常见的还有当事人因结婚登记程序存在瑕疵要求撤销该登记行为而提起的行政复议或者行政诉讼，拆迁安置纠纷当中针对拆迁许可证、规划许可证、土地审批件等具体行政行为提起的行政复议或者行政诉讼，离婚案件当中因一方将夫妻共同财产当中的股权违法转让给第三人而引起的另一方要求撤销股权变更登记行为的行政诉讼或者行政复议，因此律师在代理家事案件当中对于行政维权手段的关注与适用具有特别现实的意义，一旦在家事案件代理中适用得当，时常会使当事人受益匪浅。

三、关于财产评估的现实处置

1. 实地参与评估，及时回应举措。家事案件当中涉及房产评估事项的情形司空见惯，律师在参与评估整个过程中应当以专业的视角积极主动地发现问题，并且针对某些不利于当事人的评估操作办法提出意见，以便及时采取应对办法，尽最大可能促进评估结论的客观性与公正性。例如某离婚案件当中男方于2006年购房，2013年与女方登记结婚，2019年女方提起离婚诉讼要求分割双方婚姻关系存续期间房贷月供款项及其增值利益。庭审当中因双方对房屋价值存在众多异议，女方申请评估房屋现有价值。随后评估机构及双方当事人来到现场，男方此时才得知女方评估申请书中要求对房产及其装修进行评估。男方当时就向评估机构再三指出装修部分由其全额出资，不应当计算在房价内。男方代理律师立刻与主办法官取得联系，阐明装修部分的价值不影响女方对月供及其增值利益的分割，但是合议庭却认为女方申请评估的事项法院不宜改变，因此，对于涉案房产及其装修的评估须要正常进行。男方代理律师在与男方商量之后，最终向法院提交了要求对涉案房屋2013年结婚时的价值及其装修进行评估的申请，由此改变了原有的评估格局，以至于法院在计算房屋婚后增值比例时，结婚时房屋价值含有装修，现在的房屋价值也含有装修，男女双方分别申请的评估对象内容对等了，房屋的增值比例趋于公平了，这就是专业处置的现实后果。此处男方通过向法院提出评估申请的有效方式，既获取了结婚时房屋的准确价值，又有效抵制了女方将房屋装修部分价值列入评估范围之内的不当做法，男方代理律师在此当中的专业判断及其应对举措值得肯定与借鉴。

2. 理性面对评估，依法尽职监督。家事案件当中的房产评估报告通常存在以下普遍问题：因两名评估人员不能悉数到场而影响评估结论的客观性与公正性;对于房产状况的表述不符合实际情况;采用与所谓同等价位房产的比较法估价不科学;关于影响房产价值的因素分析评定与市场实际状况差相差甚远;对于装修工程的价值(尤其是人工费忽略不计)评定过低;对于房产和装修当中的隐蔽工程估价随意(因不打开就不能分等次),最重要的是评估机构出现场时总是匆匆忙忙、草草了事,由此而得出的评估结论通常让当事人一方或双方不满意或者不尽满意,作为当事人的代理律师应当在法院指定的期限内履行其监督职责,即提出书面异议或者要求鉴定人员出庭接受质证,由此既可以解除当事人的疑惑,又可以促使评估机构在法律的监督之下结论尽可能公平一些。若当事人在经过答疑或者质证之后不再坚持其异议,由此评估报告的法律效力确定无疑;若当事人仍坚持其异议,那么还可以通过申请重新鉴定的方式进行权利救济。作为家事律师在评估报告及其结论的事后监督当中所发挥的积极作用是不可忽视的,同时也是值得专业人士深入思考并在现实当中大力推行的。

四、全面吃透案情,依法客观判断事实

家事纠纷涉及人身、财产法律关系,时常有错综复杂的关系和多层次的矛盾冲突,使每个案件的表象与实质具有明显的落差,当事人的视角是单向的、偏私的,可是律师的思路必须是宽泛的,对于事件及其纠纷的判断与处置应当是客观的,在代理案件当中与当事人的沟通必须是深入的,对于当事人维权目标的分析判断应当是全面的,为当事人选择维权方式及其定位诉讼请求应当是现实的,律师只有直面矛盾,依法客观判断事实才能为当事人的维权目标寻找最佳的突破口。因此,律师既要耐心倾听当事人的心声,又要让当事人的诉讼主张落地,其中专业功课的准备自然是艰辛而富有挑战性的。

如遇某离婚案件当中,双方婚前购买按揭贷款房屋的首付出资来源于男方的父母,产权却登记在女方名下,女方要求离婚,并且主张该房屋归其所有。开庭时男方代理律师当庭列举了男方父母通过银行账户转给开发商的首付款票据、从银行取出用于交首付款现金部分的凭证,以证明男方父母实际支付了全部的首付款项。另外男方律师还向法庭列举了两人在领取结婚证当

天达成的关于经济方面实行 AA 制的协议，由此来证明在婚后女方没有承担任何房贷月供款项。最终法院判决双方离婚，房产归男方所有。由此可见当事人的诉讼请求是严格受到法律约束的，诉讼当中当事人举证责任的有效履行决定着案件最终的结局，律师的专业性服务带给当事人的是实实在在的利益。

在继承案件当中，针对某个继承人对被继承人付出较多的情形，在法定继承原有均等份额的基础上，按照《民法典》第一千一百三十条第三款："对被继承人尽了主要扶养义务或者与被继承人共同生活的继承人，分配遗产时，可以多分。"即使在法律规定明确的前提下，诉讼当中举证义务的全面履行时常由律师代理完成，其中关于调查取证、证据取舍、证据归置、证据列举、证据分析等方面的工作都具有专业性，律师的代理将会为当事人的维权带来新的能动力，由此现实地展示着家事律师的专业价值，因此在全面吃透案情基础上，律师在专业功课方面的贡献是不可替代的，也是不可小觑的。

五、主动换位思考，尽力搭建调解平台

家事纷争基于人身与财产兼有的属性，调解一般比判决有利于案结事了。调解的基础决定于当事人之间沟通的程度，沟通当中的专业性、人际性、技术性不可或缺，沟通的主体虽然在看待矛盾冲突当中视角的差异性不可避免，但是专业人士的能动作用不能缺位。不管是法庭调解还是庭外和解乃至庭前沟通，各方都需要换位思考。律师在代理案件当中应当适时引导当事人抱着积极解决问题的态度客观看待争议的根源，及时提示当事人妥协与让步是解决所有纷争的最佳通道。事实上，不管纷争止于哪个阶段，当事人及其代理律师都应当时刻关注并把握调解的契机，"时不我待，机不可失"，一旦促成当事人各方受益，一旦错过两败俱伤。家事纷争的解决作为专业律师必须时刻尽力营造调解的氛围，随时注意搭建双方调解的平台，以便有效缩短维权的路程，节省双方当事人的维权成本。从某种程度上讲，对于调解事项的关注及其细节的把握程度常常代表着家事律师的执业综合能力，因此自始至终务必要将调解工作置于重要的地位。

综上所述，以上针对家事案件代理当中关于细节专业处理的归纳总结阐

明了家事代理当中细节的重要性及其影响力,希望引起家事专业同仁的关注,同时期待大家在各自的执业旅程中"关注细节、盘活细节,通过细节处理收获技术成果"。

论文六

未成年人监护权面临的新冲击

对于未成年人的依法监护是一项任重而道远的事项,监护人在此当中的言传身教往往决定着未成年人身心能否健康成长,一旦未成年人涉嫌违法犯罪或者合法权益受到侵害,其监护人难辞其咎。在社会转型婚姻家庭领域呈现多元化状态的当下,未成年人监护权面临着前所未有的重大冲击。

一、农村留守儿童法定监护人缺位,未成年人违法犯罪现象不容忽视

魏某,男,15岁,父母进城务工,魏某在老家由70岁的奶奶照顾,奶奶虽然对孙子百般呵护,但是魏某总觉得心里时常空虚,尤其是在父母连续三年没有回家的情况下,魏某开始寻找依靠。一日,魏某在学校偶遇比他高一级的校友吴某,彼此感到相见恨晚,从此两人相交甚欢,尤其是吴某在魏某因思念其父母感到郁闷时,吴某不是安慰就是请魏某吃饭、上网、唱歌,魏某逐渐将吴某当作自己的知己。突然在某日下午上课时,魏某被老师叫到了办公室,现场还有警察,老师问道:"你和吴某是好朋友吗?你现在知道他在哪里吗?"魏某回答:"是好朋友,我们关系很好,我是上星期见的他,最近几天没见着。"警察问:"吴某是不是请你吃饭、上网,还送给你一些东西?"魏某说:"他对我很够意思,知道我父母不在家,时常心里难过,他总是逗我开心,请我吃,请我玩,还给我手机和手表,我很感谢他。"警察现场向魏某告知:"他给你的手机和手表都是他偷来的、抢来的,现在我们就是来落实关于他在一起抢劫案中带你到现场的相关情况。请你能够如实说出当时的情况。"

魏某便向警察陈述了其曾被吴某带到一饭馆吃饭，吴某告诉他只要不离开座位和另外一名学生划拳即可，魏某按照吴某的说法做了，随后吴某给了魏某一部手机。警察还告诉魏某，吴某因抢劫、盗窃已被公安机关刑事拘留，吴某给魏某的手机是赃物，需要追缴，魏某涉嫌掩饰、隐瞒犯罪所得、犯罪收益罪，因魏某年仅15岁，属相对负刑事责任年龄段，因此不予追究其刑事责任。魏某交回了手机，心里害怕极了，老师用异样的眼光看着他说："你父母不在家，以后千万不敢跟坏孩子在一起，这一次是侥幸，下一次若涉足违法犯罪，你以后的路会很难走的。"魏某从此以后变得更加闷闷不乐，不管在学校里还是回到家里，很少说话，生活又回到了以前没有朋友的状态。

　　留守儿童的父母背井离乡，外出打工，一般都是为了家庭和孩子过上好的生活，可是他们在忙于应对城市就业压力的情势下，不可能留出充足的时间陪伴自己的孩子。事实上父母的辛苦只能换来金钱，换不来孩子身心的健康，孩子留在农村跟爷爷奶奶甚至其他亲属长期生活在一起，他们对来自父母的爱的需求一点都不会减弱，可是这种天性与人性的正常要求却被残酷的现实打破了，以至于孩子在得不到父母监护的前提下经常为了弥补其心里的空虚而寻求他人给予的所谓"温暖"，可是非但"天上不会掉馅饼"，而且常常面临的都是不可预测的"陷阱"。作为父母，对于孩子所负的法定监护义务通常既认识不清，也做不到，最终吞食恶果的却是父母及他们的孩子。

　　《未成年人保护法》第十五条规定："未成年人的父母或者其他监护人应当学习家庭教育知识，接受家庭教育指导，创造良好、和睦、文明的家庭环境"；第十六条第（一）项规定未成年人的父母或者其他监护人应当为未成年人提供生活、健康、安全等方面的保障，关注未成年人的生理、心理状况和情感需求；第十七条规定未成年人的父母或者其他监护人不得虐待、遗弃、非法送养未成年人或者对未成年人实施家庭暴力，不得放任、唆使未成年人吸烟（含电子烟，下同）、饮酒、赌博、流浪乞讨或者欺凌他人，放任未成年人进入营业性娱乐场所、酒吧、互联网上网服务营业场所等不适宜未成年人活动的场所。父母不是一个称谓和符号，在法律上，父母的身份不仅代表着责任与义务，而且这种义务是法定的，是不可转移与推卸的，每个孩子的父母都应当依法充分、正确地履行自己的义务,只有这样才能够配当"父母",才是一个守法的公民。

二、再婚家庭幼女被继父多次性侵,母亲监护失职,孩子身心俱损

6岁的女孩小月,因父亲吸毒导致父母离婚,母亲改嫁,继父同小月母女一起生活。继父是一名司机,收入稳定,母亲没有正式工作,偶尔打零工补贴家用,起初一家人的生活还算稳定。但是不久,继父趁小月母亲外出之际,突然拿着一条漂亮的纱巾蹿进了小月的房间,先紧靠小月坐下来,随后又将纱巾系到了小月的脖子上,并且随手将小月抱在怀里,肆意在孩子的敏感部位乱摸,当时小月吓哭了,继父告诉她:"你敢将今天的事告诉你妈,我就将硫酸泼到你脸上让你永远不能见人,你若听话我就给你买好吃的、买漂亮衣服,我现在就是你爸,你得听我的,就连你妈也是我养的,你是个懂事的孩子,最好也能做一个乖女儿。"小月在哭了一阵后被继父带到了肯德基就餐,继父对她和颜悦色,并且保证日后让她和母亲过上好的生活。小月回家以后对母亲只字未提,一家人似乎过得很平静。时隔六年后的一天,小月的母亲回到家里发现很安静,起初还以为丈夫和女儿都不在家,可是当她推开女儿房间门时顿时傻眼了,她先将女儿从床上拉出去,然后劈头盖脸地猛击丈夫,丈夫当场跪地求饶,但是小月的母亲还是报警了。公安机关介入后,以猥亵、强奸为由将小月的继父刑事拘留。后经法院审理查明,小月自6岁多开始至12岁,先后被继父猥亵、强奸100多次,最终以强奸、猥亵两个罪名判处继父有期徒刑十二年。小月的母亲又离婚了,两次不幸的婚姻让这个中年妇女彻底对男人失去了信心,对于女儿,母亲除了愧疚之外,更多的是不知所措。

小月作为未成年人,之所以能够在长达六年的时间里不断被继父性侵,其中最重要的原因在于母亲没有尽到监护职责。在现实生活当中,母亲带着年幼的女儿改嫁,必须充分思考并积极预防孩子身心受损的事件发生,这既是对母亲监护能力的考量,也是法律对监护人义务履行的客观要求,监护责任履行的状况往往决定着未成年人的身心能否健康成长。《民法典》第二十七条第一款规定:"父母是未成年子女的监护人。"《民法典》第三十四条规定:"监

护人的职责是代理被监护人实施民事法律行为,保护被监护人的人身权利、财产权利以及其他合法权益等。监护人依法履行监护职责产生的权利,受法律保护。监护人不履行监护职责或者侵害被监护人合法权益的,应当承担法律责任。"由以上法律条文可以看出,作为未成年人的监护人,父母的法定责任是明确而具体的,若履行得当,孩子健康成长的几率很可能得到提升;若父母监护失职,那么孩子就会生活在毫无安全保障的环境之中,身心受到伤害的可能性会增多。因此,为人父母需要知法、守法,并以实际行动尽最大可能地保障孩子身心健康成长,否则孩子一旦受挫或者受伤,父母将在修复孩子身心两方面的创伤时须付出更多的代价,这样一来,代价高昂,损失惨重,父母的实际负担将会变得更加沉重,违法的代价远远高于守法的成本,孰轻孰重,不言而喻。

三、非婚生子女多尴尬,监护方式影响孩子身心健康成长

小华,女,17岁,系某重点中学优等生,学习成绩虽然名列前茅,但是她脸上从未有过一丝笑容,似乎除了学习没有别的爱好。一日,班上转来了一名男生小宏,小华并没有在意,可是没过几天,小宏在教室旁边的过道挡住了小华,指着她的鼻子说:"你妈是个婊子,养了你这个杂种,搅得我家不得安生,今天我告诉你,有你没我,有我没你!你趁早滚出这个学校!"小华回去将此事告诉了与她相依为命的外婆,外婆从外地叫回了小华的母亲,两个大人在问明了小华在学校里遇到小宏的相关情况后,母亲当时就说:"我把你带到外地,你不能再到这个学校上学了。"小华顿时感到了大人们的某种难言之隐,原本少言寡语的她终于憋不住了,竟质问道:"咱们和小宏家到底有什么过节?他竟敢这样对我!"母亲在沉默许久之后告诉她:"他是你同父异母的哥哥,你爸一直给你生活费,若小宏他妈再翻旧账,你爸的日子肯定不好过,我们还是忍忍吧。"小华终于在自己17岁时才弄明白了自己原来是一个非婚生子女,同时也知道了自己时常遭遇别人指点和白眼的原因。小华在极度痛苦了一段时间之后,还是无奈地与母亲前往外地就学。离开外婆小华虽然很不情愿,可是她总算过上了能够经常看到母亲的生活。

非婚生子女在现实当中常常没有双亲的陪伴，甚至连单亲的陪伴都得不到，尤其是在父母身份确定、抚养义务履行、财产继承，以及开家长会、作业签字、日常填表乃至需要父母配合的各种活动中都很难在心理上不受影响，家长惯用谎言来掩饰或者搪塞，其目的虽然是为了孩子不受伤害，然而"纸里包不住火"，一旦实情败露，孩子将会承受更加惨重的打击。也许大人们有着自己的苦衷，甚至认为在其已经充分尽到金钱给付责任的情况下，只能无奈地让孩子接受现实，然而作为非婚生子女的父母，他们何尝知道自己孩子内心的伤痛呢？

《民法典》第一千零七十一条第一款规定："非婚生子女享有与婚生子女同等的权利，任何组织或者个人不得加以危害和歧视。"非婚生子女的父母在履行监护职责时，应当按照《未成年人保护法》第三条"国家保障未成年人的生存权、发展权、受保护权、参与权等权利"之规定，即从儿童利益最大化原则出发，现实地保障自己的孩子身心健康成长，千万不能让他们在原本有缺憾的出生背景下继续承受无爱或者缺爱的痛苦，从而对父母之爱失去了应有的向往与信心。

四、父母离异，抚养孩子一方监护人亡故，未成年人的抚养与监护陷入两难境地

刘某与妻子来某结婚三年，生下儿子笑笑，儿子两岁时夫妻离婚，笑笑判归刘某抚养。事实上，不管是离婚前还是离婚后，真正悉心照顾、百般呵护孩子的是爷爷奶奶。离婚后因来某无房居住，刘某同意来某仍然住在男方家里原有的婚房，不料某日两人在该房先因琐事发生争吵，后厮打在一起，最终导致刘某坠楼身亡，经公安机关侦查，不能确定刘某真正的死因。为此，刘某的父母认为案发现场只有儿子与来某，一口咬定儿子是被来某害死的，并先后到多个部门控告，要求以故意杀人罪将来某绳之以法。来某基于公安机关不能确定其与刘某死亡有关的前提，在刘某死亡一年之后以刘某的父母作为被告，向法院提起了要求抚养孩子的诉讼，双方之间的矛盾聚焦到了孩子的抚养与监护问题上。来某以母亲作为孩子第一顺序监护人的身份主张抚养孩子，刘某的父母以来某系犯罪嫌疑人、存在家庭暴力以及来某不具备抚养条件等为由答辩反驳，在法庭上双方冲突激烈，刘某的父母愤怒地说："天下哪有你这样的母亲，先害死孩子的父亲，让我们失去了儿子，现在又来抢夺我们的孙子，我们死也不会将孙子交给你这个杀人犯！"在不断地争吵当中，双方的对立状态异常严峻，以至于法庭在多次维持秩序以后只能暂时休庭了。

年仅3岁的孩子由谁抚养并且实际监护更有利于孩子的身心健康成长呢？这个问题从法律上来讲，似乎并不难决断，可是孩子只能由一方抚养，母亲有血缘优势，爷爷奶奶有实际抚养的事实。另外从情理上讲，爷爷奶奶在晚年丧子之后还要面临即将失去孙子的打击，这种双重的痛苦对于任何人来讲都是十分残酷的。对于3岁的笑笑来说，更是其命运的分水岭，孩子日后的身心健康成长无疑会因为其父意外亡故的现实而变得令人担忧了。父母离异，抚养孩子的一方监护人亡故，孩子由谁抚养与实际监护是一个核心问题，不管是由母亲抚养，还是由爷爷奶奶继续抚养，带给孩子的都是有缺憾的童年生活。因此，本着儿童利益最大化的原则，若能在孩子的重要成长时期分段由不同的亲属来监护，那么孩子可能获得的爱会更加丰富与充实，可是在司法实践当中，绝大多数法院不可能采用创新方式来破解两难状态下的未成年人监护权轮流行使问题，这对于未成年人身心健康成长是极其不利的。

五、离婚之后，不直接抚养孩子一方监护权行使的边界值得依法深度思考与探究

方某两年前与丈夫袁某协议离婚，当时只约定了6岁儿子的抚养权归方某，离婚后丈夫要求每年与儿子一起生活两个月，怕的是仅每周匆匆见孩子一次，感情上渐渐疏远，但是方某坚决不同意孩子在袁某的监护之下日夜共同生活，理由是袁某有酗酒、赌博以及滥交女友等不良嗜好，尤其是对袁某晚上带着孩子共处，方某一直认为袁某会将孩子引入歧途，两个人经多次沟通无效后，袁某固执己见，并以主张探望权为由将方某诉至法院。在法院审理当中，两人争议的焦点不仅在探望的时间和次数上存在异议，而且在所谓"每年与儿子共同生活两个月"的诉求是否成立上争议激烈，法院经询问双方均不同意调解,最终针对袁某提出的诉讼请求,法院判决袁某每周可以探望孩子一次,法定节假日可以探望一次,驳回其"每年与儿子共同生活两个月"的诉讼请求。这里需要说明一点,探望权并不涉及抚养权内容,"探望"一词主要的含义仅为"看、看望",并没有日夜共同生活的释义。另外,从法律的层面讲,对于探望权并没有作出明确的定义与规定,因此,在目前没有确定的法律依据的前提下,法院不可能支持袁某相关的诉讼请求。

抚养权是监护权最充分的履行,监护权是抚养权的前提,探望权是监护权的一种体现。父母作为未成年人的监护人,虽然承担法定义务,但是孩子永远是一种"甜蜜的负担",付出多少得到多少,父母与子女的抚养、监护关系是人间亲情的一种具体表现与极致升华,在相互传递与交流当中,双方权利义务的履行及其成果显露无遗,法律与血缘得到了有机统一。因此,抚养权与监护权既是权利也是义务,既是法定义务也是亲情的表达,真善美蕴含其中,不管是子女还是父母都应当珍视彼此的关系与缘分,从而保障双方在互动当中尽可能展示正能量,让父母与子女在亲情的滋润中健康成长。在此特别指出,探望权虽然是在不直接抚养自己子女的前提下,父母一方所享有的法定权利,当然监护权也不会因为父母一方不直接抚养孩子而丧失,即父母作为第一顺序的监护人,一般情况下对于自己的子女永远负有监护责任,监护权与探望权对于不直接抚养孩子的一方父母来讲,同样既是权利也是义务,虽然与孩子的相处时间少一些,可是血缘与亲情无法抹杀,故此,探望权虽然权利范畴与抚养权相比明显小一些,但是父母与子女的法定责任与亲情互动却毫不逊色,探望权作为抚养权的补充对于未成年人来讲也是不可替代的法定权利与情感需求。

目前,未成年人监护权在多元化的家庭结构与婚姻关系当中越来越呈现出其新内容与新形式,这种客观动态直接冲击着传统意义上抚养权、监护权及探望权的范畴与边界,对此,不管是从理论的层面还是现实的需求来看,作为法律人尤其是从事婚姻家庭类的专业人士应当及时予以关注,并且尽最大可能地做出新的专业功课,进而为社会的稳定与家庭的安宁贡献出各自的一份心力。

论文七

强制执行的股权变更登记案件
法院和工商局谁说了算？

【案情简介】

老年妇女汪某通过法院与丈夫吴某离婚，按照判决内容获得了共有财产当中 A 公司 47% 的股权（A 公司原吴某占 94% 的股权，系法定代表人，汪某与吴某的子女占 6% 的股权，A 公司注册资本为人民币 500 万元），判决生效后吴某拒绝履行，汪某无奈向 B 区法院申请强制执行，B 区法院向吴某发出了执行通知，吴某仍然置之不理。时隔三个多月后，B 区法院向 A 公司注册登记地的 C 区工商局发出了协助执行通知书，要求该工商局依法办理判给汪某 A 公司 47% 的股权变更登记手续，并且给吴某和 A 公司送达了强制执行通知书，随后法院曾多次与 C 区工商局联系相关变更股权登记的事项，但是 C 区工商局一直没有按照协助执行通知书的内容履行其法律义务。B 区法院认为其已依法履行了强制执行的所有法定职责，对于 C 区工商局的不配合，他们也表示很无奈。

汪某在此后长达两年半的时间里曾先后多次向 B 区法院及其省、市两级法院乃至最高法院，C 区工商局及其省、市两级工商局乃至国家工商总局，以及相关人大和信访部门求助，最终 C 区工商局通知汪某按照普通变更登记要求提供相应的材料，汪某积极配合工商局按照法定程序通知了吴某，吴某置之不理，汪某和其他股东（总共占 A 公司 53% 的股权）依法召开了股东会议、董事会议，重新选举了法定代表人（新任法定代表人为汪某与吴某的女儿 D 某），提交了能够提供的变更登记材料，汪某在 A 公司 47% 的股权变更登记程序得以完成。不料两个月后，吴某以其不知道变更登记和相关变更登记材料不合法为由将C区工商局和A公司新任的法定代表人D某诉至C区法院，要求撤销A公司法定代表人的变更登记和该公司的新营业执照，提起了行政诉讼程序。C区法院经审理作出一审判决，认为C区工商局没有按照普通工商变更登记的程序尽到其依法的审查义务，并且在判决书当中指出C区工商局扩大了法院协助通知书要求的范围，即在股权变更登记的同时又将A公司的法定代表人进行了变更登记，C区法院作出了撤销A公司法定代表人变更登记和A公司新营业执照的判决内容。一审判决后，C区工商局和A公司的新任法定代表人D某均不服并提起了上诉。二审法院经审理认为，C区法院的一审判决程序违法，作出了发回重审的结论。C区法院重审后，作出了维持其原一审判决内容的结论。C区工商局和A公司的新任法定代表人D某仍不服该判决内容，再次提起了上诉。二审法院最终作出了维持A公司营业执照登记内容，撤销A公司法定代表人变更登记的矛盾性判决。

汪某的股权变更登记虽然在其离婚判决生效后的两年半以后得以完成，但是随后得知在其股权变更登记没有完成之前，吴某以其原对A公司持有94%股权未经及时变更的工商登记资料与第三人恶意串通，已在变更登记的前一年将A公司的所有资产以2200万元的价款卖给了该第三人。因此，从客观上讲，迟到两年半的变更登记对于汪某已经没有了实际意义，汪某的股权变更由于法院与工商局的执法依据不接轨而最终导致实体利益落空。

【本案争议焦点】

1. 强制执行的股权变更登记应当依据法院的判决及其协助执行通知书直接办理，还是按照普通变更登记的法定要求提交相关的变更登记材料？

2. 按照普通变更登记程序，股权变更登记由于涉及股权变化以后公司法定代表人的重新选任问题，法定代表人的变更登记必然成为股权登记的前置条件，即在法定代表人不能确定公司将无法提供所有的变更登记材料（没有法定代表人的公司是无法办理变更登记手续的），客观上法定代表人的变更登记与股权的变更登记不可分割。

3. 法院在以上行政案件的审查过程中，是以强制执行判决文书的实际执行为保护目标，还是以工商部门的登记管理条例为依据来苛刻地要求工商机关作出不现实的具体行政行为呢？

4. 就汪某股权变更登记的依法、及时、有力保护问题，在法院与工商局执行依据各自为政、具体操作办法空缺的情况下，最终使汪某在得到迟到的变更登记之后方才得知自己早在一年前已失去了其在 A 公司 47% 股权的实体利益。对于汪某的股权落空一事，是应当由法院负责，还是由工商局负责？这个责任法院和工商局负得起吗？

5. 吴某拒不履行其股权变更登记的法定义务，最后居然在成功逃避其被强制执行义务以后，不仅得到了 A 公司所有的财产权益，致使汪某的股权实体权益落空，而且还将 C 区工商局和 A 公司新任的法定代表人诉至法院，这样恶人先告状的诉讼格局难道不值得反思吗？

6. 法院最终作出的判决结论，既然确定了股权变更登记和公司新营业执照的合法性，为什么又自相矛盾地否定了这两项变更事实的基础——公司法定代表人的变更登记事实呢？此处法院在执法层面与工商局操作层面具体要求的脱节是显而易见的，因此，行政审判与具体行政行为执法标准的统一是不可回避的问题，然而目前的结局让法院的审判结论遭遇到了现实当中的尴尬，这是对行政审判水准的一个极大嘲讽。

【办案经过】

作为汪某一方的代理人，G 律师在行政诉讼案件当中只能以 A 公司新任法定代表人 D 某的角度（担任其代理人）来参与案件的全程，在一审开庭当中 G 律师以强制执行案件的背景来说明吴某拒不执行生效判决的违法做派，并对吴某此次诉讼的目的，即恶人先告状的无赖行径进行了阐述，指明了吴某不具备作为原告资格的观点，即其权益不仅没有受到侵害，而且其一直在侵害汪某的权益；提出了 D 某作为当事人的身份不适格的观点，即公司的变更登记事项只能对公司法人主体提起诉讼，而不能将 D 某个人诉至法院；提请法院站在保护生效判决的角度积极维护汪某的股权利益，面对本案人性化

——高瑾律师带您走进80例新型家事案件

执法，妥善处置法院与工商局在执法依据和操作层面上的冲突，依法作出公正的判决。虽然一审失败，但是G律师的观点及其思路却让法官为之动容。随后在二审当中，G律师与工商局方面代理人分别从强制执行和普通变更程序两个方面来论证C区工商局的变更登记行为的合法性，使庭审的辩论气氛异常激烈，在此当中法官才从更宽泛的视角来看待本案的争议以及法律上的缺陷，由此，二审才作出了发回重审的结论，这无疑让案件出现了一丝转机。虽然此后的发回重审结论令人失望，但是在本案的第二次二审当中，法院充分听取了工商局方面代理人和G律师对案件的看法，在经过慎重讨论以后作出了折中的判决结论，虽然该结论与现实情况不接轨，但是总比一审结论前进了一步，而能迈出这一步实在是太艰难了。

【法律建议】

1. 涉及股权变更登记的强制执行案件在操作层面法院与工商局适用法律的不统一问题，归根结底，立法机关应当通过法定程序召集法院、工商局等有关方面进行立法协商，并充分征集民意，最终推出一套让法院、工商局以及老百姓都能够接受并行得通的法律文件乃是当务之急，此类案件在目前市场经济快速发展的情势下会日益增多。

2. 针对股权变更登记涉及家庭成员之间复杂矛盾的强制执行案件，法院应当尽力做调解工作，最好让被申请人能够在法院的主持下履行自己的义务，尤其是在变更登记材料提供方面的特定义务，以保证变更登记事项最后在工商局得以顺利完成，此处法院的工作职责应当尽到，工作视点应当放宽。

3. 工商局在协助执行股权变更登记的工作中应当积极与法院密切配合，既要尊重法院的强制执行权，又要依法尽到自己的审查职责；心中应当有为老百姓服务的意识，还要有为老百姓把事办成的实际行动。

4. 法院、工商局在股权变更登记的强制执行案件当中，应当充分保护弱势群体的合法权益，杜绝由于其迟延履行法定职责而最终让弱势群体的权益落空事件的发生，千万不要在弱势群体权益受到被申请人的侵害以后，又雪上加霜地让弱势群体最后走上绝境，从而影响社会的安定与和谐。

第十四章
专业论文展示

论文八

涉外离婚案件诉讼风险感悟一二

目前,随着社会的发展,跨国交往越来越多,中国公民缔结涉外婚姻已呈日益增长的趋势。因此,涉外婚姻带给大家的法律思考不容回避,维权当中遇到的尴尬更是不可小觑,作为专业人士只能迎难而上直面纷争,尽力采用多种方式解决现实问题。笔者现试图通过以下案例的阐述,与法律同仁分享经验、总结教训,以便在日常办案当中更为有效地为当事人提供有效的服务。

境外闪婚,送达受阻,离婚不成

朗某,男,35岁,四川人,两年前在A国旅游拍照时结识了已在当地居住8年的中国姑娘卿某,两人一见钟情,五日后便前往中国大使馆办理了结婚登记手续。半个月后郎某回到国内,夫妻网上传情,感情融洽。不料半年后,因琐事双方发生争议,郎某前往卿某所在A国,本希望见面后夫妻之间能够和好如初,但是女方坚决要求离婚,并且声称得不到50万元人民币绝不罢休。郎某后来无奈同意离婚,但是拒绝给付50万元人民币。郎某回国后还曾与卿某协商过关于协议离婚的事项,可是双方因在金钱给付数额方面存在异议,卿某拒绝以协议方式离婚。郎某最后不得不向卿某出国前在中国住所地的基层人民法院提起离婚诉讼,尽管法院立案了,可是法院因郎某提供的卿某所在A国的居所地地址无法送达,最终依法驳回了郎某的离婚请求。郎某为此愤愤不平,经多方询问竟然得知卿某就住在郎某诉状上的地址,只是其故意逃避而已。时隔8个月后,郎某第二次提起离婚诉讼,法院以"被告地址无法送达"为由拒绝立案。郎某虽多次向有关部门求助,但离婚诉讼无法进行下去。

本案揭示了涉外婚姻的潜在风险,其一,闪婚的感情风险;其二,离婚的涉外风险;其三,法律维权当中难以避免的现实风险。感情的风险当事人可以通过自身行为尽量减少甚至忽略不计,离婚的涉外风险是当事人无法控制与避免的,诉讼的风险带给当事人的往往是无可奈何。按照《中华人民共和国民事诉讼法》第二百七十四条之规定:"人民法院对在中华人民共和国领域内没有住所的当事人送达诉讼文书,可以采用下列方式:(一)依照受送达人所在国与中华人民共和国缔结或者共同参加的国际条约中规定的方式送达;(二)通过外交途径送达;(三)对具有中华人民共和国国籍的受送达人,可以委托中华人民共和国驻受送达人所在国的使领馆代为送达;(四)向受送达人委托的有权代其接受送达的诉讼代理人送达;(五)向受送达人在中华人民共和国领域内设立的代表机构或者有权接受送达的分支机构、业务代办人送达;(六)受送达人所在国的法律允许邮寄送达的,可以邮寄送达,自邮寄之日起满三个月,送达回证没有退回,但根据各种情况足以认定已经送达的,期间届满之日视为送达;(七)采用传真、电子邮件等能够确认受送达人收悉的方式送达;(八)不能用上述方式送达的,公告送达,自公告之日起满三个月,即视为送达。"郎某离婚诉讼当中的送达障碍是完全可以依次排除的,然而面对涉外离婚诉讼国内某些基层法院不管是在立案还是在审理阶段所存在的排斥性做法,往往使当事人陷于诉讼无门或者维权不能的尴尬境地,由此导致涉外民事维权遭遇不应有的法律风险,作为涉外家事律师在此当中的专业努力与极力维权就变得尤为重要了,涉外家事律师的维权空间与使命将日益增多,专业素养的相应提升也到了迫不及待的地步了。

国内离婚,举证困难,财产受损

王某,女,30岁,吉林人,在国内B市打工中偶遇韩国某企业高级技工卢某(在B市工作,月薪不低于5万元人民币),两人相识一年后在长春登记结婚。婚后两人在B市生活,一年后生有一子,王某一直在家带孩子。两年后,王某因卢某长期以来在酗酒之后对她实施家庭暴力,在B市某区人民法院提起了离婚诉讼。在案件审理当中,双方一致同意离婚,关于子女抚养权双方亦无争议,只是在财产分割方面存在重大争议。王某主张分割卢某结婚三年来的工资及其他收入共计人民币150万元,并且列举了卢某在B市的部分工资之银行卡记录以及男方与其父母的通话记录(证明卢某的工资收入大部分是所在企业汇至其在韩国的银行卡上),王某还曾向法院申请调取卢某在其韩国银行卡上的收入。庭审中,男方一直称现无夫妻共同财产,工资及其他收入全部用于家庭生活开支,并且列举了一些花费凭据。主审法官当庭按照"谁主张,谁举证"的原则,要求双方尽力提交证据,可是关于夫妻共同财产的相关证据不管是从数量上还是证明效力上都无法确定具体财产内容,因此最终王某只获得了5万元人民币的经济帮助。另外孩子的抚养权虽然判归王某,但是卢某每月只承担1200元人民币的抚养费。

从该离婚案件的判决结果上看,王某与儿子日后的生活水平必然会降低,为此王某不服提起了上诉,二审维持了原判。虽然在适用《中华人民共和国民事诉讼法》的前提下,涉外离婚案件的审理与判决从本质上讲与国内离婚案件几乎没有任何差别,可是作为涉外案件毕竟有其固有的特殊性,尤其是在针对中国妇女儿童的保护方面应当作出符合"儿童利益最大化"原则以及《民法典》第一千零八十七条"离婚时,夫妻的共同财产由双方协议处理;协议不成时,由人民法院根据财产的具体情况,照顾子女和女方权益的原则判决"之规定的裁判结果。该涉外离婚案件当中,对于妇女儿童的保护居然低于国内普通离婚案件的标准和力度,为此在审判理念、处理思路与现实举措等方面都值得反思,长此下去自然会增加这类弱势妇女儿童群体的数量,对于法律的贯彻实施无疑是一个极大的挑衅。时下婚姻家庭领域的维权动态与趋势发生着重大变化,诉讼层面的家事审判改革必将面临严峻的考验,当事人尤其是中国公民合法权益的充分保护已经到了迫在眉睫的地步,仅凭当事人乃至代理律师的努力是远远不够的。家事审判改革当中,涉外离婚案件也必须纳入其中,不可或缺,不可忽视。

境内诉讼,拖延时间改变了管辖权

区某,女,36岁,陕西D市人,与某香港籍企业高级管理人吴某结婚8年,婚后先在香港居住,近两年由于双方发生重大纠葛,区某回到D市经营一家美容店。吴某曾多次前往 D 市与区某商谈离婚事宜,终因财产分割二人意见分歧较大无果而终。后来吴某基于双方结婚登记所在地、区某居所地均在 D 市,其向该市 C 区人民法院提起了离婚诉讼。C 区人民法院受理后,依法通知区某应诉答辩,尽管吴某向法院提供了区某准确的居住地址与联系方式,但是区某一直逃避应诉义务。法院为了慎重起见,曾通过区某的亲友劝导区某前来领取诉讼文书,可是区某就是避而不见,C 区人民法院随后启动了涉外公告送达程序。时隔两年后,区某取得了香港永久居民身份证。不久,吴某接到了香港法院的通知,方才得知区某拖延时间的目的就是为了改变案件管辖地。紧接着 C 区人民法院以"区某系香港公民,香港法院已受理了该离婚案"为由驳回了吴某的诉讼。

在本案当中,吴某最初向 D 市 C 区人民法院提起离婚诉讼时,区某系中国公民,完全符合《中华人民共和国民事诉讼法》第二十二条第一款"对公民提起的民事诉讼,由被告住所地人民法院管辖;被告住所地与经常居住地不一致的,由经常居住地人民法院管辖"之规定,该离婚案件的管辖权在当时只能是 C 区人民法院。该案的性质按照《中华人民共和国民事诉讼法司法解释》第五百二十二条"有下列情形之一,人民法院可以认定为涉外民事案件:(一)当事人一方或者双方是外国人、无国籍人、外国企业或者组织的;(二)当事人一方或者双方的经常居所地在中华人民共和国领域外的;(三)标的物在中华人民共和国领域外的;(四)产生、变更或者消灭民事关系的法律事实发生在中华人民共和国领域外的;(五)可以认定为涉外民事案件的其他情形"以及第五百五十一条"人民法院审理涉及香港、澳门特别行政区和台湾地区的民事诉讼案件,可以参照适用涉外民事诉讼程序的特别规定"之规定,其涉外属性无可置疑,因此 C 区人民法院按照涉外民事送达程序向区某公告送达法律文书,当时该法院对于该案的管辖权是唯一的、排他的。可是,正是因为我国民诉法规定的涉外送达程序实际运行中展现出的复杂性、漫长性,从而让区某在故意拖延时间当中实现了其身份关系的重大改变,即由中国内地公民变成了中国香港公民,区某借此在中国香港提起离婚诉讼,公然规避了本应适用的中国法律,由此时常会对当事人的实体权益产生重要影响。

因此，在涉外离婚案件当中，随着时间的推移所带来的管辖权方面的变化，这个问题不容忽视，无论是国内法院，还是代理律师都应当予以关注，并在实践当中针对个案尽力采取积极的举措予以应对。

综上所述，涉外婚姻的固有属性决定了涉外离婚案件所存在的诉讼风险，即便是在中国境内诉讼也并不轻松，客观地讲，涉外离婚案件的诉讼风险不可回避，作为涉外家事律师，在实践中面对个案时就应该以宽广的视角、专业的技能、坚韧不拔的工作作风将当事人的维权进行到底，只有这样才能尽最大可能地避免涉外家事领域继续被忽略或者被冷落。"路漫漫其修远兮，吾将上下而求索"，涉外离婚案件的有效代理不是一蹴而就的事情，笔者将在以后的职业生涯当中一如既往地探究此类案件在实际操作中的阻力与难点，并且尽最大可能地以积极的专业手法予以处置，从而向大家奉献更好的"执业作品"，将更深刻的感悟呈献给大家，以此回馈各方给予涉外家事律师的信任与重托。

论文九

浅析出轨证据与个人隐私的边界

婚姻是以感情为基础的，夫妻感情是排他的，双方同等受到法律的保护与约束，一旦有出轨行为，直接威胁甚至摧毁婚姻基底，无过错一方的维权步履难免迈开，其中对于过错方出轨行为的举证就会被推向至关重要的位置，由此也会引发出轨证据与个人隐私方面的交叉及识别问题，笔者现就相关实务观点阐述如下。

一、出轨行为的违法性及其证据收集的必要性

1.《民法典》第一千零四十二条第二款："禁止重婚。禁止有配偶者与他人同居。"

2.《民法典》第一千零四十三条："家庭应当树立优良家风，弘扬家庭美德，重视家庭文明建设。夫妻应当互相忠实，互相尊重，互相关爱；家庭成员应当敬老爱幼，互相帮助，维护平等、和睦、文明的婚姻家庭关系。"

3.《民法典》第一千零七十九条第三款第一项规定，人民法院审理离婚案件当中有"重婚或者与他人同居"的情形经调解无效，应当准予离婚。

4.《民法典》第一千零九十一条第（一）（二）（五）项规定，有重婚、与他人同居，或者有其他重大过错之一的情形导致离婚，无过错方有权请求损害赔偿。

5.《刑法》第二百五十八条："有配偶而重婚的，或者明知他人有配偶而与之结婚的，处二年以下有期徒刑或者拘役。"

由以上法律规定可以看出，出轨行为的表现形式主要为婚外与他人同居、重婚等情形，轻则民事违法、重则触犯刑律，若夫妻一方出轨，作为无过错一方，其维权的法律依据是明确而具体的，其维权的脚步不可阻挡，其依法举证的责任不可推卸，尽管围绕出轨事实进行充分举证是核心事项，然而调查收集证据当中所面临的现实问题及其举证难点不可回避，为此，关于举证的边界及其效力值得积极关注与深度思考。

二、出轨证据常见收集方式及其与个人隐私的相关性

1. 无过错方以报警方式启动的。

无过错方向公安机关报警，现场查获配偶与他人同居或者重婚的相关证据，例如配偶与他人共处一室，甚至是同床共枕的现场、双方对于同居与重婚事实供认不讳的询问笔录、现场生活环境及其用品的印证材料。一般无过错方以此举证，主张一次性离婚并且要求过错赔偿，并不触及对于配偶及其第三方隐私权的保护问题，但是对于警方获取的相关出轨证据材料，无过错方不能直接从警方取得，而是需要其在提起离婚、重婚等诉讼后由法院向警方依法调取，最终才有可能作为"出轨证据"使用。

2. 无过错方带人捉奸在床获取的。

无过错方通常在夫妻关系当中处于弱势地位，在得知配偶相关出轨线索

的前提下，往往带领其亲友破门而入，现场"捉奸在床"，但是容易引发配偶声称其隐私权被侵犯之抗辩，由此而导致所获出轨证据法律效力遭到质疑的实际效果。在这里需要指出，无过错方个人依法维权，积极收集配偶出轨证据的动机与目的无可厚非，但若系擅自进入他人住宅的情形是有法律风险的，即使是闯入宾馆、酒店等营业场所，也是需要区分具体情况的，但是有一种情况可以免除风险，即配偶与他人是在无过错方家里被现场抓获，至于无过错方的亲友必然会涉嫌侵犯他人隐私权的问题。

3. 无过错方经过实地调查取得的。

无过错方一般可以通过配偶居所地的邻居、物业管理机构以及其亲友、同事等途径获取配偶的出轨证据，例如邻居、亲友、同事的证言，小区出入人员的监控录像，物业机构证明，甚至是同居或者重婚一方乃至双方子女的证明，这些证据材料虽然不涉及侵犯过错方及他人隐私权的问题，但是证据的效力常常达不到法定的要求，最终使得无过错方不能如愿实现维权目标。

4. 无过错方利用电子产品采集到的。

无过错方为了能够获得配偶准确的行踪，时常会通过手机定位、车载监听、住宅监控等方式求证配偶是否存在出轨的事实，例如：无过错方将自己名下的手机交给配偶使用，从电信部门取得了有明显怀疑对象的通话记录；无过错方将监听设备植入其私家车内获得了配偶与他人在车中发生关系时的对话录音；无过错方在自家卧室放置了视听监控装置，取得了配偶与他人发生关系的视频录像及其事前事后的对话录音。以上这些电子数据的客观性与准确性带给无过错方的是现实而有力的举证效果，进而使无过错方接近乃至达到原有的诉讼目标。

5. 无过错方与配偶直接交流得到的。

无过错方基于婚姻关系与配偶的交流方式及其沟通的深度都是具有特定性与私密性的，无过错方日常在与配偶的接触当中获得其对于出轨行为承认与否的录音、通话记录，甚至是书面悔过书等，但是配偶时而承认、时而否定的情形不少。若是先承认后推翻的类型，其惯常以无过错方侵犯其隐私权为由进行抗辩，其目的就是为了彻底否认出轨事实的存在。日常生活当中，夫妻之间在共同面对家庭事务时，双方基于权利与义务的平等性与一致性，其相处原则与价值观念等都在求同存异之间趋于平衡。只要是双方能够正常面对的共同家庭问题，凡事或迟或早都得透明、公开，个人隐私存在的空间一般不大。即使一方为了家庭利益或者是顾及对方的感受一时半会不愿意公开某些事情，但是其初衷都是为了家庭的和谐与家人的安宁，因此个人隐私权在正常家庭的夫妻关系当中并不明显地表现出来。一般来讲，夫妻之间只要提及个人隐私权的保护事宜，往往都与一方人身出轨或者财产越权之行为有关，侵害的对象不外乎是无过错方的人身权利或者财产利益。因此，隐私权在夫妻乃至家庭当中的出现必然造成所有成员的恐慌与不安。

三、隐私与隐私权的法律规定

《民法典》第一千零三十二条规定："自然人享有隐私权。任何组织或者个人不得以刺探、侵扰、泄露、公开等方式侵害他人的隐私权。隐私是自然人的私人生活安宁和不愿为他人知晓的私密空间、私密活动、私密信息。"《民法典》第一千零三十三条规定："除法律另有规定或者权利人明确同意外，任何组织或者个人不得实施下列行为：（一）以电话、短信、即时通讯工具、电子邮件、传单等方式侵扰他人的私人生活安宁；（二）进入、拍摄、窥视他人的住宅、宾馆房间等私密空间；（三）拍摄、窥视、窃听、公开他人的私密活动；（四）拍摄、窥视他人身体的私密部位；（五）处理他人的私密信息；（六）以其他方式侵害他人的隐私权。"以上是民法典关于隐私与隐私权的明文规定，即隐私的概念及隐私权的保护内容是确定的，任何人不得超越法律享有无限制的个人隐私权。另外，还应当看到个人隐私权利的行使不能侵害他人合法权益。

四、出轨证据认证与个人隐私权边界把握应当坚守的原则

1. 无过错方针对配偶的违法行为，极力举证、依法维权的举措应当得到积极支持。

《民法典》第一千零四十三条规定了夫妻之间有相互忠诚的权利与义务，

优良家风、家庭美德、家庭文明建设被写入法典，由此可见保护的级别以及该事项在社会生活当中的重要性。《民法典》第一千零七十九条第三款第一项规定，人民法院审理离婚案件当中有"重婚或者与他人同居"的情形经调解无效，应当准予离婚；第一千零四十二条第二款规定，禁止有配偶者与他人同居；同时第一千零九十一条第（一）（二）（五）项规定，有配偶者与他人重婚、同居或者有其他重大过错情形之一的，无过错方有权请求损害赔偿。无过错方为了依法维权必然要极力调查取证，其调查取证是基于对方的违法事实所展开的，这是无过错方获取证据的前提，法律应当积极保护无过错方的合法权益。

2. 夫妻权利义务的内容若与其中一方的个人隐私相冲突，夫妻权利的依法保护应当予以充分肯定。

夫妻关系当中的人身属性是双方当事人结合的基础，人身权利既是权利又是义务，任何一方在遵守法律的同时应受到对方的监督，一方若有违法行为，无过错方依法维权，即使在举证方面涉及对方所谓的"个人隐私"，且该隐私还是过错方违反夫妻权利义务内容的行为，那么正当的维权行为与违法的个人隐私相比，所谓的个人隐私已不存在被侵犯的情形，无过错方在行使其法定权利的时候根本谈不上对于过错方个人隐私的违法侵害。

3. 个人隐私的保障是有边界的，隐私权的保护不能突破公平正义的底线。

个人隐私按照《民法典》第一千零三十二条、第一千零三十三条之规定，法律保护的是确定范围内的隐私，夫妻之间权利义务的法定性决定了无过错方在行使其权利时，必须依法得到充分保护，假若仅因对过错方所谓"隐私权"的保护而遏制了无过错方依法维权的正当行为，那么所造成的法律后果就是支持了过错方的违法行为，而置无过错方的严重伤害于不顾，且让无过错方在法律的框架下接受违法行为"洗白"的后果，这样一来将会有更多的婚外情违法行为肆意侵害社会当中更多的家庭，由此使法律的威严与公正性受到更多违法的挑衅，最终使更多无辜的受害者遭受更为严重的打击。

综上，法律保护的权利内容应当是合法的，夫妻一方在行使权利时只要在法定范围内就应当得到支持；夫妻一方隐私权的保护若与夫妻法定权利义务相冲突,无过错方的合法权利保护应当切实到位;违法的隐私权与合法的夫妻权利的行使没有可比性,夫妻权利的保护应当放在首位;隐私权的保护基于法律的明确规定,其边界应当依法严格把控,且应当体现公平性与正当性,隐私权不是违法行为的"遮羞布",受害人合法权利的依法积极保护应当在司法实践当中毫无折扣地落地,由此法律的权威性与公平性才能在现实当中得到彰显。

常言道:"家事无大小,和谐最重要。"家庭作为社会的细胞与基本单位,其在社会当中的地位与作用既无可替代又不可小觑,每个家庭成员的言行举止都是家风、家教的缩影,身为长辈应当时刻以身作则尽力树起家庭正面的风向标,为晚辈领航加油,大家携手共创家庭优良文化,确保家庭成员在各自不同的成长阶段得到满满的正能量,进而走向社会成为对国家乃至公众有益的人。遵纪守法是每个家庭及其成员生活安宁与稳定的前提与基础,人人必须牢记"出轨行为国法不容,个人隐私挡不住出轨证据,一旦出轨必受制裁"之警言,从而让家庭在文明、进步、健康的轨道上不断奋勇前进,并且与时俱进地唱响极具特色的正义之歌、正气之歌。

论文十

被侵权人应当正视的问题
——浅议网络外卖订单配送引发的交通事故维权要点

随着社会的发展,由网络外卖订单配送引发的道路交通事故纠纷不断增加,相关当事人之间利益冲突的调处逐渐呈现出既专业又细化的特征,由此给被侵权人带来了现实的挑战与压力。笔者现从网络外卖订单配送事故中被侵权人依法维权的视角出发,阐明实务操作当中应当正视的主要问题,以期引起大家的积极关注与深度思考。

一、在"重民轻刑"视野下,被侵权人不能遗忘或者忽略对肇事者刑事责任的追究,以免造成不利的维权结果

《最高人民法院审理交通肇事刑事案件具体应用法律若干问题的解释》第二条规定:"交通肇事具有下列情形之一的,处三年以下有期徒刑或者拘役:(三)造成公共财产或者他人财产直接损失,负事故全部或者主要责任,无能力赔偿数额在三十万元以上的。交通肇事致一人以上重伤,负事故全部或者主要责任,并具有下列情形之一的,以交通肇事罪定罪处罚:(四)明知是无牌证或者已报废的机动车辆而驾驶的;(六)为逃避法律追究逃离事故现场的。"但是在实践当中事故一旦发生被侵权人只要着手维权,首先想到的是民事责任赔偿事项,往往置以上规定于不顾。假若民事赔偿能够依法实现,那么似乎对实体利益影响甚少,可是如果遇到肇事致一人以上重伤,肇事者负全部或主要责任,无力赔偿30万元以上的直接损失且故意驾驶违法车辆或者现场逃逸的情形,被侵权人就不能通过民事途径达到充分维权的目标,同时肇事者也堂而皇之地逃避了刑事制裁,这样一来,法律的公平正义在个案当中就会被束之高阁。为此特别强调一点,在实务处置当中针对以上法律条文的适用,不仅是被侵权人在已进入民事诉讼维权的前提下,很难再以启动另一种诉讼程序去追究肇事者的刑事责任,而且时常公安机关也无暇顾及对于肇事者刑事责任追究的问题,从而很有可能导致被侵权人在实体维权当中陷于不利的状态。反之,若被侵权人在提起民事诉讼之前通盘考虑过刑事责任与民事责任的交互及其选择适用事宜,抑或公安机关能够在处理交通事故当中依法准确适用以上相关规定,由此必将对被侵权人的维权起到积极的促进作用。试想在肇事者被依法追究刑事责任的前提下,其民事责任的承担只能是处于被动的局面即只有赔付才能获得被侵权人的谅解,进而达到从轻、减轻乃至免除刑罚的目的。因此,刑事诉讼程序的开启,对于被侵权人的实体维权是大有裨益的,一旦被遗忘或者忽略无疑是关闭了一扇具有重要意义的维权之门。

笔者在此特别提醒,一定不要错过任何权利救济的法律通道,针对肇事者刑事制裁诉讼程序的适时启动,往往改变被侵权人维权的不利格局。例如,快递小哥吴某骑着无照电动车在第一天执行网络外卖订单配送过程中,超速行驶将人行道上40岁的王先生撞成重伤,导致下肢瘫痪,仅医疗费用就过百万元,可是吴某既没有买保险也没有经济赔偿能力,网络平台经营者也以其在试用期为由拒绝承担责任。王先生在委托律师后,先以交通肇事罪对吴某提起了刑事诉讼程序,后又在法院审理当中主张吴某及网络平台经营者承担刑事附带民事责任,最终王先生获得了吴某亲朋好友凑到的50万元以及网络平台经营者赔付的80万元,虽然赔偿总额不足以弥补王先生的各项损失,然而与适用单一的民事诉讼相比结果要强得多,这也充分体现了刑事诉讼维权手段的有效运用对于案件结果所产生的积极作用。

二、在一味追求民事赔偿前提下,被侵权人切忌忽视肇事者行政责任的依法追究,避免事故危害后果继续延伸

对于道路交通事故肇事者法律责任的追究通常首先是行政处罚,可是作为被侵权人常常只关注其民事权利的救济,而对肇事者行政责任的追究不屑一顾,这样往往会使肇事者肆无忌惮地将其违法行为进一步深化,甚至在查找不到肇事者的情况下,使得被侵权人的民事赔偿权益落空,为此对于肇事者行政责任的依法追究必须置于重要位置。例如,公安机关依照《中华人民共和国道路交通安全法》(以下简称《道路交通安全法》)第九十六条第一款、第九十九条第(四)项、第一百零一条第二款对于使用伪造的机动车号牌超速行驶且逃逸的网络平台外卖骑手处以收缴号牌、扣留机动车、罚款、拘留、吊销驾驶证之行政处罚,肇事者在接受行政处罚之后才真正意识到其行为的违法性与社会危害性,并且在公安机关的依法督促下以实际行动弥补了被侵权人的人身、财产乃至精神方面的损失。如若肇事者逃之夭夭或者在事故发生后公然挑衅法律,继续实施其违法行为,那么除了事故当中的被侵权人之外,其他公民的人身及其财产利益将会持续遭受侵害,这样所产生的恶劣后果及其深远影响是不可估量的,故此被侵权人在维护其民事权益的同时,还应当依法注重对于肇事者行政责任的及时追究,以便从不同角度积极维护自身合法权利,从而确保法律在实施当中能够真正发挥惩恶扬善的功能。

三、基于法院对"电动自行车"属性认识上的差异而作出不同案由定性的客观现实,被侵权人应当在走出误区后积极维权

在《民法典》实施之后,道路交通事故的案由按照《最高人民法院关于修改〈民事案件案由规定〉的决定》为"机动车交通事故责任纠纷"和"非机动车交通事故责任纠纷",这里关于机动车与非机动车的定义与区分问题至关重要。按照《道路安全法》附则当中的"机动车""是指以动力装置驱动或者牵引,上道路行驶的供人员乘用或者用于运送物品以及进行工程专项作业的轮式车辆。""非机动车""是指以人力或者畜力驱动,上道路行驶的交通工具,以及虽有动力装置驱动但设计最高时速、空车质量、外形尺寸符合有关国家标准的残疾人机动轮椅车、电动自行车等交通工具"之定义,电动自行车系机动车。可是在司法实践当中法院时常依照所谓《电动自行车安全技术规范》GB17761—2018 即 "使用电驱动功能行驶时,最高车速不超过最高设计车速,且不超过25km/h"与"装配完整的电动自行车的整车质量应当小于或等于55kg"之规定,将电动自行车确定为非机动车,同时,还有一个依据就是公安机关在事故认定书当中惯常不涉及对电动自行车的时速表述,即使在涉案车辆的司法鉴定书当中通常也不认定车辆的时速,因此法院在无确定事实依据的前提下,一般将电动自行车认定为"非机动车",只有极个别案件在确定案由时依照《道路交通安全法》将电动自行车认定为"机动车",这样一来电动自行车就被区分为两种不同的案由,即"机动车交通事故责任纠纷"和"非机动车交通事故责任纠纷"。在《民法典》实施之前按照原《最高人民法院关于修改〈民事案件案由规定〉的决定》(法〔2011〕41 号)第一次修正)涉及"电动自行车"肇事的案由只有"机动车交通事故责任纠纷"一种。为此,在《民法典》施行之后司法实践当中针对"电动自行车"案由的不同定性,对于被侵权人乃至相关当事人来讲,在现实维权时都难免不产生实际影响。

当前《民法典》实施不久,针对以上关于电动自行车在司法实践中不同属性的区分而形成案由确定上的重大差异,在个案审理时就难免认定标准不一,带给当事人的并非只是案由的混乱及其众多的不解,常常关乎被侵权人的实体权益,无论最终是否因案由的不同影响到被侵权人的维权成果,都会对于法律的正确实施产生不应有的负面效应,长此以往会危及法律的权威性以及当事人对法律的敬畏之心,因此这个重要的问题值得有关方面予以高度重视。作为当事人尤其是被侵权人,一旦遇到此类情况,除了在向专业人士请教后尽快走出误区之外,更多的是要以实际行动积极维权,以免因目前司法实践当中的工作弊端而影响个人合法权益的正确保护。

笔者认为机动车与非机动车是属性截然不同的两种车辆,按照《道路交通安全法》之规定,"电动自行车"是以电力驱动的,应当被界定为机动车。虽然"非机动车"当中有"以及虽有动力装置驱动但设计最高时速、空车质量、外形尺寸符合有关国家标准的残疾人机动轮椅车、电动自行车等交通工具"之表述,但是该"非机动车"的认定标准并非仅仅时速一项,原则上"机动车"是以"动力装置驱动或者牵引"标准来认定的,从本质属性上讲,"电动自行车"应当属于"机动车"。在此应当看到,《道路交通安全法》的法律效力毋庸置疑,所谓《电动自行车安全技术规范》GB17761—2018 仅为技术标准性文件,二者之间不可相提并论,司法实践当中呈现的两种不同案由除了执法者的主观认识差异的原因之外,还有公安机关与法院在各自履职乃至工作衔接当中因相互监督不力而造成的,既存在法律适用上的不同观点,又显露出工作机制方面的弊端,若要依法改变就应当从源头抓起,相关部门均应付出各自的努力与实际的贡献,一旦统一认识又付诸行动,案由的归一为时不远,于国于民均大有裨益。

四、针对网络平台经营者在民事诉讼裁判文书当中赔偿责任缺位的现实情况,被侵权人应当依法坚决追究网络平台经营者的民事法律责任

通常网络平台经营者与外卖配送公司签订合作协议,外卖配送公司承担其雇员在执行订单当中的所有风险责任,并在保险公司针对合作协议当中确定的某一网络品牌进行投保,保险公司仅针对该特定网络品牌外卖订单配送当中的事故责任按照约定内容承担赔付责任,若发生交通事故,被侵权人将肇事者(外卖配送公司的雇员)、网络平台经营者、外卖配送公司、保险公司诉至法院。在保险赔偿责任范围内,外卖配送公司常常为网络平台经营者开脱责任,网络平台经营者声称事故责任与其无关,裁判结果一般由保险公司承担相关赔付责任,由此网络平台经营者轻而易举地逃避了法律责任。针对该类型诉讼模式及其常见结局,笔者阐明以下法律观点:①网络平台经营者与外卖配送公司在合作当中是基于某一特定品牌标识而合作的,一旦发生交通事故,被侵权人、公安机关都是依据该标识确认肇事主体的,网络平台经营者作为鲜明标识的所有人与受益人,其法律责任无法推卸;②在相关保单当中载明该保险是为某网络特定品牌而定制的,仅为外卖配送公司的雇员在执行该品牌外卖订单过程中的个人人身损害及其承担的第三者责任提供保险,由此可以看出,虽然投保人与被保险人均为外卖配送公司,但是网络平台经营者与该保险的密切关系显而易见,即如果没有该网络特定品牌,那么该定制保险就无从谈起,外卖配送公司的风险责任与保险公司的赔付义务岂不变成"皮之不存,毛将焉附"?③网络平台经营者与外卖配送公司针对某特定网络品牌的合作协议当中即使约定了事故责任由外卖配送公司负全责,并且向有关保险公司投保,可是若一旦发生事故涉及与人身及其财产的赔付事项,依据《民法典》第五百零六条之规定,关于网络平台经营者的免责条款是无效的。应当看到,网络平台经营者在法律上对于相关事故应负的责任是不能逃避的,不能因为在保险范围内其未被法院裁判承担实际赔付责任就主观、片面地认为只要外卖配送公司投保了,同时,外卖配送公司自愿替外卖平台承担全责,网络平台经营者就没有法律责任了。这里需要特别指出,一旦出现被侵权人应当依法赔付的数额超过保险赔偿范围的情形,网络平台经营者依法必须承担其相应的实际赔偿责任。通常网络平台经营者的民事责任担当能力远远强于肇事者、外卖配送公司,即使有保单,可是保险公司依法只承担其保险范围内的责任,为此在超越保险额度的前提下,网络平台经营者是民事责任的主要承担主体,被侵权人在维权当中,对于网络平台经营者应当承担的法律责任须给予高度重视,并且在保障充分维权的前提下依法做出专业的实务操作方案，以便其诉讼主张能够得到法院的全面支持。

笔者认为，被侵权人在应对网络外卖订单配送引发的交通事故当中，对于网络平台经营者主体作用及其依法应当承担民事赔偿责任的准确认知与精确定位至关重要，至于具体维权策略与现实举措的适时推出不仅仅体现在专业思维层面，更重要的是付诸行动，由此才可以为赢得最佳维权效果奠定坚实的基础。

五、保险合同中双方关于保险范围内分担赔偿项目以及具体条款对第三人是否具有法律约束力的问题，往往关乎被侵权人的维权成败，被侵权人对此应当给予足够重视

通常网络平台经营者在与外卖配送公司签订合作协议后，外卖配送公司再与保险公司签订针对特定网络品牌外卖订单配送的保险合同，其中第三者责任险一般约定保险公司承担医疗费、误工费、伤残赔偿金和限定的财产损失，除此之外的护理费、交通费、营养费、扶养费、抚养费、赡养费、丧葬费，以及超出事故发生地社会医疗保险或其他公费医疗管理部门规定的费用项目和药品费用等均由外卖配送公司承担。该约定内容是保险人与被保险人（投保人）对于各自承担责任边界的划分，按照《民法典》第四百六十五条之规定，该约定仅对双方当事人有约束力，对于第三人不产生法律效力，故此被侵权人可以依法要求保险公司与外卖配送公司承担连带责任。在实践当中，被侵权人往往遵照保险合同双方的主张同意将相关赔偿项目按照保单的约定分别进行赔付，若此很有可能增加被侵权人的维权风险，即遇到外卖配送公司没有实际赔偿能力的情形，被侵权人将会部分或全部丧失外卖配送公司依生效判决确定的赔偿权益，从而得不到应有的全额赔付。但是假若被侵权人在诉讼当中主张保险公司与外卖配送公司依法承担连带赔偿责任，那么保险公司的赔付能力足以让被侵权人获得全面、充分的赔偿。常言道："失之毫厘，谬之千里。"被侵权人在维权当中的专业识别力与判断力往往直接关系到最终的维权成果。在民事诉讼当中存在的惯常误区需要专业人士予以准确指引，由此可见"专业的人去干专业的事"之重要性。

另外,关于保险格式合同提示义务的依法履行需要特别注意。例如,以上保险合同双方在格式合同中约定针对"非机动车"进行保险,可是外卖订单在配送当中肇事的却是"机动车",保险公司以非保险类型车辆为由拒绝承担赔付责任。随后经查,双方当事人长期订立该类型格式合同,在签合同时外卖配送公司没有发现合同改版了,以为还是原格式合同的内容即"机动车与非机动车"均属承保对象,连看都没看只是习惯性地签字盖章。保险公司在签合同时根本没有履行任何提示义务,明确告知合同改版了且新版合同只对"非机动车"进行承保。最终法院依据《民法典》第四百九十六条之规定,认定保险公司因没有针对格式合同履行其提示与说明的义务,故该加重被保险人外卖配送公司责任的保险条款不成为合同内容,对外卖配送公司不产生法律约束力。以上针对合同具体条款法律效力方面的认定既具有事实基础又有明确的法律依据,在被侵权人的现实维权当中起着至关重要的作用,一旦忽视客观事实或者对法律条文产生误解,诉讼结果将大相径庭,此乃被侵权人在维权当中需要特别精准把握的事项。

六、被侵权人应当做足维权"专业功课",尽量减少失误,力争赢得最佳诉讼效果

在网络订单配送引发的交通肇事案件当中,被侵权人通常须要对诉讼请求与特定权利主张进行现实确定与把握。例如,针对6岁未成年人车祸后遗症的一次性赔付,就具体赔付项目提出的补课费、特殊营养费、二次手术费、精神损失费等确定了诉讼请求额度、提供的证据以及依据的事实与法律依据,甚至还将相关类似的判例都纳入实务处置的范围之内。虽然按照《未成年人保护法》第四条"特殊、优先保护"即"儿童利益最大化原则",通常法院可以依法支持补课费、特殊营养费,但是针对二次手术费、精神损失赔偿费却存在不同认识,而这两项赔偿对于年仅6的未成年人来讲却具有特别重要的意义。此处二次手术费尚未产生,且费用数额争议较大;至于精神损失费,按照交通事故赔偿的要求需要做伤残等级鉴定。因案件中被侵权人系6岁的未成年人,再加上医疗条件的客观限制,现不具备进行司法鉴定的条件。按照

《民法典》第一千一百八十三条之规定,被侵权人有权提起精神损害赔偿,在此情况下,被侵权人可以向法院提出调解的申请,并且通过妇联、共青团、妇儿工委、关工委、媒体等与网络平台经营者、外卖配送公司和保险公司进行多方沟通,努力寻求实际问题的最佳解决办法。最终的结果无非是两种,即一次性了结纠纷,各方当事人达成一致调解协议;或者在调解无效的情况下,法院作出判决。不管是何种方式结案,只要被侵权人在专业上做足了功课,在调解时尽了全力,剩下的只能是面对现实,长期备诉,继续维权了。

  这里需要特别指明,首先,诉前被侵权人应当极力收集证据,确定维权目标,对于通常需要申请司法鉴定的项目有所准备,并且根据案件的客观情况在刑事、民事、行政责任追究的相关权利救济途径上作出恰当选择,即用一种或者多种手段依法维权。其次,在民事诉讼当中以相关道路交通事故认定书的认定结论为前提,充分举证,现实准确地把握诉讼请求,对于事实、证据以及适用的法律予以全面阐明,同时对于相关当事人的抗辩作出回应,以揭示案件的事实真相,以便尽最大可能获得法院的支持。再次,通过与相关当事人的接触、沟通,积极寻找民事权利救济方面的有利契机,以期在有可能的条件下尽早获得实际赔偿。最后,应当注意即使在维权不利甚至无果的情况下,还需要重新审视案件在整个维权当中的盲点与误区,一旦发现新的突破点,只有修正思路、调整诉讼方向与策略才是最理性、最切实的举措。尽管公平与正义的实现充满艰辛,但是在特定情况下被侵权人维权的步履不能轻易停歇。公平正义往往是经过当事人不懈努力争取来的,绝对不是坐享其成的。在日常生活中,被侵权人乃至其代理人在自始至终的维权过程中基于各种主客观原因很难全面、准确地把握诉讼方向,在诉讼策略与技巧的施展方面也不可能完美无瑕,对于案件最终的结果更不可能精准地作出预测,即便是存在维权盲点与误区也是在所难免的,为此只能以专业为基础,尽力地展示案件当中对于被侵权人最有利的证据,并且通过与各相关当事人以及司法机关的交互沟通,积极寻找化解现实矛盾的有效举措,从而尽最大可能地让被侵权人在事故当中遭受的人身与财产方面的损失得到充分救济。

  综上所述,网络平台外卖订单配送当中的交通事故纠纷涉及刑事、行政、民事三类法律关系，相关当事人主体类型复杂，被侵权人在维权当中时常需要运用多种法律手段综合处置实际矛盾，其中诉讼技巧的灵活施展乃至调解举措的适时推出，对于案件的走向往往起着关键性的作用，被侵权人在实务处置当中务必尽心尽力地做出有形、有力的功课，才有可能赢得良好的维权效果。当前，网络平台外卖订单配送当中的交通事故纠纷呈日趋增长的态势，相关当事人的维权意识随之不断增强，公检法机关对于该类事故的关注度也在逐步提升，但愿相对弱势的被侵权人能够在维权当中尽量减少自身专业盲点，及时走出误区，竭尽全力维权，争取在与其他诉讼参与人的博弈当中收获公平与正义，从而让法律的阳光照亮自己前行的步伐。

论文十一

表兄的遗产归公了
——无人继承又无人受赠遗产法律处置探析

乌某，男，40岁，自由撰稿人，户籍在农村，住在某市区，未婚亦无子女，父母、祖父母、外祖父母先后均已过世。乌某平日与姑表弟艾某来往甚密，艾某无微不至照顾其生活。乌某曾在姑姑、舅舅面前多次表明，若有意外，其身后财产归艾某所有。不料某日乌某在居住的小区散步时突发心脏病亡故，因物业管理机构留有艾某联系方式，艾某得讯后及时赶来。随后经艾某通知，乌某的姑姑（艾某的母亲）、舅舅及其子女先后到场，大家一起商量关于乌某后事的料理问题。艾某等亲属们在清点乌某居所内的遗物时发现了有5张银行储蓄卡，其中1张储蓄卡的银行流水单载明有30万元存款。艾某曾拿着乌某的储蓄卡前往银行协商取款事宜，得到的回复是在储户本人死亡后继承人须持有公证书或者司法裁判文书方可取款。当时艾某念及与乌某两人手足情深，一人先出资15万元为乌某购买了墓地并料理了丧事，然后召集所有亲属共同协商关于乌某的遗产归置事项。大家针对15万元丧葬花费一致认为应当从乌某的遗产当中扣除，尤其是乌某的一套房产、一辆轿车、所有存款以及个人物品应当尽快由亲属掌控，以便日后按照商定的原则进行分割。艾某为此向律师咨询关于乌某银行存款的提取，房产、车辆的过户等事宜。笔者现针对乌某遗产的归属、艾某付出的补偿乃至本案在法律层面的相关问题，作以下专业梳理分析，供法律同仁探讨分享。

一、关于乌某遗产归属问题的相关法律规定

1. 乌某的亲属艾某等人均不具备法定继承人主体资格。

《民法典》第一千一百二十七条规定："遗产按照下列顺序继承：（一）第一顺序：配偶、子女、父母；（二）第二顺序：兄弟姐妹、祖父母、外祖父母。继承开始后，由第一顺序继承人继承，第二顺序继承人不继承；没有第一顺序继承人继承的，由第二顺序继承人继承。本编所称子女，包括婚生子女、非婚生子女、养子女和有扶养关系的继子女。本编所称父母，包括生父母、养父母和有扶养关系的继父母。本编所称兄弟姐妹，包括同父母的兄弟姐妹、同父异母或者同母异父的兄弟姐妹、养兄弟姐妹、有扶养关系的继兄弟姐妹。"由此可见，乌某的姑姑、舅舅及其子女（含艾某）均非适格的法定继承人，对于乌某的遗产依法不享有继承权。

2. 乌某无人继承又无人受赠的遗产依法归国家或者集体所有制组织所有。

《民法典》第一千一百六十条规定："无人继承又无人受遗赠的遗产，归国家所有，用于公益事业；死者生前是集体所有制组织成员的，归所在集体所有制组织所有。"依照该条文的规定，排除了乌某遗产与其亲属艾某等人的相关性，这在现实当中似乎很难让他们接受，甚至是社会公众都感到不可思议，但是法律是刚性的，一旦颁布实施，必须得到贯彻执行。

二、关于艾某长期照顾乌某及其料理丧葬事宜付出的法律救济

1. 艾某享有依法酌情分得遗产权。

《民法典》第一千一百三十一条规定："对继承人以外的依靠被继承人扶养的人，或者继承人以外的对被继承人扶养较多的人，可以分给适当的遗产。"

基于艾某对乌某生前照顾较多的客观事实，在依法提供有力证据的前提下，艾某可以作为继承人以外的特殊主体获得适当份额的遗产，对于艾某来讲在法律上是有救济依据的。

2. 艾某在乌某遗产收归国家或者集体所有制组织所有时，可以请求分得适当的遗产。

按照《最高人民法院关于适用〈民法典〉继承编的解释（一）》第四十一条之规定："遗产因无人继承又无人受遗赠归国家或者集体所有制组织所有时，按照民法典第一千一百三十一条规定可以分给适当遗产的人提出取得遗产的诉讼请求，人民法院应当视情况适当分给遗产。"这里明确规定了艾某行使请求权利的时段与取得乌某遗产的法律权利，可是艾某在维权当中面临的实际挑战是不可回避的。

三、艾某在权利救济当中面临的困境

1. 在乌某遗产依法归国家或者集体所有制组织的前提下，艾某作为亲属及时料理乌某丧葬事宜的付出在实际补偿层面时间不接轨，义务内容不确定，此处权利与义务的不对称性值得关注。

《民法典》第一千一百四十五条规定："继承开始后，遗嘱执行人为遗产管理人；没有遗嘱执行人的，继承人应当及时推选遗产管理人；继承人未推选的，由继承人共同担任遗产管理人；没有继承人或者继承人均放弃继承的，由被继承人生前住所地的民政部门或者村民委员会担任遗产管理人。"乌某死亡后其生前住所地的民政部门或者村民委员会没有依法及时到场履行遗产管理人的职责，更不可能经办丧事，这样一来，被继承人身后重要义务由其亲属实际履行，遗产法定享有者却置若罔闻，此种"只受益，不出工，不出力"的局面，不管是从法理还是情理出发都是非正常状态的，长此下去《民法典》之明文规定不能执行所带来的负面效应不容回避，相应的法律配套机制及举措亟待规范并推出。在此特别强调一下，遗产管理人开始履职的具体时间、丧葬料理事宜是否属于遗产管理职责、丧葬办理有关费用是否属于被继承人的债务，以及该债务何时清偿等重要问题在《民法典》及其解释当中都没有明

文规定，在实际操作当中存在盲点，对于相关利害关系人来讲就是维权难点，为此，艾某针对乌某亡故后的付出在追偿当中是存在现实障碍的。

2. 艾某作为可以分得"适当遗产的人"，其诉讼权利的行使既存在时间点上的不确切性，又存在维权上的难度。

按照《最高人民法院关于适用〈民法典〉继承编的解释（一）》第四十一条之规定，乌某"遗产因无人继承又无人受赠归国家或集体所有制组织所有时"，该时间段及其节点法律没有明文规定，相关利害人也无法通过正常途径获悉。另外，艾某个人即使作为可以分得"适当遗产的人"提起诉讼，其面对的是行政机关或者集体经济组织这样的强势主体，强弱对峙的诉讼格局不管是从成本上还是实力上比较，双方的悬殊不言而喻。为此，在《民法典》颁布实施不久的当下，艾某以诉讼方式取得"适当的遗产"所面临的实际困难是严峻的。

3. 艾某因依法诉讼维权在人际关系上的负面影响及其个人内心的挣扎很可能促使其放弃合法权益，从而导致公权力对私权利的侵占。

艾某出于姑表手足亲情，不仅对乌某进行长期照顾，而且为乌某及时全面料理了后事，其对乌某的付出超乎寻常，无论精力还是金钱都应当得到肯定，并且依法得到公平补偿，但是在乌某现有的亲属圈中却未必得到大家的认可，一旦艾某不管是为追索其15万元金钱付出还是为主张分得"适当的遗产"而提起诉讼，必然会招来非议甚至是亲属间的怨恨。退一步讲，即便是艾某个人，在决定提起诉讼时，其矛盾的心理与人际方面的压力都有可能促使其望而却步，这样会导致公权力对私权利的实际侵占，由此法律上的公平正义得不到践行，这种结局，既不符合立法的初衷，也不利于对亲属之间相爱相助美德的弘扬。

四、事前预防乌某无人继承又无人受赠致使艾某维权尴尬的现实举措

1. 从乌某无法定继承人的客观现实出发，可以在其生前订立遗嘱确定受赠人，以便受赠人在其亡故后依法取得其遗产。

按照《民法典》第一千一百三十三条之规定，乌某在生前"可以立遗嘱将个人财产赠与国家、集体或者法定继承人以外的组织、个人",乌某生前深受表弟艾某长期细心照顾,艾某即使在乌某亡故后也倾心倾力料理后事,两人之间的亲情不言而喻,艾某很有可能就是乌某托付遗产的受赠人,然而因在法律认知上的局限性及其风险防控方面的疏忽大意,乌某生前没有订立遗嘱,由此铸成了其遗产无人继承又无人受赠的意外结局。

按照《民法典》之规定,遗嘱的形式有自书、代书、打印、录音录像、口头、公证,公民生前只要有订立遗嘱的愿望,不管采取何种形式都可以表达自己对于个人财产进行处分的真实意思表示。遗嘱最好在专业人士的指引与帮助下订立,以便确保其法律上的有效性,从而在日后起到预防、减少乃至杜绝亲属之间或者亲属与第三方之间各种矛盾的作用,订立遗嘱"宜早不宜晚",生前留下遗嘱对每个公民来讲都很重要。

2. 从乌某生前日常照顾现实需求的具体情况出发,乌某可以先确定艾某作为其意定监护人,以便其在丧失或者部分丧失民事行为能力的情况下由艾某履行监护职责,并在双方关系长期和谐即条件成熟之际,再签订遗赠扶养协议,由此达到其个人财产在亲属之间传承的结果。

依据《民法典》第三十三条之规定,确立意定监护关系。乌某和艾某协商一致后可以书面确定意定监护关系,艾某按照协议履行监护职责,尤其是在特殊情况下代理乌某实施民事法律行为,由此确保乌某民事行为能力的充分行使。在此基础上,双方还可以基于权利与义务的一致性原则,按照《民法典》第一千一百五十八条之规定签订遗赠扶养协议,约定由艾某承担乌某生养死葬的义务,同时享有受遗赠的权利。在此特别指出,意定监护职责的履行通常可以全面考验监护人对被监护人是否诚信守约。只有在意定监护职责正确履行且双方合作愉快的前提下,再签订遗赠扶养协议,这样对于遗赠人与受赠人才是稳妥的、长久的、安全的。协议是双务的,两方当事人的共同守约直接决定着最终的执行效果,"意定监护后的遗赠扶养"协议模式值得关注与尝试,意定监护关系在遗赠扶养协议签订后仍然对双方当事人发挥着积极的作用,二者在实践当中往往相得益彰,有力地保障了约定的权利义务得到正常推行。

3. 从乌某大龄单身的现实状态出发，社会应当对于公民多元化的生活状态予以充分理解与关爱，政府有关部门应当积极引导单身、不婚不育以及孤老等特殊人群加强法律意识，积极采取有效措施，切实预防个人遗产非其真实愿望意外流失的潜在风险，以促进社会的安定与和谐。

婚姻家庭是每个公民人生的港湾，在此既可以得到爱的呵护，也需要付出艰辛的努力，不管是否愿意走进婚姻，生活的风险都挥之不去；安宁生活的前提是遵纪守法，幸福指数的依靠是物质基础；亲情与爱情是公民安居乐业创新的原动力，家庭乃至亲属之间财富传递承载着物质与精神两个层面的文明；公民法律意识的培养及其对法律规定的恪守至关重要，依法规范个人的日常行为，并依据法律规定将个人财产留给自己中意的亲友是每个公民应当高度关注的功课，不管是对自己还是对他人均大有裨益，可是生前"订立遗嘱"却时常成为被人遗忘的事情，一旦错过，后患无穷，而且损失无法挽回。

随着社会的发展，时下单身、不婚不育以及孤老等特殊人群呈日益增长的趋势，该群体在生活上面临的现实问题亟待正视，政府相关部门应当给予高度重视，不仅应当适时开展多种形式的有关家庭财产规制与风险防控的案例宣讲活动，正确引领大家生前安排好身后事，积极预防财产意外流失的现实风险，而且应当加强公民个人在面对家人、家财、家事等方面综合素养的提升，弘扬优良的家风、家教，善待家人，相爱相助，尤其是以法律为准绳积极推进家庭财富在亲属间的有效传承。常言道"修身、齐家、治国、平天下"，家安则国兴，在《民法典》颁布实施后的有限时段里，关于关无人继承又无人受赠的案例不断涌现，在现实当中带来的法律问题值得深思，对于被继承人财产处置真实意愿的准确落实需要具体的行动，不管是法律上还是实务操作方面都存在一定的盲区。因此，相关配套接轨措施的推出迫在眉睫，以保障无人继承又无人受赠的遗产能够按照被继承人的真实意愿依法归置，使公民个人财产在依法排除亲属所有之后再流向社会。

第十四章 专业论文展示

论文十二

家事案件新视点
——《民法典》实施后案例中呈现的新变化

自 2021 年 1 月 1 日《民法典》实施以来,关于家事领域的专业维权因法律规定的调整与变化呈现出新的特点,带给当事人的是意识形态乃至日常行为方面的实际改变,尤其是法律专业人士当下在实务操作中如何指引当事人有效维权的课题值得思考、梳理与探讨,笔者现通过如下案例将其中的新变化与新动向展现给大家,以供各位分享、交流乃至借鉴。

一、夫妻一方隐瞒重大疾病法律责任"倒置"

《民法典》实施前夫妻离婚时,若一方婚前隐瞒重大疾病并存在花费,通常另一方需要支付相应医疗费用或者提供一定的经济帮助,但是自《民法典》施行后,其中第一千零五十三条一改以往的权利义务格局,使得被隐瞒的一方在离婚时非但无须付出金钱代价而且依法获得了损害赔偿。

【典型案例】

黄某,男,30 岁,2021 年 2 月与同学乌某登记结婚,3 个月后乌某怀孕。大约 5 个月后乌某在黄某出差期间告诉丈夫孩子"流产",黄某当时只顾安慰妻子,可是不久其偶然在乌某手机里发现妻子因怀有男孩而流产,黄某百思不得其解。随后黄某经多方询问乌某的亲友、邻居才打听到,妻子家族有血友病史,其大姐、二姐的儿子均在 10 岁左右夭折,现仅有大姐 18 岁的女儿。乌某全家早在 10 年前就知道,因家族有血友病史其后代生男有生命危险,生女无事。黄某在得知真相后埋怨乌某婚前故意隐瞒家族病史,坚决要求与其离婚。乌某虽不同意离婚,但以怀孕及其做人流花费为借口,要求黄某给付

20万元方可离婚。黄某为了能够尽快摆脱婚姻的烦恼，曾答应了乌某提出的条件，却在即将办理离婚手续时来到律所咨询。随后黄某在律师代理下提起离婚诉讼，要求解除双方婚姻关系并且主张乌某赔偿其精神损失费30万元。最终在法院速裁调解中，双方达成一致协议，即在解除婚姻关系的前提下乌某给付黄某人民币5万元。

【专业解析】

案例当中，乌某始终隐瞒家族病史带给其不良基因有可能影响婚姻缔结与维系的事实是清楚的，正因为其隐瞒的行为导致了已怀孕5个月的孩子不能正常出生，不管是婚前隐瞒还是擅自做人流的行为均已违背了夫妻之间忠实的义务，尤其是婚前的隐瞒已违反了《民法典》第一千零五十三条之明文规定。虽然乌某本身看似没有重大疾病，但是其身体潜在影响婚姻的重大隐患是明确的而且无法回避的，因此应当承担其对婚姻、对黄某精神伤害的法律责任，在此前提下乌某要求黄某赔偿其因怀孕、人流发生的医疗费是没有任何法律依据的。再者从双方离婚案件的结局来看，乌某已经承担了5万元的赔偿责任，虽然婚前隐瞒行为还应当依法承担"撤销婚姻"即自始无效的后果，但是双方达成解除婚姻关系的共识既是黄某个人处分权利的行使，也是化解两人矛盾的现实办法，调解结案对双方均有益处，这种解决问题的思路与模式值得借鉴。

二、协议离婚冷静期与诉讼程序运用有效接轨

按照《民法典》第一千零七十七条之规定，协议离婚由于受到30日的冷静期的限制，不仅影响当事人权利的及时实现，而且常常影响处置的结果，为此在实务操作当中可以将协议离婚与诉讼方式有机结合，从而让当事人尽早获得新生。

【典型案例】

小吴与妻子小柳结婚3年，因双方各自家庭积怨颇深，两人决定尽快离

婚。小吴先委托律师代理，又与妻子小柳经多次充分沟通达成了一致的离婚协议，然后小吴在法院提起了离婚诉讼，5天后两人在法院签订了民事调解协议书，前后10天离婚事项告终。

【专业解析】

离婚的方式有两种，即协议离婚、诉讼离婚，在《民法典》明文规定须经过30日冷静期后才能完成协议离婚的前提下，为了实现当事人依法早日离婚的目的，作为代理律师在实务操作当中已经用创新的思维另辟蹊径，并且取得了良好的效果，此乃法律人专业能动性的充分体现。

三、未成年人抚养权归属在父母之间"轮值"

根据《最高人民法院关于适用〈民法典〉婚姻家庭编的解释（一）》第四十八条之规定，在有利于保护子女利益的前提下，父母可以协议轮流直接抚养子女。该规定的实施为未成年人抚养权平稳着地提供了新的通道，既为父母提供了诸多的便捷，也有效保障了未成年人生活在和谐、温馨、健康的环境当中。

【典型案例】

10岁的乐乐在父母离婚时，由于父亲的坚持，跟爷爷奶奶一起生活已经3年，可是孩子只见过父亲5次，时常既想见爸爸也想见妈妈。后来父母为了孩子摒弃前嫌，商定在孩子在12岁前每年跟父亲在一起生活2个月，跟母亲生活10个月，与父母在一起的具体时间视实际情况而定；孩子12岁至15岁由母亲抚养，15岁后由父亲抚养；18岁后由父母共同承担孩子学业、生活等各方面的花费；除此之外，孩子若有个人要求，父母尊重孩子意愿。父母在达成一致协议后为了能够保证落实到位，母亲在律师的代理下以变更抚养权为由提起了诉讼，随后双方在法院达成了民事调解书，由此孩子的抚养权落到实处了。

【专业解析】

孩子抚养权的确定在家事案件当中是一件重要的事项,法院判决孩子抚养的归属在离婚案件当中只能是父母当中的一方。事实上,孩子对于父母的需要是同等的、不可替代的。尽管父母对于孩子抚养责任的履行是不可推卸的,但是父母在日常照顾孩子生活和学习方面的能力、时间、条件往往是受到客观因素约束的,因此从因人制宜且有利于孩子身心健康成长的角度讲,"各尽所能,发挥所长"无疑是一种解决问题的佳径,在《民法典》实施之后父母约定的"轮值"抚养模式已经畅通无阻了,这是法律带给未成年人的福音。

四、无过错方请求离婚损害赔偿条款实用性增强

《民法典》第一千零九十一条关于无过错方有权请求损害赔偿的情形中第(五)项"有其他重大过错情形"之规定,在现实运用当中充分发挥了兜底的作用,常常给当事人的维权带来了新契机,让法律的公平与正义现实落地。

【典型案例】

瞿某与丈夫胡某系发小,恋爱10年后结婚,婚后1年生有儿子。此后丈夫总以加班为由很少回家,即便是回家也不与妻子同房。结婚10年两人在一起的时间不足半年。某日瞿某接到一陌生电话声称自己是胡某的同性恋伙伴,因胡某借其钱不还而向瞿某讨债。瞿某经与胡某两次对话,方才得知丈夫长期与多人有同性恋关系。随后瞿某将胡某诉至法院要求离婚,并且针对丈夫"同性恋事实"主张过错赔偿。尽管胡某既不同意离婚也不同意赔偿,但是法院一审判决双方离婚,并以"同性恋过错"为由判令孩子由瞿某抚养,瞿某还获得了3万元的精神损失赔偿。

【专业解析】

离婚案件当中若一方存在同性恋行为,无过错方可依照《民法典》一千零七十九条第(五)项、一千零九十一条第(五)项之规定,可以达到一次

性离婚并且获得精神损害赔偿的维权目标，此两条规定当中第（五）项兜底条款在现实当中适用性强、效果佳，填补了以往无过错方维权劳而无功的法律空白。

五、居住权在家事案件当中有了新变通。

《民法典》第三百六十六、三百六十七、三百六十八、三百六十九、三百七十、三百七十一条之规定，从客观上来看在家事案件当中掀起的波澜不小，不管是从出现问题的几率还是解决的手段来看都展现出全新的特质。

【典型案例】

刘某与再婚妻子权某结婚12年，因刘某年长10岁，婚前双方曾约定若刘某先去世，权某可以在二人目前所住刘某名下房屋继续居住，直到其去世。后来刘某的儿子唯恐其父先于权某亡故，就主动与父亲、继母商谈关于婚前约定的变更问题，却因利益冲突未达成一致协议。故此父子俩委托律师进行专项服务，最终依据《民法典》关于居住权的相关规定，刘某及其儿子与权某重新达成了协议："刘某若先于权某去世，刘某的儿子在其父亡故后10日内一次性补偿权某20万元，权某自收到20万元后于15日内搬离现有住所，并且不得以任何理由针对刘某的该住房及其名下所有遗产提起任何形式的诉讼、控告，一旦权某违约或者对刘某及其儿子有侵权行为，自动丧失双方约定的20万元财产利益。"

【专业解析】

居住权在《民法典》实施后对于家事案件的影响颇多，尤其是再婚家庭和老年同居类型的当事人对居住权的新规定十分关注。例如再婚家庭原来未约定的，双方开始协商约定；已经约定的为避免日后起冲突，着手重新修订，其中主要的原因在于居住权一旦设定，必然使得所有权的行使受到严重限制，再加上所有权主体因继承的变更而造成相关当事人之间利益冲突的加剧，故此为了提前预防以后有可能出现的变故，所有权人在《民法典》颁布之后通常采取以金钱给付形式换取相关利害人自动放弃居住权。这样一来，处于相对弱势一方当事人的权利得到了有效救济，当事人之间的利益调平了，设定居住权的法律规定在现实当中产生了积极的意义，由此可见法律对于公民的日常行为所产生的重要引领作用。

六、夫妻股权分割展现新格局

《最高人民法院关于适用〈民法典〉婚姻家庭编的解释（一）》第七十三条、七十四条、七十五条分别针对离婚案件当中登记在夫妻一方名下的有限责任公司、合伙企业、个人独资企业之共同财产分割，另一方取得股东身份或者分得相关权益的各种情形进行了规定，与以前相比，夫妻股权权益的分割既有了明确的方向，同时在实践当中给当事人带来了新的思路与选择的机会，这样使弱势的一方在离婚案件当中获得股权实际补偿的几率明显提升。

【典型案例】

汪某与丈夫何某结婚 20 年，生有一对儿女，按照"男主外女主内"模式，全家依靠夫妻俩婚后设立的有限公司收益生活。该公司注册资本 1000 万元，汪某的丈夫何某持股 80%，婆婆持股 15%，儿子持股 5%。何某因在公司经营当中与其下属有染，汪某提起离婚诉讼。在法院审理时，何某因无现金补偿汪某相关股权对价款，其同意离婚后二人各持公司 40% 的股权，但持有 15% 股权的婆婆既不同意汪某成为股东，也不愿意购买儿子名下 40% 的股权。后经法院再三告知其母子关于夫妻股权分割的明文法律规定，婆婆才自愿筹资 300 万元为儿子解围，由此汪某获得了股权补偿而退出，最终何某与汪某达成了离婚协议。

【专业解析】

夫妻共同财产当中的股权，既存在人身权益也存在财产利益，既有债权内容也含有债务，既要看到记载的权益又要关注动态的表现，不登记在册的一方离婚时首先须要确定其选择股权还是选择金钱补偿，其次是须要在股权购买或者补偿对方的具体价款时做出明智抉择,由此才可以使自己的股权利益平稳落地,切忌因任性选择、过度报价致使个人权益束之高阁甚至名存实亡。《民法典》实施后,从客观上讲,夫妻共同财产当中股权分割的法律障碍已经基本消除,当事人的维权意识、利益需求乃至解决问题的新举措在专业人士的帮助下已经越来越理性,调解结案的比例日渐提高,同时家事律师在与时俱进的执业活动当中不断书写新的专业篇章。

七、离婚后财产分割利益边界逐渐清晰

《民法典》第一千零九十二条以及《最高人民法院关于适用〈民法典〉婚姻家庭编的解释(一)》第八十四条规定,针对离婚前一方隐藏、转移、变卖、毁损、挥霍夫妻共同财产,或者伪造夫妻共同债务企图侵占另一方财产的,另一方在离婚后3年内可以提起再次分割夫妻共同财产诉讼,该法律规定及其解释在实践当中不管是从程序上还是实体上都为弱势一方当事人的维权提供了法律的路标,由此增强了他们依法讨回公平的信心。

【典型案例】

石某与妻子江某在婚前各有自己的生意,婚后仍各自经营,在女儿5岁时,两人因经济问题协议离婚。离婚8年后,江某以离婚后财产纠纷为由将石某诉至法院,要求分割离婚前石某"隐瞒"的200万元理财产品及其收益。在法院审理当中,江某只提供了10年前石某名下一张银行卡流水单作为凭据,石某以当年离婚时双方对财产无争议且已分割完毕为由,要求法院驳回江某的诉讼请求。后经江某申请法院查到了离婚3年前石某名下4个银行卡存款共计300万元,为此石某提起了反诉,经法院再次调查又获得了江某在离婚1年前5个银行卡存款共计人民币450万元。接着双方分别向法院提交了相关证据试图证实其名下款项为各自公司的经营收益,最后在法院的主持下,石某和江某达成了民事调解协议,即石某每月将女儿的抚养费由原来的2000元提高至3000元,针对离婚前所谓的财产纠纷双方再无争议。

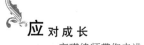

【专业解析】

离婚纠纷当事人不管是通过协议还是诉讼方式解决问题，在实际操作当中均应当尽量做到案结事了，以免日后旧事重提再次发生争议。虽然《民法典》规定当事人在离婚后3年内可以就法律规定的情形提起离婚后财产纠纷诉讼，但是离婚毕竟是切断双方人身与财产关系的一个重要分水岭，当事人应当清醒地认识到"翻旧账，重洗牌"的各种利弊，以便各自在法律维权的道路上得到有力的支持。常言道"法律非儿戏"，当事人每一次参与诉讼都须要付出代价并且受到教训，甚至由此才发自内心地对法律心存敬畏。

八、宽恕制度让失足继承人回归原位

根据《民法典》第一千一百二十五条之规定，继承人有遗弃被继承人，或者虐待被继承人；伪造、篡改遗嘱、隐匿或者销毁遗嘱；以欺诈、胁迫手段迫使或者妨碍被继承人设立、变更或者撤回遗嘱等上述行为且情节严重的丧失继承权，但是若确有悔改表现，被继承人表示宽恕或者事后在遗嘱中将其列为继承人的，该继承人不丧失继承权。此条规定带给失足继承人的是继承主体资格的失而复得，同时也有实体利益的回归。

【典型案例】

何某，70岁，生有一儿一女，5年前与吴某再婚，双方约定婚后财产各自所有，互不继承。一日，儿子因与吴某发生争吵，在院子里将汽油桶放置吴某面前并点燃，幸亏何某在场立即扑灭了大火，但吴某面部被燎伤，何某双手也被烧伤，随后何某与儿子2年不相往来。后来何某因年事已高自书遗嘱一份，将其两套住房均留给女儿继承，仅给儿子留有5万元遗产。何某在立过遗嘱不久大病一场，除了医保之外花费了20万元，儿子一直没有到场，可是孙子曾送来了5万元。何某病愈之后修改了原自书遗嘱，将一套住房和10万元留给儿子继承，另外一套住房和剩余的财产均由女儿继承。吴某得知何某修改遗嘱后，将原自书遗嘱给了女儿，由此引起了何某父女之间的矛盾。

何某经咨询律师后仍坚持新遗嘱的内容，女儿无奈也只能作罢，吴某虽不同意，却因与何某婚前有约定而无话可说。

【专业解析】

父母与子女之间的至亲关系是任何力量不能阻隔的，时常从表面看似乎冷漠，但是平淡之下往往"暗流"涌动，一旦处关键时刻，父子之间、父女之间的隔阂会骤然消除，因此法律在调整父母与子女之间财产关系时，应当留有当事人自由裁量的空间。"金无足赤，人无完人"，只要双方之间能够在互动中找到各自的平衡点，那么由当事人共同营造的氛围常常显得分外自然、和谐。

九、侄子（女）、外甥（女）依法代位继承

《民法典》第一千一百二十八条规定，被继承人的子女先于被继承人死亡的，由被继承人的子女的直系晚辈血亲代位继承。被继承人的兄弟姐妹先于被继承人死亡的，由被继承人的兄弟姐妹的子女代位继承。此条规定在现实生活当中对于被继承人乃至代位继承人均产生了积极的现实意义，既保障了财富在血亲之间的有效传承，又增强了家族成员之间的凝聚力。

【典型案例】

小章，男，20岁，父亲于10年前去世，两年后小章的爷爷去世，由此小章与自己的两个叔叔继承了爷爷的遗产。小章的外公早年病逝，外公仅有兄弟三人，即小章母亲王甲的二叔、三叔（1年前已亡故）。王甲的二叔终身未婚且无子女，1个月前意外猝死。王甲与三叔的儿子王乙依法继承了二叔的遗产。小章与母亲王甲均系代位继承人，小章代位继承了爷爷的遗产，王甲代位继承了其二叔的遗产。

【专业解析】

代位继承对于被继承人来讲是一种财产在家族内部的有效传承方式，常

言道"生命无常",尽管每个人都决定不了自己人生的长短,可是法律却能让公民的遗产在血亲之间延续,这样既使财富在私人家族空间得到了发扬光大,同时又让亲属之间的关系无缝对接,这是法律温情的一面,带给社会的是和谐与稳定。

十、丧偶的儿媳、女婿作为第一顺序继承人存在两面性

根据《民法典》第一千一百二十九条规定:"丧偶儿媳对公婆,丧偶女婿对岳父母,尽了主要赡养义务的,作为第一顺序继承人。"此条规定在现实当中的引领意义存在两面性,值得关注与思考。

【典型案例】

小乔与独生子小关结婚,婚后夫妻二人住在公婆家里。不料半年后,小关因脑梗去世。公婆一直劝说小乔重新开始自己的生活,小乔却一厢情愿地以"照顾公婆"为借口留在家里已长达5年之久。公婆曾多次催促小乔"离家",但是小乔置之不理,以至于公婆直接询问其"离家的条件",小乔仍是三缄其口。公婆在万般无奈之际以排除妨害为由将小乔诉至法院,小乔接到传票后惊慌失措,公婆也不想为难小乔,最终在法院主持下公婆给付小乔10万元"搬家费",小乔五日内腾房撤离,至此双方平和了断。

【专业解析】

《民法典》从权利义务一致与人性的原则出发规定了丧偶儿媳、女婿作为第一顺序继承人的准入条件,实践中在具有积极引领作用的同时也暴露出潜在的弊端,为此当事人在日常生活当中须要时刻按照法律的规定约束、规范、克制自己的行为,谨防因感情用事或者利令智昏而"作茧自缚"。每个公民都应当知晓法律是把"双刃剑",不是任何人可以随意左右或者改变的,当然权利也不是任由当事人肆意行使或者侵犯的。

十一、遗嘱见证当中利害关系人适用实质回避

依据《民法典》第一千一百四十条第（三）项、《最高人民法院关于适用〈民法典〉继承编的解释（一）》第二十四条之规定："继承人、受遗赠人的债权人、债务人，共同经营的合伙人，也应当视为与继承人、受遗赠人有利害关系，不能作为遗嘱见证人。"该规定从实质上对遗嘱见证人实行回避的条件明晰了，在实践当中进一步确保了遗嘱的独立性与立遗嘱人的意思自治性。

【典型案例】

小强的奶奶年过八旬，名下有 300 多万元的一套房产，除了小强之外还有 2 个外孙。因小强从小与奶奶一起生活，祖孙关系亲密无间，奶奶想把自己的财产过世后赠与小强。小强经咨询专业人士后找来了与其一起经营餐馆的合伙人小武、小赖二人，一个按照奶奶的意思代书了遗嘱，另一个在遗嘱上签字证明，奶奶不会写字只在遗嘱上捺上了指印。奶奶一个月后去世，小强的两个姑姑来找小强的父亲要求分割老人的遗产。小强便拿出了奶奶生前所留的遗嘱，以证明遗产应归其所有。两个姑姑自然否认，随后又将小强及其父亲诉至法院。小强在案件庭审当中方才得知其所持遗嘱存在瑕疵，悔不该自己当初为了省钱而找朋友帮忙留下后患。

【专业解析】

代书遗嘱对代书人与见证人是有法定要求的，通常当事人出于经济因素的考虑不去办理公证遗嘱、律师见证遗嘱，而寻求无血缘利害关系的主体以"帮忙"的形式订立遗嘱，当时看似省钱省力，事后却利益尽失。常言道"专业的人干专业的事"，外行一旦上手风险在所难免，任何人在法律面前都须要恪守规定，一旦触犯必受惩处。

十二、附义务遗嘱相关当事人义务必须履行

《民法典》第一千一百四十四条、《最高人民法院关于适用〈民法典〉继

承编的解释（一）》第二十九条针对附有义务的遗嘱继承或者遗赠作出了明确的规定，即义务必须履行，如果没有正当理由不履行，人民法院可以应受益人或者其他继承人的请求取消继承人、受赠人附义务部分遗产的权利，并由提出请求的继承人、受益人负责按照遗嘱人的意愿履行义务，接受遗产。该条规定在实践中不但确保了立遗嘱人真实意愿的依法实现，而且对于不履行遗嘱义务的相关当事人在实体权益方面给予了有力的回击，充分彰显了法律的公正性与强制性。

【典型案例】

吉某，自幼高位截瘫，依靠父母照顾而生活，双亲亡故后，其弟略尽照顾义务。吉某以修鞋配钥匙为生，时常得到隔壁餐馆洪某夫妻的多方关照，相互之间关系也日渐亲近。直到吉某60岁时，因其突然发病被洪某一家及时送到了医院捡回了性命，为此吉某与洪某商量后，立下了自书遗嘱，主要内容为：洪某负责吉某的生养死葬，吉某将自己约100万元财产在死后全部赠与洪某，洪某须保障吉某有病及时医，一日三餐妥善安排，个人卫生干净整洁，若遇困难及时到场。吉某在立遗嘱的当天还给了洪某儿子5万元作为诚意金。此后1年洪某一家对吉某的照顾还是不错的，但是因洪某儿子结婚曾张口问吉某要钱未果，致使洪某一家对吉某的日常照顾越来越差。由此吉某因病数十次住院乃至日常照顾都是由其弟全面负责。8年之后，吉某亡故，其弟料理了丧事，准备全面接手其兄吉某名下所有财产，不料洪某拿出了吉某当年所立遗嘱，两人争执不休。吉某之弟向人民法院提出了撤销遗嘱并且要求洪某返还5万元的请求，经法院审理，洪某因未尽到遗嘱所附义务丧失了对吉某遗产的继承权，由此吉某的遗产由其弟继承。

【专业解析】

针对附义务的遗嘱，遗嘱继承人或者受遗赠人的义务必须履行，不得推卸或者怠慢，这既是对立遗嘱人个人真实意愿的依法维护，也是对相关义务人的一种法定监督，其主要目的就是为了让双方能够通过遗嘱所立内容的执行获得各自的实际需求。只要所附义务落到实处，遗嘱设定的利益是确定的，那么权利与义务的高度统一在实践当中是不容打折扣的，这也是此类遗嘱的设立初衷与功能体现，带给当事人的是对诚信原则的坚守与崇尚。

综上所述，自《民法典》实施以来，在家事领域不断展现出新的价值取向、行为指南、专业思路乃至现实举措，不仅让法律专业人士感受到了前所未有的机遇与挑战，而且通过实务操作增强了自身创新改革、砥砺前行的勇气与担当。由此带给市场的是精准、有效法律服务的不断涌现，对于当事人来讲是一种能够现实落地的法律保护，此乃《民法典》在家事领域的积极作用。我们应当看到，随着时间的推移，《民法典》的施行将会日益深入，在现实当中所产生的新问题与新动向不容回避，法律在适用调整当中必将日趋完善，同时可以期待在以后的司法实践当中，法律的阳光能够照亮每一个案件当事人前行的道路。

高瑾 2009—2022 年律师文化传播印迹

2009 年律师文化传播印迹

1. 2009 年 3 月 7 日，陕西高瑾律师事务所会同陕西省法学会婚姻家庭法学研究会、陕西省女法律工作者协会等举办了第一期婚姻家庭法律公益大讲堂，主题为"与时俱进完善自我，建立和谐的家庭秩序"，吸引了 110 多名来自全省各界人士的积极参与。高瑾向大家讲授了婚姻家庭关系的相处规则，婚外情、家庭暴力、性骚扰的法律处置办法以及在婚前和离婚时应注意的法律事项，提出了"专业切入，综合治理"的专业维权理念。2009 年 3 月 11 日，《当代女报》以《女人同行，智慧给养》为题进行了报道。

2. 2009 年 4 月 5 日，陕西高瑾律师事务所举办了第二期婚姻家庭法律公益大讲堂，主题为"婚前法律准备"。高瑾向大家阐述了婚前必须正视的法律问题、婚前双方需要遵循的和平共处规则、婚前应当正确把握的婚姻家庭理念等内容，提出了"给婚姻一个松绑、给感情一个定位、给离婚一个缓冲"的新型维权理念，让现场的听众耳目一新。

3. 2009 年 5 月 10 日，陕西高瑾律师事务所举办了第三期婚姻家庭法律公益大讲堂，主题为"中美未成年人的司法保护制度"，邀请专家讲授了美国未成年人司法体系演变过程、未成年人社区矫正工作开展情况以及司法保护制度在运行当中存在的问题。高瑾提出了"关注童心，维护童权"的维权理念，并且做了现场案例分享，使现场的中学生和家长等充分感受到了"儿童利益最大化"原则在现实维权当中的重要性。

4.2009年6月7日，陕西高瑾律师事务所举办了第四期婚姻家庭法律公益大讲堂，主题为"用智慧点亮童心，与孩子一起成长"。高瑾讲授了关于未成年人权益保护的法律规定、未成年人权益的具体内容、未成年人犯罪案件的辩护原则，以及未成年人权益保护当中所存在的盲点与难点，引起了大家的关注与热议。

5.2009年7月5日，陕西高瑾律师事务所举办了第五期婚姻家庭法律公益大讲堂，主题为"离婚当中的核心法律问题"。高瑾向大家全面讲述了离婚涉及的核心问题及其处置办法，倡导大家"更新理念、善待自我、健康成长、依法维权"，并且解答了听众提出的现实问题。

6.2009年8月2日，陕西高瑾律师事务所举办了第六期婚姻家庭法律公益大讲堂，主题为"职场性骚扰的法律处置与劳动权益保护"。高瑾用18个现实案例告诉大家劳动合同的签订应当注意的事项、劳动纠纷的解决方式和程序、劳动关系对于双方当事人履约的基本要求、和谐劳动关系的基本规则，以及职场性骚扰的现实维权操作要领，让现场的听众感到受益匪浅。

7.2009年9月6日，陕西高瑾律师事务所举办了第七期婚姻家庭法律公益大讲堂，主题为"复杂离婚案的代理流程与法律思考"。高瑾以案说法向大家讲授了复杂离婚案件通常集刑事、民事、行政等于一体的综合性特征，以及在维权当中多策并举解决现实问题的必要性与重要性，提示大家依法专业维权，勇于捍卫自己的合法权益。

8.2009年10月11日，陕西高瑾律师事务所举办了第八期婚姻家庭法律公益大讲堂，主题为"婚外情的法律解读"。高瑾向大家讲授了婚外情依法应当承担的刑事、行政及民事责任，提出了"理智面对婚外情，依法捍卫尊严与财产"的法律维权新思路，建议大家勇于维权、积极维权、依法维权。

9.2009年11月1日，陕西高瑾律师事务所举办了第九期婚姻家庭法律公益大讲堂，主题为"家庭暴力的现实维权办法"。高瑾将家庭暴力的法律含义、受害者的维权求助途径、家庭暴力的常见证据种类以及国内外关于家庭暴力维权的现实举措等向大家作了介绍，并且指出了对家庭暴力一定尽早说"不"、关注家庭冷暴力、依法追究施暴者法律责任等维权理念，倡导大家在

应 对成长
—— 高瑾律师带您走进 80 例新型家事案件

现实当中走出"家暴是私事"的误区，应当充分认识到反对家庭暴力是"公务"，从而将反对家庭暴力的维权活动进行到底。

10. 2009 年 12 月 6 日，陕西高瑾律师事务所举办了第十期婚姻家庭法律公益大讲堂，主题为"继承、析产等家庭财产纠纷案件的代理实务"。高瑾向大家讲授了继承、析产等家庭财产纠纷案件的特质、举证责任的履行、矛盾调解的要领以及多种法律手段的现实运用，倡导大家"诚信面对家庭成员，公平处理家庭财产纠纷"。

2010 年律师文化传播印迹

1. 2010 年 3 月 7 日，陕西高瑾律师事务所举办了第十一期婚姻家庭法律公益大讲堂，主题为"婚恋应当遵守的规则"。高瑾用 18 个现实案例将婚姻的本质、禁忌要点、法律规则以及正确理念作了生动鲜活的讲授，还与大家进行面对面的真挚交流，此次活动成为引导大家健康生活的风向标。

2. 2010 年 5 月 9 日，陕西高瑾律师事务所举办了第十二期婚姻家庭法律公益大讲堂，主题为"离婚的操作要领"。高瑾针对离婚、子女抚养及夫妻共同财产分割在实务操作当中应当注意的问题为大家作了实例解析，使现场的听众对于婚姻的缔结、经营与解体有了新的认识。

3. 2010 年 6 月 6 日，陕西高瑾律师事务所举办了十三期婚姻家庭法律公益大讲堂，主题为"商品房买卖当中的法律问题"。高瑾建议大家在购房时应当"勤于调查、慎于思考、善于把握、勇于维权"，在签订合同时应当"专业当先、多方打听、依法购房"，以便尽最大可能避免购房当中的风险。

4. 2010 年 7 月 4 日，陕西高瑾律师事务所举办了第十四期婚姻家庭法律公益大讲堂，主题"继承案件的法律处置"。高瑾引导大家"以法律的视角面对继承问题，积极预防矛盾、公平处置遗产的争议"，在处理继承问题时应当"依靠法律手段体现自己真实的意思表示，力争不留后患给家人"，尤其是倡导大家尽早订立遗嘱，提前处理身后事，有效防范意外风险。

5. 2010 年 9 月 5 日，陕西高瑾律师事务所举办了第十五期婚姻家庭法律公益大讲堂，主题为"老年人权益保护的现实举措"。高瑾在讲课的过程中通过法律和社会的视角用十多个现实案例介绍了当前社会老年人生活中存在的实际问题，包括老年人再婚、老年人与子女的家庭纠纷等问题，以及老年人在维权当中主动性差、顾及面子、吝啬金钱等现实障碍，并且指出了老年人在维护自己合法权益中应当注意的问题和实际有效的举措。

2011年律师文化传播印迹

1. 2011年3月6日，陕西高瑾律师事务所举办了第十六期婚姻家庭法律公益大讲堂，主题为"女性购房及其产权处置应当关注的法律问题"。高瑾以关于购买商品房的有关限购政策为线索，结合女性在购房当中常常忽略的实际问题，建议大家在处理房产问题时应当力争做到"关注亲情，书面签约，慎重赠与，早立遗嘱"，并用现实案例给大家指明了女性在购房当中应当避免的风险以及维权当中应当注意的法律问题。

2. 2011年7月2日，陕西高瑾律师事务所举办了第十七期婚姻家庭法律公益大讲堂，主题为"刑事自诉在家事维权当中的灵活运用"。高瑾通过现实案例解析了重婚罪、由受虐妇女综合征引起的故意伤害罪、故意杀人罪，以及非法侵入住宅罪、虐待罪、遗弃罪、侮辱罪与诽谤罪6类自诉案件在家事维权当中的重要作用，使现场的听众对于婚外情、家庭暴力、住宅权、名誉权、抚养权及赡养权的实际维权途径有了新的认识，对于律师在民事与刑事维权技巧的综合运用方面所做的专业功课和多策并举维权手段的运用投以关注的目光。

3. 2011年9月24日，陕西高瑾律师事务所举办了第十八期婚姻家庭法律公益大讲堂，主题为"青少年犯罪与家庭教育的缺失"。高瑾提出了"以家庭的视角看待犯罪，以法律的尺度衡量权责"，建议在处理家庭问题时"用亲情引领和谐，用法律指引行动，共建温馨的家庭氛围"，还用现实案例引领家长关爱未成年人，积极自我成长，自觉履行法定义务，力争将子女培养成为有益于社会的人。

2012 年律师文化传播印迹

1. 2012 年 3 月 3 日，陕西高瑾律师事务所举办了第十九期婚姻家庭法律公益大讲堂，主题为"女性犯罪与情感因素的关系"。高瑾向听众介绍了女性因早年辍学与无知而铸成抢劫犯罪、因缺少家庭关爱而构成盗窃罪、因沉溺于婚外情而挪用公款被判刑、因一时出气伤害他人导致自己和男友锒铛入狱、因欲弥补自己的经济损失而险些构成侵占罪以及为筹学费饥不择食而触及刑律的 6 个现实典型案例，并且将自己的办案感悟、思考方向与大家分享，号召大家"走近女性、关爱女性，帮助女性"，以便她们在宽松的环境当中得到健康成长与提升。

2. 2012 年 7 月 8 日，陕西高瑾律师事务所举办了第二十期婚姻家庭法律公益大讲堂，主题为"未成年人抚养权争议背后的财产问题"。高瑾向大家现场解读了有关未成年人抚养权确立、变更等方面的法律规定，以及最高人民法院的相关司法解释，并且将现实案例中热点与难点法律问题揭示出来，从而将未成年人维权案件当中律师的专业观点及法律感悟生动地呈现在听众面前，由此引领大家在生活当中以法律作为指南，有效规范自己的行为。

2013 年律师文化传播印迹

1. 2013 年 1 月 12 日，陕西高瑾律师事务所会同陕西省法学会婚姻家庭法学研究会、陕西省女法律工作者协会针对女性离婚在财产分割当中常见的财产权益被侵害的现实，以及未成年女性在遭遇性侵害之后的充分维权问题举办了"女性维权沙龙"专题研讨活动。高瑾针对家庭财产的经营管理、性质界定及其夫妻之间产生争议以后的处置办法提出了自己的观点与具有操作性的建议，由此凝聚了各类专业人士共同的智慧和思路，促使大家在以后的女性维权当中走出更加强劲的步履。

2. 2013年3月2日，陕西高瑾律师事务所举办了第二十一期婚姻家庭法律公益大讲堂，主题为"女性离婚财产权益维护"。高瑾倡议"充分关注女性生活状态与成长环境，积极促进女性与他人建立正常良性的关系，积极维护女性的财产与尊严，依法现实保障女性的合法权益"，同时用现实案例告诉大家：离婚案件当中女性一定要关注自己的财产权益，并且极力防止男方伪造债务现象给自己带来的不利影响；女性在争取孩子抚养权方面应当注意的客观问题；未成年女性在遭遇性侵害之后不但应当考虑依法追究犯罪分子的刑事责任问题，而且应当积极关注自己的民事权益维护事宜；对于未成年女性遭遇性侵害后的身心修复问题社会各界都应当尽力予以关注，从而积极保护她们作为未成年人的特殊权益。

3. 2013年7月2日，陕西高瑾律师事务所会同陕西女法律工作者协会、陕西省法学会婚姻家庭法学研究会举办主题为"受虐妇女综合征犯罪行为的刑事责任追究"的"女性维权沙龙"活动，高瑾对于"受虐妇女综合征"的法律概念、司法实践当中的量刑幅度以及由此行为引发的故意杀人罪、故意伤害罪的实际量刑、服刑所带来的社会问题进行了全面阐述，通过对此类婚姻家庭领域法律关系的专业梳理，倡导大家"从我做起"，在现实生活当中积极有效地促进整个社会的和谐与稳定。

4. 2013年10月13日，陕西高瑾律师事务所举办了第二十二期婚姻家庭法律公益大讲堂，主题为"关注老年人合法权益，直面以房养老问题"。高瑾针对《老年人权益保障法》规定的关于子女精神陪护义务履行事项以及现实当中的维权动态向现场的老年听众作了生动讲解，并针对以房养老问题在法律层面上所存在的盲区给大家作了现实解读，倡导老年人在现实生活当中尽力"关爱自己，依法维权"。

5. 2013年12月16日，高瑾出版了《关注发生在身边的争议　律师与您一起将维权进行到底——高瑾带您走进五十例典型婚姻家庭案件》一书，高瑾向读者介绍了离婚、家庭暴力、性骚扰、未成年人犯罪等案件的法律常识与应对举措，引领大家走进婚姻家庭50例典型案件。该书不仅有利于读者拓展维权思路，而且有益于专业人士拓宽办案视野，从某种层面上为大家提供了一套极具特色的现实维权教程。

6. 2013年12月21日,陕西高瑾律师事务所举办了主题为"女性离婚财产权益维护与未成年女性遭受性侵害合法权益维护"的专题研讨活动,高瑾针对离婚案件当中女性在财产权益维护事项上所存在的误区、举证难点、法律盲点以及现实困难提出了自己的观点与建议,还将未成年女性遭遇性侵害以后在法律维权方面所遭遇的尴尬用现实案例为大家作了介绍,从而将女性人身与财产权益维护的事项提升到新的专业高度,使大家对于婚姻家庭类案件办理当中的"专业切入,综合处置"有了一定程度的领悟。

2014年律师文化传播印迹

1. 2014年3月7日,陕西高瑾律师事务所举办第二十三期婚姻家庭法律公益大讲堂,主题为"夫妻财产权利依法维护"。高瑾讲授了《婚恋误区引发的财产纷争》,分别从男女两性的角度为百余名社区居民讲授婚恋误区的具体表现形式、应对办法以及在此当中如何看待和处置财产争议。

2. 2014年4月2日,在成都司法部法律援助业务技能四川培训班,高瑾为四川、重庆、云南三省市的140多名从事法律援助工作的专职人员以及热心公益事业的律师,讲授了婚姻家庭类法律援助案件的操作思路、处置原则乃至具体流程,提出了刑事与民事、民事与行政以及诉讼与非诉讼相结合的维权举措,以案说法透析婚姻家庭领域维权技巧。

3. 2014年6月7日,高瑾应邀在厦门大学法学院主办的"家庭暴力受害者刑事法律援助研讨会"上,为厦门大学的专家学者,福建省的法官、检察官、法律援助机构的工作人员以及来自北京的公益人士等50多人,专题讲授家庭暴力的维权举措、立法情况尤其是陕西省颁布的反家暴法律文件,并且通过对现实案例的解析向大家展示了律师在反家暴案件当中应当把握的方向和应该做好的功课。

4. 2014年6月12日,在陕西省律师协会举办的全省实习人员岗前培训中,高瑾为500多名实习人员讲授《婚姻家庭案件律师操作实务指引》,将婚姻家庭领域的各种典型案例、操作流程以及维权当中的新思路与新举措介绍给大家，从而为大家指明了专业代理家事案件的新方向。

5. 2014 年 6 月 22 日，高瑾应邀为 150 多名化妆品行业的女职工讲授了《女性劳动与家事维权应对办法》，通过典型案例将现实的维权举措传授给她们，倡导女性在生活中应当积极成长，善待自我，依法维权。

6. 2014 年 7 月 23 日，在长春司法部"法律援助业务技能培训计划"吉林培训班，高瑾为来自吉林、黑龙江、辽宁、内蒙古的 160 多名从事法律援助工作的专职人员以及热心公益事业的律师，讲授了关于常见婚姻家庭法律援助案件的实务技能与技巧。高瑾从婚姻家庭类案件的专业性、复杂性以及专业人员应当具备的综合素养等方面出发，为大家勾勒出了目前此类法律援助案件办案人员应当做好的各种功课，并且针对婚外情、家庭暴力、性骚扰、继承析产、未成年人犯罪案件的现实维权问题，采用以案说法的方式现场进行了深层次的剖析，从而有效地为大家指明了在办理法律援助案件当中的专业思路与实际举措。

7. 2014 年 8 月 15 日，高瑾应内蒙古自治区法律援助中心的邀请，在乌海为内蒙古自治区从事基层法律援助工作的专职人员及律师讲授了《婚姻家庭类法律援助案件操作实务》，并将《未成年人刑事辩护技巧指引》《家庭暴力的维权办法》《婚外情的法律解读》《性骚扰的应对举措》《继承案件办理要领》《老年人维权办案指南》等专题内容详细地向大家作以介绍。

8. 2014 年 8 月 28 日，高瑾应云南省迪庆州司法局的邀请为当地的法律援助专职人员及云南润泽律师事务所、云南合发律师事务所、云南中信勤明律师事务所的 20 多名专业人士就婚姻家庭类案件的律师办案实务要领进行了讲授。

9. 2014 年 9 月 27 日，高瑾在北京中华全国律师协会第三期县域律师事务所主任培训班讲授了《律师办理婚姻家庭案件法律实务》，向大家介绍了婚姻家庭典型离婚、继承、抚养权纠纷、家庭暴力救助、性骚扰处置以及公益维权案件的全新办案理念、现实技法乃至律师应当考虑的风险问题，而且针对家事案件中当事人伪造债务、恶意规避法定义务以及时下存在的婚外同性恋、非婚生子女等法律维权举措进行了创建性的个人观点阐述。

10. 2014年9月6日,陕西高瑾律师事务所举办了第二十四期婚姻家庭法律公益大讲堂,主题为"婚姻关系当中应当坚决说'不'的新鲜事"。高瑾针对当前律师碰到的婚恋误区中维权的法律盲点及现实难题,以案说法向大家介绍了无性婚姻、无爱婚姻、无子女婚姻、同性恋介入婚姻、交易婚姻以及婚外情所引发的非婚生子女维权境遇尴尬6个案例,还将案件留给大家的法律难题、维权难点乃至现实思考与举措进行了透彻的分析。

11. 2014年9月19日,高瑾为陕西省女强制隔离戒毒所的管理干部专题讲授了《女性婚姻家庭中面对的挑战》,通过对涉及同性恋、婚外情、家庭暴力以及非婚生子女等典型案例的深刻剖析,向大家揭示了女性在婚姻家庭当中应当具备的付出意识、维权理念以及运用法律武器依法保护自己合法权利的必要性与具体思路,并且倡导女性在生活中"真诚看待情感,尽量剔除杂质;注重内心感受,理性面对婚姻;善待自我,健康成长,依法处置个人财产"。

12. 2014年10月24日,在陕西省律师协会婚姻家庭专业委员会举办的"婚姻家庭类案件新纷争实务研讨会"上,高瑾针对无性婚姻、无爱婚姻、同性恋、契约婚姻以及非婚生子女维权的现实难点与应对举措进行了专题讲授。

13. 2014年10月25日,在陕西省律师协会婚姻家庭专业委员会举办的"省律协婚姻家庭专业委员会与社区代表公益交流会"上,高瑾为社区代表专题讲授了常见的相邻关系、未成年人不良行为矫正、家庭暴力预防、老年人权益保护等具体纠纷及其法律维权途径与举措。

14. 2014年11月5日,在司法部"法律援助业务技能培训计划"湖南培训班,高瑾为来自湖南、湖北、广东、广西、江西五省的160余名法律援助公职人员及其法援律师讲授了《婚姻家庭案件维权操作实务》,采用以案说法的方式将婚姻家庭类案件的分类、特质,律师应当准备的功课生动地向大家作以揭示,并针对家庭暴力的维权办法、性骚扰的应对举措、婚外情的法律处置以及未成年人犯罪案件办案技巧进行了专题阐述。

15. 2014年11月29日,在陕西省法学会婚姻家庭法学研究会2014年学术年会中,高瑾专题讲授了《强制执行的夫妻共同股权变更登记案件实务操作难点与应对举措》。

16. 2014 年 12 月 11 日，高瑾应太原市法律援助中心的邀请，为当地 100 多名法律援助专业人士讲授《家事法律援助案件操作技能》。

2015 年律师文化传播印迹

1. 2015 年 3 月 5 日，陕西高瑾律师事务所举办了第二十五期婚姻家庭法律公益大讲堂，主题为"女性维权新动态与新举措"。高瑾通过《美女婚前收彩礼，结婚不成得退还》《三代争遗产，法律给说法》《八旬老妪公证遗嘱维权路漫漫》《七旬老太出尔反尔，法院判决终败诉》《丈夫同性恋，妻子维权难》《幼儿园园长被无赖纠缠，律师巧助止纷争》6 个现实案例生动地为辖区近百名居民讲述了相关的维权新动态与新举措。

2. 2015 年 3 月 6 日，在"陕西省律师协会'三八'妇女节女律师联谊会"上，高瑾首先从律师为当事人梳理婚姻观、价值观乃至人生观的现实角度解读最新的健康婚恋观说起，其次通过女律师自身婚恋观的修正与提升的专业指引为该群体勾勒出了清晰的法律婚恋维权思路，最后高瑾还为同行们提出了健康的生活理念与具体建议。

3. 2015 年 4 月 1 日，在汉中市佛坪县党校（佛坪县行政学校），高瑾应邀为来自全县各乡镇 60 余名村干部先讲授了《基层政府依法行政法律指引》，高瑾从《国务院依法行政实施纲要》基本原则与要求出发，将依法行政的法律内容、基层政府依法行政的理念与前提，以及基层政府依法行政应当考量的问题，乃至行政复议、行政诉讼与信访条例的涉案范围，采用以案说法的方式生动地向大家进行了阐述与分析。

4. 2015 年 4 月 20 日，在陕西省律师协会举办的实习人员岗前培训中，高瑾为 500 多名实习人员讲授《婚姻家庭案件律师操作实务技巧总结》。

5. 2015 年 5 月 16 日，在陕西省律师协会婚姻家庭专业委员会举办的"婚姻家事实务研讨与交流"活动中，高瑾为家事专业同仁、学者、法官以及宝鸡当地的律师约 80 人，专题讲授了民诉法新解释与家事实务最新应对技能。

6. 2015年7月11日上午,在安康市旬阳县陕西省律师协会婚姻家庭专业委员会举办的家事自诉案件处置实务交流活动中,高瑾针对重婚罪、由受虐妇女综合征引起的故意伤害罪、故意杀人罪、非法侵入住宅罪、侮辱罪与诽谤罪、虐待罪、遗弃罪的6个现实案例,发表了个人的维权思路与观点,将家事领域自诉案件的维权新办法解读得更加深入、细化,将自己在办案当中"专业切入,综合处置"的理念与感悟真切地呈现给大家。

7. 2015年7月11日下午,在安康市旬阳县陕西省律师协会婚姻家庭专业委员会举办的社区交流会中,高瑾用26个现实案例为大家以案说法,关于结婚须领证,抚养孩子须尽责,面对家庭暴力、婚外情、性骚扰须依法维权,处置家庭矛盾与邻里纠纷须理性,针对劳动争议须慎重等10个问题进行了专业解读与指引,并且提出了女性应当"积极成长,理性处置,依法维权"的现实理念。

8. 2015年7月15日,高瑾到陕西长安强制隔离戒毒所,为20多名戒毒人员就离婚程序、同居的法律后果、非婚生子女的监护、家庭共有财产分割、子女抚养、父母赡养、人身损害赔偿以及由强制戒毒引起的行政复议、行政诉讼等该戒毒所学员关心的法律事项进行了专业讲解,并且为某些目前正处于诉讼当中的学员提供了务实的维权指引。

9. 2015年10月12日,在陕西省律师协会举办的全省实习人员岗前培训中,高瑾为400多名实习人员讲授《家事案件律师操作实务技能与要领》。

10. 2015年11月28日,高瑾参加陕西省法学会婚姻家庭法学研究会2015年学术年会,针对家事股权分割实务中的难点与热点问题与专家、学者、律师、法官进行交流,并且将自己在此方面的新认识、新思考与新举措介绍给大家。

11. 2015年12月4日"普法宣传日",高瑾为西安市碑林区柏树林街道办事处辖区的150余名社区居民作了题为《律师告诉你坚决说"不"的新家事》的公益宣讲,通过对婚前之约、婚外情之苦、同性恋之害、家暴之痛、女性之误、婆媳之战、偏爱之过、股权之疑、相邻之道、老年之灾、继承之争、非婚生子女之难等12类典型案例的解读,提示大家应当平衡心态,理清关系,并且采用节省成本、案结事了的方式解决家事纠争。

12. 2015年12月5日,在陕西省律师协会女律师工作专门委员会举办的家事实务研讨活动中,高瑾为陕西省女律师工作委员会的委员以及渭南地区的律师共计80余人讲授了《家事股权分割新视点》,全面地剖析了家事股权分割当中律师应当关注的新问题,现实地为大家指出了家事股权处置的新思路与新举措,并且针对家事案件人身与财产高度结合的特质,提示律师同行在代理家事案件务必注意执业风险防范、当事人真实需求的定位、法院审理角度的把握乃至诉讼流程的设置。

2016年律师文化传播印迹

1. 2016年1月8日,高瑾在西安市福星养老院为老人们作了题为《理性消费,管好房产,健康生活》的现实维权法治宣讲,从老年人的日常消费上当受骗、自有房产管理、人际关系处理乃至遗嘱的订立等事项出发,现实生动地以案说法,倡议老年人"管好钱、守好房、把好口",以便在有生之年过上平安幸福的日子。

2. 2016年1月15日,高瑾应邀为韩国独资企业维娜化妆品有限公司西安分公司的200多名女同胞现场讲授了《女人幸福密码》,主要内容是自尊自信、自立自强、乐观豁达、健康生活、积极成长、与时俱进、依法维权、知足感恩。

3. 2016年3月15日,高瑾应邀为来自西安市13个区县的专职法律援助人士讲授了《婚姻家庭法律援助案件实务指引》,针对家庭暴力、性骚扰、婚外情、未成年人刑事辩护、特殊劳动维权等方面法律援助案件的实务操作与技巧施展,不仅向大家作了典型案例解析,而且针对法律援助案件的特殊性指出了"专业切入,综合处置"的维权理念。

4. 2016年3月19日,高瑾在陕西省律师协会婚姻家庭专业委员会培训活动中,针对家事领域律师在维权当中的新动态与新问题,毫无保留地向大家呈现了自己的专业新举措。首先,高瑾向大家介绍了目前家事纠争当中凸现的离婚、婚外情、家庭暴力以及继承纠纷等十二个方面的新问题；其次，高瑾将自己在家事股权分割方面所办理的三个典型案例的专业举措与现实思考在现场与大家交流；再次，高瑾向大家介绍了在家事案件办理当中恰当运用重婚、非法侵入住宅、虐待、遗弃、侮辱诽谤等刑事自诉罪名提起诉讼的独特手段为当事人倾力维权的个人实践感悟，并将其"专业切入，综合处置"的家事办案理念生动地传授给大家。

5. 2016年3月25日，高瑾应邀在西安市新城区法律援助业务培训会上为来自新城区的法律援助专职人员、基层法律工作人员以及社区主任等130名热衷法律援助工作的一线人员专题讲授了婚姻家庭类法律援助案件办理当中应当注意的实务操作问题。

6. 2016年4月5日，高瑾第二本个人专著《家事新说——高瑾律师带您走进80例家事新案件》出版，作者通过对婚姻家庭领域20类80个现实案例的专业解析与实务指引，将家事纷争当中的新矛盾、新认识、新思路简洁明快地展现在读者面前，该书引领读者在生活当中理性应对纷争、依法积极维权，对于法律专业人士来讲具有实务上的借鉴意义。

7. 2016年4月20日，高瑾在陕西省律师协会举办的全省实习人员岗前培训中为500余名律师讲授《婚姻家庭类案件律师实务指南》，将家事领域案件的操作要领、专业技巧与风险防范等方面的事项采用以案说法的方式进行了精辟的分析与指引。

8. 2016年5月11日，高瑾应邀为韩国独资企业维娜化妆品有限公司的200余名员工义务讲授《女性智慧的底线》，采用以案说法的方式将女性在职场、婚姻、家庭、交友、购房、继承以及与人相处关系当中应当遵守的法律规定，现场生动地给大家作以诠释。

9. 2016年5月13日，高瑾应邀参加了在北京举办的第三届中国婚姻家事法实务论坛。高瑾以其论文《非婚生子女之难——从五个案例辨析非婚生子女权益保护尴尬境地》参会，以案说法将未成年人在身份、心理、处境、上学、就业等方面的法律维权难点与热点以及在立法方面的缺陷揭示得准确而深刻，并且将其在现实当中的维权举措及其现实效果与大家分享，获得了肯

10. 2016年5月30日至6月8日，高瑾在中共陕西省委统战部举办的全省无党派及新的社会阶层代表人士培训交流活动中，作为新的社会阶层的行业代表，介绍了律师行业的特点、参政潜力以及对于国家建设的关注与付出，现场让学员们对于依法治国有了进一步的认知，对于律师行业有了客观的认识，现实地解读了律师作为新的社会阶层所承担的社会责任。

11. 2016年6月18日至19日，高瑾在陕西省律师协会婚姻家庭专业委员会举办的"家事审判改革与新业务应对研讨交流会"上，向全省350余名律师介绍了《最高人民法院关于开展家事审判方式和工作机制改革试点工作的意见》的相关内容，还结合陕西省家事审判与律师业务衔接当中的实际应对问题提出了专业的建议，即家事审判需要法官、学者、律师、公证员，以及妇联、社区乃至媒体等社会各界的共同努力与推动。

12. 2016年8月7日，高瑾作为点睛网律师学院高级培训师为陕西省400多名律师讲授《婚姻家庭类案件律师实务指引》，并且作了《未成年人犯罪案件办案技巧》《家庭暴力的维权办法》《性骚扰的应对举措》《婚外情的法律解读》四项专题讲授，从家事维权动态、专业思路以及现实举措给大家作了具体而生动的实务处置层面的分享与指引，充分展示了婚姻家庭类案件的操作规则与实务技巧。

13. 2016年9月3日上午，高瑾在陕西省律师协会婚姻家庭专业委员会与教育培训委员会共同举办的家事实务研讨与交流活动中，从实战的角度用全新互动的方式向大家阐述了《律师如何面对家事新业务》，以案说法教给大家如何针对家事的业务特点与当事人进行业务沟通，并且生动地进行了现场示范，让大家对于与当事人首次洽谈的要领有了直观的感受。9月3日下午，高瑾做了题为《家事财产分割实务操作技巧》的有关实务流程展示与现场互动的创新形式授课。

14. 2016年10月27日，高瑾应邀为西北政法大学刑事法学院100余名大一新生作了题为《自我修炼，积极成长》的相关法律实践讲座。高瑾以其20余年的执业切身体会从心理素养、生活态度、处事原则、个人担当、治学目标、执业境界角度为大家勾勒出了当下大学生应当注重自我素质培养的方向，并且通过现实案例告诉同学们法律人应当恪守的信条、调处矛盾应该具备的远见以及律师行业对于法律专业人才的具体要求，倡导大家在日常学习和生活当中逐步完成进入社会之前的必备功课即扎实的基本功、健康的人生观、强烈的正义感、积极的进取心、现实的立足点、远大的使命感，以便日后以稳健的步伐进入职场。

15. 2016 年 10 月 28 日，高瑾应邀在西安市法律援助中心与陕西省曲江监狱开展的"关注监狱服刑人员法律援助在行动"活动中为服刑人员作了题为《抚平内心，安静生活》的专题讲座。

16. 2016 年 10 月 29 日，在 2016 年陕西省法学会婚姻家庭法学研究会年会暨"海峡两岸家庭法热点问题研讨会"上，高瑾担任家族信托专题的主持兼点评人，在与外地同行交流中，将其在家族信托业务方面所做的专业功课与实践进程乃至对家族信托的业务前景、风险警示进行了务实的阐述；在关于未成年人监护专题中，高瑾作了题为《未成年人监护权面临的新冲击》的发言，揭示了当下留守儿童、单亲家庭子女、非婚生子女在被监护当中所存在的严重问题，同时对于监护权、抚养权、探望权在现实当中的交叉与冲突发表了独到的个人观点。

17. 2016 年 11 月 14 日，高瑾为全省 500 余名实习律师讲授了家事维权实务操作要领，将家事领域律师业务的新思路与新举措即《家事股权新视点》《家事自诉案件处置技巧》《家事最新 12 类案例》《律师如何应对家事业务》，以及《律师办理婚姻家庭类案件法律实务》以新颖、时尚的形式全面向大家作了展示与解读。

18. 2016 年 12 月 22 日，高瑾受延安市司法局、延安市人民调解协会的邀请，为当地 13 个区县的 100 余名调解骨干人员讲授了家事调解的新型专业知识、当下家事纷争的显著特点及其呈现的纷争类型、家事调解应当注意的现实问题，乃至调解员应该具备的综合素养。高瑾不仅将家庭暴力、婚外情、性骚扰等特殊法律规定精准地进行了阐述，对于离婚财产分割、继承析产、赡养、抚养、扶养、非婚生子女权益维护、家事债权债务、相邻关系、劳务以及与家庭暴力、婚外情有关的涉及财产内容的多种纠纷调解的法律思路、操作要领、专业技能、综合举措，以现实案例剖析的方式向大家作了生动的讲解，而且结合家事维权的实际情况，对于调解人员的素质提升与工作境界提出了现实的要求与希望。

2017年律师文化传播印迹

1. 2017年3月6日下午，陕西高瑾律师事务所一行五人来到陕西省女强制隔离戒毒所，针对该所20多名学员提出的"同居"法律效力、监护人顺序、离婚程序、家庭析产、继承纠纷、拆迁协议签订等热点问题进行专业解说与指引。高瑾不仅为她们分析了矛盾与纷争产生的原因，而且就实际问题的解决给出了具体的维权方案，让她们感受到了法律的强制性与公平性，对于解除劳教后与社会的接轨与融合有了必要的应对准备。

2. 2017年3月15日，高瑾应邀来到西安市第五中学，为该校教职员工讲授了"完善自我，依法维权"的法制专题课程。高瑾从"校园里的法律事件、与孩子相处的法律原则、为师之道与境界"讲起，通过对《中华人民共和国教师法》《劳动人事争议裁判办案规则》《陕西省劳动人事争议调解仲裁办法》的专业解读与举例说明，向大家勾勒出职场维权的要领与注意事项。接着高瑾就当前公民遇到的热点纷争如集资诈骗、债务、相邻关系、离婚、继承、家庭暴力、婚外情等方面的维权事项给予了务实的指引。高瑾还倡导大家在工作和生活当中应当"不断学习、积极成长；遵纪守法、爱岗敬业；善于沟通、勇于担当；依法维权、追求公正"，以便实现个人梦想与自我价值。

3. 2017年3月29日，高瑾作为政协委员来到西安市碑林区张家村街道办事处水文巷第二社区为居民及社区工作人员讲授了有关家事维权方面的法律规定、现实动态以及维权当中应当注意的问题，高瑾从家庭经济、亲属关系、家庭教养乃至未成年人教育等视点出发，将家庭中突出的离婚、继承、家庭暴力、婚外情、未成年人犯罪、女性维权等矛盾采用举例说明的形式为大家进行了解读与分析，同时针对老百姓在购房、理财、旅游、保险等容易发生纠纷的事项提醒大家注意现实风险的积极防范，倡导大家在日常生活当中注意培养自己解决争议的能力，提升自我维权意识，不断积极成长，依法极力维权。最后高瑾现场向社区群众赠送了她的两本专著《关注发生在身边的争议律师与您一起将维权进行到底》《家事新说》，并对于大家普遍关注的老年人赡养、遗嘱订立以及财产赠与等问题予以一一回答。

4. 2017年4月8日下午，针对家事领域日新月异的变革与法律服务市场的新需求，高瑾在陕西省律协婚姻家庭专业委员会举办的家事实务技能专项指引与交流活动中为大家讲授了《家事专业处置与技能现实指引》，将家事中常见的四项行政维权即婚姻登记、股权登记、房产所有权登记与拆迁维权所涉及的实务问题，从法律规定盲点、实务难点、需求热点给大家作出了精辟透彻的分析，并且在专业操作方面给出了独到可行的指引，同仁们对这种新颖而时尚、清晰而明快、简洁而深刻的讲授风格多次报以热烈的掌声。

5. 2017年4月21日下午，高瑾应邀在德福巷尚shine咖啡屋为西安市碑林区女企业家、科技工作者协会的骨干成员讲授了《女企业家婚姻财产风险防控》的专项维权法律课程，从婚姻的本质、法律规则、风险出发，将家庭财产的风险防控新方式即遗嘱、保险、家族信托、保险金信托、财富传承给大家作了介绍，并且就家事股权风险防控注意的事项予以了现实解读与分析，倡导大家在生活中注重契约意识与行为的培养，力争将公司、家庭、夫妻财产予以明确区分，以便依法积极保护个人财产权益，有效防止劳动成果的减损或者灭失。高瑾还对于女性在生活当中的感情实况、经济状态、子女问题、亲属格局、个人前途等与婚姻质量密切相关的因素及其化解矛盾的具体办法向大家作了专业指引，使大家普遍感到法律的重要性，女企业家婚姻财产风险防控的必要性。

6. 2017年6月2日，高瑾在陕西省律师协会举办的"2017年第一期全省实习律师集中学习培训班"为600多名实习人员讲授了最新的家事律师实务，将婚姻家庭类案件的特质、要求与专业操作思路采用以案说法的方式，为大家提供了务实可行的集刑事、民事、行政、媒体、信访等多种途径为一体的综合维权模式指引，使在场的同仁普遍感到耳目一新、受益匪浅。

7. 2017年11月4日，高瑾在陕西省律协婚姻家庭专业委员会举办的"家事实务与审判改革接轨培训交流"活动中，为来自全省各地的260多名律师讲授了《家事案件律师沟通技巧及综合策略的运用》。首先，高瑾将律师在日常与当事人沟通当中对于案情梳理、焦点分析、流程指引、方案建议、代理指南、风险提示、答疑解惑、价值预测的处置要领与注意事项采用以案说明的方式为大家作了深度分析，并且将律师在与当事人相处当中容易产生的厌倦情绪、保证承诺、有问不答、指责埋怨、相互攻击、逃避责任等现象罗列出来，以警示大家自我改变执业理念、自我加强业务应对能力，进而更好地为当事人提供优质、特色、高效的家事法律服务；其次，高瑾针对律师的礼仪形象、职业风格、专业素养、人格特色、婚恋观念、处事原则以及律师与法官有效沟通的原则提出了独到的看法与建议；再次，高瑾通过6个现实案例为大家讲授了《刑事自诉在家事维权当中的巧用》，将办理家事案件"专业切入，综合处置"集刑事、行政、民事等多种维权方式于一体的特征揭示得精辟而现实，使得大家获益良多。

8. 2017年12月5日，在陕西省律师协会举办的全省实习人员的培训当中，高瑾为大家以案说法讲授了《律师办理婚姻家庭案件法律事务》《刑事自诉在家事案件中的巧用》《家事中的四项行政维权》《家事股权新视点》《律师沟通技巧的现实运用》，将刑事、民事、行政维权实务技能融为一体，既时尚又实在，既专业又灵活，既全面又细化，让在场人员耳目一新、受益匪浅。

9. 2017年12月9日，高瑾应邀参加了陕西省法学会婚姻家庭法学研究会年会，并作为陕西省法学会婚姻家庭法学研究会副会长主持了开幕式，阐明了家事审判当中"专业切入，多策并举"的处置理念，呼吁陕西婚姻家庭领域的各方法律人能够在实际工作中充分发挥各自职业角色的能动性，共同将陕西婚姻家庭法学研究与实践活动推向一个新的层面，以便通过家事审判改革为更多的老百姓提供贴心的服务，进而让更多的人充分感受到法律的公正与温暖。高瑾在主持当中观点真切，展现了律师行业在家事审判改革当中的积极性与务实性，受到了与会人员的一致肯定与好评。

2018 年律师文化传播印迹

1. 2018 年 1 月 7 日，高瑾在深圳参加了中华全国律师协会举办的第十届中国律师论坛，提交了《未成年人监护权面临的新冲击》一文，展现了陕西律师在家事业务处置方面的举动与感悟。

2. 2018 年 3 月 7 日，高瑾应邀为西安市第八十六中学的 70 余名女教师讲授了与女性生活、工作密切相关的性别意识、职业需求、付出举动、自我成长、底线守护等三八妇女节特别话题，并将婚姻的本质、法律的规定、风险防范、冲突解决的方式以及健康的生活理念用生动的案例给大家予以精辟诠释。她以一个女律师的视角激励大家依法应对学校常见法律问题，尤其是在日常工作当中用切身行动按照"儿童利益最大化原则"积极保护未成年人合法权益，践行《中华人民共和国教师法》规定的为师之道与自我素养提升的权利义务，尽力以理性、宽容、平和的心态将自己的工作与生活营造得和谐而温馨，从而为女教师奉献了一份特别的"3·8"法律大餐。

3. 2018 年 4 月 1 日，高瑾主持了陕西省律师协会婚姻家庭专业委员会举办的"家事代理之我见"业务演讲比赛，针对律师们关于家事专业理念的建立、操作细节的处理、执业风险的防范、执业阅历的加深、心理调适的应用、新业务的拓展以及家事律师职业使命担当等议题进行了一对一的现场点评，使 10 多名参赛的演讲者耳目一新、受益匪浅。

4. 2018 年 4 月 21 日，高瑾应邀在中国人民大学参与了由中国法学会婚姻法学研究会、中国人民大学法学院等主办的第五届中国婚姻家事法实务论坛。高瑾提交的《刑事自诉在家事维权中的巧用——从 6 个典型案例透析自诉举措》被收入论文集，并在与会人员互动交流中受到关注与好评。4 月 22 日，高瑾受主办方的委托，主持了律师婚姻家事法律实务论坛，在《家事审判实务中的热点、难点问题及执业风险防范与家事调解》板块中针对 7 个专业人士的发言及 3 名嘉宾的点评，引领与会人员倾听来自全国各地乃至港台律师等的家事专业之声，高瑾的主持当中渗透着一名来自陕西家事专业律师对于家事实务处置的理念、方法与思考，其专业的解读、形象的分析、精练的表述、经典的总结乃至富有感染力的主持风格，使现场的 200 名法律人不时报以热烈的掌声，由此让陕西律师的专业之声得到传播与好评。

5. 2018 年 6 月 9 日，高瑾在陕西省律师协会举办的实习人员岗前培训中，为全省 500 多名实习人员讲授了《家事实务操作技能》，其中《律师办理婚姻家庭案件实务处置》《家事股权新视点》《夫妻共同财产与债务解析》《家事刑事案件自诉处置技巧》《与家事相关的行政四项权利》《律师沟通技巧的现实运用》《家事调解法律实务指引》《继承案件办理要领》8 个专题深受大家欢迎。

6. 2018 年 7 月 11 日，高瑾应邀到陕西乐友律师事务所为该所及来自其他所的律师们讲授了《家事实务新视点》，从刑事、民事、行政三种专业手段出发，以案说法为大家展示了自诉案件、股权分割、继承纷争、行政维权、夫妻共同债务处置、家事调解、律师专业沟通等多种技巧的综合运用，让现场的同仁感到既时尚又实用。

7. 2018 年 7 月 27 日，高瑾带领陕西省律师协会婚姻家庭专业委员会 10 余名委员应邀来到西安市西何社区开展家事法律常识讲授与咨询公益活动。高瑾主持此次活动，并且围绕家事维权当中的人身关系、财产纷争、未成年人与老年人权益保护，以及家庭财产管理、分割、处分当中的维权要点，为现场的人员作了独到的分析与讲解，针对大家关心的婚前购房、婚后债务、财产分割以及子女教育等问题给予了专业的解答，通过现场交流互动，大家对于家事法律维权的意识增强了，对于家事律师也有了新的认识。

8. 2018 年 8 月 3 日，高瑾带领陕西省律师协会婚姻家庭专业委员会成员来到西安市白庙路社区为居民讲授家事纷争法律知识。高瑾向大家介绍了家事维权当中的常见误区，以及家风、家教与家训对家庭成员的终身影响，同时解答了在此次授课之前居民们所提出的家庭财产分割、继承、拆迁、婚外情、家庭暴力、未成年人权益保护等法律问题，在现场交流中引起了居民们对于家事维权的关注，使他们的风险防控意识得到提升。

9. 2018 年 9 月 15 日，高瑾主持了"陕西省律师协会婚姻家庭专业委员会的涉外业务及家事实战培训交流"活动，高瑾向大家介绍了涉外家事业务在陕西的市场需求以及全省律师所面对的业务挑战，提示大家应当与时俱进地不断提升个人业务素质，争取在家事领域有所作为。高瑾还为大家讲授了《夫妻共同财产与债务解析》《家事调解法律实务指引》两个专题，现场阐明了夫妻共同财产及相关债权、债务识别的现实举措与法律依据，特别强调在家事调解方面应当客观判别财产内容与性质，充分做足专业功课，尽力为当事人财产权益的最大化作出应有的贡献，进而展现出家事专业律师的现实价值与执业风采。

10. 2018年9月27日，在陕西省女强制隔离戒毒所召开的"教育矫治工作座谈会"上，因高瑾自2011年以来为该所学员提供义务法律帮助与帮教服务，对于女吸毒人员的家事法律困惑有着准确的把握与客观的认识，对于她们回归社会的现实困难有着深刻的理解，并在法律帮助与帮教当中尽力为她们提供正能量的指引与鼓励，她被该所聘为专家团队成员。作为家事律师，高瑾的特色帮教与现实疏导深受该所学员的欢迎，同时她在帮助这类特殊女性群体当中也有"赠人玫瑰，手留余香"之快感。

11. 2018年10月25日，高瑾在陕西省律师协会举办的实习人员岗前培训中，为全省500多名实习人员讲授了《家事实务技能与操作指引》，以案说法将刑事、民事、行政三种维权手段融为一体，以"专业切入，综合处置"为前提，教授大家如何多策并举地为当事人提供时尚、优质的服务。

12. 2018年10月27日，高瑾带领陕西省律师协会婚姻家庭专业委员会成员赴四川与成都市律师协会婚姻家庭法律专业委员会开展"川陕家事律师联谊"活动，陕西律师以"每人一条妙计"为题，展示了各自的"妙招"，高瑾的"攻心"妙计即以"人为本，切中要害，综合处置"令成都市律师协会婚姻家事法律专业委员会的律师们感到新颖又实用。交流当中高瑾将陕西省律师协会婚姻家庭专业委员会近年来所开展的家事新业务培训与现实应对举措的及时推出做了梳理与介绍，向四川同仁赠送了她的两本专著《家事新说》《关注发生在身边的争议　律师与您一起将维权进行到底——高瑾律师带您走近五十例婚姻家庭案件》，还将其精心制作的《家事感言》《同仁共进》诗作图片现场与大家分享,受到了川陕律师的一致好评。此次赴川开展的"川陕家事律师联谊"活动拓展了陕西家事律师的视野,为两省律师日后在家事业务方面的合作奠定了基础。

2019年律师文化传播印迹

1. 2019年2月22日,高瑾在陕西省律师协会婚姻家庭专业委员会2019年工作思路与业务方向交流恳谈会上,确定了本年度工作重点为"专业强化训练,集中实战演习",旨在增强内部交流,有效引领全省婚姻家庭领域业务的持续发展。

2. 2019年3月1日,高瑾创新推出了第一期"家事沙龙"活动,不仅让与会人员倾听了财富高级管理人士讲授的《家族财富传承与家事业务的契合点》课程,而且大家以"家事接案技巧"为主题发表了各自的实务处置观点,开辟了陕西家事律师畅所欲言的专业交流平台。

3. 2019年3月27日,在高瑾的倡导与力推下,陕西高瑾律师事务所家事调解室作为陕西省首家律师事务所家事专业调解室,以其首创的"至少调一次活动"(即双方当事人只要自愿接受调解并且能够按预约时间来到该所就可以享受至少一次免费的专业调解)第一天对外接待来访当事人,并且确定该调解室为陕西省律师协会婚姻家庭专业委员会家事调解实践基地。

4. 2019年4月10日上午,高瑾在陕西省律师协会举办的岗前培训中,为全省近500名实习人员讲授婚姻家庭类案件实务操作技巧,不仅将民事、行政、刑事等维权手段综合地展示给大家,并且针对股权分割、家族信托、财富传承等新型业务的应对举措给予现实的处置方案,使现场听课人员打开了思路,提升了大家对家事案件的兴趣。

5. 2019年4月12日,在高瑾的策划与推动下陕西省律师协会婚姻家庭委员会举办了第二期"家事沙龙"活动。首先,由保险公司高级管理人作了题为"保险合同争议焦点与调处要点"专业授课。其次,大家围绕"继承当中的实务问题"各抒己见。最后,高瑾从实际情况出发,为在场的家事同仁勾勒出了与继承实务处置有关的专业操作要领与风险防控注意事项，使大家对于继承当中的实务问题有了新的思考与认识。

6. 2019年4月19日至21日，高瑾应邀参加由中国法学会婚姻家庭法学研究会、中国人民大学法学院等主办的第六届中国婚姻家事法实务论坛，提交了《家事案件调解技巧的灵活运用——从五个典型案例解析家事调解》一文，并应主办方的邀请在"律师婚姻家事法行业发展论坛"版块作了《修炼内功，凝聚团队，打造陕西家事品牌》的主题发言，将陕西省律师协会婚姻家庭专业委员会的活动简况生动地介绍给来自全国各地的家事同仁，广受肯定与好评。

7. 2019年4月25日，陕西省律师协会婚姻家庭委员会举办了由高瑾创新推出的第一期"律师议案"活动，其间婚家委成员针对《继承涉及的房产登记之争》《婚外情引发的诉讼大战》两案当中的焦点问题展开专业研讨，在高瑾的专业引领下，大家对于这两起复杂、疑难家事案件的具体处置思路逐渐清晰、细化、贴近现实，该新型活动方式颇受大家欢迎与肯定。

8. 2019年5月14日上午，高瑾应邀在延安市延长县政府举办的"延长妇女学法律，家庭平安促和谐"法律知识讲座当中，为该县200多名女干部讲授了《提升素养，依法化解纷争——家事问题处理技巧指引》，从家庭暴力的预防及其维权举措、婚外情的法律处置、家事调解的要领、土地承包纠纷的现实应对、劳动争议的有效解决、妇女财产权益的维护、未成年人监护职责缺位所带来的现实问题、老年人精神陪护缺失及其子女赡养义务的落实、再婚家庭子女生存状态及其身心健康的隐患，以及家事纷争在诉讼与非诉讼阶段有效化解对于社会安定的重要性等多种角度出发，以案说法，为该县直属各机关以及来自县、镇（街道办）、村（社区）妇女群众代表勾勒出一幅生动鲜活的家事维权法律引导图，由于讲授当中案例典型、分析精辟、理念新颖、举措务实，使现场的听众感到耳目一新、受益匪浅。

9. 2019年5月25日至5月26日，高瑾主持了陕西省律师协会婚姻家庭专业委员会举办的全省家事实务技能培训交流活动。首先受邀的资深法官、外地家事律师先后为来自全省各地的400多名律师讲授了《律师代理再审与申诉案件应当注意的问题》《家事审判改革与当前实务难点热点问题解析》，然后在高瑾的引领下，婚家委成员现场针对离婚、继承两个典型案例的专业办案思路、双方辩论观点进行实战演习，这种形式新颖、交锋强劲的活动备受欢迎。

10. 2019 年 5 月 29 日下午，在陕西省律师协会举办的岗前培训中，高瑾为全省近 500 名实习人员讲授《婚姻家庭类案件实务操作指引》，从各类典型现实案件出发，为大家展现了一幅婚姻家庭领域具有陕西特色的维权导航图，启发了学员们的专业思维，增强了他们对于家事案件的关注与投入程度，课间高瑾针对学员们提出的各种问题进行了专业解答。

11. 2019 年 6 月 21 日，在高瑾的筹划与推动下，陕西省律师协会婚姻家庭专业委员会举办了第二期"律师议案"活动。其间，高瑾针对《老年人离婚纠葛的应对》《彩礼、婚房在离婚案件当中的处置》两案当中的程序与实体问题引导同仁们各抒己见，高瑾一直有的放矢地带领大家围绕主线进行专业思考，最后进行总结归纳，指引大家在实践当中客观、全面看待矛盾，有效运用多种方式综合解决家事纷争。

12. 2019 年 7 月 13 日至 7 月 14 日，高瑾率领陕西省律师协会婚姻家庭专业委员会成员以提交论文的方式参加中华全国律师协会婚姻家事法委员会自成立以来首次举办的"中国婚姻家庭法论坛"活动。其间，与来自全国各地的家事同仁进行充分交流，并且及时搭建起了跨省联谊活动的平台。

13. 2019 年 7 月 19 日，陕西省律师协会婚姻家庭专业委员会举办第三期"家事沙龙"活动，与会人员倾听了心理咨询师讲授的《打开心结的钥匙》，大家以"家事律师的古道热肠"为主题发表了个人观点与感悟，高瑾随后对于家事律师在公益与收益之间的有机处置问题进行全面解析与总结。

14. 2019 年 8 月 9 日，陕西省律师协会婚姻家庭专业委员会举办第四期"家事沙龙"活动，首先由资深法官向与会者讲授"律师代理家事案件应当注意的问题"，接着大家围绕"家事案件细节处理"主题各抒己见，最后高瑾从家事实务角度出发对于家事案件在细节方面的有效处置进行了梳理归纳，提示同仁们在办案当中"关注细节，把握细节，专业处置细节"。

15. 2019年9月15日，在浙、苏、皖、陕四省律协婚家委举办的"之江家事法实务论坛暨浙苏皖陕家事律师分享交流会"上，高瑾代表陕西省律师协会婚姻家庭专业委员会作了《专业面对纷争，特色打造品牌》的专题演讲，将陕西省在婚姻家庭领域的立法、举措以及陕西省律师协会婚姻家庭专业委员会在业务拓展与品牌创新方面的动态充分展现出来，并且带领陕西省律师协会婚姻家庭专业委员会成员团队登台，在会议现场获得肯定与好评。

16. 2019年9月16日，高瑾在陕浙两地家事律师执业经验交流会主题发言当中，向浙江家事同仁介绍了家事业务在陕西省开展当中的相关经验及其存在问题，现场解答了与会人员提出的一些专业热点与难点问题，使陕浙两地律师在互动当中增进了友谊，在业务切磋当中增强了执业防范意识。

17. 2019年11月14日，高瑾应邀为西安市碑林区政协委员作了题为《家庭财产归置与风险防控》的讲座，高瑾从家庭财产常见属性的主要存在形式，家庭财产有可能触及的理财方式及其风险提示，离婚继承家庭析产等案件中暴露出与财产相关的核心问题与潜在风险，家庭财产处置所涉及的主要人际关系及其相处规则，家庭财产传承的主要方式，家庭矛盾处理原则及家庭中人、财、物之间的辩证关系6个方面出发，采用以案说法的形式，生动地讲授了公民在日常生活当中应当关注的财产内容及其实际风险，乃至对于具体财产的归置与风险防控，引导大家从家事、家财、家人3个主要方面综合看待家庭矛盾，积极防范财产风险，用公平、客观、全面的视角理性生活、积极成长，从而将家庭经营得和谐美满。

18. 2019年11月22日，高瑾应邀为延安市法律援助中心下属区县一线专职人员讲授《律师办理婚姻家庭案件法律实务》，高瑾从法律援助案件对于家事案件各方面业务素养的需求，即刑事、行政、民事、信访、媒体等多种手段的综合运用角度，以案说法，向大家讲授了法律援助刑事案件的办案要领、刑事自诉案件的办案技巧、行政维权方式在家事案件当中的操作思路、婚姻家庭类常见法律援助案件的代理思路及其现实举措、家事调解在法律援助案件当中的积极适用、法律援助案件在办理当中的细节处置，以及家庭暴力、婚外情、性骚扰类型案件的现实代理流程。

2020 年律师文化传播印迹

1. 2020 年 1 月 3 日，高瑾在陕西省律师协会婚姻家庭专业委员会"心中有信仰，行动有方向"主题活动中，为律师同仁讲授了《律师专业论文写作指引》，并以其范文为例向大家精辟地解析了律师如何将自己办过的有特色的案例素材精心加工成一篇有专业价值或者指引意义的论文。

2. 高瑾应江苏省律师协会婚姻家庭业务委员会的邀请，于 3 月 12 日、3 月 25 日、4 月 4 日、4 月 7 日分别为扬州大学的学生们线上讲授《解读婚姻当中的平等原则》《婚姻效力的认定问题》《证据收集中的专业视角》《第二顺序继承的盲点透析》，不仅涉及对法律规定的专业解读，而且通过典型案例将实践与理论密切结合，集法、情、理于一体，为同学们在婚姻家庭领域的法律学习与实践融合打开了崭新的视野。

3. 2020 年 4 月 14 日，高瑾作为专业专家组成员应邀参加了陕西省政协关于《陕西省实施〈中华人民共和国反家庭暴力法〉办法》立法协商会议，随后还参加了陕西省政协赴铜川市的相关调研活动，并且以书面形式提出了三十条修改意见，其中有多条意见被吸收到总报告里。

4. 2020 年 5 月 8 至 9 日，高瑾带领陕西省律师协会婚姻家庭专业委员会成员一行 13 人赴汉中开展了"修内功，提素养，创品牌"活动，将婚家委第三期"律师议案"活动与家事实务专题演讲鲜活地呈现在外地同仁面前。其间，高瑾倡导大家在家事案件办理当中应当践行"专业切入，综合处置"的理念与举措。

5. 2020 年 6 月 5 日，高瑾在陕西省律师协会婚姻家庭专业委员会举办的第五期主题为"家事案件调解技巧"的"家事沙龙"活动中，对于大家长期以来举办的"家事沙龙""律师议案""专业文书写作""律师演讲要领""案例汇编"等多种活动的宗旨与成果进行了阐述，并且从家事案件全局视角的把握、专业技巧的运用、当事人诉求的定位、法院审理的视角、律师的职业操守及其风险防控等方面为大家做了引领性总结，倡导大家用专业能力启动家事调解，以综合、灵活、多样的技术方法将调解推向极致，最终尽力促成当事人之间握手言和，从而将家事案件当中"调解优于判决"的通则在现实当中落地、生根、发芽、结果的专业功课做到极致，以便充分体现家事律师的专业能力与全新举措。

6. 2020年7月3日，高瑾在陕西省律师协会婚姻家庭专业委员会在举办的第六期"家事沙龙"活动中诠释了本次活动的主题"业务报价与客户筛选"，并且将后疫情时期理财投资在家事业务当中的实用性与专业性进行了简述，高瑾还采用举例说明、深入浅出的总结方式引导大家在实务当中及时关注家事业务动向，努力提升个人服务理念与专业素养，积极防控执业风险，勇于以创新的思维与举措精准地把握当事人的实际需求，进而在法律服务当中有效地做出专业功课。

7. 2020年7月31日，在陕西省律师协会婚姻家庭专业委员会与陕西省法学会婚姻家庭法学研究会共同创新推出的"民法典·新家事"首期"家事大讲堂"活动中，高瑾作为陕西省律师协会婚姻家庭专业委员会主任、陕西省法学会婚姻家庭法学研究会副会长对于"家事大讲堂"开设初衷与活动主旨进行了阐释，希望大家在《民法典》家事篇章的宣讲活动当中能够切实体现专业律师的积极能动作用，将最新、最准、最活的家事维权思路与举措真切地传播给社会公众。高瑾还针对大家在讲授《民法典》过程中综合能力自我培养的方向即客户培养、谈判签约、专业回应、技巧施展、疑难商榷、阻力排除、风险预测、权利救济、法律评析、得失总结10个要点进行了多维度的精辟讲解与分析，准确勾勒出家事律师在《民法典》宣讲活动中的工作重心与注意事项，倡导大家"在实务分析当中讲解在宣讲当中体现专业"让老百姓能够在律师深入浅出、生动活泼的讲授当中真正感受到《民法典》在生活当中的指引作用，进而通过学习《民法典》提高普通公民的法律意识，拓展大家的维权思路，让《民法典》真正成为社会公众的"百科全书"。

8. 2020年8月15日，在陕西省律师协会婚姻家庭专业委员会会同陕西省法学会婚姻家庭法学研究会举办的"民法典·新家事"第二期"家事大讲堂"活动中,高瑾作为主办方代表针对"家事大讲堂"活动开展的宗旨与目标进行了阐述,倡导大家关注婚姻家庭类业务,潜心修炼内功,勇于探索创新,以便共同携手将陕西的家事业务推展到一个新的层次。高瑾还对两位主讲人在题材选取、课件制作、观点展示、思维表达、举措提示、个人特色等方面的实际表现进行了点评,同时给出了具体的建言,鼓励大家在日常工作当中逐步培养和提升个人的演讲能力、写作水平、个人魅力,以便在思维通透、表达流畅、激情专业的状态下做好当事人的"代理人"。

9. 2020年8月29日,在陕西省律师协会婚姻家庭专业委员会会同陕西省法学会婚姻家庭法学研究会举办的"民法典·新家事"第三期"家事大讲堂"活动中,高瑾作为主办方代表针对"家事大讲堂"活动在专业实务上以及家事律师个人素养提升方面的开办特色进行了阐释,并且将本次活动在实务方面的亮点做了解说。高瑾还就两位主讲人的演讲主题从专业实务的综合角度出发将本次活动的议题引申到一个深层次的境界,从而让现场的听众对于家庭财产的属性识别、争议焦点、实务盲点有了新的认识,对于遗嘱在财产传承方面的积极作用及律师在继承业务方面的专业能动性产生了浓厚的兴趣。

10. 2020年9月5日,高瑾应江苏省律师协会婚姻家庭业务委员会的邀请为该省家事同仁作了题为"离婚条件靠证据支持,律师凭借专业实现目标"的实务课程,将离婚的法定条件、符合法条规定的常见事实情形、离婚时需要提前处置的事项及其举措,以及在离婚条件与诉讼请求有机结合方面的专业视点等操作要领,采用生动、新颖的方式将实务技能传授给大家,深受江苏100多名家事律师的肯定与好评。

11. 2020年9月12日,在陕西省律师协会婚姻家庭专业委员会会同陕西省法学会婚姻家庭法学研究会举办的"民法典·新家事"第四期"家事大讲堂"女性维权专题活动中,高瑾作为主办方代表针对女性维权在婚姻家庭领域的重要位置予以阐明,将家事律师在此当中的职业与社会使命进行了生动解说,希望现场听课的企业女职工能够在工作和生活当中将《民法典》中的最新规定得以有效运用,以便让法治的阳光温暖每一个女职工及其家庭。最后高瑾对本次大讲堂活动进行了总结，倡议职场女性积极关注《民法典》，从自身法律意识的培养与加强做起，切实防范生活与工作当中有可能遇到的风险，同时在工作上勤勉敬业，为自己及其家庭的未来创造良好的物质基础与精神食粮，并在《民法典》的保护下生活得幸福安康。

12. 2020年9月15日，高瑾应邀为西安市碑林区120多名政协委员讲授了《民法典新变化与新解析》《民法典婚姻家庭继承编带来的现实思考》两个专题。高瑾在授课当中着眼法条解析含义，以案说法，引领大家现实思考，尤其是正确适用与风险防范方面给大家带来了崭新的思路，同时还将《民法典》在人格权、物权、继承权、婚姻家庭、侵权责任方面的新规定在现实当中可预见的积极影响给大家做了精辟的解读。高瑾的讲授集民事、刑事、行政等法律视角于一体，既告诉大家应当依法保护各自的人身权利与财产权利，又提醒大家不要超越法律边界行事，还将她个人认为的《民法典》40项重大的变化总结出来，以便大家正确理解，进而有效指引日常的工作与生活。

13. 高瑾作为陕西省律师协会婚姻家庭委员会主任在本年度首创推出了第二个新型活动栏目——"律师访谈"，先后分别于2022年9月2日、9月11日、9月15日、9月26日、10月2日、10月16日开展了6期家事律师个人专访活动，将《用专业挥洒青春》的杨盼盼、《家事园地的忠诚卫士》的高军、《心随梦想一起飞》的瞿龙、《情定家事路》的雷顺勇、《从保险到家事》的崔巍、《柔中见刚》的刘慧六个典型的家事律师形象生动活泼地呈现在公众面前，从而让大家从维护自身合法权益出发，真正关注家事，走近家事律师，在日常生活中积极预防风险，理性面对纷争，确保各自家庭安康。

14. 2020年11月6日下午，高瑾在陕西省律师协会婚姻家庭专业委员会关于《民法典》婚姻家庭类新规定及其适用的专题研讨活动中，将个人最新推出的《律师遗嘱见证新要领》提供给大家做示范，以遗嘱见证基本流程、遗嘱见证当中的核心事项、遗嘱样式列举、遗嘱见证模式展示、遗嘱见证的风险、遗嘱见证的可行性建议6个方面的内容向大家生动地揭示了实务操作当中相关要点与注意事项。高瑾还针对婚姻家庭领域在《民法典》实施后有可能引发的热点问题与难点问题进行了梳理与概括，进而引导大家从离婚案件财产分割、继承案件财产处置、未成年人抚养权确定与变更、家庭财产归置及其财富传承等专业视角出发深入研习专业功课、及时归纳总结相关可行性应对举措。

15. 2020年12月4日，高瑾主持了陕西省律师协会婚姻家庭专业委员会举办的"民法典视野下家事实务与公证的接轨"跨行交流研讨会活动，还以《婚姻家庭领域与公证接轨的新视点》为题阐述了个人观点，从家事实务与公证相关的18个主要事项、公证与见证的交叉点与差异性、法律人应当克服的思想误区以及公证与见证业务接轨与建议的举措四个方面进行归纳总结。高瑾作为家事律师不仅为大家勾勒出了家事业务与公证有机结合的基本框架，而且为现场的法律同仁指明了家事业务与公证联手共进的现实举措，由此将本次活动推向了一个新的专业高度。

2021年律师文化传播印迹

1. 2021年1月15日，高瑾带领陕西省律师协会婚姻家庭专业委员会的成员们针对《民法典》在婚姻家庭领域的实施后所产生相关问题展开了专题研讨活动，高瑾不仅从实务操作的角度将《民法典》及其司法解释当中与家事有关的重点与热点条文规定进行了梳理、归纳、解析乃至适用作出了具体专业指引，并且就大家关注的公民行为能力、遗嘱管理范围、家庭财产分割、遗产管理人介入、离婚冷静期等问题发表了个人意见，尤其是对于《民法典》婚姻家庭继承编涉及的离婚股权分割、探望权边界、抚养权变更、离婚后再次财产分割、出轨过错赔偿、继承权丧失之诉、遗产管理权行使、遗赠扶养协议的解除等问题进行了实务性指导。

2. 2021年3月12日，在陕西省律师协会婚姻家庭专业委员会第七期"家事沙龙"活动中，高瑾从《民法典》颁布实施后对于家事业务的挑战与机遇的视角出发，倡导大家在日常办理家事案件时应当本着"专业切入，综合处置"的宗旨力争将接手的每一个案子都办出亮点，以充分体现家事律师的专业实战能力与社会价值，明确指出一个合格的家事律师并非仅为"专科医生"

而系"全科医生"。高瑾还提示大家在办案之余应当积极着手撰写典型案例，同时须注重题材选取、解析角度、技能运用、特色指引等方面的专业功课，进而在不断自我提升当中增强为当事人服务的综合能力。

3. 2021年4月9日，在陕西省律师协会婚姻家庭专业委员会第八期"家事沙龙"活动中，高瑾从刑事立法改革与家事业务及时接轨的层面出发，邀请一线办案法官为大家讲授了《刑事视野下的未成年人权益保护》《未成年人司法保护之我见》，从而为大家有效地践行了婚姻家庭领域"专业切入，综合处置"的实务处置宗旨奠定了专业基础与执业视野。

4. 2021年4月28日，陕西省律师协会婚姻家庭专业委员会与专程来到西安"取经"的内蒙古自治区乌海市人大代表、内蒙古自治区法兴律师事务所副主任张方展开了主题为"家事案件有效代理新思考与新举措"的跨省互动交流活动。高瑾针对外地同仁关注的热点问题从《民法典》及其司法解释的专业解读与现实应用、典型案例分析、实务感悟、当事人客观需求等层面给予了综合回应，同时还针对家事案件办理当中的误区与专业风险防控事项发表了个人观点。

5. 2021年5月7日，为了积极应对《民法典》实施后带给婚姻家庭领域的新变化与新问题，在高瑾的筹划与组织下，陕西省律师协会婚姻家庭专业委员会首次推出了新创建的活动栏目——"案例解析"。在本次活动中，高瑾不仅引领委员们讨论了涉及离婚后债务承担、夫妻财产剥离、遗嘱继承与遗赠混同等现实案例的实务操作要领及其注意事项，而且以个人撰写的典型案例为模板倡导大家在撰写和展示《案例解析》文稿时力争做到"案情简洁、过程专业、思路畅达、启示深刻"。

6. 2021年5月12日，高瑾作为政协委员在政协西安市碑林区委员会开展的"百千万活动"（即走进百个社区，访千户群众，察万家民众）中，来到太白社区为居民们作了题为《注重角色定位，做合格的家庭成员》的普法专题演讲。高瑾从律师的执业视角出发，以案说法将家庭的功能与成员的角色分工、家规的树立、法律底线的警示、家庭秩序的维护、内部矛盾的化解以及家庭与社会的辩证关系生动鲜活地展现出来，并且指引大家如何预防家庭暴力、婚外情，如何教育子女远离违法犯罪行为，如何依法履行抚养、扶养、赡养义务，如何保护公民财产权益，如何与家庭成员乃至亲属、邻居、同事和睦相处，如何从家教、家风、家训入手引导每个家庭成员力争保持积极健康的生活状态，随时依法应对身边的争议，从而尽最大可能地将家庭矛盾控制在最小的范围内。

7. 2021年5月15日，高瑾在陕西省律师协会开展的县域律师培训活动中应韩城市律师协会的邀请，为当地律师们讲授了"家事实务处置新思路与新举措"专业课程。高瑾首先从家事纷争目前法律需求的客观变化出发，将《民法典》婚姻家庭继承编及其司法解释在现实适用当中应当注意的问题进行了梳理总结，并且针对婚姻家庭纷争当下带给律师的新挑战进行了专业解析，既涉及家事案件办理当中刑事、行政、民事、信访乃至媒体等多种维权手段的综合运用，又延伸至遗嘱、保险、信托等家族财富传承实务当中的崭新思路。

8. 2021年6月4日，高瑾带领陕西省律师协会婚姻家庭专业委员会成员走进基层律所开展了"民法典，新案例"实务分享交流活动。高瑾针对家事领域在民法典颁布实施后所呈现的新类型案例进行了简介，明确指出在家事实务操作当中律师专业技能的综合运用往往可以给当事人的维权带来新的契机与亮点，新类型家事典型案例的分享、交流、总结对于每个专业律师必将产生积极的自我提升与现实指引作用，希望大家此次走进律所展示典型案例的特色活动能够为律师同仁提供有效的引领与借鉴。

9. 2021年7月10日，在高瑾的策划与推进下，陕西省律师协会婚姻家庭专业委员会以在全国范围内现场直播的方式举办了首次集家事业务培训与实务论坛于一体的新型活动，吸引了线上线下2000多名律师的积极参与。在"家事业务培训"环节，高瑾作了题为"民法典实施后婚姻家庭类案件办理实务指引"的专业授课。高瑾的授课内容涉及民法典实施后婚姻家庭类案件办理当中应当注意的主要问题、家庭财产归置与风险防控实务操作指引，她从民法典实施后家事律师应当改变的专业思维与现实举措的角度出发，向各地同仁展示了典型的现实案例，生动地诠释了家事律师在当下应当自我提升综合素养的现实必要性与方向性，同时引领大家以崭新的视角与执业能动性积极、准确地作出与时俱进的"家事功课"。在"家事实务论坛"部分，陕西省律师协会婚姻家庭专业委员会开辟了律师与法官面对面探讨《民法典涉及家事财产分割的实务要点》《民法典继承编适用当中应当注意的实务问题》《家庭暴力的预防与维权举措》《家事调解的技巧与综合素养的提升》四个板块议题的新路径，四名法官在专业实务方面的观点与建议不仅拓展了律师们的办案思路，而且增强了大家对于家事业务的热衷乃至执业风险点防控的积极关注。

10. 2021年7月17日，高瑾率陕西省律师协会婚姻家庭专业委员会一行7人参加了由陕西、四川、重庆、贵州、云南、广西6省（自治区）律师同仁共同发起并参与的首届"西部家事论坛暨西部家事律师实务研讨会"。高瑾作为主任以《修炼内功，凝聚团队，打造陕西家事品牌》为题现场传授经验，还以其办理的《失而复得的抚养权》《离婚案的意外收获》《啃老损失的挽回》《探望权的回归》《无言的结局》5个典型案例与各省同仁进行专业交流，从而彰显了陕西律师在家事方面的专业能动性及其现实创新举措。

11. 2021年8月13日，在陕西省律师协会婚姻家庭专业委员会第二期"案例解析"活动中，高瑾引领大家从《隐瞒癌症的婚姻何去何从》《妻子如何分得二婚丈夫公司的收益》两案涉及的法律新规定、操作新思路与现实新思考等角度入手进行了深入研讨与交流，还讲授了《律师办理家事案件实务操作要领》。高瑾采用以案说法的方式从家事案件代理的流程、边界、思路、举措等维度出发，为家事同仁勾勒出婚姻家庭、继承等案件在现实处置中应当注意的问题及必须防控的风险，指引大家面对纷争既要注重专业技能的有效施展又要充分考虑案件代理后的客观效果，既要勇于创新推出"专业精品"，同时要勤于撰写专业论文，以便与时俱进地把握市场需求，进而为当事人做出优质的法律服务产品。

12. 2021年9月15日，高瑾带领其律所同仁随西安市碑林区政协来到西何社区为这里的居民提供法律义务咨询，解答大家在日常生活当中遇到的婚姻、继承、家庭财产分割、家庭暴力防范、相邻关系调整、劳动争议及物业管理等方面的法律困惑并且指出维权举措。

13. 2021年9月24日，在陕西省律师协会婚姻家庭专业委员会举办的第九期主题为"家事纠纷律师执业风险防控"的"家事沙龙"活动中，高瑾从律师执业风险防控的客观情势、家事纠纷的特点乃至当事人法律需求与现实之间的矛盾等视点出发，向大家阐明了专业律师在执业当中风险防控的必要性与紧迫性，引导大家以家事实务操作的专业流程及其细节为基点尽职尽责地为当事人提供有效的服务，从而以实际行动确保自己的职业生涯一路平安。

14. 2021年10月15日，高瑾应邀来到西安市碑林区太乙路街道办事处，为这里的18个社区的调解员及司法所工作人员讲授了《民事纠纷调解技能运用》，从民事纠纷调解常见类型、工作方向、实务操作等视角出发，以案说法，将基层调解员日常面对的离婚、继承、债务、合同、劳动争议、相邻关系、人身损害赔偿、家庭暴力、性骚扰等纠纷调解处置的思路、技能以及注意事项生动、鲜活地展现在大家面前，并且针对调解人员的综合素养与工作境界提出了个人建议，让现场的基层调解员、法律工作者充分感受到了调解当中法律专业知识、实务技能以及综合方法在各类案件当中的灵活运用所带来的积极效果。

15. 在高瑾筹划下12月10日，陕西省律师协会婚姻家庭专业委员会举办了融主题为"我心中的新家事"专业演讲比赛与现场"律师访谈"于一体的2021年特色专题活动，大家不管在台上还是台下都充分感受到了律师个人内功与修养在应对现实问题时所产生的客观效果，"比赛"与"访谈"（第七期《质朴无华——记婚家委副主任鲁力量》）各显风采，同仁们在紧张活泼当中情不自禁地开始思考日后如何"携手共进，取长补短"。

2022年律师文化传播印迹

1. 2022年3月4日，高瑾应邀赴京在点睛网讲授《家庭暴力受害人救助举措》《婚外情无过错方损害赔偿救济》《性骚扰法律处置》《未成年人犯罪案件辩护新视点》《家事实务处置新思路与新举措》《家庭财产归置及风险防控》

实务课程,这是继 2016 年之后在点睛网上的第二次授课。

2. 2022 年 4 月 15 日,在高瑾的策划与推动下,陕西省律师协会婚姻家庭专业委员会通过线上线下举办了家事调解专项培训及第十期"家事沙龙"活动,针对《民法典》实施之后家事案件律师应当"修内功,重实务,提素养"的客观情势为家事同仁提供了集专业培训与实务交流于一体的"专项能量补给"。

3. 2022 年 5 月 11 日,陕西高瑾律师事务所律师调解室经西安市碑林区司法局批复通过后正式对外接待群众,高瑾作为倡导者与负责人带领该所律师及陕西省律师协会婚姻家庭专业委员会的成员们在疫情期间以婚姻家庭领域特有法律专长为普通老百姓提供义务咨询与纠纷调解服务,由此家事律师们在人民调解平台奉献公益爱心当中积极唱响律师之歌。

4. 2022 年 5 月 13 日,在陕西省律师协会婚姻家庭专业委员会会同西安市碑林区妇联、西安市碑林区人民法院通过线上线下方式举办了主题为"崇尚真善美,凝聚法理情——以法为名共话家风家教创建与传承"活动中,高瑾阐明了家庭对于每个公民终生所产生的重大影响,并且通过家事纠纷以及未成年人犯罪典型案例成因分析指明了当事人在家风和家教方面的重大缺失,倡导大家依法关注家庭、家风、家教在公民日常生活当中的正向引导与法律宣讲活动,以有力保障家庭的和谐与社会的稳定。

5. 2022 年 5 月 26 日,在高瑾的推动下陕西省律师协会婚姻家庭专业委员会 10 名成员作为西安市碑林区人民法院诉前特邀家事调解员接受培训并且开始着手具体案件调解工作,为家事律师们积极适应婚姻家庭领域市场需求提供了更广阔的视野与专业平台。

6. 2022 年 6 月 18 日,在陕西省律师协会婚姻家庭专业委员会举办的家事诉前调解实务培训交流活动中高瑾讲授了《家事案件新视点——〈民法典〉实施后案例中呈现的新变化》《表兄的遗产归公了——无人继承又无人受赠遗产法律处置探析》《民事纠纷调解技能运用》《家事案件诉前调解要领与边界》《家事案件调解技巧的灵活运用——从 5 个典型案例解析家事调解》,从实务操作技能与技巧的有效施展角度出发,为线上线下的法律同仁勾勒出家事诉前调解的综合思路与律师调解应当注意的问题。

7. 2022年6月24日，在陕西省律师协会婚姻家庭专业委员会举办的主题为"我心目中的诉前调解员"的演讲比赛活动中，高瑾从目前婚姻家庭领域纠纷所呈现的特质以及当事人在诉前调解当中惯常的思路入手，将家事调解员在进行调解时如何运用专业技能有效化解现实矛盾的举措予以精辟归纳总结，倡导大家与时俱进地融入多元化诉前调解之中，以便在最佳的人生时段展现各自最美的执业风姿。

8. 2022年7月24日，高瑾应渭南市律师协会之邀为当地线上线下的律师同仁讲授了《人身安全保护令在家事案件当中的现实运用》以及《家事实务处置新思路与新举措》两个专题，将家事案件实务处置当中与人身保护令接轨的最新视点、注意把握的边界以及在刑事、民事、行政维权手段运用方面的操作技巧采用以案说法的方式予以生动揭示，并且通过案例解析的形式针对《民法典》实施之后律师在家事领域的最新专业应对思路与现实可行举措予以精辟阐释。

9. 2022年8月28日，高瑾应邀在线上参加由江苏省律师协会主办的"传承与发展·婚姻家事律师专业化标准化前沿研讨会"，为江苏律师同仁的6篇论文从选材、立意、专业视点与普遍适用性等层面进行了专业点评，还将自己的《家事案件新视点——〈民法典〉实施后案例中呈现的新变化》中12个实务新观点与新举措以案例解析的方式与大家分享交流。

10. 2022年9月22日，陕西高瑾律师事务所会同西安市碑林区司法局、西安市碑林区妇联举行了律师家事调解室集中授牌仪式，陕西高瑾律师事务所律师调解室成员按照西安市碑林区司法局的统一部署被派往所辖8个街道办事处开展长期性、创新型面向基层群众的家事调解公益活动，将家事律师充分融入人民司法调解之中，力争实现"以专业促调解，以合作创和谐"。

11. 2022年9月24日至25日，高瑾带领陕西省律师协会婚姻家庭专业委员会成员应邀为延安市的律师同仁进行了婚姻家庭类专业实务技能培训,高瑾讲授了"民法典实施后家事案件办案实务要点与难点指引"，并且在"修内功，提素养，创品牌"青年律师沙龙活动当中针对律师行业的专业化方向以及青年律师的个人成长指出了长期以来不利于律师行业整体发展的现实难题,并提出了可行性建议乃至现实举措。随后高瑾在延安同仁举办的"婚姻家庭专业分享交流座谈会"当中按照主办方的要求,从家事律师综合素养提升、市场需求把握、专业趋势展望等维度阐明了独到的个人见解与行之有效的专业举动。

12. 2022年11月4日,高瑾应邀通过线上在扬州大学第三十三期法律诊所课堂为学生及法律同仁讲授《弱势群体家事维权要点》,以举例说明的方式阐述了以言行真正尊重当事人,以专注心态与专业的水准尽力处置当事人面对的现实纷争,在代理当中应当随时有效面对可能出现的意外情况以及弱势群体家事维权的工作边界,为线上线下的学生与各地律师同仁提供了为弱势群体家事维权的操作要领及其风险防控的有力指引。

13. 2022年11月5日,高瑾率陕西省律师协会婚姻家庭专业委员会成员参加了由陕西、四川、重庆、贵州、云南、广西、新疆、宁夏8省(自治区)律师同仁共同发起并参与的第二届"西部家事论坛暨西部家事律师实务研讨会",高瑾不仅为各省同仁介绍了陕西家事业务发展动态与品牌推展情况,解答了与会同仁们提出的实务问题,而且以其实务案例《呼恬与三位兄长继承纠纷案》专业解析方式以技会友,充分彰显了陕西家事律师的专业风采。

淡定前行，从容坚守

——走在家事路上的感悟

自 2003 年 7 月成为陕西省妇联维护妇女儿童维权志愿者起，2008 年 12 月创办陕西高瑾律师事务所致力于婚姻家庭领域的专业维权事务，直到今天我在家事的路上已经行走近 20 年，蓦然回首心中无限感慨，人到中年淡定前行，从容坚守乃是初衷，值此 2022 年末收官之际梳理过往，总结得失，以慰初心。

遥想 10 多年前自己在公益的路上做过为妇女讨薪、为下岗职工争取工伤待遇、职场性骚扰维权等成功案例，由此步入婚姻家庭类专业维权领域，随后以陕西首家个人律师事务所的标识开辟专业化的职业路径。首先，以陕西高瑾律师事务所婚姻家庭法律公益大讲堂在社会公众面前亮相；其次，秉承积极传播专业文化理念的初心推出专业论文，又注册登记了律所 LOGO 以有效展现律师行业的文化标识；再次，通过宣讲经办过的典型成功案例提示老百姓关注家事专业维权，最后在被公众普遍认知的前提下与时俱进地力争做好当事人委托的每一件案子、每一项事务。在此基础上还尽力担当了行业领路人的角色，长期与陕西省律师协会婚姻家庭专业委员会的成员们一起开展了崭新的专业文化推展栏目"家事沙龙""律师议案""民法典·新家事"大讲堂、"案例解析""律师访谈"，以及面向全省乃至全国的家事实务技能培训、家事实务论坛、学术研讨、对外跨界交流等一系列的活动，还曾在全国性家事论坛、西部论坛中展现了陕西家事律师的飒爽英姿，唱响了陕西家事之歌，并且一直倾心倾力地打响陕西家事律师特色品牌,可谓是独辟蹊径、砥砺前行,从一个人到一个所,又以一个所引领一群人,以至于在全省范围内形成律师行业的专业团队,一路走来,景致独到。

家事案件涉及人身与财产复合法律关系的调整,律师时常办的不是案子而是当事人的人生,所承载的专业压力与道义担当超乎寻常,"调解永远比判决效果好得多",为此2019年3月设立了陕西高瑾律师事务所家事调解室,面对社会公众义务开展"至少调一次"活动,受到了《西安晚报》《西安发布》《陕广新闻》《今日头条》《央视新闻》及西安电视台等媒体的报道,2022年5月又带领陕西省律师协会婚姻家庭专业委员会的委员们在西安市碑林法院开展诉前家事调解工作,随后在线上面向全省乃至全国开展了家事调解综合实务技能培训活动,通过对《家事案件新视点——〈民法典〉实施后案例中呈现的新变化》《家事案件诉前调解要领与边界》《民事纠纷调解技能运用》《表兄的遗产归公了——无人继承又无人受赠遗产法律处置探析》四个专题的特色讲授,为家事同仁们在《民法典》实施后以全新的思维方式应对家事调解工作勾勒出实务操作的方向及其应当注意的问题,此乃一个家事导航律师的本色作为,但愿所有热衷于家事业务的律师们能够在前行当中精诚团结、携手共进,尽力唱响独具魅力的家事之歌。

关于家事品牌的探索与创新,自律所成立以来一直不遗余力地在推进,曾以动态的案例解析、静态的专业论文以及形式多样的专业研讨活动赋予了家事日常法律服务"菜单"新颖性、实用性、便捷性,并且在业务实践当中不断创新与完善,无论是传统的还是创新的服务项目广受当事人肯定与好评的为数不少,每当做过的诉讼或者非诉讼案件赢得各方点赞时,作为一个家事律师心中不免涌起职业的自豪感,"所有的努力都留痕迹,所有的付出都有回馈",家事路上一路前行、风雨兼程、无所畏惧、永不停息。

律师在专业化的路上需要自我成长、自我否定、自我提升、自我强大,其中精准法律服务、特色产品研发、专业思路更新、实务技能改进、内功素养增强、团队风姿展现等均应纳入执业视野,不仅应当与时俱进地跟上社会发展的步伐而推陈出新,而且需要迎接现实的挑战、超越传统观念而稳步向前,作为家事律师在个人成长的路上务必淡定前行、从容坚守，以不负韶华在最美好的执业时段展现最好的自己，回望以往真诚一片、无怨无悔，憧憬未来激情自信、畅想无限，值此第三本个人专著出版前夕，自我梳理、自我勉励，以期在日后的执业生涯中不断提升、继续成长。

高　瑾

2022 年 12 月于西安

信　念

业有所敬路标明

足下之行自问心

法理情下真善美

持之以恒永追寻

自　勉

踏入律行三十载

专业为本路上行

一路过往皆序章

守正创新奔远方

作者心得

本色

世间是非常难辨

剥丝抽茧探究竟

仗义执言尽本分

律师敢为天下先

本能

一案一式见特色

法庭能动展风采

调解倾心给足力

无问西东只向前

自律

诉讼博弈守规则

权利行使重边界

统筹兼顾专业行

律途漫漫多珍重

高瑾 2018—2021 年工作掠影

2018 年 4 月 1 日，高瑾主持陕西省律师协会婚姻家庭专业委员会"律师专业演讲比赛——家事代理之我见"活动

2018 年 4 月 21 日，高瑾在第五届中国律师婚姻法实务论坛担任《家事审判实务中的热点、难点问题及执业风险防范与家事调解》板块主持人

2018年7月27日，高瑾带领陕西省律师协会婚姻家庭专业委员会成员到西安市碑林区西何社区开展义务法律宣讲及咨询活动

2018年10月25日，高瑾在陕西省律师协会举办的全省实习律师岗前培训中授课

2018年10月27日，高瑾率陕西省律师协会婚姻家庭专业委员会成员赴成都参加川陕家事律师联谊活动并在现场作主旨发言

2019年3月27日,高瑾开设了陕西省首家律师事务所家事调解室并在现场进行调解

2019年4月19日,高瑾应邀参加第六届中国律师婚姻法实务论坛并在律师婚姻家事法行业发展论坛中作《修炼内功 凝聚团队 打造陕西家事品牌》专题发言

2019年5月25日,高瑾在陕西省律师协会婚姻家庭专业委员会举办的全省家事实务技能培训活动中进行专题讲授

2019年6月21日,陕西省律师协会婚姻家庭专业委员会第二期"律师议案"现场留影

2019年7月17日,高瑾带领陕西省律师协会婚姻家庭专业委员会成员参加由中华全国律师协会婚姻家庭法专业委员会等举办的中国婚姻家庭法论坛

2019年9月15日,高瑾率陕西省律师协会婚姻家庭专业委员会成员赴杭州参加由陕、苏、浙、皖四省发起的之江论坛,并介绍了陕西家事律师在业务开展与品牌打造当中的新思路与新举措

2019年11月14日,高瑾应邀为西安市碑林区政协委员授课

2020年8月15日,高瑾在陕西省律师协会婚姻家庭专业委员会同陕西省法学会婚姻家庭法学研究会举办的第二期"民法典·新家事"大讲堂活动中作主旨发言

2020年9月29日,陕西省律师协会婚姻家庭专业委员会第四期"律师访谈"现场留影

2021年5月7日,高瑾在陕西省律师协会婚姻家庭专业委员会首期"案例解析"现场作主旨发言

2021年7月10日,高瑾在陕西省律师协会婚姻家庭专业委员会举办的家事业务培训与实务论坛上讲授《民法典实施后婚姻家庭类案件办理实务指引》

2021年7月17日,高瑾参加由陕、川、滇、渝、黔、桂西部六省(自治区)发起的首届西部家事律师实务研讨会并介绍了陕西省家事业务发展动态与创新举措

2021年8月9日,高瑾在陕西省律师协会婚姻家庭专业委员会第四期"家事沙龙"活动中进行实务分享交流

2022年6月18日,高瑾在陕西省律师协会婚姻家庭专业委员会举办的家事诉前调解实务线上培训交流活动中专题授课

2022年5月13日,陕西省律师协会婚姻家庭专业委员会等举办的"崇尚真善美,凝聚法理情——以法为名共话家风家教创建与传承"特色活动合影